新中国航空科技工业开拓者

——叶正大将军回忆录

叶正大　　口述
师元光等　主编

航空工业出版社
北　京

内容提要

叶正大是中国人民解放军中将，又是北伐名将、南昌起义和广州起义前敌总指挥、新四军第一任军长叶挺将军的长子，也是1948年赴苏留学的21人之一。学成回国后，曾经在沈阳飞机制造厂任工艺员、主管设计员。是新中国培养的第一位飞机设计师。1956年，新中国第一个飞机设计室成立，徐舜寿任主任，叶正大与黄志千为副主任。1961年，航空研究院第一飞机设计研究所成立，叶正大任副所长。1973年担任国防工办副主任，1982年任国防科工委科技委副主任，1992年任国防科工委、总装备部顾问。在献身国防科技事业的几十年中，叶正大将军为歼教1、歼8、强5、歼轰7等多种型号的飞机设计研制以及航空武器装备的发展做出了突出的贡献，曾获国家科技进步特等奖及多项重要奖项。

叶正大将军的回忆可以使人们深入了解新中国航空科技工业和国防科技事业的发展历程，并从中领略他对事业的执着和"功名利禄非所求"的高风亮节精神。在新的形势下，他的回忆和思考应该能给予人们有所启迪。

图书在版编目（CIP）数据

新中国航空科技工业开拓者：叶正大将军回忆录/叶正大口述；师元光主编--北京：航空工业出版社，2013.10（2019.1重印）

（中国航空人物丛书）

ISBN 978-7-5165-0266-2

Ⅰ.①新… Ⅱ.①叶…②师… Ⅲ.①叶正大—回忆录 Ⅳ.①K826.16

中国版本图书馆CIP数据核字（2013）第256866号

新中国航空科技工业开拓者　叶正大将军回忆录

Xingzhongguo Hangkong Keji Gongye Kaituozhe　Yezhengda Jiangjun Huiyilu

航空工业出版社出版发行

（北京市朝阳区北苑2号院　100012）

发行部电话：010-84936597　010-84936343

三河市金轩印务有限公司印刷　　　全国各地新华书店经售

2013年10月第1版　　　　　　　2019年1月第2次印刷

开本：720×960　　1/16　　印张：30.75　　字数：471千字

印数：3001-3500　　　　　　　　　　　　定价：98元

《新中国航空科技工业开拓者
——叶正大将军回忆录》

编委会

顾　问：顾诵芬
主　任：褚晓文
副主任：杨凤田　孙卫航
成　员：师元光　贾小平　姜凤兰
　　　　　姚永仝　张杰敏

目　　录

第一章　澳门岁月　/1

　　父亲　母亲　我出生的那一年　历史回眸　一别四年　儿时记忆　小学时期　我的弟弟妹妹们　离开澳门　"皖南事变"后

第二章　动荡年代　/56

　　桂林团聚　办了一个饲养场　父亲被骗捕　弟弟妹妹到延安　随母亲逃难　"四八"空难　附：哭爸·妈·眉妹·九弟　"我痛恨你们——国民党狗特务！"

第三章　辗转南北　/85

　　从广州到张家口　来到延安　军调部　东北民主联军总司令部附设外国语言学校　入党　代号"4821"

第四章　赴苏学习　/109

　　伊万诺沃国际儿童院　选择莫斯科航空学院　"建设中国的强大空军"　回国休假　与任岳结婚　学成归国　附一：一篇旧文　附二：华棣访谈记录

第五章　献身航空　/138

沈阳飞机制造厂　仿制米格-17Φ　探索自行设计飞机　中国第一个飞机设计室　奠定坚实基础　歼教1飞机　歼教1首飞　歼教1下马　在整风运动中

第六章　大跃进　/172

"东风"107　"东风"113　"长江大桥"与"汉水桥"　112厂质量整顿　飞机与导弹之争　政治运动

第七章　六院一所　/196

航空研究院　《科研十四条》　摸透米格-21　欧洲之行　米格-21散件组装　歼6教练机

第八章　歼8开始研制　/220

歼8飞机　到部队征求意见　在艰难中起步

第九章　文革磨砺　/231

政治飓风　"天下大乱"　垂直起落飞机　"601所不能搬迁到三线"　重读"文革材料"有感　文革是非经考验

第十章　歼8飞机　/255

歼8联合指挥部的成立　第二次全机静力试验　弹射救生系统试验　歼8首飞　歼8跨声速抖振　北京的飞行表演　歼8定型　歼8研制回顾

第十一章　歼 9 飞机　/288

从 1964 年讲起　确定方案不容易　Ⅳ、Ⅴ方案之争　临难无慑见真情　几起几落　歼 9 下马的决策

第十二章　新型歼击机　/305

歼 6 后继机　选用发动机　决定引进斯贝　问题没有解决　910 发动机　"幻影" - 2000　新歼定在成都

第十三章　国防工办　/327

国防工办副主任　三线建设　为歼 7 飞机正名　运 10 飞机　歼 8 Ⅱ 飞机研制　霹雳 3 空空导弹　军用水上飞机

第十四章　国防科工委科技委　/361

国防科工委　国防科工委科技委　《2000 年中国国防科学技术》　歼轰 7 飞机　从超 7 到"枭龙"　附：叶正大副主任与新型空空雷达制导导弹　被授予中将军衔

第十五章　如今还当孺子牛　/390

总装备部科技委顾问　离休　航空发展座谈会　地效飞机　惠州叶挺纪念园　故土情怀　附一：给澳门特首崔世安先生的信　附二："下海为公"　如今还当孺子牛

叶正大年谱　/436

人生若有来世，我还做您的女儿/453

编后记　/459

韶光不共一时来

柳暗花明独自开

应恨春归无觅处

桃花始解笑颜开

辛丑年夏月
书于京华
某某

序一

坦坦荡荡堪回首

　　李景，1930年3月出生，山东省滕州市洪绪镇人。1945年底参加革命，1946年参加中国人民解放军，1949年加入中国共产党。曾参加过孟良崮战役、鲁西南战役、兖州战役，立过两次战功。建国后，第一批被选调到空军航空学校学习飞行，毕业后分配到空军战斗部队任中队长、团空战射击主任，参加了抗美援朝战争。1955年调海军航空兵，历任大队长、副团长、团长、副师长、师长，先后共驾驶过12种类型的飞机，为保卫祖国领空、领海安全做出了贡献。被评为特级飞行员。1973年5月调海军司令部任副参谋长。1982年任海军副司令员，1992年调任解放军副总参谋长。是中共第十四届中央委员。上将军衔。

　　与正大同志的结识是在我担任海军副参谋长期间，那时他是国防工办的副主任。在此之前，我很早就知道他的父亲是我军的创建者之一叶挺将军。与正大同志相见之后，他求真务实的工作风格和诚恳谦虚的气度一下子就拉近了我们之间的距离。

我长期在空军、海军航空兵任职，有多年驾机飞行的经历，对航空事业情有独钟。正大同志是党和国家为建设社会主义培养的新中国航空科研领域第一代飞机设计师，他不负众望，在歼教1、歼7、歼8等空海军主力战机的研制工作中都有非常突出的贡献。我们志趣相投，国防科研和武器装备建设的共同事业使我们建立起非常深厚的感情。

在与正大同志相处中，有些事情给我留下了很深的印象。

1983年，我与正大同志分别接到了水轰5总设计师王洪章同志的来信，反映在这一年的1月，上级部门宣布水轰5停研，并草拟了撤销605所番号和遣散计划。

王洪章同志是原国防部第七研究院第十研究所（简称七院十所）副总工程师，1964年1月1日，十所由七院归建六院。当时海军航空兵水上飞机部队仅有6架苏联老式别–6飞机，发动机都已超寿使用，面临报废。1967年8月15日海军首长向中央军委报告情况，请求重建海军特种飞机研究所。1967年12月21日，中央军委办公厅批复了海军8月15日关于《呈请组建海军特种飞机研究所》的报告。

后六院军管会和生产指挥部联合发文通知成立水上飞机研究所筹建小组并决定由王洪章同志任组长。此后经历了非常艰难的过程，在王洪章同志执着努力下、在海军首长的大力支持下，1976年4月3日，水轰5飞机取得首飞成功。

对于这样一个海军急需的项目，正大同志给予了特别的关注，经过协调，我与他一起，邀请了总参装备部部长崔文波和航空工业部顾问段子俊同志，组织了联合检查组于1983年6月来到荆门实地调查，经过深入了解，我们一致认为水轰5可以继续研制，并议定再投入2000万，在完成试飞试验后交付04～07四架飞机。我们还提出可以对水陆两用型开展工作，争取定型。

但出人意料的是，1983年9月，有关部门领导机关否定了检查组决定，向国防科工委提出，若续研水轰5交出四架机非拨5500万科研经费不可，若同意水轰5停研下马，600万下马费则无需由国防科工委承担。王洪章同志得知这一情况后，再次与海军水上飞机部队和122厂领导向正大同志汇报。1983年11月，在正大同志推动下，国防科工委召开了水轰5飞机工作会议，海军和航空工业部及相关厂所参加。经过激烈的辩论，做出以上决定的领导机关承认了工作失误，撤回了报告。

这只是正大同志多年工作中的一件具体事例。他为争取水轰5项目得以继续研制下去（将生产好的四架装备海军航空兵部队）所做出的努力，使我对他有了更深的了解。以后的歼轰7、歼7系列、歼8Ⅱ、歼10等型号飞机以及海军多种装备研制中，我们有了更多的交往，无论是在国防工办副主任、国防科工委科技委副主任任上，还是在科技委顾问的岗位上，他都一如既往，对党和人民的事业始终保持着极大的热情，都在思考着如何才能使我们的国防力量获得跨越式发展。

1998年是农历戊寅年，我曾经写过几句话书赠正大同志："功名利禄非所求，戎马生涯数十秋。苍苍两鬓为社稷，坦坦荡荡堪回首。"我想要表达的就是自己多年来对他总的印象和敬重之情。

他具有坚定的政治信仰和很强的历史使命感、社会责任感，一生所追求的不是"功名利禄"，也绝非个人的舒适安逸，在任何时候，他想到的是如何做到对民族的振兴和对国家、社会、对国防的发展有利。他曾多次讲到陈云同志的几句话——"不唯上，不唯书，只唯实"，在自己的工作实践中，他始终坚持了这一原则。

在经历了几十年献身祖国国防科技事业的军旅生涯后，正大同志坦坦荡荡回首往事、总结自己的人生经历和感悟，在86岁高龄以惊人的毅力撰写了自己的回忆录，其中写到了父亲、母亲对他的影响；写到了毛主席、朱老总、周总理、叶帅、聂帅等老一辈无产阶级革命家对他的培养教育；也写下了他对参加航空科研和国防科技事业几十年的心得体会以及通过认真思考总结出的经验教训；实在难能可贵。我相信，他的这部传记一定会对今天奋斗在祖国国防科技和航空科研事业第一线的同志以启迪，也必然会对关心我国国防科技事业发展的每一个人产生积极的影响。

在表示祝贺的同时，我祝愿他身体健康，精神愉快！衷心希望他继续发挥国防科研战线老领导的作用，为祖国的国防事业发展和社会进步做出新的贡献！

2013年4月25日

序二

顾诵芬,中国著名飞机设计师,飞机空气动力学家。1930年2月4日出生在江苏苏州。1951年毕业于上海交通大学。历任沈阳飞机设计研究所副总设计师、总设计师兼副所长、所长兼总设计师,沈阳飞机制造公司总设计师,中国航空研究院副院长、中国航空工业部科技委副主任。现任中国航空工业集团公司科学技术委员会副主任,中国航空学会常务理事、中国空气动力研究会理事,北京航空航天大学兼职教授、博士生导师。1991年当选为中国科学院院士,1994年当选为中国工程院院士。

20世纪60年代,顾诵芬任歼8飞机副总设计师。80年代,任歼8Ⅱ飞机总设计师。曾发表和出版了《设计超音速高性能飞机中的一些气动力问题》、《关于航天飞机研制和发展的综述》、《2000年前后歼击机的发展趋向》、《飞机总体设计》、《我国军用飞机的发展回顾》等著述。

1985年，获国家科技进步特等奖；2001年，获国家科技进步一等奖；2005年，因《现代武器装备知识丛书》获国家科技进步二等奖；1983年，获全国五一劳动奖章；1988年，获全国劳动模范称号；并曾获航空工业部、航空航天工业部航空金奖等多项奖励。是全国人大第六、第七届代表，第八、第九届常委（教科文卫委员会委员）。

叶正大同志在86岁高龄完成了自己的回忆录，这是一件可喜可贺的事。

从1956年组建沈阳飞机设计室开始，他是设计室副主任，我在设计室的气动组任组长。以后到了六院一所，他任副所长，我先后担任气动工程师、所副总设计师，到他1973年离开601所、担任六院副院长前的这17年中，他一直是我的直接领导。后来他走上国防工办、国防科工委领导岗位，在全国、全军范围内承担起更大的责任，我从事的工作完全属于他管辖的范围，可以说，与他相识半个多世纪以来，我一直是在他领导下工作。在回忆录撰写之初，他就反复提出要我写一篇序。老上级、老领导发话，当然应该从命，所以我写这篇序当是完成正大同志交办的一项任务。

我第一次听说叶正大同志是在1955年底。

那时，我国航空工业已初具规模，南昌飞机制造厂制造出了雅克-18初级教练机，沈阳飞机制造厂正在试制喷气式歼击机。一天晚上，四局（一机部航空工业局）主管科研生产的副局长徐昌裕同志召集机关的同志商议如何推进试制工作，讨论中，参加会议的同志认为我们的航空工业不应该只是仿制，都说长此下去总不是个事，对此徐昌裕同志也有同感。他说到，我国自己的飞机设计师——叶正大同志已从苏联莫斯科航空学院毕业，回到了北京，组织上想留他在北京，但他坚持要到飞机生产第一线，所以就到了沈阳112厂，担任车间工艺员，和一般技术员一样睡上下铺。他还介绍说，112厂在试制米格-17的工作很紧张，许多关键的工艺技术，苏联的资料上说得很不清楚，依靠苏联专家也解决不了所有问题，所以厂里组织了以总工程师熊焰为首的考察团，叶正大同志也参加了，凭借语言和技术方面的优势，他在考察中发挥了重要作用。回国后的考察报告中，叶正大同志写了一篇关于玻璃舱盖制造技术的文章，指出了我们飞机舱盖玻璃做不好的原因，解决了当时歼击机玻璃舱盖制造的问题。

徐昌裕同志的介绍使我对叶正大同志有了一个初步的了解。

与叶正大同志的接触是在1956年。四局王西萍局长在那一年的8月下达了组建沈阳飞机设计室的命令，徐舜寿同志被任命为主任，黄志千、叶正大被任命为副主任。我与程不时同志是局机关第一批调到设计室的人员。10月初，我随黄志千副主任、程不时同志一起去沈阳报到。徐舜寿主任因北京的工作还没有处理完，所以当时在沈阳组建设计室的工作都是在叶正大同志和一位行政助理领导下进行的。我们到沈阳后与他见面的第一印象是这位比我们大不了几岁的室领导非常平易近人。接下来的几天里，我看到他对工作非常认真负责，设计室筹办之初，有很多与前来报到的同志相关的琐碎小事，他都跑前跑后亲自去办。

组建这样一个飞机设计机构在我们国家还是首次。当时的设计室人员中除主任徐舜寿、副主任黄志千过去在国外学习期间参加过飞机设计外，其他同志都没有这些经历。设计室组建时共有100多人，其中一半以上是当年沈阳航校的首届毕业生，还有 20 多位南京航空专科学校的应届毕业生，其余的基本就是上世纪 50 年代初期航空院校或大学航空专业的毕业生。由于飞机设计机构不在苏联援建的项目之中，所以不像航空工业设计院、材料、飞行试验、生产组织与工艺、技术情报与推广等其他航空科研机构，那些机构在组建过程中苏联都派有专业配套的专家来华，手把手教。

苏联派到 112 厂的专家几乎都是工艺方面的，112 厂只有米高扬设计局驻厂代表克拉西沃夫有在设计机构工作的经历。叶正大同志在工厂设计科工作时，与克拉西沃夫共事了一年，两人工作上配合默契，私交也很深。叶正大同志把他请来给全体设计室的同志做报告，介绍应该怎样开展飞机设计工作。

叶正大同志非常关心设计室的成长，他协助徐舜寿主任做了很多组织工作，如新来学生的工作分配，都是由他一个个谈话，在听取个人志愿的基础上，结合工作需要具体落实，大家对分配的结果都是满意的。在室领导中，他最年轻，和室里的青年人相处得很融洽，业余时间常和大家一起打乒乓球、聊天，与群众打成一片，没有一点架子。对老同志则非常敬重，遇到问题总会很谦虚地向他们请教。

我后来知道，1949 年末至 1950 年初，毛主席访问苏期间，曾经给叶正大同志题词："建设中国的强大空军"。在以后几十年的相处中，我感到他始终在践行毛主席对他的期望。他从航空科技事业的基层做起，在工厂设计科和飞机设计室工作期间，政治上信仰坚定、事业心强，工作中勤勤恳恳、尽心尽力，对技术工作求实、严谨并勇于创新，从那时就表现出对全局的缜密思考和驾驭能力。他的进步和取得的突出业绩得到了党和国家、军队高层领导的充分肯定，1973年，他被调到六院任副院长，随即调往国防工办任副主任，以后担任了国防科工委科技委副主任，虽然职务变了，但他将毛主席建设我国强大空军的嘱托作为自己人生的事业、理想和目标，孜孜以求，从无懈怠。

1956年开始自行设计的我国第一架中级喷气教练机，不到二年即实现首飞，叶正大同志作为分工系统方面的副主任，无论在设计团队的组织协调方面，还是在解决技术关键问题上，功不可没。

1958年，四局决定请苏联飞机设计专家对我国第一架自行设计的"东风"107歼击机进行评审、提出咨询意见，叶正大等同志携带设计资料赴莫斯科。咨询过程中，他既是翻译又是主谈，通过这次咨询，成功地获取了设计超声速歼击机的一系列基本原则。

1961年，112厂仿制的歼6飞机出现严重质量问题，叶正大同志临危受命，带飞机设计室的同志到工厂组织重发歼6图纸。1963年，歼6飞机优质过关并为保卫沿海立了新功，这其中有叶正大同志的功劳。

1962年，在中苏关系紧张时，他根据中央的决定随同空军司令刘亚楼前去苏联谈判引进当时最先进的超声速歼击机——米格-21。这次出访，不仅得到了翔实的技术资料，而且还得到了一批散装件。回国后，由他具体组织领导，在没有苏联专家支援的条件下，完全靠自己的技术力量，将散装件装成了10架飞机，不仅装备了自己部队而且还支援了国外。

1965年，歼8设计工作刚开始，徐舜寿副所长调离一所，黄志千总师遇难牺牲，他挑起了整个歼8研制的担子，每天晚上都要召集副总师通报情况和研究问题，一直坚持到1967年，文革中掌权的造反派组织将他隔离审查才中断，但他的工作已经为歼8的详细设计打下了坚实的基础。

1973年担任国防工办副主任以后,叶正大同志一直在思考,为什么我们一直在生产跨声速的歼6?工业部门已经能够批量生产2倍声速的歼7,为什么空军不用?对此他亲自进行了深入的分析研究。那一次我出差来京,他要我去了他的家中,他把画在硫酸纸上的歼6、歼7飞机的飞行包线图叠在一起,加以对比,要我与他进一步分析,经过讨论,我们认为歼7的飞行范围显然宽得多,空军不愿意选用歼7,究其原因主要是歼7的带离救生系统不可靠。为解决此问题,132厂已将原来的歼7救生系统改为敞开弹射,但空军方面印象已经形成,改变实属不易。此后,叶正大同志找到空军副司令曹里怀,提出希望在空军十一航校进行歼6、歼7的对比试飞,他的想法得到了曹副司令的支持,通过这次对比试飞,空军改变了态度,歼7终于成了空军的主战机种并得到了进一步系列化发展。

但叶正大同志的思考没有止步。他又在考虑歼7之后我们应该发展什么样的飞机?

1982年,世界航空先进国家都在发展中低空高机动、采用脉冲多普勒雷达的第三代歼击机,我国空军也很急切地希望得到先进的战机。法国达索公司在得知这一信息后,主动来华推销"幻影"-2000,空军一些同志提出了购买的意愿。当时,叶正大同志刚担任新组建的国防科工委科技委副主任,他认为,此事应当进行系统论证。买几架"幻影"-2000固然不贵,但从整个武器系统看,要形成一定规模的机队并持续保持作战能力则所需费用不菲。他组织了工业部门、科研部门以及军方的专家一起进行了论证,最后大家达成了一致的意见,不能买"幻影"-2000,而与之同时,他提出,我们必须加快新歼击机的自行研制。

这一决策极大地推动了歼 10 飞机的研制。

20 世纪 90 年代初,"歼 10 以后该干什么?"又成为叶正大同志经常思考的问题。

当时美国正在研制高隐身、高机动的 F-22 歼击机,国防科工委科技委设有隐身专业组,叶正大同志对该专业组的工作非常重视,但我们的飞机设计人员对隐身技术的工程应用终究还是缺少深入的了解。也就是在这一时期,我们与俄罗斯航空科技界有了一次千载难逢的合作机遇,合作对方是叶正大同志熟悉的俄中央气动力研究院,领军人物正是 20 世纪 50 年代来过中国、与沈阳 601 所有着很深感情的老院长比施根斯。叶正大同志对这次合作非常关心,经常找我们详细汇报研究工作的进展情况。在合作研究工作一开始,他就明确地提出,这么一个难度大、花费大的项目,必须集中全国的力量,要求 601 所和 611 所携手同行。除听取汇报外,他还会亲自参加与俄专家的讨论。他抓住一切机会,深入了解航空科学技术发展的趋势和包括隐身技术在内的前沿技术。1993 年 1 月,米高扬设计局总师别列可夫来北京座谈,他还与别列可夫深入探讨了歼击机的轻重搭配问题。应该说我国四代机的发展与他的关心和支持是分不开的。

他是 20 世纪 90 年代引进苏-27 飞机的主要策划者之一,但苏-27 飞机属 20 世纪 80 年代的产品,要适应以后的作战环境肯定是有困难的。1998 年 4 月,中国航空学会和俄罗斯航空学会共同举办了 21 世纪航空科技发展研讨会,俄苏霍伊设计局总师西蒙诺夫在会上介绍,苏-27 换装矢量发动机后飞机机动性大为提升,还讲到配装空舰巡航弹后的威力。叶正大同志听得很仔细,会后专门找西蒙诺夫细谈。在讨论时,西蒙诺夫承诺,如叶正大同志去俄罗斯,他会展示最新的苏-27装备。叶正大同志要我去联系出国访问,终于在1998年10月成行,同行的还有601所总师李明、606所总师张恩和。我们到莫斯科后,首先拜访了留列卡设计局总师切普金,他带我们看了喷管可偏转的矢量发动机,并与我们签订了购买意向书。但接下来的访问中,西蒙诺夫言而无信,开始是避而不见,一直拖到了我们要回国之前才勉强接待,但见面后根本没有展示曾经满口答应给我们看的全副武装的苏-27,只是一味地宣传其民用飞机。对他的食言,叶正大同志毫不客气,连他已经准备好的午宴也没有参加。

怎样加快我国新机的研制,长期以来是叶正大同志的一个心结。

2000年总装科技委开年会时,叶正大同志找了我,说他希望能找我们航空工业的老总师一起研究一下怎样才能加快我们新机的研制进度。他的提议得到了时任中国航空工业第一集团公司科技委主任王昂和601所领导的支持。2000年9月,在沈阳召开了为期三天的航空发展座谈会,出席会议的不仅有飞机设计的总师,发动机、机载专业也有几位总师参加了。叶正大同志在会上做了总结性的讲话,601所还将大家的发言和文稿编辑成册,出了一本《2000年航空发展座谈会文集》。在座谈中,大家呼吁新一代总师必须重视技术和质量。

1996年,在李绪鄂同志推动下,我国地效飞机的研制取得了明显的成绩。1999年,我国自行研制的四吨级地效飞机首飞成功并开始在太湖运营。李绪鄂同志很希望通过与广州开发区的合作取得这一事业的进一步发展,但不幸的是,2001年李绪鄂同志因病去世。他的离去使地效飞机研制开发受到很大影响。当时,该项目研制和经营团队的同志找我探讨下一步应如何进行，我向他们推荐了叶正大同志。

那时，叶正大同志已经离休定居广州。在向他们提出这个建议时，我还有顾虑，担心他不会同意接手。后来的事实证明我的顾虑是多余的，他不仅欣然同意，而且还提出了他的新想法。他觉得这个项目应该从军用入手，他说，携带反舰武器的地效飞机应该是很有威力的航母杀手。他向总装李继耐部长做了汇报并得到了支持，接着他组织了航空、航天、船舶、电子方面的专家进行了详细论证，但遗憾的是使用方没有明确表态，因此该项目没有获得立项。尽管如此，叶正大同志并没有放弃，2011年总装科技委年会中，常万全部长提出要有新的战法，他又把地效飞机的问题提了出来。最近以来，钓鱼岛、南海多事，他又再次呼吁加快发展水上飞机和地效飞机。总之，他一直在思考怎样去建设强大的空军。

叶正大同志身居高位，然而他不仅是在谋划航空科技的战略问题，对飞机设计的细节也做到了精益求精、不断创新。

他很早就提出了在飞机总体设计时必须要制定五项文件——总体图、三面图、重量重心计算、通用技术条件以及结构受力系统图等。在没有计算机辅助设计的年代，他创建了在打样阶段画全尺寸的平面图，确定需要多专业协调的区域，指定一位承担主要专业设计任务的设计员做"区长"，由"区长"负责该区域各专业之间的设计协调工作，使整个设计工作有条不紊。以后这成了601所的传统。

在以后的多项重大型号任务的指挥领导工作中，叶正大同志都表现出不仅在航空科技全局性问题上多有建树，而且关注技术细节的解决，在这些方面始终保持了一名航空工程师的技术素养。

他是著名的叶挺将军的长子，长期在当年与父亲一起投身革命的前辈关爱呵护下成长，也因此与党和国家、军队的高层领导，如周总理、叶帅、聂帅等领导同志关系密切，他没有因此恃宠傲人，而是更谦虚、对自己要求更严格。他一直是在按照毛泽东同志和老一辈革命家的期望不断拼搏，奋斗不止。他对理想、信念的忠贞不渝，对事业成功的执着追求以及他严于律己、宽于待人的作风和对同志的尊重、平易近人的谦和等都为我们做出了榜样，值得我们永远敬重和学习。

仔细读过他的回忆录后，我感到其中他讲到自己的工作和贡献仅仅是十之其一、百之其一，除保密等原因外，也是他的为人做事谦虚低调所致，但就这些内容，已经使我们获益匪浅。作为在他领导下工作多年的老同事、老朋友，我再次衷心祝愿他幸福快乐，能继续为祖国的国防科研事业做出新的更大的贡献！

2013 年 6 月

第一章　澳门岁月

父　亲

◎ 父亲任新四军军长时的戎装照。

我的父亲叶挺，1896年9月10日（清光绪二十二年八月初四）出生于广东省惠阳县（当时名为归善县）周田村一个农民家庭。原名叶为询，字希夷，号西平。

据族谱记载，我的祖父叶锡三喜读书，颇知天文地理学，平生钻研种植沙梨、桃李及各种果树。祖上历代佃耕10余亩水田，还开荒山种番薯豆类等杂粮。曾只身出走南洋（马来西亚）谋生，冀得蝇头之利，以维持家计。

我有一位堂兄叶春城曾经整理过一篇记述父亲童年时期的文字，详细

地介绍了父亲童年的生活和学习情况，其资料源于父亲的小学老师陈敬如的侄儿——也是父亲小学同学的陈卓立老师。文中讲到，良好的家庭教育养成了父亲勤劳忠勇、刻苦钻研的意志和灵敏的理解能力。本村的腾云两等小学堂（1924年改名为腾云小学）与祖父的家只隔一条小巷，父亲自幼天天都能听到学校先生讲课的声音。4岁时，他就能熟读《三字经》等几本启蒙课本。

7岁的时候，父亲入学读书。他一边读书，一边还要帮别人家放牛。据说他喜欢骑在牛背上在野外嘈杂的环境中看书，目的在于锻炼自己专注读书的能力。

父亲入学的时候，启蒙老师为叶友山先生。当时欧风东渐，清王朝开始废除科举，兴办新学，一般文人志士也逐渐倾向新文化。博学多才、望重乡里的叶先生因年高自愿引退，并荐陈敬如先生主持腾云校务。陈先生崇尚新学，经常向学生介绍章太炎、邹容等人所著的带有早期民主革命思潮的新书，使父亲幼小的心灵受到启迪并开始孕育着革命的倾向。

这两位先生是我父亲的良师。叶友山先生为他起名叶挺，陈敬如先生为他接上一个别字（注1）——希夷。希夷一词出自《老子·道德经》："视之不见，名曰夷；听之不闻，名曰希；"为老子作注的《河上公章句》中释义为："无色曰夷，无声曰希。"后人理解"希夷"二字寓"清静无为，任其自然"之意。历史上有一位被后世道教徒尊奉为"老祖"的陈抟（871—989），字图南，自号扶摇子，是唐末、五代著名的隐士、道教学者。宋太宗赐号希夷先生。

两位先生为叶挺取名、号，说明了他们对这位弟子的前程有着殷切的期待，对他未来为国家为民族振兴的事业而做出大贡献寄予厚望。

1911年，父亲在15岁时考入惠州府立中等农业学校。同年转入广东陆军小学堂学习，1914年12月毕业后进入湖北陆军第二预备学校。1918年，毕业于保定陆军军官学校（注2）。1919年，经辛亥革命元老同盟会嘉应州主盟人何子渊六弟何贯中（注3）介绍，在福建漳州加入建国粤军（注4），并加入中国国民党，走上了追随孙中山先生"三民主义"的革命道路。

1920年，孙中山命令建国粤军攻打桂系军阀莫荣新。黄皮径一

第一章 澳门岁月

役,父亲率部一举击溃了四倍于己的敌人,声名大振。同年10月,他就任工兵营副营长。1921年,调任孙中山建国陆海军大元帅府警卫团第二营营长。

1922年6月,粤军总司令陈炯明的部队炮轰总统府,父亲奉命守卫总统府前院,掩护孙夫人——宋庆龄脱险。

我在离休后,从中央档案馆发现国民党当局收存的一篇题为《囚语》(注5)的文字,是父亲在"皖南事变"后,于1941年1月14日被扣押期间写的。我看后的感觉是父亲写给我母亲的。他在文中记述了这次危难。从这篇文章中可以看到,短短的几个月,父亲经历了他人生中七次"落荒逃生"的三次。

民(国)十一(年)与薛伯陵(注6)、张向华(注7)同任孙大元帅府警卫团营长。六月间,陈炯明以二师之兵围攻总

◎ 这是父亲1917年在保定陆军军官学校时期的照片。广东陆军小学堂、湖北陆军第二预备学校和保定陆军军官学校共6年的军事教育、训练,为他的征战生涯奠定了坚实的基础。

府,余与伯陵两营人守御之。激战一日夜,当攻破之际,余与伯陵偕同向前门逃出。乱兵拥入,余一手撒五万元钞票于地,乱兵争拾取,余辈乘机挤出。在街上,复前后受机枪扫射,余二人逃散。余走数街,为乱兵追逐入一穷巷,一洗衣妇助我,取一梯登瓦上,走数十栋,始入一印刷店,为一老妇所收容。

3

事后,为陈炯明视为叛逆而通缉。此一次也。兵败之后,不数日,余偕伯陵潜乘轮至黄浦(埔),登总理及委座所指挥之"楚豫"舰后突入白鹅潭。及许汝为兵败韶关之讯到,总理偕委座及陈策登英舰"武汉"号赴香港,余与林植勉、李南溟攀龙无术,并遵总理嘱咐留舰上。去年斩头的欧阳格密与陈炯明方商议投降条件,乃监视余三人,拟缚献陈炯明一邀功。幸得水兵之助,逃至沙面,得一英人护送至航香港之轮船,始脱险。此二次也。至香港不数日,复奉孙(总)理之命,偕伯陵由广州湾潜至高州山中,协同电白县长谢晋臣编集绿林豪杰约千人,举兵抗陈炯明。约二月,事败,复逃至香港。此三次也……

——叶挺《囚语》

1924年,父亲经孙中山先生推荐,赴苏联入莫斯科东方劳动者共产主义大学(东方大学)和红军学校中国班(位于莫斯科郊外莫洛霍夫卡营地)学习。东方大学开办于1921年秋,是一所专门培养革命干部的政治学校。瞿秋白第一次赴苏期间,曾应聘为东方大学中国班教授,讲授俄文并担任理论课的翻译。在父亲到莫斯科的那一年前后,朱德、王若飞、聂荣臻等中国共产党的早期领导者都在这两所学校学习。同年,父亲先后加入中国共产主义青年团和中国共产党,由信仰"三民主义"转而信仰共产主义。

1925年,父亲回国后,担任国民革命军第四军(粤军)十二师三十六团独立团团长,随第四军十二师参加北伐。

有史料记载,是周恩来提出任命父亲为独立团团长的(注8)。

在湖北汀泗桥和贺胜桥等战役中,父亲坚决果敢,指挥有方,率领独立团接连打赢这两场硬仗,获得了"北伐名将"之美誉,第四军亦有"铁军"之称,北伐军占领武汉后,部队大规模扩编,升任第十一军第二十四师师长,并被国民政府提升为少将。

父亲曾经对我们讲过,在北伐战争中攻打汀泗桥、贺胜桥的时候,两仗都是敌守我攻、敌众我寡的恶仗。当时部队中不少战士是第一次上战场,见到枪林弹雨、血流漂杵的阵势,恐惧、逃避的心理反应是必然会有的。在那种形势下,指挥员不坚决采取一些非常手段,就会压不住阵,就不可能取得战斗的胜利,当然也就不会有

"铁军"响当当的称号。

父亲说,在鏖战激烈的时候,他拿着手枪往前冲,亲自督战,谁临阵退却就枪毙谁,而且他还真的枪毙过人。

注释:

1. 《礼记·曲礼》上有"男子二十冠而字,女子十五笄而字"的说法,在名之外取字的目的是为供他人称呼,表示对自己的尊重。旧时,一般人尤其是同辈和属下只许称尊长的字而不能直呼其名。唐宋以后,繁文缛节日盛,读书人之间认为称字还不够谦恭,于是又有了比字更为恭敬的称呼——号。号也叫别称、别字、别号。《周礼·春官·大祝》:"号为尊其名更美称焉"。名、字是由尊长代取,而号初为自取,称自号;后来,有了别人送上的称号,称尊号、雅号等。

2. 保定陆军军官学校(简称保定军校)位于直隶(今河北省)保定城东郊,是中国近代军事教育史上成立最早的军事学府,前身为清朝北洋陆军速成武备学堂、陆军速成学堂、陆军军官学堂。1912年至1923年期间,保定军校共办9期,毕业生有6300余人,其中不少人后来成为黄埔军校教官。在北洋政府、国民党及中国共产党阵营都有保定军校毕业学生。从北洋行营将弁学堂(1902年)算起,保定各军事学堂(校)共培养训练了11000余名军官,其中超过2000人获得将军的头衔。仅保定陆军军官学校,在短短的11年中9期毕业生就培养了后来成长为少将以上的将军达1700余名。

保定军校前7期只招收全国三所陆军中学堂(民国后改称陆军预备学校)学制二年之毕业生;而陆中只招收全国十八所陆军小学堂学制三年之毕业生;陆小则只招收14~15岁的具初小或私塾学历的子弟。故从陆小、陆中至保定军校执行的是一整套严格的军事养成式教育。

3. 何贯中(1888—1920),字庸非、辉淑,讳贯中,同盟会员;广东梅州兴宁人;辛亥革命元老、中国现代教育奠基人、同盟会嘉应州主盟人何子渊六弟。1909年,南京陆军第四中学毕业后,保送到保定军咨府军官学校(后改名陆军大学)学习,与李济深为同班同学。历任北伐军第二十二步兵师八十七团第三营营长、援闽粤军独立营营长。在北伐过程中,何贯中展现了卓越的军事指挥才能,立下了赫赫战功。1920年秋,经辛亥革命元老何子渊等人多方斡旋,援闽粤军奉孙中山之命,何贯中与邓仲元参谋长一起回师平叛桂系军阀莫荣新,不幸在惠州淡水与桂军激战时,身负重伤牺牲,时年32岁。孙中山大元帅随即追授何贯中为上校团长,葬粤军第一师陵园,是安葬广州在"粤军第一师陵园"阵亡的粤军最高级别高级将领。邓演达、叶挺、叶剑英等客家子弟通过何贯中介绍,先后在粤军中谋得了不同职位,最后走上了追随孙中山先生"三民主义"的革命道路,为中华民族的伟大复兴立下了汗马功劳。

4. 粤军在中国近代史上是一支曾发挥重要作用的军队。辛亥革命时期,胡汉民、陈炯明曾组建有8千人的建国粤军第四军北伐,后来这支部队被遣散。护国战争后,在孙中山支持下,由广东省省长朱庆澜拨出其亲军二十营交由陈炯明统率,是为援闽粤军成为近代粤军的雏形。粤军移驻汕头,随后攻取闽南26个县,建立闽南护法区。陈炯明、许崇智等在闽粤边境编练军队,于1920年夏回粤驱桂,将桂系的广东督军莫荣新逐出广东。在援闽粤军返粤驱桂战役结束后,全部粤军已扩充至八九万人,共编为三个师、十个独立旅、六个路司令,但各部官兵不少由敌军残部收服而来,素质不齐,病态百出。孙中山先生有见及此,即于粤军各部基础上选择素质较好的一部整编为第一师,罗致粤军中一些较有朝气的军官和由保定军校毕业不久的青年军官等作为第一师的骨干。当时被邓铿选入第一师的陈可钰、李济深、李章达、邓演达、叶挺、陈铭枢、陈济棠、蒋光鼐、蔡廷锴、张发奎、薛岳、余汉谋等人,其后均成为中国军政界叱咤风云的人物。1924年3月,孙中山下令将中央直辖粤军和东路讨贼军改称建国军。建国粤军第一军第一师师长为李济深,叶挺任第二旅第三团第二营营长。

5. 叶挺《囚语》全文如下:

"自古艰难惟一死,伤心岂独息夫人。"吴梅村感恸深矣,戏拟四句不协(谐)律的诗:

第一章 澳门岁月

不辞艰难那（哪）辞死，生死原来相游戏。只问此心无愧作（怍），赤条条来光棍逝。

至友任光，为中国音乐名家，《渔光曲》、《王老五》等均其杰作。随我至军中后，新作甚多，别有风格，对群众心理及大众化问题均深切明朗，军中均以'王老五'呼之。此次率其新爱伴随余行军，备受危苦。十日晨在高坦乡，正值激战中，教导队奉我令加入前线作战。我作简短演说后，群情激动。任君即指挥唱其新歌《东进曲》（实为《别了，三年皖南！》），与四周机关枪及手榴弹声溶（融）成最伟大战斗交响曲。及是夜，全军转移至拾锦坑（石井坑），沿途数遭机关枪扫射。任君夫妇在余后被截击，落荒逃至一民家。翌日（十一日）晨，余知之，使人觅之归。观其狼狈困惫之状态深恸民族天才随余受难，惭感无已。及十二日，终日重围苦战中，情况万分紧张，余忙迫无暇关照其夫妇。入夜，四面燎火漫烧，曳光弹如萤箭四面飞来，侧后方阵地已为击破，余等已不得不移动。见余侧数尺伏卧人堆中，勿（忽）有二人辗转地上，在激战中不能闻其哀号。有人高呼："'王老五'受伤了！"余近视之，知其重伤在腹部。时萤箭蝗飞，余心痛如割，无语足以慰之，无法足以助之。及后闻战士言，"王老五"老婆亦受伤了。任君夫妇当作同命鸳鸯矣，悲乎！愿后世有音乐家为我一哀歌以吊之。

余素无非分之想，绝非事业野心家也，但三次被叛逆之罪，七次一败涂地，落荒逃生。民十一年与薛伯陵、张向华同任孙大元帅府警卫团营长。六月间，陈炯明以二师之兵围攻总统府，余与伯陵两营人守御之。激战一日夜，当攻破之际，余与伯陵偕同向前门逃出。乱兵拥入，余一手撒五万元钞票于地，乱兵争拾取，余辈乘机挤出。在街上，复前后受机枪扫射，余二人逃散。余走数街，为乱兵追逐入一穷巷，一洗衣妇助我，取一梯登瓦上，走数十栋，始入一印刷店，为一老妇所收容。事后，为陈炯明视为叛逆而通缉。此一次也。兵败之后，不数日，余偕伯陵潜乘轮至黄浦（埔），登总理及委座所指挥之"楚豫"舰后突入白鹅潭。及许汝为兵败韶关之讯到，总理偕委座及陈策登英舰"武汉"号赴香港，余与林植勉、李南溟攀龙无术，并遵总理嘱咐留舰上。去年斩头欧阳格密与陈炯明方商议投降条件，乃监视余三人，拟缚献陈炯明一邀功。幸得水兵之助，逃至沙面，得一英人护送至航香港之轮船，始脱险。此二次也。至香港不数日，复奉孙（总）理之命，偕伯陵由广州湾潜至高州山中，协同电白县长谢晋臣编集绿林豪杰约千人，举兵抗陈炯明。约二月，事败，复逃至香港。此三次也。民十六年，清党事起，南昌举兵，至汕头，一败涂地。与周恩来、聂云（荣）臻潜伏乡间约一月，乃易服乘渔舟逃至香港。此四次也。是年冬间，广州之变起，历三日极之艰危，事败。余易服偕吾妹作难民逃至香港，几为香港警察所扣留。此五次也。后三日，复潜逃到日本东京，屡受警察所追查，仅留一月，不得不再行潜逃。在敦贺赴海参崴轮上，为便衣侦探盘问四分钟，几为所扣。此六次也。此次皖南惨变之事，余不得不负责任。担任军长三年来，实非所愿。三上辞呈，二次走避，而终不免于陷入漩涡，一败涂地。自动投案，又被（判）叛逆之罪。此七次也。余与吾妻谈及吾遭遇之事，吾妻答曰："尔名与别字便是征兆，铤而走险，绝少平安"，可（以）此作解释矣。去年七月过柳州，访张向华，向华指着我的面说："尔这个衰仔，当了三年军长，不升不调，又辞不掉，全国找不到第二个。"我默然笑曰："那是我的福吧。"至友严立三，现任湖北代主席，常谓自己为不祥之人，非遭变乱必不出而任事。余亦有同感焉。汉口未失陷前，余与立三在省府谈及我的辞职事。立三喟然曰："不干也好，留以有待吧。"呜呼，立三！余历经折磨，此心枯矣，尚何待耶！去年蒋慓然、徐赓陶二君亦屡劝我不干，谓尔脚踏两片船，终有落水之日，并谓尔若在那处做事，总司令早已过瘾了。余无以答，只付之一叹。去年冬余妻回香港，过桂林时曾访李任公及陈劲节。来书云，二人均甚关心尔，深怪尔为什么不出来？此间传尔已被扣留。余致任公书有云："当危难中，何忍舍部属于不顾？挺今日处境，正如走百丈独木危桥，已无返顾余地，桥折则溺水死耳。"今日桥果折矣，亦语谶也。

由重围苦战流血的战场，又自动投入另一心灵苦斗的战场了，后者比前者令人提心吊胆更加几倍。一个人，当可能达到他生命最后一程的时候，他的感情与理智，或感情与感情，或理智与理智（意识），一切矛盾是最容易一齐表现在他的心头激烈争斗着，比血的战场还要利（厉）害。他需要眼泪，好似后者需要血一样，这不是妇人、懦夫的眼泪，是壮士哭战友的眼泪。他需要狂歌，需要狂

第一章 澳门岁月

笑,最后一个意识、一个感情战胜了一切了,他会发出凯旋的微笑。

昨天《前线日报》载,周恩来在《新华日报》写着:为江南死国难者志哀,并写:"千古奇冤,江南一叶……""一叶"不知作何解?大概是指一页历史吧。若是指一个不值半文的囚徒叶挺,则那个"冤"字是不恰当的。应当改为"奇遇"好些。我这次遭际,却(确)实是人生的奇遇。自到友军后,直至上饶,数日间,阶下囚与坐(座)上客同时兼备一身。古人云,昔日坐(座)上客,今朝阶下囚。与我比起来岂不逊色?我现在所食伙食,据仆人说,每天四块,一月就是一百二十块,可说是全世界最高等的囚徒了,岂非奇遇。

我的结婚戒指,十五年来无日离开手指,但三次离开就碰着三次遭难。潮汕之败走乡僻中,恐为人著目,取置袋中。广州失败逃香港,留置吾兄家中。此次至上饶囚室,又为取去代存,大概怕我吞金自杀吧。吾妻若信谶兆,以后必将此戒指钉在我的指上,如此不至灾难矣。

前偶游泾县对河一古寺,适一和尚坐化,得其焚葬方法,用一缸、两担炭满足,真是最经济、最合理的方法。此时我发愿:他日能将我躯壳(当然是在灵魂开了小差之后)照这个法子处理,是最好的。

吾妻于二十一号来一电,嘱我应为六七个儿女(第七个尚在胎里)珍重自惜。妻儿的私情固深剜着我的心,便我又那(哪)能因此忘了我的责任和天良及所处的无可奈何的境遇呢?我固不愿枉死,但责任及环境要求我死,则我又何惜此命耶?覆吾妻一电,请求代发,据闻尚未发出。电云:

"电悉。军人天职,人格重于生命。处无可奈何之境,听天由命可也。尔可在家为我祈祷,切勿赴渝奔走及来电询问,与(于)事无补。孙曲人谅可脱险,任光夫妇受重伤,谅无救。希(卅日)"

吾在乡,幼年甚爱读前后《出师表》、《正气歌》、《苏武致李陵书》、秋瑾及赵声等诗,感动至雪(血)涕,造成一个悲剧角色的性格。十三岁时,曾手抄邹容的《革命先锋》(《革命军》)、陈天华的《猛回头》、汪精卫的《革命绝不致召瓜分论》及《民报》等书,养成一种对社会的反抗性格。此时约当宣统二三年,我私自把辫子剪去,受吾母痛骂一顿,我亦大哭一顿,但未遵母命留回去。及后入

惠城农业专门学校，值三月廿九日广州起义后，到处捕杀无辜之人。我伏校中不敢出，后由校长亲引至知府面前，发一护照，遣回家中，但我终抗命不留回辫子。又一次纠合乡中数同学实行破除迷信，将乡中所有土地神（约七八个）香炉均打破。致动全体农民之怒，集学校兴问罪之师，勒令赔回香炉。诸同学均照办，我独不从，遭吾父痛打一顿了事。又八九岁时就学私塾，塾师严酷无比，屡挞我，我必暗中报复。为其煮饭时私混沙于米中，或摘空心菜时私入苍蝇于孔内。我幼年性格倔强，一直至成人没有改变。吾妻常对我叹说："江山易改，本性难移，尔真真不能改变一点吗？"吾三儿性格颇倔强，屡抗其母。吾妻辄叹曰："真有其父必有其子了！"

他日我死了，墓碑愿只有郭沫若君为我一题。我爱其字，尤爱其为人。在事变前数日，曾托人送给他及刘为章君两刀宣纸，想收到时我已在缧绁中矣。君睹物宁不为我一叹耶！我墓碑题款：历史悲角叶希夷之墓。

"自由"像水和空气一样，得之不觉可贵，失之则难堪，或至于死。只要（有）在沙漠中才觉得水的可贵，只有在病中才觉得健康可贵。屠格涅夫说过："我爱自由胜过世上的一切。"

闻黄源亦死于此次皖南惨变，在阵中头部受弹伤，立即殒命。黄君本为国新社记者，到皖南军中后参加军中工作，为印刷所副所长。工作努力，成绩亦甚好，在此次惨变中饱受奔波饥饿之苦，形容憔悴，又不免一死。痛哉！

闻陈子谷君被俘，禁锢于离余八九里之山岩中。陈君本旅泰国华侨富商之子，本为国家民族的血诚，回国参加抗战。彼善日文，担任本军对敌工作部职务，以一无党派立场之书生，或可免党狱折磨之苦矣。

人之将死，其言也善。即是说：人到临死的时候才能说老实话。因为没有为生而自私的观念，自然所说的才不会虚伪的。我今日到此境地，才体会到这个意义。

未理发已一个多月了。仆人数次问要理发吗？我答可不必。今日理发师又来，遭我拒绝。适有友人在谈话，问我原（缘）故，我说，这是我今日仅仅所能做的自由，囚徒的自由。仅能从不字上着想，不能从要字上着想。譬如尔要活，他人偏不要尔活。假如尔想

第一章 澳门岁月

不要活,这是尔可以做到的自由。历史上有这个事实,洪成筹(承畴)为清大(太)祖所俘,态度坚决屈,清大(太)后亲临囚室劝之,亦不从。大(太)后出,谓人曰:'成筹(承畴)无死意,彼尚拂其衣上尘,爱其衣,岂独不惜身耶。'我之不理发,当然不是这个意思。我今日幸为囚徒,为人生所难逢境遇。须发蓬蓬,是囚徒本色,为什么不保持这样本色呢?

今日我特别觉得须的可爱。我在自由的时候,吾妻很讨厌它,我每过几天必须刮一次,吾妻必笑问:"今日为什么又刮须?"我只能一笑答之,彼此均会意了。漫漫长日,在囚室中特别爱抚须深思:觉我的唇不知何日才有朱唇可吻之福?今日只是摩一摩须,也感到一点快感。今日因须长,才发见下唇的须皆逆生,这或者是多遇逆境的征兆吧。我已发愿,我一日不得自由,必不理发剃须,这是我的自由。民国三十年元月廿一日。

6. 薛岳,字伯陵,广东省乐昌县人,1896年出生。11岁时考入广东黄埔陆军小学,开始接受军事教育,与张发奎、黄琪翔、叶挺、许志锐等人是同窗。14岁加入了孙中山的同盟会,于1914年入武昌陆军第二预备学校,1916年毕业后,与邓演达、张发奎、李汉魂等一同考入保定军校第六期。不久离开保定,参加援闽粤军。粤军回粤后整编,薛岳进入以邓铿为师长的粤军第一师。1921年5月,孙中山在广州就任非常大总统,发动第二次护法运动。薛岳任大总统警卫团第一营营长。次午6月16日,叶举、洪兆麟发动兵变,炮轰越秀楼,围攻总统府,薛岳与叶挺率官兵曾冒着枪林弹雨,掩护孙夫人——宋庆龄安全撤离,深得孙中山嘉许。

7. 张发奎(1896—1980),字向华,广东始兴人。1916年毕业于武昌陆军第二军官预备学校,回粤军由排长逐级升至旅长。1925年冬任国民革命军第四军第十二师师长,次年参加北伐战争,在攻占汀泗桥、武昌城等作战中,因有战功升任被誉为铁军的第四军军长。1927年4月,宁汉分裂,张拥护汪精卫,反对蒋介石。6月,被武汉国民政府任命为第二方面军总指挥。率部入赣,准备讨蒋。7月宁汉合流后,追随蒋、汪反共。1930年蒋冯阎战争中,联合桂系支持冯、阎反蒋,出兵岳阳,失败。抗日战争期间,先后任集团军总司令、兵团总司令、战区司令长官、方面军司令官等职,率部参加过淞沪、武汉、昆仑关等战役。1945年抗战胜利后，任广州行营（后改行辕）主任。1947年改任总统府战略顾问委员会委员。1949年3月任陆军总司令，7月辞职，去香港定居。卒于1980年3月10日。

8.《周恩来年谱（1898—1949）》（中共中央文献研究室编）记载，（1925年）11月指导组建以原大元帅府铁甲车队为基础的国民革命军第四军独立团。全团约有2千人，由共产党员叶挺、周士第分别任团长、参谋长。团设党支部，连有党小组。党支部由广东区委军事部直接领导。周恩来亲自过问排以上干部的任免、人员补充和重大军政训练问题，并亲自编定干部和新兵训练计划，向官兵进行政治教育，经常听取叶挺的汇报和予以指导。这是第一支由中国共产党人掌握的武装力量。

母 亲

◎ 这张照片是在"四八"空难后从父母亲的遗物中找到的。在我的记忆中，母亲永远是这样的娴静、温柔。

我的母亲李秀文出生于1907年，祖籍是广东东莞，后随父亲合家移居澳门。我的外祖父李少村是一位开明绅士，性格直爽，贤达爱国，家境也比较富裕。母亲与父亲认识的时候，是广东省立执信女子中学的学生。

1923年，父亲回到广州叶家祠中。就在这个时期，他接触到了《新青年》、《前锋》、《向导》、《湘江评论》等进步刊物，受到了很大的影响。

当时父亲的同事李章达住在昌兴街，与母亲家隔街相望，而且李章达与外祖父家还有一点亲戚关系。父亲经常到李章达家中做客，时间一长，也就认识了母亲。

第一章 澳门岁月

母亲是家中的小女儿,她有一个姐姐,也就是我的姨妈李秀英。

母亲娟好静秀,是一位知识女性,父亲则是英姿勃发,极富朝气的革命军人,两人一见钟情,很快就确定了恋爱关系。以后到谈婚论嫁的时候,外祖父对父亲说:"你是一个穷光蛋,还没当上团长,没可能娶到我的女儿,做到团长以后,就可以跟我的女儿结婚了。"

外祖父的一番话是出于当时母亲年纪尚小的原因,但更多的是用了"激将法",激励父亲要有所作为。外祖父是一个很开明的人,家学渊源,教女有方而又能与时俱进,所以母亲不仅有教养,也很开朗大方。在学校她是高材生,在外祖父和时代的影响下,母亲很早就开始关心时事,经常阅读一些进步文章。

1925年8月,父亲奉命回国。11月,出任国民革命军第四军独立团团长。外祖父看到父亲的确才华横溢、年轻有为,于是答应了他的请求并亲自带着刚满18岁的女儿到了独立团驻地肇庆完婚。

◎ 母亲说父亲名字的"征兆"是:"铤而走险,绝少平安",然而她毫不犹豫地融入了父亲的事业和生命之中。

父母亲的婚礼是在肇庆一座临湖的别墅里举行的。据记载,证婚人是当时高耀县的县长,男方的主婚人是父亲的堂兄,女方的主婚人是我的外祖父,司仪由独立团团部的一位副官担任。婚礼十分简单,连乐队也没有请,参加的人员只有双方的亲朋好友,宴会也很简单。

新中国航空科技工业开拓者——叶正大将军回忆录

新婚不满3个月,父亲就率领独立团作为北伐先遣队,从肇庆经韶关挺进湖南,拉开了北伐战争的序幕。以后的两年中,他戎马倥偬,大部分时间都是在战事中度过,所以只能将母亲和家留在广州。

在我的记忆中,父亲与母亲的感情非常好,他们俩人共同生活了20年,聚少离多,但即便被迫分隔两地,俩人依旧情深意笃。父亲在《囚语》中写出了他们缠绵隽永的深情。

我出生的那一年

◎ 母亲的一生只有短短的39年,但却永远地在凝望着每一个孩子的未来。

1927年8月22日,我出生在上海。母亲曾经对我讲过,因为当时上海的医疗条件毕竟要好一些,加上父亲无法照料,所以她怀我临产时到了上海,住在四川北路,那是父亲安排的一个住处。

那一年是中国近代史上政治形势变化最为激烈的一年,也是我们一家的境遇跌宕起伏、变化最大的一年。

史料记载,具有代表性的事件首先是4月12日蒋介石在上海发动反革命政变,收缴工人纠察队的武器,捕杀工人和共产党员。

5月17日,驻宜昌的国民革命军独立第十四师师长夏斗寅,乘武汉政府举行第二期北伐,武汉空虚,勾结四川军阀杨森在鄂南叛变,通电攻击共产党"以暴民政治扰乱两湖",进逼距武昌仅40里的白纸坊,武汉形势危急。就在那一天,武汉政府任命当时已经担任第十一军第二十四师师长的父亲为前敌总指挥,率所部及中央独立师出城击敌,并急召九江、武汉方面的第二、第六军回援。19日

第一章 澳门岁月

即将叛军击溃。

在以汪精卫为首的武汉国民政府实行"分共"和"清党"后,中共中央临时常委迅即决定实行武装反抗,在南昌举行武装起义。

8月1日,根据中共中央的决定,在周恩来为书记的中共前敌委员会领导下,父亲和贺龙、朱德、刘伯承等老一辈无产阶级革命军事家,带领党所掌握和影响的国民革命军及其他武装力量共2万余人,在南昌举行武装起义,占领了南昌。

党史对南昌起义的评价是:这次起义打响了武装反抗国民党反动派的第一枪,标志着中国共产党独立地领导革命战争、创建人民军队和武装夺取政权的开始。

12月11日,父亲与中共广东省委书记张太雷以及黄平(1932年12月在天津被捕叛变)、周文雍、恽代英、杨殷、叶剑英、聂荣臻等,领导国民革命军第四军教导团、警卫团和广州工人赤卫队、市郊农民举行武装起义,建立了广州苏维埃政府。在这次起义中,父亲又一次被任命为前敌总指挥。

由于数量处于优势的敌人的猖狂进攻和起义部队没有及时转入农村,广州起义遭到了失败。张太雷英勇牺牲。

从以上党的历史资料中摘录的重大事件看,在党中央做出举行武装起义、创建党领导下的人民军队等一系列决定后,父亲作为党内有影响的军事领导人始终站在武装斗争的最前列。

我出生的时候,父亲正在从南昌南下广东途中。

母亲对我讲过,父亲参加南昌起义后,受到国民党的通缉,为躲避风头,母亲怀抱刚出生的我在1927年11月来到了澳门。

为什么选择到澳门?因为香港方面与国民党当局沆瀣一气,对于内地被通缉的革命者也会监视控制,在香港居住很不安全。

外祖父家中有钱,在柯高路亚利亚架街和贾伯乐提督街分别购置了两栋房子,贾伯乐提督街76号

◎ 母亲随父亲在外奔波的时候,外婆就是最疼爱我和弟弟妹妹的人。

的这一栋给了母亲,另一栋给了我的姨妈。那时姨妈已经结婚,姨夫名麦畅生,他以后随父亲参加了新四军,长期在新四军担任父亲的副官、军需处长。

外祖父最疼爱我的母亲,而且非常理解父亲的志向和处境。在我们家经济困难时经常依靠他的资助来维系生活。

历史回眸

虽然我学习的专业和从事的工作与历史研究相去甚远,但还是很关心与父亲历史有关的史料和历史学家、党史研究专家们的分析文章,通过认真学习党史和党的多次会议对南昌起义、广州起义等问题的决议、决定以及党和军队领导人的回忆、谈话,我对父亲一生经历的历史背景有了一些了解。

1927年大革命失败后,共产国际和联共(布)在指导中国革命时,是以苏联革命为范例的,因此,中央一开始就确立了夺取中心城市的指导思想。

◎ 1996年,是父亲诞辰100周年,中央军委举行了隆重的座谈会。时任国家主席、党中央总书记、中央军委主席的江泽民同志,军委副主席迟浩田、张万年等领导出席座谈会。

第一章 澳门岁月

◎ 曾经与父亲一起征战的革命老前辈出席了座谈会，并发表了追思纪念讲话。

◎ 江泽民同志在座谈会上讲话。

南昌起义后，汪精卫急令张发奎、朱培德等部向南昌进攻。8月3日起，中共前委按照中共中央原定计划，指挥起义军分批撤出南昌南下。

在我们稍微懂事一点后，父亲曾经对我们讲过，他处境比较艰难的是南昌起义南下的那一段。队伍最后被打散的时候，只剩下父

◎ 会前，江泽民同志亲切接见了我们，右起：我、正明夫人安琪、正明。

◎ 军委副主席张万年同志出席了座谈会。

亲和聂荣臻及两个警卫陪伴着周恩来。当时周恩来病得非常厉害，高烧40度，人都脱了形。直到后来找到地方党组织，休养了一段时间后，才与聂荣臻一起护送周恩来潜往香港（注1）。分手时，父亲把他身上仅存的一支手枪留给了周恩来。

部队南下失败后的1927年12月7日，张太雷主持广东省委会议，在传达了中共中央的指示后，决定广州起义发动日定在12月13日，组成了起义领导机构——革命委员会。按照中央指示精神，广

第一章 澳门岁月

◎ 王光美同志与一些革命老前辈的遗孀参加了座谈会。我坐在他们后面。

东省委会议上决定由叶挺出任起义军总司令。

然而,鉴于父亲当时是被蒋介石通缉的要犯,从保障安全考虑,起义领导人之一黄平建议不宜过早通知我父亲,所以他事先并不知道上级的精神。临起义发动的前一天,他才被匆匆召来广州。后来聂荣臻回忆说,作为广州起义的军事指挥,叶挺"是在什么情况都不清楚的状态下来指挥起义的"。

到广州后,父亲首先与起义的最高领导们碰了头,了解了起义领导班子在他到达之前进行的起义准备、设定的方案以及敌我力量的对比和分布。经过深入思考,父亲找到广东省委书记张太雷,提出了自己的看法。他认为敌我力量悬殊,起义倘若成功,也不宜滞留广州,而应将队伍带到陆丰,与澎湃领导的当地苏维埃汇合。

父亲的意见当即遭到共产国际派来的德国人——有着"暴动专家"之称的纽曼(Heinz Neumann)(注2)的强烈反对,他给父亲扣上了一顶"土匪主义"的大帽子。因起义在即,父亲把全部心思都用在作战指挥上,没有与其争执。

广州起义发动当天,"广州苏维埃政府"宣告成立,但立即就陷入张发奎部队的围攻,形势严峻。在苏维埃政府军事会议上,已被

推举为工农红军总司令的父亲郑重提出:"不要再在广州坚持,把队伍拉到陆丰去。"父亲的意见得到叶剑英、聂荣臻等起义领导人的响应,但遭到了黄平、纽曼等人的反对,纽曼言辞激烈,说此刻绝不能退却,而应"进攻进攻再进攻!"省委书记张太雷附和了纽曼的意见,没有采纳父亲的提议。

12日上午,敌军反攻。下午,张太雷和纽曼乘车赴观音山指挥,途中遭民团伏击,张太雷中弹牺牲。广州起义失败了。

当年的12月20日,中共中央派李立三潜往香港处理广州起义善后工作。他召开会议并亲自起草《中共广东省委关于广州暴动的决议》,会议将父亲排斥在外,没有请他参加。这个决议做出了"此次暴动的最高指挥机关完全系知识分子,表现极其缺乏指挥的能力,到了紧张的时候,便慌乱起来,动摇起来,不能坚决地执行省委原定以群众为中心的策略,而把此次暴动变成军事投机。"

父亲作为起义的军事领导人也被列为失败的主要责任者。

我曾经在广东省档案馆看到过这个决议案,其中给予黄平等7人撤销职务、留党察看、开除党籍等不同处置。父亲在7人之列。决议中有关父亲的文字是这样写的:"叶挺同志任红军总司令职务,表现消极,应予留党察看六个月的处分。"

广州起义失败后,父亲又一次经历了充满危险的逃亡(注3)。

当时国民党盘查得非常严,我父亲早在南昌起义后就遭蒋介石通缉,又是一个知名的将领,很容易被发现。在码头登船赴香港时,父亲想出一个主意,自己扮成瞎子,戴着个黑墨镜,一手拄着竹竿,一手拉着我姑姑,这才躲过了盘查。

在香港,由于忘记了与在香港的广东省委机关接头的暗号,广东省委不敢贸然接纳他,结果漂泊数日。为了省钱,他在一家靠近池塘的早茶店吃饭。他说自己一边吃一边把吃光的盘子悄悄丢进池塘里,因为这里的习惯是吃完后按桌上的盘子结账。

我还记得,父亲在对我们几个孩子讲起他这段经历的时候,含着笑意的目光中露出一丝孩子气的狡黠。

第一章　澳门岁月

◎ 1996年，为纪念父亲诞辰100周年，中国邮政发行《叶挺同志诞生一百周年》纪念邮票。

❦❦❦❦❦❦❦❦❦❦❦❦❦❦❦❦

注释：

1. 《周恩来年谱（1898—1949）》记载：（1927年）10月上旬，同起义军主力部队失散后，和叶挺、聂荣臻等率领警卫部队赶往陆丰。途中病重，有时昏迷，无法行进，遂令警卫部队赶往陆丰的金厢镇集中。自己则和叶挺、聂荣臻等在中共汕头市委常委杨石魂的陪同下，到陆丰县南塘区黄厝寮村休养治疗。在此期间，还向陆丰县委农协提出开展今后斗争的建议。病情好转后，在杨石魂护送下，和叶挺、聂荣臻从金厢镇的渚村乘小船，漂泊两天一夜，到达香港。

2. 具有悲剧性讽刺意味的是，纽曼在斯大林30年代的清洗中就在苏联被处决了。他甚至没有像叶挺那样活着去抗击法西斯。他和叶挺对法西斯都是极端痛恨的，尽管在如何同法西斯战斗的问题上过去曾有分歧。转引自《宋庆龄——二十世纪的伟大女性》

3. 解放军出版社1989年出版的《叶挺将军传》（段雨生、赵酬、李杞华著）后附的叶挺年谱中记载：（1927年）12月13日起义部队相继撤离广州，到花县集中。广州陷入白色恐怖之中。傍晚，叶挺回到叶家祠家中后，带着妹妹叶珠、叶香和两个外甥以及侄孙

新中国航空科技工业开拓者——叶正大将军回忆录

叶一舟等，分乘三部人力车，转到太平沙岳母家隐蔽。

12月中旬，叶挺化装成商人，在妹妹叶珠陪伴下，搭乘"泰山"号轮船潜往香港。

1928年春节后，因香港当局配合国民党加紧搜捕共产党员，叶挺赴新加坡、马来西亚等地躲避，顺便看望胞兄秩平和一些亲友。

一别四年

1928年6月，中国共产党召开了第六次全国代表大会（简称六大）（注1）。

在此之前，父亲到了莫斯科，一次次向共产国际提出申诉，请求撤销对自己的不实指责（注2）。申诉信落到了王明（注3）手中。王明一直紧跟共产国际东方部副部长米夫，热衷于鼓吹"城市中心论"，当然排斥父亲把城市起义队伍拉到农村的主张，他对父亲的态度是疏远和排挤。

六大有一个《定"广州暴动"为固定的纪念日的决议》（注4），其中写道："中国共产党第六次大会正式决定'广州暴动日'（十二月十一日）为一个固定的纪念日，于每年十二月十一日，党要纪念它，要号召千百万

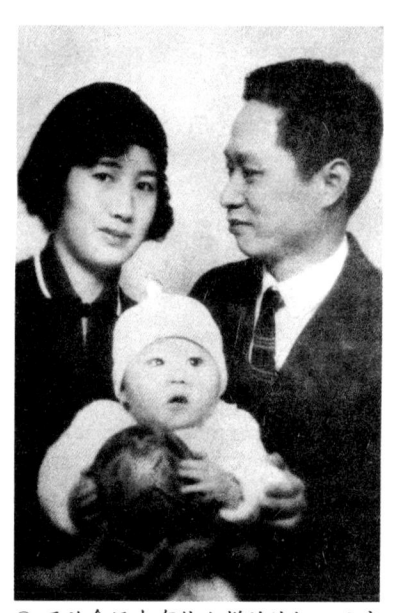

◎ 无论命运中有什么样的坎坷，父亲总会得到母亲温馨而坚定的支持。

劳动群众纪念它。""我们认为它与英勇的伟大的'巴黎公社'有同样的价值。"在大会的《政治决议案》中更强调了"大会特别号召各级党支部，要详细研究广州无产阶级英勇斗争丰富的经验。"作为广州起义主要领导人之一的父亲这时却被安排到远离莫斯科的黑海岸边疗养。

第一章 澳门岁月

父亲回到莫斯科的时候,六大已经结束,显然这是一个刻意地安排。当父亲得知会议对广州起义倍加褒奖,但对于如何纠正对起义领导人不公正处置的问题,只字未提,甚至没有列入会议议程。他不能理解,也无法忍受。

无条件接受党的处分也许应该是党员党性的表现,但父亲显然没有做到这一点。他在《囚语》中写道:"我幼年性格倔强,一直至成人没有改变。"这种倔强表现为他为了真理、理想可以不畏父母、塾师,也敢犯神明、众怒。这种性格使他无法冷静面对共产国际和当时某些领导人的冷漠、指责,他又一次给共产国际写信,要求对广州起义做认真的评议,并声明若一个月内得不到答复,就离开苏联。此信一去如石沉大海。而期间中山大学曾邀请父亲到学校演讲,米夫、王明又从中作梗,予以制止,这使父亲的革命热情受到了极大的挫伤。

他这样一个从小矢志于军旅生涯,25岁担任了孙中山先生陆海军大元帅府警卫团营长,在北伐战争中屡建殊勋、名扬天下,在共产党领导的两次武装起义中均为主要指挥员的血气方刚、理想至上的人,突然遭到错误的指责,并被冷酷地关在共产国际的门外,他的苦闷和压抑,谁又能理解呢?

此时的父亲,回国是不可能的,因为他在两次起义中所起的作用已经被国民党政府视为大逆不道的罪犯。于是他愤然离开了苏联,去了德国。

对此,周恩来在《关于党的"六大"的研究》中有过叙述:

> 当时在广州的共产国际代表是德国人纽曼,他主张起义后坚守广州,建立苏维埃。起义的总指挥叶挺同志是起义的前夜才请去的。叶剑英同志刚入党,搁在一旁没有被用。叶挺在起义的当夜主张把队伍拖出去,纽曼大骂叶挺动摇,说广州起义是进攻的,应该"进攻进攻再进攻"。第二天张太雷同志牺牲。第三天大败,仓皇退出。结果张发奎回到广州,来了个大屠杀。那时如果采取退却的方针,实行有计划的退却,或同海陆丰农民运动会合,或同在曲江的朱德同志会合,都不会如此仓皇,可以保持更大的革命力量,可以保存更多的干部。

新中国航空科技工业开拓者——叶正大将军回忆录

广州起义失败后,叶挺到了莫斯科,共产国际代表还说他政治动摇。共产国际没有人理他,东方大学请他做报告,共产国际也不允许他去。这样,他就离开党跑到德国去了。这件事我们应该给叶挺伸冤。

——周恩来《关于党的"六大"的研究》

◎ 离开莫斯科,父亲到了欧洲。面对汹涌的波涛,照片中的父亲双眉紧蹙,似乎在向我们诉说着他内心的孤独和苦闷。

弟弟叶正明曾经问过父亲,为什么当年要离开党?父亲对他讲:"我没有离开党,是党不要我呀!"

妹妹叶剑眉曾经在一篇回忆文章中写到:

1960年暑假,周恩来伯伯专门对我讲了爸爸一生的历史,在讲到广州起义时,周伯伯说:

叶挺在莫斯科的日子非常不好过,那个以百分之百的布尔

第一章 澳门岁月

什维克自居的王明，根本就没有参加广州起义，却写了篇《广州起义纪实》，向叶挺身上泼污水。叶挺写了篇《广州起义的总结报告》，却不许他申辩，反而由共产国际的代表越飞出面，通知叶挺被开除出党。

周伯伯认真地用手在我的手心上写"越飞"二字，并对我介绍其人。周伯伯继续说：由于某些原因，这事一直不便对外讲。就这样，叶挺很委屈很痛苦地离开了莫斯科，开始了十年的流亡生活。

——叶剑眉《叶挺将军在澳门生活的日子》

18年后的1946年，父亲从国民党的监狱中出来，向党坦诚的交了心："那时党内清算中国革命失败的问题，我觉得有些脱离事实。同时，因失败情绪的影响，与国民党、共产党都脱离了关系。"

弟弟叶正明曾经回忆，1962年的一个星期天，周恩来伯伯把他和在北京的弟弟、妹妹及他们的家人叫到中南海西花厅吃饭。席间，周伯伯语重心长地说："关于你们的父亲，由于你们那时年纪小，所以根本不了解。我想等你们几个兄弟都能集中起来的时候，我来

◎ 这是父亲在德国时的又一张照片，从那刚毅的目光中，我读懂了父亲。

给你们讲讲你们的父亲。有人说他有一个时期脱党，实际上他是被共产国际开除了党籍。"那天周伯伯开了个头就刹住了。

我很想听周伯伯讲讲父亲的事，但自己长时间不在北京工作，兄弟姐妹一直也没有机会集中在一起。后来，文化大革命一来，永远失去了机会。

父亲先后在德国和法国度过了4年（注5）。

25

注释:

1. 由于当时严重的白色恐怖,在国内召开这样的会议有困难,因此,在共产国际的帮助下,大会在苏联秘密召开。据史料记载:党的六大是1928年6月18日至7月11日在莫斯科州(距离莫斯科市区大约有40公里)纳罗法明斯克地区五一村召开的。出席这次大会的各地代表142人(其中有表决权者84人),代表全国党员4万多人。共产国际负责人布哈林和国际东方部负责人米夫参加了大会。此外,参加大会开幕的还有少共国际、赤色职工国际的代表以及意大利、苏联等国共产党的代表。

这次大会主要是为了系统地总结第一次国内革命的经验教训,批判"右"倾投降主义和"左"倾盲动主义的错误,明确新时期革命的性质和任务而召开的。大会的中心任务是:总结大革命失败以来的经验教训,分析中国社会性质和革命性质,制定党在新时期的路线、方针和政策,统一全党思想,发展革命力量。在大会上,共产国际代表布哈林做了《中国革命与中共任务》的政治报告,瞿秋白做了《中国革命与共产党》的政治报告,周恩来做了《组织问题报告和结论》及《军事报告》,刘伯承做了《军事问题》的副报告,李立三做了《农民土地问题》的报告,向忠发做了《职工运动》的报告。

大会选举了新的中央委员会,随后,六届一中全会选举了中央政治局及其常务委员会,向忠发、周恩来、苏兆征、项英、蔡和森为中央政治局常委。

2. 《叶挺年谱》记载:(1928年)春末接到中共党组织的通知,到苏联休养治病,同时讨论广州起义的问题。叶挺搭乘海轮,取道日本转赴苏联。

到苏联后,抱病写了《广州起义的报告》,结合起义的经过,对有关他在起义中"消极怠工"的责难,提出申辩。共产国际东方部部长米夫等人对之反应冷淡。米夫的助手王明散布流言蜚语,说叶挺在广州起义中"政治动摇"。

6月到黑海岸边的疗养院休养治病。

6月18日中共第六次全国代表大会在莫斯科召开。叶挺盼望讨论的广州起义问题未列入议程。

7月从黑海边回到莫斯科,得知六大没有讨论广州起义问题,没有澄清起义领导人的功过问题,感到迷惑不解。他写了一封信给共产国际东方部,要求郑重讨论广州起义问题,对他的功过是非做出公正结论。声明如果一个月内还不处理,他就自行离开莫斯科。但米夫等人仍然以各种方式冷落叶挺,使叶挺大失所望。

秋离开苏联到达德国柏林。不久,夫人李秀文亦从澳门来柏林团聚。

叶挺初到柏林,因前一时期受到不公正的待遇,加上失败情绪的影响,心灰意冷,买了许多德文书籍,闭门读书,打算从事德文著作的翻译和著述。还参加了德国一个提倡素食的流派。为了维持生活,与人合作在柏林工人区开饭馆,自己掌勺烹调,承包留学生的伙食。

3. 王明(1904—1974),原名陈绍禹,又名陈绍玉,字露清,安徽六安金寨县双石乡码头村人。他在党内的地位不高,1925年10月才入党,同年11月到苏联,进入莫斯科中山大学学习。党的六大时,周恩来是大会秘书处的秘书长,秘书处直接负责大会的会务工作。为了全面做好会务工作,在秘书处之下专门设立了文书、记录、翻译、庶务等四个科,他只是翻译科的负责人。但因为他追随共产国际东方部副部长兼中山大学校长米夫而得势。

1944年3月3日、4日,周恩来在延安中央党校曾做过一个报告,后以《关于党的"六大"的研究》为题收入《周恩来选集》上卷。在这篇著作中,周恩来写道:"他(按:米夫)在筹备选举的委员会中说过,中国党负责人理论上很弱,现在有些较强的同志如王明、沈泽民等,暗示可以提拔他们参加中央。"以后王明居然在1930年担任了中央主要领导,主持中央工作。

4. 中国共产党六大《定"广州暴动"为固定的纪念日的决议》全文如下:

"中国共产党第六次大会正式决定'广州暴动日'(十二月十一日)为一个固定的纪念日,于每年十二月十一日,党要纪念它,要号召千百万劳动群众纪念它。

理由如下：

（一）广州暴动是中国苏维埃革命阶段的开始，是中国无产阶级及其同盟者——贫苦的农民、兵士，开始单独的用自己的力量和勇气，企图推翻一切恶势力而建立自己的政权——苏维埃政权。

（二）广州暴动是中国的工农群众用自己的力量企图推翻帝国主义的统治的总结晶，是东方一切被压迫群众奋斗的警钟，雪亮的灯塔。

（三）广州暴动是资本主义企图暂时部分稳定的反响，是资本主义在暂时部分稳定中矛盾的产物。

（四）广州暴动给与了中国无产阶级、农民、兵士及东方的工农群众以奋斗的教训，以斗争的决心。

因此，广州暴动不是一个简单的军事行动，它不仅开辟了中国民权革命的新的阶段——苏维埃革命的阶段，而且是一个世界无产阶级革命的伟大事业。

因此，我们认为它与英勇的伟大的"巴黎公社"有同样的价值。

因此，不但中国的共产党以至于各国的共产党要直接的纪念他和研究他的教训，共产党特别是中国共产党，还应该高举着鲜红的旗帜——苏维埃的旗帜——号召成千成万的工农兵群众去纪念他，去研究他的教训，去完成他的伟大的历史事业。"

六大对广州起义的评价是基于当时共产国际指导下的党中央对中国革命形势的判断和分析的，而且当时在共产国际和中国共产党内，普遍存在着过分强调"领导干部工人化"的错误倾向，所以向忠发担任了党的最高领导人，在军事斗争中也强调士兵的作用。六大"苏维埃政权组织问题决议案"中就明确要求："我们还可利用旧式军队中富有军事知识的人充当军官，但只宜利用下级的军官，高级的则不能经常的利用；他们的军事知识并不充分，且易叛卖革命。"叶挺也许并没有被视为这一类"不能经常的利用"的高级军官，但在当时的思想路线指导下不被重视则是必然的。

周恩来在《关于"六大"的研究》中讲到，中央召开的11月扩大会议上规定了政治纪律，是为了处罚领导起义失败的同志的，"当时认为毛泽东同志领导秋收起义是失败的，曾给他处罚，解除他临时中央政治局候补委员的职务，还处罚了其他同志。""南昌起义

时,谭平山是共产党员,是国民党革命委员会委员长,他也因犯错误被开除出党。……张国焘当时也受了处分。我和李立三也受了处分。"

5. 段雨生等著《叶挺将军传》中写道:"事实上他在旅外的四年当中,曾经往返多次。早在他离开苏联到达柏林不久,他的夫人李秀文便远涉重洋赶到那里,与他生活在一起。其后李秀文怀了第二个孩子,因在国外生育花费很大,又难于照料,叶挺曾于1931年初春,从欧洲陪送她回澳门生孩子。那次回来住了半年时间,到1931年夏季,正明出生四个月之后,他们带上这个孩子,又返回了柏林。"

儿时记忆

1932年的秋天,父亲和母亲带着我的大弟弟——已经1岁半的正明乘一艘从德国出发的远洋轮回到澳门。

澳门是个很小的地方,人很少。我们住的贾伯乐提督街几乎全是二层的小楼房。院门前是宽阔的马路,环境非常宁静。我与母亲、姨妈还有弟弟妹妹在澳门度过了自己的幼年、童年和少年时光,也是与父亲在一起生活时间最长的日子。那一段时间,我们全家聚得最齐,所以那段生活经历,是我们最宝贵的幸福记忆。

我们家的房子在十字路口,二层楼有长长的阳台,正面对着的是一条大马路,侧面是一条小街道。房间面积不大,也就是一百多平方米。父亲、母亲、我还有弟弟、妹妹住在楼上。因为孩子多,父亲请人做了一张特别大的床,一顶大蚊帐,我们五六个孩子挤在一起睡。楼下是饭厅,过道一侧的一间屋子住的是父亲的弟弟叶辅平一家三口。

二楼有一个小梯子通到楼顶的露台,我和弟弟曾经在上面放风筝玩。

楼房前的院子里有一棵高大的榕树,父亲经常会和我们围坐在大榕树旁,给我们讲故事和一些浅显的革命道理。

◎ 在澳门贾伯乐提督街的这栋二层小楼中，我度过了自己的幼年、童年和少年。

◎ 这是父亲的摄影作品之一，应该是在父亲、母亲带着四个月大的弟弟再次到欧洲前在澳门我们家院里拍摄的。那是1931年的8月，照片中的我刚过4周岁。

我们嬉闹玩耍，父亲会在一边看着我们笑。他还给我们买了好些玩具刀、枪、钢盔，教我们做打仗的游戏。弟弟妹妹们在我带领下摆弄着这些玩具，攻防、迂回、消灭坏蛋、反动派……常常一玩就是几个小时。

父亲很喜欢和孩子们一起玩，他玩的很认真、很投入。

我记得有一次捉迷藏，父亲从二楼没有阳台的一侧窗户爬出去，贴在窗外的墙壁上，我们几个孩子到处找，就是找不到，过了有两三个小时，他才又从窗户爬了进来。那是有点危险的，因为窗户外面就是那条小街道。我们谁也想不到他会藏到那里，看到我们惊讶的表情，父亲显得很得意。

在澳门那些年，我们生活很节俭，每月买一两只鸡改善一下生活。记得当时家里请了一位大师傅做饭，我们都叫他"彬

第一章　澳门岁月

◎院子不大，但足够我们嬉戏玩耍。这是我和正明、扬眉、剑眉的合影。

◎二楼卧室，是我们的练兵场，这个由父亲亲自设计的大床，晚上用来睡觉，白天作为阵地，进行实际作战能力训练。

公"。开始彬公做的鸡块很大,每个孩子夹一块就没有了,后来父亲就让他做成鸡丁,用鸡骨头做汤,这样保证家中每个人都可以吃到一点鸡肉。

父亲那时就是一个摄影发烧友了。他从香港买来暗房器材,自己在家里冲洗胶卷。我们在院子里大榕树下玩耍或者一家人去野餐、游泳,父亲都会给我们拍照。那时全家拍了很多照片。父亲到新四军后也保持着摄影的爱好。我记得他的副官梅文鼎(注1)从香港为他买了一架相机和一只可以打开来做坐凳的手杖。那些年,他拍了不少新四军官兵行军打仗和生活、工作的照片,有1000多张,解放后,我把这些照片都捐赠给了军事博物馆,军博还搞过一次父亲的摄影作品展(注2)。

父亲拍的照片很有艺术性,我曾经拿他的摄影作品给一些从事摄影专业的人看,他们都夸赞不已。

父亲在家中曾经养过金鱼、鸽子。他将二楼的厕所改造成鸽舍,养了10多只鸽子,每天都会放出去。我至今还记得那些鸽子在天空中盘旋飞翔的情景。在院子的四角还安放有一米多见方的养金鱼的鱼缸,房间里面也放有好几个玻璃鱼缸。

家中孩子多,我是老大,难免会带着弟弟妹妹们淘气。我要淘气过了头,他也会生气。有一次,我把他养金鱼的一个玻璃鱼缸打坏了,他很生气,将我关在房间里,用鸡毛掸子打了我。那一次给我留下了很深的记忆。

父亲担任过粤军工兵营的副营长,经常会在二楼阳台上搞火药试验,那是很危险的。有一次火药突然燃烧起来,烟灰喷到他的脸上,搞得他满脸漆黑,还好没有发生大事故。

他和我们住在一起,虽然全家团聚,其乐融融,但我们能看出来,他有时心情很不好,郁闷、烦躁,一到这种时候,他会闷头抽水烟袋。

我记得,一次他的侄子叶钦和来看望他,父亲很关心地问起他在大革命失败后的情况。当叶钦和对他讲起由于自己几次失业,迫不得已曾经到过国民党的一个基层政府里混饭吃的时候,父亲勃然大怒,他一拍桌子,站起来吼道:"没有饭吃,不会去跳海!你不如回家靠自己种田;这样不更干净吗!"最后,他鼓励叶钦和:"你不

第一章　澳门岁月

父亲摄影作品欣赏

◎ 青弋江竹筏

◎ 面对镜头的船工们

◎ 推独轮车的汉子

如到江西找红军去吧!"

　　父亲和我们住在一起的那些日子,并没有消沉,他始终关注着中国共产党在国内斗争发展的动向和情况,关注着国事变化。我后来才知道,他一直与廖承志、阳翰笙、柯麟(注3)等有中国共产党背景或与之有联系的人员来往,并坚决地拒绝了陈诚、陈济棠等人发出的"共事"的邀请。在这一段时间里,他还加入了由宋庆龄主持的"反帝民族解放大同盟"。

　　父亲曾多次去香港,与廖承志等人联系。澳门的柯麟医生和廖承志等都是共产党在港澳的地下组织负责人,他们经常会代表组织

33

◎ 黄山西海牌坊峰

◎ 黄山天都峰山道

◎ 黄山听涛居前小桥

给我们家一些生活费。父亲与他们关系密切，甚至会把自己的一些私事委托他们来办。我们家离开澳门后，贾伯乐提督街的房子就交柯麟医生照料。

　　1936年5月，潘汉年从苏联回国途经香港，中共中央交给他的一项任务是到澳门看望我的父亲。在那次见面中，潘汉年向父亲介绍了中国共产党根据形势变化和共产国际第七次代表大会关于建立反法西斯统一战线的精神，调整了革命方针策略，正在着手促成国共再度合作，建立抗日统一战线等新情况，并转达党希望他能参与党的抗日统一战线工作。

　　党主动派人与父亲取得联系，使他很兴奋。

第一章 澳门岁月

注释：

1. 梅文鼎（1903—1982），广东台山市端芬镇山底村龙腾里人。毕业于广州市立师范学校。抗战时期，追随抗日名将、新四军军长叶挺将军，历任副官长、军需科副科长等职。太平洋战争爆发前，他经常来往港澳，将华侨筹募的军需品解运到江苏、安徽新四军驻地。1941年1月"皖南事变"后，叶挺将军被拘禁，梅文鼎陪同叶挺夫人李秀文女士，手持李济深先生亲笔信，奔走于上饶、重庆、桂林、恩施之间，积极营救叶挺将军。叶挺将军夫妇坠机遇难后，他以在香港经商所得救助叶将军的遗孤。1948年初，协助李济深在香港组建中国国民党革命委员会，任民革中央团结委员，对民主革命运动多有贡献。1952年被推选为香港《文汇报》董事长，直至1982年逝世，长达30年，对爱国新闻事业贡献尤大。是1931年创刊的《汝南之花》的创办人和主持人。

2. 《叶挺将军摄影作品展》1989年1月在上海美术馆举行，由上海市新四军历史研究会、中国人民革命军事博物馆、上海摄影家协会联合主办。现皖南云岭罗里村"种墨园"新四军军部旧址设有《叶挺摄影艺术展》。

3. 柯麟（1901—1991），曾用名辉萼，1901年生于广东省海丰县。1920年海丰中学毕业，考入广东公医大学。1924年加入共青团，不久转为中共党员，任该校团支部书记。1926年毕业，留该校附属医院当医生。1927年赴武汉出席全国共青团代表大会，后被派往国民革命军第四军，先后任二十四师教导队医官、军部医务处主任。是年9月随第四军回广州，任该军后方医院副院长，参加广州起义。失败后避难上海，开设达生医务所作为党的秘密联络点，并参加中央特科的工作。1929年彭湃牺牲后，柯麟配合党组织惩杀了出卖彭湃的叛徒白鑫。后经党组织决定，离沪到福建厦门工作。嗣因该地党组织遭破坏，遂赴香港开设华南药房，后按照组织安排，举家移居澳门。历任澳门镜湖医院慈善会副主席、镜湖医院院长，澳门华侨协会主席，澳门南通银行董事长，中山大学医学院、华南医学院、中山医学院院长。中华医学会广东分会会长,广东省科协主席,卫生部顾问,澳门镜湖慈善会名誉主席、镜湖医院名誉院长。是第一至第三届全国人大代表,第五、第六届全国政协常委。

小学时期

我们居住的楼前不远有一个庐家花园,以后就在这个花园里开办了培正学校。从小学到初中一二年级,我都是在这所学校读书。

◎ 我们的幸福,母亲的骄傲。我和正明、华明依偎在母亲的身旁。

记得读小学四年级的时候,学校组织初中部的童子军进行一次野营,每个人都要自带行李、炊具并要在郊外住三天。父亲听说此事后,跑到学校向校长提出让我参加这次野营活动。当时只有初中学生才能参加童子军。

妹妹叶剑眉对这件事记得很清楚,她在一篇文章中回忆:

爸爸对我们既风趣,又非常严格。他经常带领全家到路环野餐、游泳、拍照。我们脱了衣服,躺在软绵绵的沙滩上,浴

第一章 澳门岁月

着阳光,吸着海风吹来的新鲜空气。他总爱站在海边遥望远方,后来我们才懂得他心里在想多灾多难的国家。

◎ 那天天气好,父亲的心情也好,于是他支起三脚架,设定好光圈、快门,设计和拍摄了这样一张全家福,地点是澳门家中楼前的小院。从父亲身后依次排下去——我、正明、华明、扬眉、剑眉,母亲怀抱的是小弟弟正光。

他把自己的心血,都倾注在孩子们身上,他总是想方设法创造条件,要把我们培养成为不怕困难的人。记得我大哥才9岁时,正读小学四年级。有一次学校初中部组织野营,要到郊外住三天。这件事不知怎么被爸爸知道了,爸爸特意找校长商量,要我大哥也参加野营,最后校长被说服了。大哥从未离开过家,平日胆子比较小,但他怕不去爸爸会生气,就只好硬着头皮去了。在野营中,最初大哥很害羞,不敢和高年级的同学说话。但到了肚子饿的时候,慢慢地就和同组的大同学说起话来。第二天,人家能做的事,他就跟着去做。慢慢地学会了洗米、切菜、架帐篷……第三天下了一场大雨,大哥回来时淋得像落汤鸡似的。爸爸笑了,他顾不得儿子全身湿淋淋的,一下子把他抱起来，问长问短……

——叶剑眉《叶挺将军在澳门生活的日子》

我从小酷爱航模，喜欢玩玩具飞机。读初中后，我自己动手用白木薄片自制飞机模型。母亲看我这么热衷于制造飞机，特意托人在香港先施公司买了一些制造飞机模型的图和薄木片。那时候，家里的书柜里，摆满了我做的木片飞机。

一天，我邀妈妈和客人看我放飞自己制造的模型。我制作的白木小飞机有一尺多长，靠橡皮筋做动力，妈妈、客人及弟妹们一起来到院子里，我转动桨叶，然后向上抛出，小飞机腾空而起，在天上转了几圈。妈妈、客人和弟妹们一起拍手，为我叫好。

◎ 我和弟弟正明随父亲、母亲出游时拍的，我记得这是在广东从化的一个景点。

我的弟弟妹妹们

在澳门居住的那些年里，母亲前后生了7个孩子，都是在镜湖医院（Kiang Wu Hospital）出生的。那是一家很有名的由澳门华人主办的非牟利慈善医院，据记载是在1871年（清同治十年）落成的。1892年孙中山先生在香港西医书院毕业后曾经在该医院任义务医生，是澳门的第一位华人西医。父亲的好朋友柯麟医生曾经担任镜湖医院慈善会副主席、镜湖医院院长。

我的大弟弟叶正明，出生于1931年4月13日。父亲在德国的时候，母亲到那里去陪伴他，在那里怀上了正明，由于欧洲生育费用高，所以，父母亲回到澳门。正明四个月大的时候，随父母亲又

第一章 澳门岁月

一次去了德国,一直到来年的秋天才回来。正明在父亲身边的时间比我和其他弟弟妹妹都要多。以后,他与我一起到了苏联学习,我们两人同时进入莫斯科航空学院学习。由于二战结束不久,苏联的物质生活条件很差,有几位同学都生了病,正明也是其中的一个。他患上了肺结核。在当时,这个病还是挺凶险的,于是他休学回国治疗。那时候还没有实行公费医疗制度,正明看病需要钱,于是就写信给澳门的马万祺先生,请他将澳门的房子卖掉,好用卖房子的钱治病。以后,他收到了马先生寄来的钱,用那笔钱治好了他的病(注1)。

◎ 我和正明一起出游时的合影。

正明1956年毕业回国,他知道我们在沈阳组建了飞机设计室,所以也要求分配到了那里,与我在一起工作。但时间不长,中央决定要搞低空导弹,将他调出了飞机设计室,先到北京,紧接着就到了上海地空导弹研究所工作。文革中,由于我们21个留苏学生被康生等诬为"苏修反革命特务集团",受到审查。正明是受迫害最重的几个人中的一个。文革后,他到七机部工作,以后参与创建了中国对外应用技术交流促进会并担任主任、顾问。

他在沈阳时期与当时在长春电影制片厂做演员的安琪结婚,1958年生下叶大鹰,以后又有了一个女儿叶小燕。安琪在1958年以后,随正明调到北京,开始是在八一电影制片厂做演员,后来到北京电影学院任教。

正明很聪明也很勤勉，不幸的是由于突发脑溢血，2003年1月24日在北京逝世。

我的三弟因患白喉，不幸早夭。

四弟叶华明，出生于1935年，原名福恒。他10岁那一年和正明、扬眉一起到延安。解放后，他一直住在聂荣臻叔叔家。1953年，华明从北京101中学毕业，他的愿望是想当一名空军飞行员，后来聂叔叔要他去哈军工上大学，学的是航空发动机设计专业。在哈军工学习半年之后，华明被选派到苏联莫斯科军事航空工程学院学习。1959年，叶华明学成回国，被分配到国防部第五研究院工作。华明有两个女儿，大女儿叶向阳，二女儿叶向东。

1983年底，华明到深圳担任了深圳市科委主任，半年后，他组建了先科技术开发公司，与荷兰飞利浦公司合作生产激光视盘。他对这个项目很执着，经过他的不懈努力，先科公司生产出了中国第一张激光唱片、第一张激光视盘、第一台激光唱片机，还生产了中国第一张DVD光盘、第一台DVD播放机等众多的第一。

1992年1月，邓小平同志南巡时，曾视察过华明领导的先科公司。有报道说，小平同志一看到他就问："你是叶老二？"华明急忙答道："不是，我是老四！"接着小平同志又问华明："正光在哪里？"华明告诉小平同志正光在海南工作时，小平同志高兴地点了点头。视察后，小平同志对华明领导的先科很满意。临行前，华明代表先科公司还向小平同志赠送了激光唱片（注2）。

◎ 我和正明（左）、扬眉（右）、剑眉（中）在一起。

我的五妹名扬眉，1936年生，是我们家第一个女孩儿，她很聪明，也很活泼，父母亲很疼爱她。"皖南事变"后，父亲被关押在重庆，母亲赶往重庆探望父亲时，是带扬眉去的。后来她与正明、华明一起到了延安。抗战胜利，父亲被释放出狱，周伯伯从延安回重庆时，带扬眉一起走。途中，飞机遇

第一章 澳门岁月

到强烈的寒流,机翼和螺旋桨都结了冰,在这种情况下,周伯伯将降落伞给了扬眉,这个故事被编入了小学语文课本(注3)。非常不幸的是,在1946年4月8日,扬眉随父母亲还有小弟弟阿九一起遇难牺牲了。

六妹名剑眉,解放后从读小学到高中一直在北京,住在聂荣臻叔叔家。高中毕业后,考入北京师范大学。她的爱人是鲁屿唯,1955年在苏联莫斯科航空学院学习火箭总体设计专业。1958年回国,在国防部五院及七机部等单位工作。

剑眉很能干,曾在《深圳特区报》主编《海石花》

◎ 周恩来伯伯和父亲一样,非常喜欢扬眉。这是1942年,母亲带着扬眉到重庆时,周伯伯与扬眉的合影。

(后改名《深圳风采》)杂志。我看到网上有她的朋友写文章回忆道:"剑眉大姐文雅、高贵、美丽,是超凡脱俗的美女。""她人十分直爽,心里怎么想就怎么讲,因此容易得罪人。剑眉大姐工作十分认真,在当主编期间,从组稿到发稿、排版、校对,常常是自己加班加点完成,小女儿鲁超当时才7岁。长年的日积月累的操劳,身体变差了,她经常告诉我:'我现在腰疼,腰都弯不下来……'她是懂得生活、热爱生活的女性,特区初期的工资不高,她的服装都是自己设计自己加工的,花钱不多,但穿起来显得十分大方得体。"(注5)

剑眉在北京的时候,不仅得到聂叔叔一家的悉心照顾,而且周恩来伯伯和邓颖超妈妈也非常关心她。1963年,邓妈妈曾经写给剑眉的一封信(注6),信中流露出对剑眉的关切之情,令我看后非常感动。

◎ 剑眉在工作。

◎ 转眼间,弟弟妹妹都长大成人,不仅建立了美满的小家庭,而且有了下一代,这是在剑眉公公的家中。前排右边是剑眉怀抱着小女儿鲁瑶(注4),她的身后是啟光。前排左边是正光的妻子董桂芝。我的前面是华明的女儿叶向阳。剑眉的大女儿鲁颖骑在我的肩头。

剑眉是1993年患肠癌去世的。此前的一段时间里,她发现便中有血,到医院检查后,被告知是痔疮,但在按照痔疮治疗后,便血的状况没有改善,于是找到另外一家医院,这次检查的结果是直肠癌,而且由于前家医院误诊,错失了最佳的治疗机会,癌症已经扩散到了肝脏。得到这个检查结果后,剑眉到了北京,住进了中日友好医院。3月,医院发出了病危通知,当时我在外地出差,得到消息后赶到医院,剑眉已是弥留之际,但神志十分清醒。我噙着泪水对她说:"剑眉,你不要难过,你先去了爸爸妈妈的身边,以后我也会到爸爸妈妈身边,我们兄妹会在爸爸妈妈那里相聚……"听我这样说,剑眉留下了热泪。

1999年,剑眉的丈夫鲁屿唯去世。他们的女儿鲁超现在定居澳洲。

我的七弟叶正光,1939年出生。高中毕业后进哈尔滨军事工程学院学习,大学毕业被分配到七机部工作。以后到天津电视机厂工作。他与哈军工的同学董桂芝结婚后生有一女一子,女儿叫叶小梅,儿子叫叶铁军。他后来回北京创办六合天融(北京)环保科技有限公司,现在是六合环能投资集团的实际控股人和董事长,香港上市公司——中国新能源公司董事局主席。

八弟名叶啟光,也是出生在澳门。他后来是跟着姨妈在广州长

第一章 澳门岁月

◎ 1951年，我和正明（前排中）回国探亲，与华明（前排左一）、剑眉（后排右一）、正光（后排左一）的合影。那时他们都住在聂荣臻叔叔家中。

大的。1959年从广州一中高中毕业，考取了哈尔滨军事工程学院。他的妻子是贺小平，小平是贺子珍同志的胞兄贺敏学同志的女儿。启光和小平生有两个女儿，大女儿叶敏，小女儿叶文。启光因病于2002年10月12日在澳门去世。

我最小的弟弟——阿九，1943年出生在桂林，1946年与父母同机遇难。

注释：

1. 关于此事的实际情况，见本回忆录第十五章"故土情怀"。
2. 详见1992年3月26日《深圳特区报》通讯《东方风来满眼春》。
3. 课文题为《飞机遇险的时候》。见九年义务教育六年制小学教科书语文第六册（人民教育出版社2002年12月第1版）。
4. 2003.8.14. 金羊网，纵瑞霞《高干家庭》。
5. 此信已收入《邓颖超书信选集》，内容如下。
6. 鲁瑶不是叶剑眉的亲生女儿，是收养其夫弟弟的孩子，是亲侄女。

致叶剑眉〔1〕

亲爱的剑眉：

  我在外地时，看到张秘书〔2〕转来你的信，我很惦记你的病情。回京后，即打电话到皮库胡同，又和你哥嫂〔3〕处通了电话，知你已在春节前出院，病已好些了。我还和张妈妈〔4〕通了电话，对你的病的挂念，才稍减轻。今天又收到你的来信，知道你自己掌握，在医生许可的情况下，做点你力所能及的工作，这样心情愉快，病体也易复元。希望你继续按期去门诊，生活上注意有规律，勿过劳累，也不要急着进城来看我们。等天气暖和些时，我会去看你的。在你出院回家后，是否还需要半导体收音机？望告。

  匆此。愿你早日痊愈！

  问屿维〔5〕好！

  周伯伯问你好。

你的邓妈妈
一九六三年二月十二日

你外婆〔6〕病中需要什么，可与广州有关机关联系协助解决。又及。

根据手稿刊印

注：〔1〕叶剑眉，叶挺和李秀文之女。

〔2〕张秘书，即邓颖超的秘书张元。

〔3〕哥嫂，即叶剑眉的二哥叶正明和二嫂安琪。当时叶正明在国防科委五院工作。安琪为八一电影制片厂演员剧团演员。

〔4〕张妈妈，即聂荣臻的妻子张瑞华。

〔5〕屿维，即鲁屿维，叶剑眉的丈夫。当时在国防科委五院工作。

〔6〕外婆，即叶剑眉的外祖母刘德宜。曾与女儿李秀文变卖首饰细软支持革命事业。

第一章　澳门岁月

离开澳门

　　1937年初春,父亲离开澳门,到了上海。后来,母亲带着我也到了上海。我还记得,那一年"八一三"后的几天里,日本飞机轰炸当时国民党空军在杭州的笕桥机场。我就在阳台看远处的天空中,中日空军战机在激烈的格斗(注1)。

　　史料记载,1937年10月间,蒋介石同意将在江西、福建、广东、湖南、湖北、河南、浙江、安徽八省十四个地区的红军游击队改编为国民革命军新编第四军(简称新四军)。至此抗日民族统一战线正式形成,第二次国共合作开始。

　　父亲曾对我讲过,他当新四军军长确实是周恩来出的主意。在上海的时候,周恩来让父亲去找他认识的国民党内的同学活动,让他们去告诉蒋介石他愿意出任新四军军长。因为父亲当时是无党派人士,双方都可以接受。因此,蒋介石抢先下命令,任命我父亲为新四军军长。同年11月,父亲去了延安,同党中央毛泽东、朱德、

◎ 在新四军将领中,父亲(右一)的军装有点特别。也许是不愿意与众不同,在新四军时期的许多照片中,父亲经常着便装。

新中国航空科技工业开拓者——叶正大将军回忆录

周恩来等中共中央领导人在交换了意见后,中央批准了我父亲任新四军军长。

陈士榘(注2)同志在回忆中讲道:

> 1937年抗战爆发后,叶挺毫不犹豫地赶到延安,共产党用很高的规格迎接这位归来的游子。毛泽东亲自主持为他在抗大礼堂举行了欢迎叶挺的干部大会,我也参加了那个大会。记得叶挺用夹杂着广东乡音的北方话说:"革命就好比爬山,许多同志不怕山高,不怕路险,一直向上走。我有一段时间,爬到半山腰又折回去了,现在又跟上来了!"那提高到最大的声音就在会场飘荡。
>
> ——陈人康《一生紧随毛泽东:回忆我的父亲开国上将陈士榘》

◎ 1939年2月,周伯伯、项英叔叔与父亲的合影。

◎ 1939年3月,父亲送周伯伯乘青弋江竹筏西上。

◎ 1939年初,父亲赴重庆,在机房街八路军办事处与董必武伯伯、叶剑英叔叔的合影。当时董必武伯伯是中共代表团的成员和中共中央长江局、南方局的主要领导人之一。叶剑英叔叔任中共中央长江局委员、南方局常委。

◎ 1939年,新四军部设在安徽泾县云岭,母亲也到云岭与父亲一起生活过一段时间。这是她与新四军政治部组织科长张凯(右一)等人的合影。这也是父亲的摄影作品之一。

第一章 澳门岁月

蒋介石以为我父亲在接受新四军军长任命后,会先去拜见他这个委员长,因为父亲当军长的任命是他先发布,近10年来共产党对父亲也不怎么好,所以父亲应该对他表示忠心和感谢。谁知道我父亲却在接受任命后,先同副军长项英到了延安。蒋介石对此异常不满,大发脾气,认为他上当了。

"皖南事变"后,父亲被羁押在恩施,弟弟叶正明和父亲在一起,那时候他问过父亲,到延安时谈过党籍问题吗?父亲对他说谈到过。父亲对他说,自己到延安后和毛主席谈了整整一夜。父亲又说:"我已经当了军长,党籍的问题能不能恢复。"当时我父亲想法是即便不能公开恢复党籍,哪怕秘密恢复也行。可是毛主席说:"你不当共产党比当共产党起的作用更大。当了共产党你就不能当新四军的军长了,许多话和要求也不好说了,因为国民党不会让共产党员当新四军的军长,也不会采纳共产党的建议和要求。"毛主席也向

◎ 父亲很喜欢田间劳动,这是他在部队驻地的农田干活休息时的照片。看到这张照片,我想到了在桂林观音山时与他一起养羊、养鸡和猪的那段时光。

◎ 父亲经常在新四军军部所在地的云岭中村小河里游泳,这两张照片应该是同一天拍摄的。水面不大,但水质清洁,没有污染,孩子们与军长一起嬉水,其乐融融。

47

父亲表达了这样的意思,即并不是你叶挺不能当共产党员,而是你不当共产党员对开展工作更有利。父亲听从了毛主席的这种安排。

父亲出任新四军军长时,母亲变卖了一批首饰,为他买了3600支枪,送给新四军。那时候,我们每天都关注着有关新四军和父亲的消息,为新四军取得的胜利感到高兴。

我的堂姑姑黄桃仙曾经回忆,1939年10月,父亲回到澳门,还为她未出生的孩子起名(注3)。

注释:

1. 1937年8月13日,日军大举进攻上海,当日下午14时,中国航空委员会发布《空军作战命令第一号》,命令中国空军投入战斗。8月14日中午,中国空军第四大队在大队长高志航的率领下刚刚飞抵杭州笕桥机场,就接到日军9架轰炸机突然来袭的消息。还没来得及补充油料的中国空军战机立刻升空迎敌,很快与日机混战成一团。日军战机接连被击落,而中国飞机无一损失。15时40分,燃油耗尽的中国飞机撤出战斗,"比分"锁定为6比0,中国空军首战告捷。

笕桥空战戳穿了日本空军不可战胜的神话,世界各大报纸和通讯社都详细报道了此次空战,纷纷称赞中国空军的英雄壮举。在之后几天里,日军组织疯狂反扑,但一再遭受重创,日本鹿屋航空联队队长石井义大佐也因为无法交差而剖腹自杀。

2. 陈士榘(1909—1995),湖北省荆门市人。1927年加入中国共产主义青年团,同年参加湘赣边界秋收起义并转入中国共产党。土地革命战争时期,任中国工农革命军第一军第一师一团教导队区队长,中国工农红军第四军排长、副连长、副营长、副大队长,红十二军第三十四师参谋处处长、参谋长,红一军团司令员作战科科长、教导营营长,第四师参谋长,红十三军参谋长、代军长,红一军团随营学校校长。参加了长征。抗日战争时期,任八路军一一五师三四三旅参谋长,晋西支队司令员,八路军一一五师参谋长,山

第一章 澳门岁月

东滨海军区司令员。解放战争时期,任新四军兼山东军区参谋长、华东野战军参谋长兼西线兵团司令员,第三野战军参谋长兼第八兵团司令员和南京警备司令员。

中华人民共和国成立后,任华东军政大学副校长,中国人民解放军军事学院训练部部长、教育长,中国人民解放军工程兵司令员兼特种工程指挥部司令员、政治委员,中共中央军委顾问。是第一、第二、第三届国防委员会委员,第一、第二、第三届全国人民代表大会代表,第一届全国政协代表,中国共产党第九、第十届中央委员。1955年被授予上将军衔,荣获一级八一勋章、一级独立自由勋章、一级解放勋章。1988年被授予中国人民解放军一级红星功勋荣誉章。1995年7月22日在北京逝世,享年86岁。

3. 中新社记者宋秀杰在2006年9月9日刊出的报道《黄桃仙忆叶挺将军居澳往事》中写道:

9月10日是叶挺将军诞辰110周年的纪念日。在此纪念日之际,中新社记者专程来到广东惠州市惠阳区秋长镇采访了叶挺胞弟叶辅平的妻子——89岁的黄桃仙老人。她回忆了曾经在澳门与叶挺一家生活过一段时间的往事。

黄桃仙独自居住在惠州市惠阳区秋长镇一套两居室的房子里。尽管年近90,但精神矍铄、思维活跃,看起来就像是六七十岁的样子。她告诉记者,她是深圳坑梓人,在光祖中学读至初一。后经亲戚介绍认识叶挺的胞弟叶辅平,叶辅平当时是新四军军需处处长,比她大16岁,前妻给他留下了三个孩子,俩人于1938年10月结婚,生活在澳门叶挺家中。

黄桃仙亲切地称叶挺为"挺哥"。她回忆说,1939年夏,叶辅平带着她来到澳门,让她住在叶挺家。当时叶挺家位于澳门贾伯乐提督街七十六号,是一幢面积约100多平方米的两层小楼。当时黄桃仙已有身孕,在那动荡的岁月,她深知生活的艰难,却没料到孩子还没生下来,她的丈夫叶辅平已经牺牲了。1939年9月,37岁的叶辅平押运一批军用品到抗日前线,途经广西南宁八塘山时,不幸以身殉职。

噩耗传来,叶挺全家十分悲痛,但却瞒着黄桃仙。黄桃仙许久没收到丈夫的音讯,心中有不祥的感觉,却又不敢问。1939年10

月，叶挺从前线回到澳门家中，同时为叶辅平黄桃仙未出生的孩子取名。黄桃仙说："挺哥当时取了两个名。他说，男孩就叫叶吉明，女孩就叫叶凯眉。"这样取名是因为叶辅平的大儿子叫叶吉唐。叶挺的女儿一个叫叶扬眉，一个叫叶剑眉。同年12月，黄桃仙在澳门一家医院生下了儿子叶吉明。

"皖南事变"后

1941年1月8日，震惊中外的"皖南事变"爆发，新四军伤亡惨重。1月14日，父亲下山与国民党谈判，被无理扣押。

我记得很清楚，得知父亲被捕后，向来文静的母亲痛哭失声，三天不能起床吃饭。从那以后的两年多时间里，我们全家没有了欢乐，每个人都被一种焦虑、期盼的情绪笼罩着，大家的谈话内容几乎都是对父亲的思念、担忧和对父亲平安的祈愿。

父亲一生坎坎坷坷，经历了难以想象的曲折。在他写的《囚语》中有这样的话：

> 余与吾妻谈及吾遭遇之事，吾妻答曰："尔名与别字便是征兆，铤而走险，绝少平安"，可（以）此作解释矣。
> ——叶挺《囚语》

"夷"字的释义有"平坦"、"太平"、"平和"等意，而"希"字除有"希望"、"希冀"、"希求"等意外，也通"稀"字，有"希少"、"稀罕"的意思。母亲用了文人常用的文字游戏，对父亲的名字做了一番解析，体味其中含义，我觉得并无一丝嗔怨，表达的是她愿与父亲同甘苦、共命运的一种深情。

父亲被强行扣押后，开始被关押在上饶李村监狱。以后又被转至桂林、重庆、恩施等地，一直处于严密禁锢状态。在被关押在李村监狱时，从1941年1月21日起，父亲开始写作自述——《囚语》。

第一章 澳门岁月

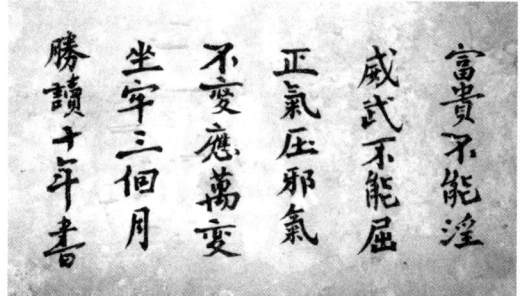 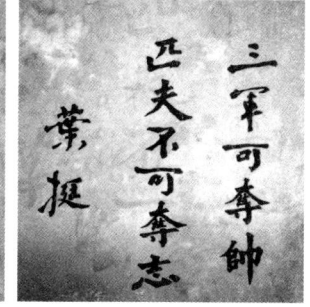

◎ "皖南事变"后,父亲被拘禁,这是他写在牢房墙壁上的字。

1942年,蒋介石再次派人逮捕父亲,将他关进重庆白公馆。在这一段时间里,蒋介石曾与父亲见过一面,第二天,父亲用对话形式记下了这次谈话的内容(注1)。文中,甲即蒋介石,乙为父亲。"△△△"代表新四军,以"△△党"代表共产党。文中的"三人"为蒋介石、郭忏(注2)和我的父亲叶挺。

廿一年五月十二日晚上八时半

　　甲步入客厅频点首。口哼哼不止。三人三角对坐毕。

　　甲:身体还好?

　　乙:还好

　　甲:一年来休养怎样?有什么反省觉悟的地方?这几年没有很好让尔做点事。

　　乙:屡经挫折失败,自觉能力薄弱,无法应付环境。

　　甲:尔这个人太老实,上了人家的当还不觉悟。人家叫尔回去,尔就回去;叫尔打就打,人家利用尔完了还会杀了尔,去年(实为前年)为什么不来见我就跑回去;人家要尔回去,尔就回去。

　　乙:因为辞职没批准,只好回去。对△△△案子我已尽了自己的能力。第一次给我们移动的命令,是我到上饶去商议决定的。大意是,因皖南敌情和地形关系无法渡江,必须走苏南渡江过苏北;在移动期间,苏南皖南各军部署不变动。假如调几师迫在我们周围,则我是不能负责的,我预先已说过了。又过江必须经过重重封锁线,必然会对敌作战,所以弹药须酌量发给。但到后来这个命令完全变更了,第二次命令要我们依期

限由皖南渡江,又新调来了三个师,连原有的共七个师,在我们一百里路以内的周围,弹药又不发给。这个时候我打电报去辞职,又没有批准,我只好带着部下去逃命。《孝经》上这样说:"小杖则受,大杖则逃。"我们不善逃命,而至遭受灭亡,则是我对部下不起。现在上饶还监禁几百干部,我对他们应该负责。我处置失当,我愿受军法裁判。

甲:(大声)尔的部下就是△△党!他们破坏抗战,搅乱后方,尔上了当还不觉悟,还对他们负责!这样我关起一百多人,是我错了么?

乙:如果这样说,△△△开始就不应该成立了。

甲:话就说到这里止!再说就不好听!尔是不是△△党?

乙:到现在止,我没有任何党籍。

甲:尔觉得△△党对,尔就到那里去;尔觉得国民党对,尔就到国民党来,没有中立的地方。我指示尔一条正路,尔能绝对服从我,跟我走,尔一定可以得到成功,不然尔就算完了。

乙:我早已决定我已经完了!

甲:也不是那样意思。我叫尔到第六战区去好好休养,尔的前途是光明的。

乙:如果照这样做,大家一定说我自私,怕法律处置,我不能这样做。

甲:回去好好想一想,同郭司令商量好了答复我。

乙:(起立鞠躬)谢谢委员长。

乙回来还同郭忏谈话约一小时。最后结语:我不能这样做,请枪毙我吧。

接二连三的劝降和颠沛流离的生活,并没有削弱父亲的意志,当时母亲也到了重庆,她通过周恩来找到国民党高级将领陈诚,获准到监狱探望父亲。在一次探望中,父亲要母亲把他在监狱里手制的一枚"文虎章"交给郭沫若,作为祝贺郭沫若50寿辰的礼物。

1942年11月16日,母亲带妹妹扬眉到郭沫若在重庆的赖家桥寓所拜访,将父亲的礼物转交给了郭沫若。

"文虎章"是北洋军阀统治时期的勋章名,父亲在这里借用这一

勋章名，实际上是用一个香烟罐内的圆纸片制成的。正中用钢笔横写着"文虎章"三个字，周围环绕写着"寿强萧伯纳，骏逸人中龙"10个字；背面写着："祝沫若兄五十大庆。叶挺"。母亲还用红丝线钉上佩绶，用红墨水加上边沿，使其更加鲜艳。对于这件再简单不过的贺礼，郭沫若感叹地说："这样一个宝贵的礼物，实在使我怀着深厚的谢意和感激，我感激得淬着了眼泪。"

过了不久，郭沫若从郊区搬到了城中。一天，他又从母亲手中得到父亲写给他的一封信，在信中父亲还谈到了这枚

◎ 1942年，母亲带着扬眉赶往重庆，探望被关押的父亲并四处奔走营救父亲。这是在重庆时与邓颖超妈妈的合影。

◎ 母亲和邓妈妈在1942年的合影。

◎ 照片中最右边的是饶漱石的夫人陆璀，她在清华大学读书时是"一二九"运动的骨干，以后在新四军军部任职，建国后担任过全国妇联国际工作部部长，对外友协副会长。

"文虎章":

> 沫若兄:
>
> 在囚禁中与内子第二次聚会,彻夜长谈二十四小时,曾说及十五日将往祝郭沫若兄五十大庆,戏以香烟罐内圆纸片制一"文虎章",上写:"寿强萧伯纳,骏逸人中龙"两句以祝。别后自思,不如改为下二句为佳:"寿比萧伯纳,功追高尔基"。
>
> 　　　　　　　　　　　　叶挺　十一、十四
> 　　　　　　　　　　　　在渝郊红炉厂囚室中

在这封信后便附着被人们称为《囚歌》的诗作。原诗是:

> 为人进出的门紧锁着,
> 为狗爬走的洞敞开着,
> 一个声音高叫着:
> 爬出来呵,给尔自由!
> 我渴望着自由,但也深知道
> 人的躯体哪能由狗的洞子爬出!
> 我只能期待着,那一天
> 地下的火冲腾,
> 把这活棺材和我一起烧掉,
> 我应该在烈火和热血中
> 得到永生。
>
> 　　　　　　　　　　　　六面碰壁居士
> 　　　　　　　　　　　　卅一、十一、廿一

父亲与郭沫若结识很早,北伐时期,郭沫若任北伐军政治部副主任、行营秘书长等职。从那时起,他们就结下了深厚的友情。

第一章 澳门岁月

注释：

1. 解放后，我有一次见到杨尚昆同志，他告诉我在中央档案馆保存有一份父亲的手稿。我去档案馆查找到，请他们复印后带回。我和弟弟叶正明都保存有复印件。(作者自注)

2. 郭忏（1893—1950），字悔吾。1898年4月3日（清光绪二十四年三月十三）出生于浙江省诸暨县。相继毕业于浙江陆军小学、武昌陆军第二预备学校、保定陆军军官学校第六期炮兵科，1926年任国民革命军营长，1928年任国民革命军第二十军参谋长。次年，任陆军第六师步兵第六旅、第十七旅旅长。1933年，任第五军、第十六军参谋长，赣粤闽湘鄂"剿匪"北路军第三路总指挥部参谋长，参与第五次对江西中央苏区的"围剿"。抗日战争期间，任湖北省防空司令兼陆军第一八五师师长、第九十四军军长、代理武汉卫戍司令兼洞庭湖警备司令、第三十三集团军副总司令、长江上游江防司令、江北兵团司令、第六战区长官部参谋长、副司令长官，参加常德会战。1950年去台湾，任"总统府"战略顾问。1950年7月31日卒于台北。

第二章　动荡年代

桂林团聚

　　1943年五六月间，驻湖北宜昌日军以6个师团的兵力进攻鄂西，直逼国民党第六战区门户。国民党第六战区司令陈诚指挥14个军，与之苦战月余，致使日军在付出万余伤亡代价后撤离战场。国民党方面称此为"鄂西大捷"大肆张扬。蒋介石很高兴，提议组织慰问团赴前线慰问，并邀约各报刊记者随团前往采访报道，中国共产党主办的《新华日报》亦接到邀请。

　　周恩来伯伯在闻知此讯后，亲自安排《新华日报》与父亲有一面之交的记者陆诒去鄂西战区采访。行前，周伯伯向陆诒布置说："你此行有一项特殊任务。叶挺现在恩施，由第六战区司令陈诚负责看管，你带上我的亲笔信单独见陈诚，向他提出单独访问叶挺，我料他不致拒绝。"

　　陈诚在看到周伯伯的信后，果然安排陆诒与父亲见了面。

　　这次见面以后，父亲被转而安排到了李济深（注1）管辖下的桂林，我们一家也被允许与父亲住在一起。母亲带着我们几个孩子

第二章 动荡年代

与姨夫麦畅生一家离开了澳门,由于香港当时已被日本侵略者占领,所以只能通过敌人封锁线,走韶关、长沙到广西桂林。

我已经有四年多没有见过父亲了。这一次相见,看到父亲变化很大,消瘦了,乌黑的头发已浮上一丝丝的斑白。

父亲早一个月到的桂林,住在由李济深安排的城里一家小旅馆里。当时都传说父亲获得了自由。国民党名义上给了父亲一个"高参"的空衔,实际上以此作为继续软禁父亲的挡箭牌。

◎ 李济深。

母亲和姨妈一家以及我们几个孩子,一大家子10多口人到桂林时,父亲已经被转到了桂林郊区观音山麓一个住处,那里原来是李济深准备在日本轰炸桂林时临时办公的地方,大概有二三十栋平房,我家住了其中的几间。后面就是观音山,是一个石头山,有小路可以通山上。房子前面是一大片坟地,再往前是一条公路,附近有一个中正中学,我和弟弟妹妹都在这个学校里读书。

◎ 我与任岳(左三)、华明(右一)带着孩子们到桂林,寻访当年我们住过的地方。这是在原八路军办事处前合影。

57

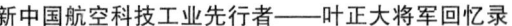

当时廖承志（注2）被国民党关在监狱里，他的家人，包括母亲何香凝老人和妻子经普椿、儿子廖晖都住在离我们家不远的几间平房里。

在这里，隔壁住着特务，前面马路上的一个小茶寮，也被特务霸占用来作为监视父亲的据点。父亲有时会进城，到书店里买一些书刊杂志，只要他一上街，特务肯定跟着。父亲非常厌恶这些特务，经常骂他们——"你们这些狗，跟着我干什么?"但特务们死皮赖脸，骂也骂不走。就连我这个十三四岁的小孩子，上学时也有特务跟踪，一直跟我们到学校门口。

有一天，我们放学回家后，父亲把几个孩子叫到屋门前，他坐在一个小竹凳上，我们围成一圈站在他面前。父亲对我们说："从明天开始，你们的名字全部改掉！"我原来的名字是福农，父亲给我改名正大，老二福麟改为正明，下面是华明、正光，父亲最疼爱的女儿——我的五妹改名扬眉。父亲说："你们的名字合起来就是'正大光明、扬眉吐气'！"

当时李济深对我们家还是挺照顾的，我记得每月支给三担军米，但在当时，这一点补贴远不能负担起全家的支出。这一年8月中旬，母亲又生了一个小弟弟，这是第9个孩子了。小弟弟出世后，我们这一大家子的生活更加拮据。为了维持生计，父亲把他心爱的莱卡相机都变卖了。

注释：

1. 李济深于1885年出生于广西苍梧，原名济琛，字任潮，中国著名民主主义革命家。早年毕业于北京陆军大学，曾留学日本。1924年任黄埔军校教练部主任、副校长。1925年任国民革命军第四军军长。北伐战争时期，任国民革命军参谋长。很早即与叶挺结识，且交往甚密。

2. 1942年初，廖承志经东江游击区进入内地，到粤北参加中共南方工作委员会领导工作。5月，在粤北乐昌坪石镇，被国民党绑架后入狱。

第二章 动荡年代

办了一个饲养场

"我们来养些猪、羊、鸡吧!"——父亲想出个好主意。一来可以贴补家用,二来也能让我们这些孩子得到锻炼。家里很快就变成了一个小饲养场——养了400多只鸡、几头猪和一群羊。每天放学后,我们帮着父亲一起侍弄这些家禽、家畜。

我至今都记得很清楚,为了养鸡,父亲带着我们在屋前的空地上挖了10多个1尺多见方的坑,下面用一层草一层泥土这样重叠几层,最上面是一层泥土,在上面隔不久洒上少许水。由于草里有虫卵,过不多久,虫卵就会孵化出小虫子,这时,把这些草和泥土翻出来,里面有很多鸡爱吃的肉虫。我们的鸡全都是散养的,除了吃我们培育的虫子,这些鸡就在外面的草地里自己觅食。

我们养的羊群,每天由我们几个孩子早上上学前赶到后面的山上去吃草,傍晚羊群会自己下山回到羊舍。那些山路上经常有两三尺长的蛇出没,父亲每次上山都带一根小竹棍。蛇见到人会昂首恐吓,这时父亲就用棍子打过去,人们常说"打蛇要打三寸",也就是要打在蛇头部以下三寸的地方,一打到这里,蛇就瘫软了。父亲把蛇捉回来,放进一个竹管里,加上一点盐水,封好口,挂在羊舍外边,羊群回来后,就让它们饮用这种蛇水。吃这样的水,再加上一点黄豆喂养,羊就会长得非常健壮。这种蛇水对羊很有诱惑力,所以根本不用担心放出去的羊群不会回来。

在放羊时我观察到母羊生小羊的过程。小羊一下子会从母体生出来,然后,母羊将刚出生的小羊全身舔干净,小羊在几分钟后就会站立、走动,然后就跑了起来。我第一次看到感到很惊奇,原来小羊这么快就会走、会跑。白天刚出生的小羊,晚上就跟着母亲回到羊舍来了。就这样,我们的羊群繁殖得很快。养猪也很有趣。我们放学后,父亲会带我们去河里游泳。一边游泳,一边要打水草。回家后,将从河里捞来的水草切碎,加上糠麸做成猪食喂猪。猪在长到即将卖出的大半个月以前,就不能再喂水草,而要改喂煮熟的酒糟了。父亲会到城里的酿酒作坊，买回几担酒糟。猪吃了酒糟，就像气吹的一样，很快就膘肥体壮。父亲与当地的老乡关系非常融洽，经常向他们讨教一些农家常识。这些饲养畜禽的方法，都是父亲向附近的老乡学来的。

猪长到一定分量，就要杀了到集市上卖肉。为此，父亲还学会了杀猪。到杀猪的时候，姨夫和我都会上手帮忙。先要把猪放倒，用绳子将猪腿捆住，然后用一把长长的杀猪刀，从猪脖子下捅进去，要直捅到猪的心脏，很快猪血就放出来。

在桂林，父亲过得比较悠闲，白天读书看报，到山上放羊、养鸡、喂猪；晚上，我和弟弟妹妹在灯下写作业，父亲抽着一种用粗竹筒做的长长的水烟，坐在一旁看着我们，不时与母亲说说话。一家人亲密和美，生活恬适悠然。

从养这些小羊、小猪开始，我对饲养小动物产生了浓厚的兴趣。在退出一线工作岗位后，有了较多的闲暇，我养过鸽子，还养过鸡和孔雀。节假日，我最喜欢去的就是有售这些小动物的街市。看着这些可爱的小动物，我会想起父亲手把手教我喂养家畜时的情景，他的目光、神态、亲切的话语，还有映衬着蓝天白云的山坡、草地、房舍，那种恬静闲适的田园风光给我留下了永远不能忘怀的美好记忆。

可惜，平静安逸的日子总有特务们挥之不去的阴影。住在我家隔壁的一个老特务常常拿着一根拐杖，跟着我和弟弟们上山赶羊。他还吓唬我们说山上有蛇，要我们别随便上山去。小茶寮里有四个特务，则专门在父母上街时盯梢。

为了挣点钱贴补家用，姨夫有时上街摆摊变卖一些家中器物，总有特务来找他的麻烦。

在桂林，虽然依旧处于被软禁的状态，但父亲还能和李济深、何香凝等故交以及柳亚子、千家驹等社会名流互谒拜问；周恩来伯伯还安排他的警卫参谋颜太龙与父亲取得了联系；一些新四军的老部旧也不时会悄悄登门造访。拥有了这样一种相对的自由，父亲的心情不再那样沉重。

然而这样的日子过了不到一年，蒋介石发现父亲在桂林与社会各界接触广泛，决定再次拘押我父亲。

第二章 动荡年代

父亲被骗捕

  1943年12月25日,我放学回家,母亲告诉我:"你爸爸找不到了。"然后就带我去见李济深。听母亲讲述了情况,李济深也不知道发生了什么事,因为国民党特务系统的事,他作为战区长官也无从过问。

  在焦虑中过了两三天,有两个穿便服的特务走进我家,对母亲说:"叶高参有一封信给您。"母亲接过字条,见是父亲亲笔所书,上面写着:"你让几个孩子跟他们来陪我。"母亲当时很担心父亲的安全,但见信无疑,便与姨妈商量,决定按父亲的话办,挑选了我的两个弟弟正明、华明和小妹扬眉,让他们三个前往父亲身边陪伴。

  弟弟正明曾经接受过一次访谈,这篇访谈稿记述了他们三人到恩施与父亲见面的经历:

  12月26日晚,我、四弟、五妹三个离开了家。就是因为父亲开列的名单,使我们三个能在此后近两年的时间里,一直生活在他的身边。27日中午,我们乘火车赴衡阳,直到晚上11点多才下车。我们下车后,在一个宪兵特务队里见到了父亲。只隔了一天一夜,就好像隔了十年一样,父亲的面容显得分外的苍老了,额头上也显出了一条条雨后蚯蚓般的皱纹……

  我们在衡阳住了三天,便动身坐木炭车到宝庆,刚到宝庆的一个晚上,那个送我们(其实押解我们的)的营副叫我陪他睡,我知道他不过是怕我们逃走罢了。这一晚电灯通夜亮着,而且还有一个拿着枪的宪兵在房里通宵的看守着,如此我们过了十八夜才走到目的地——恩施。

  在恩施,父亲讲述了他在桂林被骗遭捕的经过:12月25日上午10点钟左右,住在隔壁的特务走进我们家,对父亲说:"你们的羊有一只给人家偷去了。"父亲没想到其间有诈,便披了一件外衣,跟着特务出了后门上山。

上到半山，前面那个特务站在岩石上好像等人的样子，见父亲跟上来就跳下岩石。这时，从四面八方的山石后面，涌出了20多个拿手枪的特务，围住了父亲。一个好像是领头的，就是"送"叶正明的那个营副，拿出一封信递给父亲说："郭副长官（即国民党第六战区副司令长官郭忏）请叶高参到恩施去玩一下。"

父亲听后大怒，说："请，为什么不到我家里去请？你们是土匪吗？你们不是国民党？""是"，一个特务说，父亲又对他们说："'三民主义'是不是教你们当土匪的？你们懂不懂'三民主义'？""不懂"，一个特务大胆说。父亲抬起手，打了那个特务一个耳光说："不懂'三民主义'，就不配做国民党。"那特务说："你打我也没关系，这不过是上司的命令罢了。"

接着，那一批人就拥着父亲转过山后，从另一条路下山，山下有一辆大卡车等在那里，他们把父亲扶上车，开到宪兵第五团的团部。就是在这里，父亲给母亲写了那封接我们三个孩子跟他走的信。写完信，那批人就押着父亲坐卡车先去了衡阳。

——张浩青 王凡《儿子记忆中的叶挺将军》（注）

父亲要几个孩子来陪他，是因为父亲知道一大家人在桂林度日维艰，自己带走几个孩子，可以减轻母亲的负担。他也知道跟着自己的孩子会吃些苦头，但在自己身边，总可以得到一些照料。

母亲知道，扬眉是父亲最喜欢的孩子，有扬眉跟在父亲身边，或许能使他在被禁锢的沉郁中得到几分慰籍。

回忆起陪伴父亲度过他人生最后岁月的日子，正明曾说过，他们几个和父亲一起到了恩施，先是在恩施民享社东门招待所里住，一共有三个房间，父亲住一间，弟弟妹妹三个孩子住一间，另外一间父亲看报纸、会客用。每天晚上，房间门外都有宪兵看守。一个月后，他们搬到城外的朱家河，即去桂林前父亲被禁锢的原住所。

正明、华明他们是第一次来到这里，他曾对访者这样回忆：

第二章 动荡年代

我们的家在城外的一个小山脚下，城郊西边一个只有三家农户的小村里。住房很小，是很普通的一个农户，里边有一个较大的睡房（我父亲和我们三兄妹就住在这里），里边放有两张床，一张是我父亲用的，另外一张较大的是我们三人睡的。还有一张写字桌，供父亲看书报，写东西用的。外边就是一间小过道，放有一张吃饭的桌子。过道后面有一小房，是国民党派的两个勤务兵（其实都是些以勤务兵的牌子作幌子的特务）住的，再后面就是一个小厨房，厨房有个后门，出去是一个小天地，有厕所和猪圈。隔壁是一些淳朴的农民和一些小公务员。

  1944年1月13日，我们是乘一辆军用卡车在黄昏时回到旧居的。这时，邻居一看到我们到来，都大声地说："军长回来了，军长回来了。"我们稍做安顿后，邻居们不约而同地来到我家。父亲见到他们十分高兴，但我们这里没有电灯，用的是灯芯油灯。第一个夜晚，我们三个孩子挤在一张床上，父亲睡另一张床。

  邻居的鸡很早就叫了。天刚亮，父亲就把我们叫起床，带着我们去熟悉周围的环境。我们屋前是一条公路，再走100米左右就是朱家河，河面约有20米，水深不过2米。河对岸就是城墙，要爬100多级台阶，可进城。沿公路往前走300米有一个小店，有些烟酒等生活用品，小店前有一个喝茶的小棚。我们屋后就是一个小山坡，有条小路可上去。

  我们养了10几只白兔（后来增加到50多只）和10来只鸡鸭。屋前10来丈有一条不深的小河，后头有一座荒山。为了贴补生活费用，爸爸和我们三个孩子，曾开了一二亩的荒地来种菜。早晨，我们起来就到野外走走，或者进城去买菜，（父亲进城时有特务暗中跟着），中午有时是我们自己煮饭，因为'勤务兵'偷懒去玩了，或去做报告去了。午后，我们带一点零食，到离我们家大概有二三里路远的南门河去玩。晚上吃完了晚饭，父亲讲很多他在军中的生活和解放区中的事情给我们听。从他那里，我们知道了八路军、新四军，也知道了八路军、新四军为什么能以低劣的武器来战胜武器精锐的敌人；我们知道了解放区为什么一天天的扩大，而国民党的领地却一天天的缩小；八路军、新四军的军队为什么是自愿的，而国民党的部队都是

要拿着枪去捉。

——王凡 东平《历史见证：特别经历》

家安顿好后，父亲和正明及弟弟妹妹给母亲写了信，此后，他们每个礼拜都要写一封给母亲的信寄来桂林，告知他们的近况，表达对母亲的思念之情。

华明记得很清楚：

> 当时的湖北恩施是国民党第六战区司令部所在地，陈诚是司令长官，恩施郊外还有一个小机场，美国的空军飞虎队就驻扎于此地。陈诚是父亲的老朋友，当时给我父亲的生活待遇是高级参谋，每月给相当于三担米的生活费（约1000法币）和一担米（100斤）。另外再派两个勤务兵（实际是便衣特务）。
>
> 父亲的行动表面上自由的，到哪里都可以，但只要父亲一离开家，就有一个勤务兵在后面二三十米跟着。如果父亲要进城去，到了西城门口，勤务兵就把监视任务交给城里的便衣。
>
> 1944年春节过后我们就要上学校。我和妹妹扬眉是到恩施市立第一小学上课，我上五年级，扬眉上四年级。我二哥正明到恩施中学上二年级，而且是住校，星期六下午才能回家。就这样，每天早上6点起，吃早饭后，我和妹妹就离开家，步行到学校（需40分钟），中午不回来，午饭是自带的，下午4点放学，回到家差不多5点了。
>
> ——叶华明《我随父亲叶挺在桂林、恩施生活片段》

父亲和弟弟妹妹在恩施的生活是清贫的，生活费很少。华明当时9岁，比较爱活动，因此差不多每隔两星期就得换一双鞋。父亲没有钱给他买鞋，实在没有办法，就对他说："你的脚'吃'鞋太快了，要想办法解决这个问题，这样吧，我教你打草鞋穿。"这样，星期天华明又多了一门功课，学用稻草打草鞋。他只用了几个晚上就学会了打草鞋。华明说，记得他第一次穿上自己打的草鞋时，特别高兴，父亲平时很少夸孩子的，那一次还夸奖了他几句。

正明读的据说是全湖北最好的中学，但他自己的感受根本不是

第二章 动荡年代

那么回事。他在接受采访时谈道：

  我第一天进去，人家就叫我小共产党……所以从那天开始，我就没有觉得舒服过。

  我有时把从父亲那里听来的有关解放区、八路军、新四军的事情讲给同学听。结果有一天，一个校工拿了一张条子来找我，说校长请我去，我马上就猜想到，可能是有人把自己告发了。

  果然，校长拿了一张同学告发的报告，掷到我的面前说："你看吧。"我知道这是没有好结果的，便说："校长，请问你现在打算把我怎么样呢？"他含着一种恶意的微笑说："你回去想一下吧，如果改过的话，你明天就写一张悔过书来给我，不然，哼！"我知道这"哼"字含什么意义，不是留级便是开除。到了学期终了时，我果然收到了一张留级的成绩单。我感到很光荣，因为我能为我的信仰而牺牲——虽然只是一点点牺牲。

  对于因不写"悔过书"受到学校留级处分的事情，我不仅不感到沮丧，反而感到光荣，是因为我的态度得到了父亲的赞许。父亲对我们说："不写'悔过书'是对的，一个人从小就要有骨气，就要不怕恶势力。"

  父亲深知，自己的孩子在国民党统治区域内的学校里和社会上受到不公正待遇，是因为自己的信仰和人生道路的选择所致，但恰恰是在这些问题上，他绝不可能放弃和改变，所以自己身边的孩子们就有可能继续碰到这样那样的刁难和冷落。为了让我们感到温暖和安慰，每在孩子们放学回家后，父亲都会想尽办法给孩子们做些好吃的，带孩子们去逛书店，到郊外去游泳，让我们感受父爱和大自然的温馨。

——张浩青　王凡《儿子记忆中的叶挺将军》

注释：

  此处文字引自《子女记忆中的父亲——叶挺相传》，为方便读者

阅读，在人称上稍有改动（下同）。

弟弟妹妹到延安

1945年8月15日，日本宣布投降，华明回忆：

1945年8月15日，日本宣布无条件投降，抗日战争结束了。8月底蒋介石来令要我父亲到重庆去。我们把家中养的兔子、鸭子和猪全部分送给邻居。他们知道我们要走了都依依不舍，特地请我父亲吃饭。

1945年9月初，国民党派了两部军用卡车和一班士兵作护送。老乡们都来给我们送行，就这样我们离开了恩施。一个星期后到达湖北万县，再坐船逆长江而上，在1945年9月下旬到达重庆。

我们坐船到达重庆已是晚上9点多，便衣特务无法将我们送到重庆监狱，便决定在码头旁的一个小旅店住下。这店只有两层，我父亲和我们三个孩子住二楼，便衣住在楼下。

坐了一天轮船，我们都早早入睡了，唯独父亲一个人抽着烟，不时地注视着江面。突然半夜时分，父亲把我们都叫醒，低声地对我们说："明天他们会把我送回监狱，条件会比恩施差很多，你们不要再跟我到监狱中去了，扬眉你还记得周伯伯吗？明天你们就去找周伯伯，地址是曾家岩50号。我写了一封信给周伯伯。"父亲这一决定，使我们久久不能入睡，是母亲让我们来陪伴父亲的，我们怎么能离开父亲呢？可是父亲一旦决定的事情是无法改变的。

第二天清早，起床吃完早点，父亲看到楼下只剩下一个特务看门，便决定要我们动身。我们三个孩子都舍不得离开父亲，紧紧地围抱着父亲，片刻父亲轻轻地拍摸着我们的头，把我们带到楼梯口，轻轻地说："要记住曾家岩50号，一定要找到周伯伯。"我们只好下楼，不停地回头望望父亲，他不停地挥手，

示意我们快走。就这样我们离开了父亲,真想不到竟是永别。

我们刚到门口,就有一个特务回来,我们说要到外面玩去,他只好离我们20米远跟着我们。为了把便衣甩掉,我们坐上两辆人力车。重庆是一个山城,上下坡较多,结果在一较陡的下坡,人力车飞快地跑,再转入一个小胡同,我们最终把便衣特务甩掉了。

到了曾家岩,到处都是便衣特务。我们三个孩子仔细地看着每个门牌号,从头到尾都没有50号。这时我们都很焦急,我们就决定敲门,门开了,一个中年人出来问我们找谁,我们轻轻地说找周恩来伯伯。这人看了我们一下,要我们等着。这时几个便衣特务走过来要我们走开。我们低头蹲着动也不动。5分钟后,门又开了,我们快速地跑进去,接待我们的是张晓梅同志(徐冰同志的爱人)。张晓梅同志很热情地接待我们,并说:"周伯伯不在,大概要到中午才能回来。"我们只好等着。

中午12点过后,一位中年人走进来,扬眉一眼就认出了,走上去大声说:"周伯伯,周伯伯。"这位中年人也大声说:"扬眉,你怎么来到这里?"扬眉赶快把父亲的信交给周伯伯,并说:"是父亲让我们来的,我还带来两位哥哥。"周伯伯看信后,马上说:"走,你们带我去见你父亲去。"我们急速坐上周伯伯的汽车,直奔重庆码头小旅店去。可惜我们来晚了。小旅店已空无一人,旅店主人说:"客人10分钟前才走。"周恩来同志深情地说:"我多么想见到你们父亲啊!我想他一定会很快回来的。"

1945年11月中旬,周伯伯决定要我们到延安上学。在延安时,我们就住在周伯伯的窑洞里,我上延安中学,二哥正明上延安大学。

——叶华明《我随父亲叶挺在桂林、恩施生活片段》

随母亲逃难

1943年底,父亲被特务抓走,二弟、四弟和五妹跟着父亲又一

次到了恩施以后,我和母亲、弟弟妹妹还有姨父一家共10多口人继续在桂林住了一段时间。我那一年16岁,当时除姨父和我之外都是妇女和小孩子。

1944年中,传来日军要沿西江北上进攻桂林和贵阳的消息,有钱人都去了贵阳、重庆等地避难,我们家该往哪里走?实在是一大难题。几经商量,最后决定回广东。但到广东的什么地方?只能走一步看一步。姨父去雇了一条不大的木船,母亲带着我们一家人顺漓江南下,在十分艰难危险的情况下,开始逃难。到了广西、广东交界的梧州停了几天,遇到日本飞机轰炸,船老大觉得实在太危险,死活也不肯再往前走了,我们不得已上岸步行。一家10几口住在岸边不远的一个远房亲戚家里。没住几天,一天中午遇土匪把我们两家仅有的一点赖以为生的金银手饰都抢光了。

正在走投无路,不知如何继续生存下去时,一天来了一位新四军的同志找我们,他是原来新四军后勤部的谭冬青,在"皖南事变"时,新四军军部被打散后突围出来,几经磨难回到自己的家乡罗定县。他听说我们一家就在罗定附近,于是千方百计来找我们。我们虽然不认识,但讲到新四军、讲到父亲,大家都像亲人一样了,我当时就深深体会到新四军真是一个革命大家庭!

谭冬青同志把我们接到他在罗定的家中,把家里的二层楼腾出来让我们10多个人住,床不够就打地铺,总算安定下来了。如何生活下去呢?不能依靠谭冬青家,因为他的家境也是挺困难的。我和姨父、姨母只能变卖仅有的一点衣物赖以糊口。

这样过了两三个月。天无绝人之路,有一天来了两位陌生的青年人,手里拎着一个大帆布包,到家来找我母亲。我们开始怕是坏人,不敢让母亲见他们。姨父和我反复询问,得知原来是东江纵队的同志,这时我们才让母亲出来。一见之下,他们问寒问暖,仔细了解了我们一家人的情况,说纵队的领导非常关心我们家,并告诉我们,不久前东江纵队打阳江,把国民党的一个银行给端掉了,纵队领导特别派他们给我们送点钱来,说着就从帆布包里掏出几大捆钞票。这些钱足够我们家维持两三年的生计!在这无以为生的时候,组织关心我们,雪中送炭来了。妈妈被感动得流泪,我和姨父也忍不住哭了,我们一家人得救了,我在心中暗暗感谢党、感谢组织。

第二章 动荡年代

自此之后,我们一家生活安定了,我和弟妹们又能上学了。

过了大半年,终于迎来了大家盼望已久的抗战胜利的日子。

那一天罗定街上到处都在放鞭炮。平时母亲规定每两三个月才允许买一只鸡,因为家中人多,吃的时候还得切成鸡丁分着吃。但那天我们家还特别到市场上买了一只鸡回家庆祝一番。

抗日胜利后广州也"光复"了,我们告别了谭冬青一家,由罗定县回到广州市。母亲找到广州政府,说明情况后,他们给安排在西关的多宝路一栋三层楼房中居住,姨父、姨母住二层,我随母亲和弟弟妹妹们住一层。就在这种情况下,国民党还派特务盯着我们家。

1945年9月4日,毛泽东主席去重庆。1945年12月15日,美国总统杜鲁门特派遣前任陆军参谋长乔治·卡特莱特·马歇尔(五星上将)为总统特使接替帕特里克·杰伊·赫尔利来华参与国共双方的军事调停。

在国内外压力下,国共代表开始在1945年12月27日举行停战谈判。马歇尔促成三方成立了一个负责进行军事调停的由国民党代表、共产党代表、美方代表组成的"三人委员会"。美国代表是马歇尔,国民党代表是张群(后为张治中),共产党代表是周恩来。主要是商谈停战协定。

根据政治协商会议达成的共识,1946年1月14日在"三人委员会"的领导下国共双方于北平成立了"军事调处执行部"(简称军调部),办公地点设在协和医院。军调部由三名委员组成:国民党(郑介民)、共产党(叶剑英)、美国(罗伯逊),由美方代表担任主席,一切事宜均须三名委员一致通过,三名委员均有否决权。据记载,截止1946年9月军调部共计有36个执行小组,这些小组的任务是分赴各地执行停止内战的任务,禁止双方军队的战斗接触,妥善处理双方军队的相处与整编问题。广州也成立军事调处执行小组,代表是方方(注),副代表是陈华。

我不了解方方是怎么打听到我们家的行踪的,只知道是他与我们家联络上了,并通过他与周伯伯、与父亲以及在延安的弟弟妹妹建立起了联系。有了组织就有了一切,就有了我们一家的生路。

当时我姨父麦畅生是广(广州)九(九龙)铁路列车长。香港、澳门当时有党的地下组织,党中央的指示和有关党的情报经常是方方或陈华告诉我姨父,而后由我姨父转送到香港或澳门交给党的地下组织。

当时我在广州兴华中学读高中三年级。

注释:

方方(1904—1971),原名方思琼,广东省普宁县(今普宁市)洪阳镇人。1924年,到广州农民运动讲习所学习,加入了共青团外围组织新学生社,参加过保卫孙中山大元帅府的战斗。1925年5月加入共青团,1926年春转为中国共产党党员。1927年"四一二"政变,方方转入潮安农村,开展武装斗争,先后担任普宁县委书记、汕头市委书记、潮阳县工农革命委员会党团书记。1930年,先后担任汀连县委书记、杭武县委书记、上杭中心县委书记兼杭永岩游击纵队政委、福建省委常委兼宣传部长、军事部长;不久,任福建省委代理书记。参加了中央苏区第二、第三、第四次反围剿。1934年中央红军长征后,方方与张鼎丞、邓子恢、谭震林一起,胜利地坚持了艰苦卓绝的三年游击战争。1937年至1942年,方方先后任闽粤赣边区省委(后改称闽西南、潮梅特委)常委兼组织部长、闽粤赣边区省委书记、南方工作委员会(简称南委)书记。1943年5月,方方按周恩来指示撤退至重庆南方局。1943年6月随周恩来赴延安,到延安中央党校学习,参加整风运动。1945年5月,出席党的第七次代表大会。1946年1月,方方到北平军事调处执行部,参加国共和谈,担任中共代表团顾问。同月南下广州,任军调部第八小组中共首席代表。7月到香港,任中共中央代表,领导华南党组织的工作。解放战争时期,方方先后担任香港分局书记、华南分局书记。1949年5月,方方被任命为华南分局第三书记,参与部署解放华南、广东和接管工作;广州解放之后,任广东省人民政府第一副主席、广东省土地改革委员会主任。1955年奉调北京,先后任中共中央统战部副部长、中华人民共和国华侨事务委员会党组书记、副主任,

第二章 动荡年代

全国侨联副主席等职。十年动乱中,遭受残酷迫害,1971年9月21日,含冤与世长辞。1979年3月28日,中共中央为他平反昭雪。

"四八"空难

在毛主席亲赴重庆进行和平谈判时,中国共产党提出了立即无条件释放包括父亲在内的政治犯的要求。经过毛泽东、周恩来等一再交涉并提出用邯郸战役中我党俘虏的国民党高级将领、国民党第十一战区副司令长官马法五进行交换后,国民党方面同意了释放父亲。

1946年3月4日,经受五年炼狱磨难的父亲终于获释。出狱次日,父亲即拟了一份电报,发给毛泽东和党中央:"我已于昨晚出狱。我决心实行我多年的愿望,加入伟大的中国共产党,在你们的领导下,为中国人民的解放贡献我的一切。我请求中央审查我的历史是否合格,并请答复。"这是他继1922年在莫斯科加入共产党后,写下的第二份入党申请书。

3月7日,中共中央毛泽东亲自复电父亲,同意他再度成为中国共产党中的一员。

弟弟叶华明曾经写道:"1946年2月下旬,周伯伯回到延安,高兴地对我们说:'你们的父亲很快就会出狱了,你们三个孩子派个代表去接父亲回来,我看就让扬眉和我一块儿回重庆吧,你们两个男孩在延安等着。'"

方方很快就将父亲要出狱

◎ 父亲出狱后的照片。

71

◎ 廖公（廖承志）与父亲情逾骨肉，两个人都是在抗战胜利后在中国共产党和全国各界人士的强烈要求下走出国民党监狱的，这是父亲出狱后，两个人相见时的合影。

的消息告诉了母亲。他还通报了组织的安排，要母亲到重庆，在第一时间与父亲团聚。由于那个时候，广州还没有飞机直通重庆，所以母亲是带着最小的弟弟阿九从广州坐船到了香港，然后绕道缅甸飞往重庆的。

离开的时候，母亲对我讲到很快就会与父亲团聚，我们全家聚少离多的日子就要过去了。她要我在广州照顾好自己和妹妹，等着她和父亲的消息，说一去就会写信给我。那一晚，母亲流露出平日少有的兴奋心情，和我谈了很久。

在这次分别之前，我一直与母亲在一起生活。她是一个秀外慧中的慈母，对子女的关爱无微不至。与父亲的严厉有不同，她一个微含嗔意的目光就足以使我们几个孩子知道自己一定做错了什么。我和弟弟妹妹都很爱母亲，尽管有时也淘气，但绝不会做出让她生气的事。

在与父亲结婚以后，母亲虽然较多时间生活在澳门，可是她的心始终牵挂着父亲。她自幼生长在一个条件优越的家庭，接受了很好的教育。父亲在肇庆组建独立团的时候，母亲曾在西江政治研究会（注）工作过一段时间，1928年以后，又曾随父亲到过欧洲生活过一段时间，受到了西方社会和文化的一些影响，尽管后来没有再

第二章　动荡年代

参加工作,但眼界开阔,思想敏锐,说话做事干练而又不失女性的婉约温柔,父亲经常会托付母亲去做许多常人难以完成的工作。在父亲一生中,每遇到困难的时刻,她总是想尽一切办法到父亲身边,给他安慰、支持。

那一次去见父亲,她的内心一定是充满着对未来全家幸福生活的憧憬。我永远不会忘记送母亲离去的情景。

母亲走后不久,我们很快就接到了母亲和妹妹扬眉写来的信,母亲在信中说:"我们回来不,现在还未决定,或者爸爸先到北平一行,然后再回来……我们安好,阿九甚趣。"

◎ 这是父亲、母亲、扬眉和阿九离开重庆之前,与友人的合影。

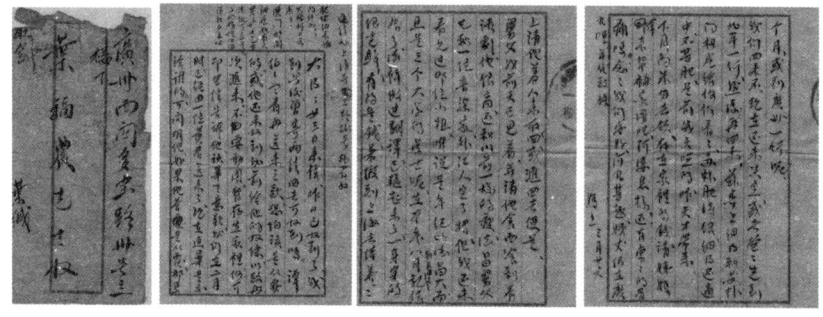

◎ 这是母亲从广州到重庆后写给我的信,我绝不会想到,这竟会成为母亲的遗墨。

新中国航空科技工业先行者——叶正大将军回忆录

阿九是我最小的弟弟，1943年8月中出生在桂林。三个月大的时候，父亲被捕，那以后一直没有再见到过父亲。去重庆时他两岁半。我后来看到保存下来的一张父母亲与扬眉、阿九在重庆的一张合影。照片上的父亲抱着阿九，像是在对他说一些什么，阿九显然还有点认生，在父亲怀中显出一脸的严肃。母亲说的"阿九甚趣"，想必有他与父亲相见时，从陌生到亲热的趣事。我可以想到父亲当时见到扬眉和阿九时会是怎样的一种喜悦心情。

◎ 四位亲人——父亲、母亲、妹妹扬眉、小弟阿九留给我们的最后笑容。

11岁的妹妹扬眉非常懂事，她想到怎样安慰我这个大哥。她信中的字体很稚嫩，但内容却很大气：

  妈妈来了我们高兴得很，而你们反而不高兴了。
  你的身体好否，念。妈妈说你太好了。牛奶也舍不得花钱订来饮。你的身体一定是很坏的，你为甚不订牛奶饮呢，而且订了牛奶并不花几个钱，最重要的还是身体，请你千祈保重身体为要！
  我和爸爸恐不久要去广州，看您，并等你毕业后即将把你接来内地升学，你高兴吗？
  请代问阿婆和弟妹们。祝
  安康

——叶扬眉信

74

第二章 动荡年代

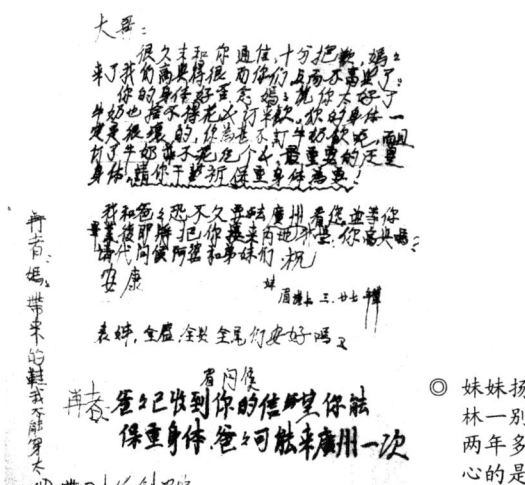

◎ 妹妹扬眉写给我的信。桂林一别，我与眉妹已经有两年多没有见面，令我痛心的是那次分别竟成我们兄妹的永诀。

在这封信里，扬眉还写道："爸爸已收到你的信，望你能保重身体，爸爸可能来广州一次。"

就在我满怀期待等着与父亲团聚的时候，一天上午，我突然听到街上的报童在喊："中共代表王若飞、秦邦宪8日乘美军专机由渝飞延。忽失联络，下落不明。机中乘客尚有前新四军军长叶挺及其家眷……"我冲出去买了一份报纸，看到这个消息，我惊呆了。

我在紧张、忐忑不安中过了两天，天天看报纸，祈愿父母亲能平安。到4月13日，各报纷纷刊登新华社的电讯，报道了王若飞、秦邦宪和父亲、母亲、妹妹扬眉和阿九等人空难的消息。还转载了《新华日报》刊登了中国共产党代表团周恩来、董必武、吴玉章、陆定一、邓颖超联合具名的《讣告》，正式向社会各界报告王若飞等遇难的消息："本党中央委员王若飞同志，秦邦宪同志，新四军军长叶挺同志，解放区职工联合会筹备会主任邓发同志……于本月8日乘美机由重庆因公赴延，不幸因气候变化，方向迷失，在当日下午于山西兴县东南之黑茶山遇险机焚，与美军机师4人全体遇难。若飞诸同志正为和平民主团结统一之实现，竭精殚思，奔走呼号，不遗余力，竟以飞机遇险，一时俱丧，不仅本党之重大损失，实亦中国人民解放事业之不幸。哀痛之情，匪可言宣，除另择期举行追悼外，特此讣告，即祈，矜鉴。"

我感到无比惊愕和痛苦，与姨妈、弟弟妹妹抱头痛哭，自己心

◎ 邓发同志是与父亲一起参加广州起义的老战友。1945年9月，邓发作为解放区唯一的工人代表，参加中国劳动协会代表团，出席了巴黎世界工人联合会成立大会，并当选为世界职工联合会理事和执行委员会委员。1946年1月，邓发回国，他用出国的费用买回一架相机。这是用他的相机拍的与父亲相见时的合影。父亲臂弯中是我的妹妹扬眉。

中一直向往着与父母亲相聚的幸福被噩耗粉碎，这样猝不及防，让我无法承受。我从小不是一个爱流泪的人，但在那些日子里，我终日以泪洗面。

附： 哭爸·妈·眉妹·九弟

整理者按：这是作者为在"四八"空难中遇难的亲人写下的悼文，发表在4月27日《华商报》上。

《华商报》是在廖承志直接领导下，由进步新闻工作者于1941年4月8日在香港始创。主要宣传对象是海外侨胞。领导人为范长江，督印人兼总经理邓文田。1941年12月12日，因日军侵占香港停刊。1946年1月4日，《华商报》在香港复办，并于3月在广州汉民北路234号设立办

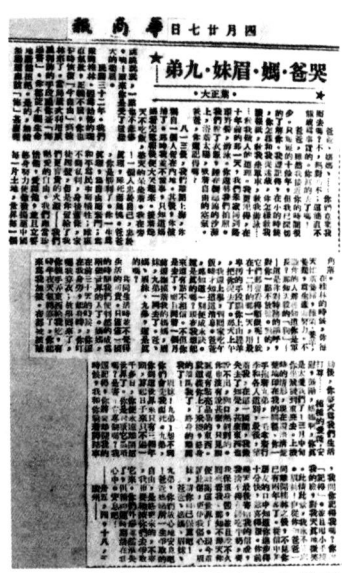

◎ 得知爸爸、妈妈、眉妹和九弟遇难的消息，我悲痛欲绝。这是刊登在《华商报》的悼文《哭爸·妈·眉妹·九弟》。

事处。

哭爸·妈·眉妹·九弟

叶正大

爸爸、妈妈……您们竟弃我而去吗？不，绝对的不；这简直不能成为事实的。您真的去了吗！

爸爸，虽然我接近您的时间很少，只短短的十余年，但我已深切的了解您。我还记得，在小的时候，您怎样和我捉迷藏，您怎样教我读报纸，教我坐单车，教我游泳……教我做人的道理。我更记得，在十年前的那一天，我们举家同到路环野餐、游泳，您还替我们拍照。我们脱了衣服，睡在软绵绵的沙滩上，沐浴着阳光，呼吸着自由的空气。爸爸，您还记得吗？

"八·一三"后，我们离开上海，您独自一个人留在内地。其后，您被捕了。那时我并不懂事，只知道妈妈看完电报后便大哭起来，接着几天不吃饭，整天的呆坐着。我在旁边跳跳玩玩，一点也不悲伤。唉！原来您是受了这样大的委屈。

民国三十二年，我们搬到桂林，因为始终的理直气壮、正义不屈，您也暂时恢复"半自由"到桂林来了。当局屡次利用威胁利诱的手段迫使您签"悔过书"，您都不顾生命地断然拒绝。是的，无错无过还应该"悔"什么呢！一个人忠于自己，忠于真理，虽死而无悔。爸爸，您是胜利了。您一生为真理、为自由而奋斗；为和平为民主而牺牲；虽赢不到私利，身后萧条，家徒四壁，但是您留给了我们更宝贵的火源——我们热爱的自由。我们应当珍惜他、爱护他，并且立誓终身努力使他发扬至中国每一片土地、世界每一个角落。

在桂林的时候，您每天忙着养猪、种菜、养羊、养鸡，为生产而努力。不识您的人哪里知道您是军长？哪知天杀的"狗"——这是您对特务的称呼，对您一点不放过。对的，它们哪里看得顺眼呢！就在十二月的那一天，用最卑污的手段骗您上山赶羊，把您捉去了。那天上午，我还上学，到回家吃午饭时才知道这消息。爸爸，哪知道这一别便成永诀。这是真的吗？

现在我想起来还有点不相信。不但您是去了，而且还同一个月前还抚摸着我的妈妈、眉妹、九弟，这是真的吗？

共同生活时并不觉得生活的可贵，只仅仅一瞬的时间我们便判然的成为两个世界的人了。妈妈，在前三十天的时候，您还在我身旁，起身时，您叮嘱我穿衣；放学回来了，您亲手弄东西给我吃，有时半夜天气转寒了，您起来为我加被。在都城被贼劫后，您每天为我们生活打算……种种的爱护、安慰、鼓励，妈妈啊，您真是太爱我们了！三月中旬您坐飞机到重庆去，上机时的情形，现在还清清楚楚地印在我的脑里，您一手抱着九弟，一手拿着行李和各人道别，最后，望着我，在这一瞬间，我像失去了知觉，什么东西也说不出，胸口热辣辣的。您也没有说什么，只见眼眶里有点亮晶晶的东西。就这样您上了飞机，终身的离开我了，终身的离开我了！

眉妹！九弟！想不到你们会先我而死。九弟，你到这世界来只有三个年头，算起来只不过一千多日，你便永远离开这世界了。你是讨厌它黑暗吗？是害怕它专制吗？我还记得，你将要离开我的时候，我和你骑着脚踏车，我问你记得我吗？你说"记得"，还用小手摸我的脸，对我天真地微笑。此情此景，我永不能忘。眉妹！自从你和爸爸一同离开桂林之后，不见你已有两年多了。从信中和朋友的口中知道你进步得十分快，欢喜得很。你前几天最后寄给我的信说，我舍不得花钱吃牛奶，要我保重身体，并且说不久回来看我，哪知不几天你便离开这世界了。现今重读此信，更使我伤心。眉妹，请你自己保重吧！

爸爸、妈妈、眉妹、九弟，您们放心地安息吧！爸爸妈妈所一生争取的自由，是终要来的，不来，我也要继续您们去争取它来。您们外形虽然消失了，但精神还时刻活在我心中。安息吧！

——卅五、四、十八于广州——

（1946年4月27日《华商报》）

第二章 动荡年代

注释：

1925年冬，广东民政厅长古应芬在西江重镇肇庆开办了西江宣传养成所，其目的是为西江各县培养民团骨干。1925年11月，国民革命军第四军独立团（即叶挺独立团）在肇庆成立，后不久，省农会在肇庆设立西江办事处，周其鉴同志为主任。叶挺独立团和西江办事处都利用西江宣传养成所对该所学院进行革命的宣传教育。叶挺同志为了从西江宣传养成所的学员中培养一批能为共产主义事业奋斗的骨干分子，按照自愿的原则，挑选30多人（其中有雷锡南、慕容栋），组织了西江政治研究会，由叶挺、李秀文（叶挺的妻子）、董仲明负责，并为学员上课。政治研究会的活动地点在独立团团部，会员与独立团干部战士融洽相处，共同照相、打网球、演白话戏，打成一片。1926年初，西江宣传养成所结束，学员们回到各县，西江政治研究会也随之结束。由叶挺组织和领导的西江政治研究会为西江地区播下了共产主义的不灭火种。（摘自《叶挺独立团史料》雷锡南、慕容栋《回忆西江宣传养成所和西江政治研究会》）

"我痛恨你们——国民党狗特务！"

对于父亲飞机失事，我始终心存疑问，以后在莫斯科航空学院学习飞机设计制造的过程中，我也经常将所学的知识用来分析这次空难的原因。

1951年6月，我从苏联回国参观学习，周伯伯和邓妈妈要我和二弟叶正明到他们那里吃午饭。我们如约来到中南海西花厅，就在周伯伯家简朴的餐厅里，与周伯伯、邓妈妈一起吃了一顿家常饭。吃饭的时候，周伯伯问到我们一家人的情况并对我们说："你爸英年早逝，牺牲时才50岁，你们要继承遗志，努力学习，坚持革命。"

谈到父母亲，话题自然就讲到了那次空难。周伯伯给我们做出

了分析:"你爸爸的座机为什么会失事?过去是说浓雾撞山失事。今天我可以告诉你们,肯定是有人做了手脚。机上的乘客全是我们的人,其中还有我们党的王若飞、秦邦宪、邓发那样的重要负责同志,还有你们的父亲叶挺同志。"

周伯伯分析:"事发前国民党把你们的父亲在监狱里关了五年。出狱第二天,他就给党中央写报告要加入共产党。这就触犯了蒋介石。蒋介石是什么人?我跟他打交道已有好长时间了,可以说对他的个性我基本了解。这个人排除政敌无所不用其极。他利用特务在飞机仪表上做点手脚很容易。"

周伯伯说着,声音提高了,他愤然说道:"那天延安下着小雨,飞机已经到了延安上空,我们已听到飞机的声音了,为什么一转眼就飞向黑茶山?这不是国民党特务做了手脚又是什么!"

抗战胜利时,蒋介石的国民政府势力强大,还有以戴笠为首的特务机构。"皖南事变"后,我父亲和我们一家子都在蒋家特务掌握之中。现在父亲不但不跟蒋介石走,放出来第二天就重新加入共产党。所以他命令特务在美国飞机上做点手脚,置父亲于死地,这是顺乎他本性的。

弟弟华明记得:

> 1946年4月8日,我正在延安中学上课,突然朱老总(朱德总司令)的警卫员来接我,要我赶快到延安机场去迎接父亲的归来。我和正明到了机场,看到许多中央领导,有毛主席、朱老总等。那天延安是阴天,按常规,飞机应在11点左右到达,可我们一直等到12点飞机还没有到,大家只好散去。

> 4月11日,贺龙同志从山西晋军区向党中央发来一封急电,告知在山西黑茶山找到一架撞山的飞机。证实我父母亲和王若飞同志等一共17人全部遇难。

> 恶讯传来,大家十分悲痛,我们一下子失去了双亲,大家都来爱护我们。4月13日毛主席特派延安唯一的一辆小车把我和二哥接到王家坪他的住地,亲切地安慰我们,并说我的家就是你们的家,好好生活,努力学习,继承父亲的遗志。

——叶华明《我随父亲叶挺在桂林、恩施生活片段》

第二章 动荡年代

◎ 2011年的4月8日,我携家人来到延安"四八"烈士陵园祭奠父亲、母亲,追怀亲人。站立者从左至右是:贺小平(启光的妻子)、叶大鹰(正明的长子)、张欣挺(叶莲的儿子)、叶莲(我的大女儿)、张志扬(叶莲的爱人)、正光、叶铁军(正光的长子)、何永梅(叶铁军的妻子)、叶文(启光的小女儿)、叶敏(启光的大女儿),前排蹲者从左至右是:叶辰(叶大鹰的儿子)、我、叶晓梅(正光的女儿)。

周伯伯说:"这件事情出来后,当时我们没有确切的证据,不好直说是国民党特务干的。"

我问周伯伯:"为什么当时不能这样做呢?"

周伯伯说:"你没有真凭实据,没有人证物证,蒋介石是绝对不会承认的。当时全面内战还没有爆发,两党谈判还在进行,党中央处理一切事情都需要考虑各种背景。如果拿不出真凭实据就去和国民党交涉提抗议,那将会给当时反对内战、争取和平的谈判斗争带来不利的影响。我们和国民党的斗争要有理、有利、有节啊!"

周伯伯还说:"我们打一仗总得总结一次经验教训。这一次坐飞机的都是共产党人和美国人,并且都是共产党的高级干部,一出事情就是我们党的重大损失,国民党则没有动一根毫毛,这太不合情理、太不公平了。不能使国民党为所欲为!这次失事后,为了防止国民党特务继续破坏,我们采取了一个相应措施,向国民党政府和军调处提出一个要求:以后凡是我党中央委员和高级将领坐你们的

飞机，一定要有一位国民党的将军陪同。他们都答应了，以后也不得不这样做了。"

当时父亲他们乘坐的 C-47 运输机是美国道格拉斯飞机公司生产的 DC-3 型运输机的军用改型。DC-3 飞机于 1935 年研制，同年 12 月首次试飞，公司编号为 DC-3，1942 年装备美军部队后，编号为 C-47，别名为"空军列车"。抗战时期，C-47 飞机在各战区，执行过多种任务，在著名的"驼峰"空运中，该型飞机是飞越喜马拉雅山脉，保证中—印—缅物资供应的主力机型之一。1945 年，毛主席赴重庆谈判，乘坐的也是这种飞机。

1998 年 4 月 18 日，香港《大公报》刊登了一篇名为《对"四八"坠机事件的回忆》，作者是早年在周恩来、李克农领导下工作过的顾逸之。1946 年 4 月前后，他在晋绥公安总局工作。"四八"空难发生后，他奉命到现场负责实地调查和后事处理并给中央详细报告了事发现场的情况，在给党中央的书面报告中，他提出了一些难以解释的疑问。

我对这次空难从航空技术和当时的天气情况进行过详细分析：

第一，飞机是从重庆出发到西安停留加油后，北飞延安的，12 时 25 分，该机由中转站西安再次起飞向北飞行，与延安美军观察组电台进行过一次联络。当时它的位置是延安西南 30 公里的甘泉附近，飞行正常。隆隆的飞机声延安机场都听到了。正在准备着陆的飞机不飞往延安，"竟然飞到黄河以东的黑茶山"。这完全可能是国民党特务做的手脚起了作用。

第二、4 月 8 日当天黑茶山地区天上云雾很浓，山上下雪，山下下雨，就是说比延安的天气更不好。黑茶山海拔只有 2000 米，而 C-47 飞行高度可达 6000 米，驾驶人员可能是在这种天气中，因能见度太差，看不清山川地貌而撞山失事的。如果飞机再飞高一些，也不会撞在侧峰巨石上了。显然是经过国民党特务破坏，飞机高度表失灵了。

第三、在遗物中有一份关于迷失方向的电报稿，这就是说驾驶员承认迷航，地面指挥也知道了飞机已迷失航向。但当时西安北上沿途及延安的天气并不坏，美方机长又是佩戴有飞虎臂章的优秀飞行员，出现这样的低级错误是难以想象的。

第二章 动荡年代

虽然在20世纪30年代,这种飞机曾被认为是先进航空技术的代表,但与现代的飞机不同,这种飞机没有无线电磁罗盘和无线电高度表,更没有卫星定位系统和飞行数据记录系统(黑匣子),所以,周伯伯怀疑国民党特务破坏是完全有可能的。从技术上分析,当飞机在西安机场稍停加油时,用简单的破坏装置装到飞机的磁罗盘和压力高度表的线路上,当飞机飞向延安到达甘泉地区后磁罗盘和高度表同时失灵,致飞机迷失了航向和高度是非常容易做到的。

时隔60年后,2006年4月7日的《解放日报》刊登了一篇文章,题目是《"四八"空难——六十年的怀念与记忆》,其中披露了事实真相:

"四八"空难的事实真相是什么样的呢?当时亲自参加密谋的军统特务、已经隐居台湾多年的杜吉堂在临死之前,终于道明了真相,让此事大白于天下。

在1945年国共合作的时候,国民党反动当局没有诚意,不仅在军事上破坏合作,而且在各个领域派了大量的特务破坏我党开展工作。1946年4月,我党将博古、叶挺等一些重要的人物从重庆送往延安,而这次转移却被国民党的军统特务盯上了。王平虎,是当时国民党空军调度科科长,是国民党军统特务安插在空军中的眼线,在他接到上面的通知派出飞机后,知道了乘坐飞机的有共产党举足轻重的人物,马上电话通知远在南京的顶头上司。国民党当局得知这次飞行有我党重要的领导人物,为了破坏我党的工作,打破国共两党谈判的和谐氛围,制造事端以麻痹我党的谈判,于是军统特务就对这次飞行进行了精密的暗杀行动。

军统的头目直接找到当时在中美特别合作所特工队队长杜吉堂,杜吉堂知道这次暗杀行动的重要性,其对象都是中共高级领导干部,因此也十分慎重。他找到其下属有关特务骨干,商议如何使这次行动做的漂亮又不容易被察觉。其中有个略懂飞机构造的特务就说:破坏飞机的飞行仪表,使飞机迷航,自然会坠落,岂不是万全之策。于是这帮罪恶的黑手,开始了他们的罪恶之旅。首先,他们找到在调度科任科长的王平虎,查

到所担任飞行任务的C-47运输机的飞行记录和档案材料,同时让王平虎安排人员在飞机飞行前的例行检查中做手脚。杜吉堂找到了其手下的特务懂得机修业务的杨耀武,让其假装成机修人员,混到检修的队伍里,在检修过程中神不知鬼不觉地在飞机的高度表和磁罗表反面放了磁铁。

4月8日,飞机上午准时飞离了重庆,首先要飞到西安进行加油和休息。在重庆飞西安的途中天空下起了小雨,尽管有着3000小时飞行时间美国飞虎队飞行员觉察到稍许异样,但并没有多大的障碍,其实当时飞机飞行的高度有偏低的。在西安休息加油后,飞机继续向延安方向飞去。而此时的天空下起了冰雹并刮起了大风,严重的影响到了飞行,在这种情况下,杨耀武放的磁铁开始发挥更大地作用了。导航系统首先失去了作用,使飞行处于迷航状态,飞行方向不能得到保证,本来从西安飞延安应该是一直向北飞行,可是飞机却飞向了东北方向,向山西兴县飞去,甚至飞到了黄河以东的黑茶山,飞机就偏离了航向,可见特务的磁铁发生了作用了。而当时的情况是黑茶山地区山上在下雪,山下面下雨,能见度比较低,但是,黑茶山高度才2000多米,C-47运输机的正常飞行高度在6000米以上,作为一个资深的飞行员,也不太可能出现如此低级的错误,可见,在高度表上的磁铁也发挥了作用。就这样,搭载我党我军众多高级领导的C-47在一个特意的阴谋安排下发生了事故,多年来其真相鲜为人知。

——2006年4月7日《解放日报》

这篇文章经多次转载,并在凤凰卫视的节目中播出,应该有较强的真实性。

据说,杜吉堂在临死之前说过:"这个秘密已经在我心底压了太久久久,就像一块石头压得我喘不过气来,特别是一想到那两个无辜的孩子,我就……"(刘晨思《龙门阵》)

我不知道这里面有多少是作者的演绎,但让他们忏悔去吧,我绝不会饶恕他们,60年来,我心中一直记住了那一天在周伯伯面前说过的一句话:"我痛恨你们——国民党狗特务!"

第三章　辗转南北

从广州到张家口

父母亲离我而去的那一年，我19岁，已经高中毕业了。方方告诉我，周伯伯指示，要我在广州继续读大学。

当时每天有特务盯梢，使我非常愤懑。为摆脱国民党特务的纠缠，我请方方向周伯伯转达我的请求——到解放区去。我那时心里只有一个念头——去找共产党中父亲的那些好朋友、找到父亲最信赖的周伯伯、找到远在陕北延安的弟弟们。

后来周伯伯同意了我的请求，我将小弟小妹托付给姨妈一家，收拾出几件衣服，坐上黄包车，到沙面找到方方同志，他安排我乘坐军调部的飞机从广州到北平去见叶剑英叔叔。

◎ 北平军调部时期的叶剑英叔叔。

叶叔叔比我父亲小1岁，1897年4月28日出生于广东省梅县雁洋堡。

他与我父亲相识很早而且交情很深。1922年6月，军阀陈炯明叛变，叶叔叔任海军陆战队营长，他与我父亲一起护卫孙中山，同叛军英勇作战。南昌起义和广州起义，他和父亲都是起义作战的指挥员。以后在土地革命战争和抗日战争时期，叶叔叔为党和人民立下了赫赫战功。

军调部的工作实际上是在国民党不断制造摩擦的过程中进行的。1946年6月底，内战全面爆发，三人小组协商未果。8月，马歇尔不得不宣布调停失败，军调部随之名存实亡。

◎ 周恩来伯伯（右四）、叶剑英叔叔（右三）与军调部美方、国民党方代表的合影。

那一次，我与叶叔叔的女儿叶楚梅同乘一架飞机到达北平，在那以前，我并不认识她，是到了沙面以后，方方同志介绍我们认识的。

我一到北平，军调部的同志就带我去了叶剑英叔叔办公的地方。

那是我第一次见到叶叔叔，他那时上唇蓄髭，身材高大，戴着一副浅色边框的眼镜，既有大将军指挥若定的威严，又透出几分书卷气。以前父亲给我们讲到过他，一见之下，我立刻感到了一种来自父辈的温暖。叶叔叔的办公室不大，到处堆砌着文件资料，电话

第三章 辗转南北

铃声不断,看得出工作非常繁忙。以后我才知道,他不仅要与美方和国民党的谈判代表唇枪舌剑,而且还要应对国民党特务、流氓的寻衅闹事。军调部的共产党代表团是在中央直接领导下工作的,他几乎每天都要向党中央、毛主席请示,再就是与大家研究问题、向各战区下达指示、联络各地方军调小组……天天都工作到很晚。

见过叶叔叔后,他让军调部的同志带我到军调部中共代表团住地住下,那是东城区东安门大街的一处中西合璧式三层灰砖楼房(现为翠明庄宾馆)。日本侵略者占领北平后,曾经是日军的一个军官俱乐部,经他们改造,门都是日式的推拉门,房间里是榻榻米,抗战胜利后才又改回原来的样式。

尽管公务紧张,他还是抽时间与我谈了好久。他的口音与父亲稍有不同,我听起来非常亲切。他抚慰我、鼓励我,并很仔细询问了我弟弟妹妹的情况。最后他对我说:"看来国民党是铁心要打内战了,我们在军调部工作的同志说不好什么时候就要撤离,这里不安定,我来安排你到张家口聂荣臻叔叔那里去,那里是解放区,环境要好一些。"

聂叔叔1899年12月29日出生在四川江津县吴滩场附近的石院子。1924年10月,他奉命进莫斯科东方劳动者共产主义大学学习,后转入苏联红军学校中国班学习军事。在那里,他与我父亲成为同学并结下了深厚的友谊。1925年,聂叔叔与父亲一起回国。在南昌起义和广州起义中,他与我父亲一起担任了军事指挥员。

◎ 在晋察冀军区司令部任司令员的聂荣臻叔叔。

我在北平待了几天,军调部的同志就把我带到了张家口晋察冀军区司令部。张家口曾经是日伪蒙疆政府首都,1945年8月23日,聂叔叔率八路军晋察冀主力部队一举解放了被日军侵占8年的张家口。我从北平转到张家口解放区时,他是晋察冀边区司令。

新中国航空科技工业开拓者——叶正大将军回忆录

　　晋察冀军区司令部设置在一个由几栋有着西式建筑风格的小楼房组成的院落中，与在北平军调部的情形不同，进进出出的人很多，大都穿着八路军的军服，给人一种紧张、严肃而又很有秩序的气氛。据说，那个院落现在给了张家口市宣化路第六中学，在校园内保留了原来的建筑作为纪念馆。

◎ 聂叔叔在晋察冀军区司令部门前留影。　◎ 聂叔叔与军调部美方人员的合影。

　　见到聂叔叔，与见到叶叔叔一样亲切。他身着朴素的军装，显得很精干。见到我时，他慈祥的目光里充满着疼爱。他交待身边的同志安顿我住了下来。以后的几天中，一有机会他就叫我到他那里去，谈话、吃饭、给我讲他与父亲在一起时的许多事情。

　　大约住了两个月，赶上傅作义攻打张家口，聂叔叔对我说："要打仗了，你还是到延安去，那里是我们的大后方，你可以在延安继续学习。"他还对我说："毛主席、朱老总在延安，去了以后你就可以见到他们。"

　　那时刚好有一支干部队伍要回延安，聂叔叔要我跟他们一起走。干部队的负责人是冯文彬同志，他当时是中共中央青年工作委员会书记。1949年4月在北平召开的中国新民主主义青年团第一次全国代表大会就是他主持的，在那次会上，他被选为团中央委员会书记，是著名的中国青年领袖。

　　那一次是步行去延安的，开始的时候，大家都不习惯，一人手

第三章 辗转南北

中一根木手杖,每天就走四五十里路。以后慢慢地适应了,就走得越来越快。从张家口走到延安,用了两个多月的时间。

来到延安

延安是党中央、毛主席所在地。我记得到延安的那一天,大家都很兴奋,都希望早一点到达目的地,那一天走得是最多的,少说有一百二三十里地。

当我随着队伍沿着蜿蜒的山间小路走近延安,远远看到了宝塔山、延河水的时候,我的心情非常激动。离开广州几个月了,我一直盼着到延安来。我知道,1937年父亲接受新四军军长职务后,首先想到的是要到延安见党中央、毛主席。父母亲和弟弟妹妹这一次也正是在到延安的途中遇难牺牲的,他们长眠在了父亲最为向往的这个地方。我还知道两个弟弟——正明、华明都在延安,与他们分开已经快三年了,在失去了父母亲之后,我特别想念他们。想到这些,我根本就不觉得累,两个月的旅途劳顿一下子全没有了。

那时在延安的革命烈士子女很多,由领导干部分别照看。我到延安后,组织上分配朱德伯伯管我。那时我才知道弟弟正明、华明已经去了山西兴县读书,那是晋绥边区政府所在地,贺龙同志任晋绥军区司令员。

在延安,大家都非常敬重朱德伯伯。他特别朴素、慈祥,态度非常随和。与叶叔叔、聂叔叔这些军事指挥员相比,朱德伯伯更像一位忠厚长者,穿的是一件很普通的八路军军服,根本看不出是总司令,一点架子都没有。朱伯伯和康克清妈妈一起与我谈话,说起父亲、母亲和扬眉、阿九遇难的事,他们很难过。朱伯伯对我讲到那一天大家去机场迎接我父亲,都是满心欢喜的,怎么也没想到会发生这样的灾难。

朱伯伯安排人带我去祭奠了父亲、母亲,还有扬眉、阿九在当时延安机场附近的墓地(注1)。我扑倒在父亲和家人的墓前,几个月来积郁在心中的痛苦和思念之情使我难以控制自己,我放声痛哭

89

了很久、很久。

　　住在朱德伯伯这里，我觉得自己又有了家。

　　那时，朱伯伯和毛主席、张闻天、刘少奇、任弼时等中央领导同志都住在枣园，周伯伯不经常回来住，但这里有他的窑洞。

◎ 延安枣园朱德伯伯的旧居。

　　一天，朱伯伯对我说，毛主席要我到他那里去吃饭。我知道毛主席就住在与朱伯伯相邻的窑洞里，但还从没有去过。听朱伯伯说了以后，我非常高兴。

　　进了毛主席住的窑洞，他还在办公，看到我，马上招呼我坐到他身边，亲切地问我多大了，在延安住的习惯不习惯。他说话湖南口音很重，但我都听得懂。说到动情处，毛主席拍拍我的肩，站起身来对我说："你的爸爸是好同志。你要好好学习，继承他的遗志。"

◎ 延安枣园毛主席的旧居。

第三章　辗转南北

那天，毛主席给我讲了很多，留我与他一起吃了午饭。

延安的生活很艰苦，尤其对我这样一个自小在南方长大的孩子，开始是很难适应的。机关干部和老乡们一样，几乎只靠苞米、小米为主食，副食、蔬菜很少，经常就是一根辣椒当菜，就着一点咸盐吃饭。那时，实行的是军事共产主义，大家都在食堂吃饭，所不同的就是为毛主席等中央领导同志开办了一个小灶，伙食标准稍高一点。大家都没有工资，所用的零用钱是食堂每月结账时的一些余款，叫做"伙食尾子"，分给大家，就用这个钱买一些生活用品什么的。

延安的纸张缺乏，高级干部用纸也受到限制，一个月就几张毛边纸，第一遍用铅笔写，第二遍再用毛笔。上厕所根本不可能有手纸，都是用土疙瘩擦屁股。但就是在这样艰苦的环境中，聚集着中华民族最优秀的子孙，为了寻求建设民主、自由、繁荣、富强的新中国的真理，大家从五湖四海走来，紧紧团结在中国共产党和毛泽东为首的党中央周围，自力更生、艰苦奋斗，与帝国主义、国民党反动派进行着殊死的斗争。在延安短短的几个月，使我深刻地理解了我的父亲为什么选择要跟着共产党的原因，也坚定了我永远跟着党走的决心。

因为自己到延安的时候已经高中毕业，应该安排工作了。朱德伯伯对我说："你去后山，到军委三部的电台去看看。"按照他的指示，我到了后山一看，原来是党中央的一个长波电台。去了以后，我看到许多无线电通讯设备，工作很繁忙，那时与苏联方面和前方各解放区的联系主要是靠电台联络。

那里的同志与我开玩笑说，延安的女同志本来就少，你看我们这里的工作人员全都是男的，到我们这里工作，你将来可找不着媳妇。回到朱德伯伯那里，我如实地对他讲了，他听后哈哈大笑，没有要我去三部工作了。

1946年9月间，国民党胡宗南要进攻延安。按照毛主席"坚壁清野"的指示，不仅部队、党政机关撤出延安，而且要把老百姓全带走，粮食全带走。老乡们都跑到乡下去了，走的时候连门板都拆下来，一颗粮食都不留给胡宗南。

在这种情势下，朱德伯伯要我跟着毛主席图书馆（注2）走，这样会有人照应。于是我跟着毛主席图书馆撤到了瓦窑堡。我还记得，每次行军，有五六十个挑夫挑着毛主席的书籍，一个警卫连保卫。在瓦窑堡，因为是存放在窑洞里，很潮湿，遇到晴天，工作人员会把书拿出来晒，摆了满满的一院子。

我看过毛主席的藏书，大约百分之九十是线装书，其他的是周伯伯等领导同志从外面带回来给他的。书里面有毛主席阅读时写下的批注，有的是用毛笔、有的是用铅笔，一页书上会有读过几次、各不相同的批语——"不一定是这样吧！""不错！"等等。

后来周伯伯从重庆回到延安，听说我在瓦窑堡，就让秘书把我找回延安，安排我到北平去。

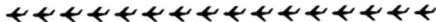

注释：

1．"四八"空难事件发生后，4月19日，延安各界数万人在延安东关机场举行隆重的追悼会，公葬烈士遗体，建起了"四八"烈士陵园。1947年3月，胡宗南占据延安后，却对"四八"烈士陵园进行严重破坏，以后一直没能得到修复。1957年，党中央从党费中拨出100万元，将烈士陵园迁到王家坪旧址北侧，并将张浩、关向应等10位烈士的遗骨一并安葬。文革期间，受极左思潮影响，造反派组织砸碑毁墓，并挖了王若飞烈士的坟。1992年，中央再次拨款120万元，在延安以北6公里处的李家洼建成了"四八"烈士陵园，革命先烈得以含笑九泉。

2．参见李忠全《毛泽东延安时期的读书生活》、何启君《延安"毛泽东图书馆"》。

军调部

从瓦窑堡回到延安，我第一次见到周恩来伯伯。

周伯伯与父亲的关系是最为密切的。在父亲给我们讲到的朋友

第三章 辗转南北

中,讲周伯伯也是最多的。我很早就知道他的名字,知道他的许多故事。我也知道,在广州的时候,方方同志有很多事情都是请示了周伯伯以后才做的决定,包括我到北平。

在枣园,周伯伯就住在朱德伯伯附近,我从瓦窑堡一回到延安,他就到朱德伯伯家来看我。见到周伯伯,我还没有说话,眼泪就止不住地流。周伯伯对我说:"好了,孩子,到了延安,就是回了家了,以后你就是我们大家的儿子,你一定要继承父亲的遗志,做一个优秀的革命者。"

我对周伯伯的第一个印象是他的眼睛特别明亮、特别有神。在和我谈话时,他始终看着我。我感到有一种神奇的力量通过他的眼神传递到我身上,激励我坚强、勇敢地面对已经发生的一切。从那次见面到以后多次再见周伯伯,每次我都会从他这里受到鼓舞。他的睿智、机敏和人格魅力,即使是在陕北的窑洞里,也给人熠熠生辉的感觉。

在我情绪稳定下来以后,周伯伯把他的安排告诉了我。他对我说:"叶剑英叔叔还在北平,军调部还要继续工作下去,你到北平去,我很快也会去北平。下一步安排待我到北平见面后再说。"

按照周伯伯的指示,我从延安又回到北平,这一次坐的是军调部的美国飞机。那时乘坐这个飞机是要登记的,在填表时,周伯伯给我填写的身份是派往北平任叶剑英叔叔的秘书。

到北平后,作为中共代表团的成员,定做了军服,并要穿着这身军装照相、制作证件。这张照片后来在文革中成为我的一个历史问题。那时,我还在沈阳飞机设计研究所,所里的造反派组织从家里找到了照片,上面我穿的是国民党军队的服装,于是他们说我是国民党,要我交待这是怎么一回事?我对他们说,当时我是军调部的中共代表团成员之一,我胸前的徽章上蓝色部分写着"军调部",中间黄颜色部分上写着"中共代表团"的字样,但照片上的徽章只能看到一个小白点,根本无法辨认上面写的小字。他们不了解这一段历史,怎么解释也不接受,无奈之下,我只能顺着他们的话,说你们看怎么办吧?后来运动进行到"三结合"阶段,我原来是所的副所长,被结合进了所革委会,这件事才不了了之。

在北平住了三四个月。我名义上是叶叔叔的秘书,实际上没有事干,有大把的空闲时间,就是读书、看看报纸。当时叶叔叔的政治秘书是雷英夫,我们两人很能谈得来,关系也比较好。

因为时间空余,我就去学开吉普车了。

军调部配备了一些从国民党手中缴获来的军用吉普,我就用这车学驾驶。那时,北平的东单有一个很大的空场,也就是后来傅作义修建临时机场的地方,一半是露天市场,卖破烂、旧物品的,什么都有,还有国民党兵卖军服、军靴,一些美国士兵也会到那里,将军队配发的骆驼牌香烟之类的物品拿去变卖。另一半是空地,用来学习驾驶汽车。

我在那里学开车,用的是一辆中型吉普,司机坐在副驾驶位置上指导。有一天,开得好好的,突然前方横着开过来一辆小车,也是学习驾驶的人开着,但驾驶室外有一个人站在脚踏板上,情急之下,我一脚踩在了油门上,结果车子直直地撞了过去,将那个人的脚部撞伤了。当时急忙把他送进医院救治,还好没有大碍。但这次我是闯了祸,回去以后,写了深刻地检讨。从那以后,我就再也没有动过汽车。

由于国民党决意打内战,军调部的工作结束了,叶叔叔和军调部的中共代表团都要从北平撤出。

东北民主联军总司令部附设外国语言学校

当时毛主席的战略思想是"背靠沙发",因为东北紧靠苏联,占领东北有利于与苏联取得联系。按照这一思想,从延安、山东等解放区派出了大批干部到东北。当时国共两党在东北展开了激烈的争夺,国民党把最精锐的部队都派到了东北。派出卫立煌指挥,辖有4个兵团,共计14个军44个师55万人。

毛主席的战略方针是"让开大道,占领两厢",也就是把大城市让给国民党,我们到广大的农村去。因为国民党军队的装备全部是美国人支援的,不仅是大炮等重武器,就连拉炮的骡子都是美国给的。在这种形势下,与他们正面抗争会吃亏,所以毛主席的办法是

第三章 辗转南北

到农村去,建立民主政权,进行土改。农民得到了土地,为保卫胜利果实,积极报名参军,支援我们打败国民党。按照这一方针,我们的部队很快壮大起来。

在这样的形势下,叶叔叔要我跟着军调处执行部长春分部我方负责人——后任东北军区参谋长兼军工部政委的伍修权同志到了东北,安排我进入东北民主联军总司令部附设外国语言学校学习。

这个学校的前身是中国抗日军政大学第三分校俄文大队,是1941年3月在延安成立的,目的是培养军事翻译。同年11月,为适应抗日战争形势的需要,中央决定将抗大三分校改为军事学院,原俄文队改为俄文科。1942年1月,军事学院俄文科划归中央军委第四局领导,5月成立中央军委俄文学校。

1944年,周恩来同志提出了为新中国准备外语干部的要求,积极主张加强外语人才的培养工作。中央决定将中央军委俄文学校扩建为包括俄文系和英文系的延安外国语言学校。1946年初,党中央决定把延安外国语言学校迁至哈尔滨,成立东北民主联军总司令部附设外国语言学校,专门培养军政翻译。

哈尔滨是1945年8月由苏军从日本人手中解放的,设有我们党的领导机关。1945年11月17日,根据《雅尔塔协定》,苏联方面将市政移交国民党接管。为避免内战,在陈云同志主持下,中共北满分局、松江省委、省军区等于11月22日,全部撤出哈尔滨。

我去的时候,外国语言学校已经跟随东北民主联军司令部非战斗人员撤到佳木斯。所以我是直接到佳木斯报到的,一同去的还有叶剑英叔叔的女儿叶楚梅、任弼时同志的侄女任岳等。

我们去后,不仅是学校的学生,也是民主联军的战士,每天要站岗。佳木斯的冬天真冷啊,零下几十摄氏度,真是冰天雪地!一握枪,手掌心里的皮全冻得粘在枪上了,所以必须得戴大大的棉手套。

当时我们住在佳木斯原日本关东军北满司令部。日本投降的时候,把暖气都拆掉、破坏了,所以房间里很冷,只能靠烧劈柴取暖。白天在教室上课,我们都穿着厚厚的棉衣,戴着有护耳的棉帽子。晚上睡觉前,在炉子里烧上劈柴,到半夜的时候,火就熄灭了。第二天起床,房间里到处都是冰凌子,为御寒,晚上睡觉时我们会把

○ 这是一张珍贵的老照片，上面的题字是"东北民主联军总司令部附设外国语学校全体教职学员合摄 1947年7月于佳木斯"。应该是外国语学校从佳木斯迁回哈尔滨前的留念。

第三章 辗转南北

所有能加盖的东西——棉大衣、棉衣、棉裤都压在被子上面，有的同学还要戴上口罩。我在南方长大，对这样严寒的气候很难适应，很快手上就生了冻疮，也没有药医治，就烂着过一个冬天。

当时还是苏联红军驻守佳木斯，日本人留下来的军备仓库都由苏联红军看守。为了搞到一些生活日用品，我们赶着大车到仓库去，随身带着几瓶二锅头，到了门口，用手比划着"八"，意思我们是八路。苏军战士一看就明白了——哦，八路，进去吧！我们把二锅头酒送给他们，他们很高兴，让我们随意挑选。日本的仓库里东西真多，我们就挑选一些皮大衣、皮靴等用来御寒的衣物，还有一些生活必需品，我们把大车装得满满的，拉回学校分配给师生们用。

我记得，日本的军大衣里面是毛的，袖子是可以脱下来的，因为要干活，棉袖子太厚，干活很不方便。

1946年4月28日，东北民主联军解放了哈尔滨，哈尔滨成为中国第一座被我们解放的大城市。5月3日成立哈尔滨市人民政府，6月，中共中央东北局、东北民主联军总司令部及其附属机关全部迁驻哈尔滨市。1947年7月，哈尔滨外国语言学校从佳木斯迁回哈尔滨，校址是迁往佳木斯之前的西大直街163号。随着学员的增加，学校又迁至马家沟校舍。马家沟校舍位于圣尼古拉大教堂广场的南侧，最初叫通道街，解放以后改称中山路。

这里原来是俄国人的霍尔瓦特中学，1935年日本接收中东铁路后改为花园小学，1945年日本投降后一度被当做日本难民营。1946年东北民主联军接收后，大楼的南侧是外国语言学校教学楼也叫翻译班，北侧是参谋队教学楼也叫参谋班，都是东北民主联军总司令部附设的学校。红楼后面连着礼堂。在这座校舍院子里的南侧有一座折中主义风格的建筑，西南侧有两栋俄罗斯风格的别墅。哈外专的教师住在两栋别墅里。在校舍的后院，是按班划分种菜的菜地。

在沈阳解放前的两年多时间里，哈尔滨一直是东北地区党政军领导机关所在地，是东北解放区的政治经济、文化中心，也是支援东北和全国解放战争的重要后方基地。

当时东北地区的党政军领导人高岗、林彪、陈云、李富春等对我们这些孩子都非常关心。外国语言学校校长由以后担任了空军第一任司令的刘亚楼兼任，他当时是东北民主联军的参谋长。学校政

97

委是曾经担任毛泽东秘书的张如心。王季愚任学校政治处主任主持全面工作。赵洵为教务处主任，与赵洵同时到任的是从一二九师调来的赵向，他担任学校政治处副主任。原延安外国语言学校的张天恩、尹企卓、卢振中、高世英、阎明智、苏英、高亚天、付克、吕学坡等也先后来校任职任教。

阎明智是阎宝航（注1）的大儿子，他是我们二班的班主任。他的弟弟阎明复（注2）也是这所学校的学生，阎明复是五班的。学校的班级是按学年顺次排的，二班比五班高三届。说是外国语学校，实际上就只有一门外语——俄语。

❦❦❦❦❦❦❦❦❦❦❦❦❦❦❦

注释：

1. 阎宝航（1895—1968），字玉衡，1895年4月6日出生于辽宁省海城县望台乡小高丽房村。1918年夏，阎宝航从奉天两极师范学堂毕业，受聘于奉天基督教青年会，任学生部干事。"九一八"事件后，他联合高崇民等于9月27日发起组织"东北民众抗日救国会"，任常委兼政治部长。1937年4月，阎宝航等在上海八仙桥成立"东北抗日救亡总会"，被推选为常务委员，受中共中央北方局领导。同年9月加入中国共产党。1941年参与组织中国民主革命同盟。1945年加入中国民主建国会，发起成立东北政治建设协会，任理事长。1946年6月23日被推举为上海人民和平请愿团成员，赴南京呼吁和平。同年任东北行政委员会委员、辽北省人民政府（今吉林双辽）主席。1949年出席中国人民政治协商会议第一届全体会议。建国后，任外交部办公厅副主任、条约委员会主任委员，第四届全国政协常委。他是中国杰出的战略情报专家，为世界反法西斯战争的事业立下过不朽的功勋。

2. 阎明复（1931—），辽宁省海城县人，阎宝航之子。1949年加入中国共产党。1956年任毛泽东翻译。1983年5月至1985年12月任第六届全国人大常委会副秘书长；1983年12月至1989年6月任第七届全国政协副主席、中共中央书记处书记、中共中央统战部

第三章 辗转南北

部长。1991 年 5 月至 1997 年 7 月 任民政部副部长；1997 年 8 月至 2002 年 任中华慈善总会会长。

入　党

1947 年，我在哈尔滨外国语言学校加入了中国共产党。

我从小受父亲的影响，可以说懂事的时候就知道了共产党，知道父亲与共产党的组织有密切的联系，有很多共产党内的好朋友。无论在澳门、还是父亲被监禁、全家流离失所的时候，无论从经济上、还是对家人的关心照顾上，我们都感受到了党无微不至的关怀，这一切都给我幼小的心灵留下了深深的印迹。

父母亲遭遇空难后，我在党组织安排下，从敌后到解放区、尤其是到延安这个革命圣地，从亲身经历中体会到中国共产党是为民族的解放、为建立民主、自由的新中国而艰苦奋斗的，是伟大、光荣、正确的无产阶级政党，是全心全意为人民服务的。在与毛主席、朱德伯伯、周伯伯、叶叔叔、聂叔叔等共产党高级领导人亲密接触中，我也深切体会到，他们是民族最优秀的代表，也是人民伟大的领袖。我坚信，在他们和中国共产党的领导下，中国一定会走向繁荣富强。基于这样的思想认识，我向党提出了入党申请。

我的入党介绍人有两位，一位是王季愚同志，1908 年出生于四川省安岳县，20 世纪 30 年代即参加革命，是我们党的一位杰出的女干部。在外国语言学校创办之初，调来担任了政治处主任、党总支书记。以后，她在教育事业中为党做出了杰出的贡献。1958 年任黑龙江大学第一任校长，1964 年任上海外国语学院院长，直至 1981 年因病去世，在外语教育的领导岗位上工作了整整 31 年。她学识渊博、品德高尚，是对我影响很大的师长。

还有一位介绍人是任岳，1925 年出生于湖南湘阴县塾塘乡（今汨罗市弼时镇），她的父亲任铭鼎是任弼时的同族兄弟，她还有一位堂伯是我党早期党员、曾任中央西北局秘书长的任作民，1940 年，任岳随堂伯任作民一家到了延安。在延安读书，后被送到外国语言

学校学习。她在延安时期就已经加入了党组织,政治上很成熟。以后她成为了我的妻子,在工作和生活上都给了我很大帮助。

按照当时党章规定,有一年的预备期,在这一年中,我在党组织的教育培养下,有了较大的进步,1948 年,我如期转正,成为一名正式的共产党员。

那时,我们作为军人是有生活补贴的,每月 10 元红军票。每当发这笔钱时,我们都是左手接下,右手就上缴党费,一分钱也不留下。学校实行的半军事共产主义,牙刷、牙膏这些生活必备品都是统一发放的。有人抽烟,就发给一些烟叶,过的是集体生活,基本上不用花钱。看电影都是有组织的,那时有很多同学是从山村来的,从来没有看过电影。我记得是在星期六晚上,大家列队到城里的兆麟影院,一看就是一个通宵,几部影片连着放映,看得我们困得要命。

代号"4821"

在哈尔滨外国语言学校过了一年多,一天,刘亚楼突然对我说,延安打来电话,要送一批中国的年轻干部,懂俄文的,到苏联学习。他说过不久,很快就在学校里集中起来 21 个人,绝大部分都是烈士的遗孤,也有党的高级干部的子女。其中,有我和我的弟弟叶正明,他是从山西兴县到哈尔滨的。

正明小我 4 岁,自 1943 年底桂林分别,已经有四年多了,他长高了,也显得壮实了很多。从正明那里我知道了更多关于父亲的事。在这次集中派出留学生之前,周伯伯等党的领导人到苏联去的时候,每次会带几个孩子去苏联,有的是领导人的子女,也有烈士遗孤,因为延安条件比较艰苦,这些孩子就留在苏联生活、读书。但这一次有所不同,是毛主席考虑到新中国即将建立,要尽快培养建设国家所需要的人才,有组织地派出留学的。

这 21 个人有:叶楚梅,是叶剑英叔叔的女儿,1928 年出生在香港。1946 年与我同机从广州到北平与父亲团聚,以后我们又一起从

第三章　辗转南北

北平到了佳木斯东北外国语言学校学习。以后他与邹家华同志结婚。

李鹏，是李硕勋烈士的儿子。北伐时期，李硕勋在第四军第二十五师担任政治部主任，1927年参加了南昌起义，与我父亲关系很密切。南昌起义后长期领导地方武装斗争。1931年7月不幸被捕，在狱中大义凛然，忠贞不屈，不久英勇就义，牺牲时年仅28岁。李鹏的母亲赵君陶是中共早期领导人赵世炎的妹妹，是1926年加入共产党的老党员，解放后长期从事教育工作。李硕勋就义后，李鹏由母亲抚养，后辗转到重庆红岩村，以后到延安。

朱忠洪，是王稼祥同志的夫人朱仲丽的外甥。朱仲丽1915年出生在长沙，她的父亲朱剑凡先生留日归国后，"毁家兴学"创办了宁乡中学——湖南周南女子中学等学校，向警予、杨开慧、蔡畅、丁玲都曾在这里求学。毛泽东、蔡和森、何叔衡、徐特立、谢觉哉等许多党的领导人，经常来到她家。朱仲丽15岁加入了共产党，为地下组织做事。1937年到延安从事医务工作。

林汉雄，是张浩的儿子。张浩，原名林育英，湖北黄冈人，是林彪的堂兄。1922年2月入党，是中国共产党最早的工人党员之一。1942年在延安病逝。

罗西北，是罗亦农烈士的儿子。罗亦农是湖南湘潭人，1921年与任弼时等一起赴莫斯科东方大学学习，同年加入中国共产党。1925年回国后参与领导五卅运动、省港大罢工和上海工人三次武装起义。1927年后任中共中央长江局书记、临时中央政治局常委、中央组织局主任。1928年在上海被捕遇害。罗西北1926年12月出生，母亲在苏联学习时不幸落水遇难，父亲被国民党杀害后，罗西北才两岁，成了孤儿。1941年，他与朱敏（朱德之女）、毛岸英（毛泽东之子）、刘允斌（刘少奇之子）等人被送进伊万诺沃国际儿童院。

项苏云，项英的女儿。项英叔叔1898年5月出生于湖北武昌，是著名的工人运动领袖，党和红军早期的领导人之一，也是与我父亲共同创建新四军的主要领导人。虽然在新四军时期，项英叔叔与我父亲在工作中有过不同意见，但父辈的问题丝毫没有影响我和项苏云之间建立深厚的友谊。项苏云出生后与母亲在一起生活到两岁前，与父亲仅有在延安时相处的12天经历。她和弟弟是在革命大家庭中，在陈云、李富春、张浩等老一辈革命家的家庭中照看长大的。

101

她后来与同为我们这批留苏学生中的林汉雄结婚。

谢绍明，是谢子长之子。谢子长是与刘志丹齐名的陕甘根据地和陕北红军的创建者，曾任中国工农红军陕甘游击队总指挥，在1934年秋的一次战斗中负伤，次年春不幸逝世，时年38岁。

任岳，任弼时侄女。

任湘，任作民之子。任作民，1899年农历9月出生于湖南湘阴。1921年，他与任弼时、罗亦农等赴苏联东方大学学习并在那里加入中国共产党。他是我党少数见过列宁、听过列宁报告的人之一。曾担任山东省委书记、湖南特委书记，两次被捕，在狱中度过了7年，受过敌人严酷的刑罚，但他坚贞不屈，始终坚持对敌斗争。1942年2月在延安病逝。

江明，高岗外甥。

高毅，高岗之子。

刘虎生，刘伯坚烈士之子。刘伯坚是四川省平昌县龙岗寺人。1920年参加赴法留学，与周恩来、赵世炎等人发起组织旅欧中国少年共产党，1922年转为中国共产党党员，曾任中共旅比（比利时）支部书记、中共旅欧总支部书记。1934年10月，中央红军长征，刘伯坚由于受王明"左"倾错误的排斥，被迫离开红五军团，留在中央苏区坚持武装斗争，任赣南军区政治部主任，与陈毅、陈丕显等同志一起领导留在根据地部分武装力量，进行游击战争。1935年3月4日，留在苏区的部队遭敌人重重围攻。在江西信丰的一次突围战斗中，刘伯坚不幸身中数弹，左腿负伤，落入敌人手中，3月21日，刘伯坚在江西省大余县金莲山上被敌人杀害，他牺牲的时候才40岁。

杨廷藩，杨琪烈士之子。杨琪是陕西省延川县北原村人。1931年10月，与刘志丹一起投身于创建陕甘边区革命根据地的斗争。曾任西北反帝同盟军大队长、中国工农红军陕甘游击队骑兵队副队长。1932年加入中国共产党。1936年2月，杨琪任红二十八军第三团团长，奉命率部东征。3月9日，在指挥攻占绥德县岱王庙战斗中牺牲，时年41岁。

萧永定，萧劲光之子。萧劲光是湖南长沙人。开国大将，是解放军海军的创建人，曾任海军司令员、国防部副部长。

第三章 辗转南北

邹家华，邹韬奋之子。邹家华的父亲邹韬奋毕生从事新闻出版工作，创办生活书店，主办《生活》周刊，在抗日救亡、反对国民党独裁统治、争取民主的斗争中发挥了重要作用，于1944年7月病逝。

◎ 中间是邹家华同学，右边是我，左边的是任湘同学。

张代侠，张宗逊之侄。张宗逊是陕西渭南人，黄埔军校第五期毕业，1926年由中国社会主义青年团转入中国共产党。解放后，历任中国人民解放军副总参谋长、训练总监部副部长、济南军区副司令员、总后勤部部长。

崔军，崔田夫之子。崔田夫，原名崔文宪，是毛主席给他改名为"田夫"的，1902年出生，陕西绥德县人。1928年加入中国共产党，是创建陕北革命根据地的领导人之一。解放后先后任中共陕西省委纪律检查委员会副主任、省视察室专员、陕北建设委员会副主任、省政协副主席等职务。

贺毅，贺晋年之子。贺晋年是陕西省安定（今子长）县人，解放后曾担任装甲兵副司令员。

罗镇涛，罗炳辉之女。罗炳辉是电影《从奴隶到将军》主人公的原型，1897年出生于云南彝良大河区阿都乡偏坡寨。1915年入滇军当兵，作战勇敢，屡建战功，从士兵晋升至营长。1926年参加了北伐战争。1929年7月秘密加入中国共产党。同年11月率部起义，参加中国工农红军，历任团长、纵队长、军长。1934年10月率红九军团参加长征，被誉为长征中的"战略轻骑"。在抗日战争时期，曾

103

任新四军第1支队副司令员、新四军江北指挥部副指挥兼第5支队司令员、新四军第二师副师长、师长兼淮南军区司令员等职。1946年4月,任新四军第二副军长兼山东军区副司令员。6月,在枣庄前线指挥作战返回临沂途中病逝。

还有就是我和弟弟叶正明。

◎ 这是蔡畅妈妈在哈尔滨看望我们时与我(左)和正明的合影。1946年,蔡畅妈妈任中共中央东北局委员书记,负责筹建东北解放区妇女联合会,指导东北土地改革中的妇女工作,同年被选为国际民主妇联理事。1948年在第六次全国劳动大会上,蔡妈妈被选为全国总工会第六届执行委员、常委、女工部部长。同年当选为国际民主妇联副主席。她是党的早期领导人蔡和森的妹妹,是时任东北局副书记、东北军区副政委、东北人民政府副主席的李富春同志的夫人。

这一批人年龄差距很大,有的已经参加工作,例如李鹏同志当时在哈尔滨油脂公司担任协理员和党支部书记;任湘同志在东北的纺织厂当厂长;邹家华同志当时是松江省宾县常安区区委书记;谢绍明同志是延安派往东北的第一批干部团成员,到东北之前在赤峰任区长。东北局组织指定谢绍明为我们这批人的支部书记。

这一批人在文革期间受到冲击,罗西北因为在苏联伊万诺沃国际儿童院长大,有苏联国籍,俄语很好,所以在1945年苏军解放东北时,参加了苏联内务部的工作,作翻译人员。文革中,他首先被诬为苏修特务。还有我们四位女同学中的一位,屈打成招,承认自己是苏修特务,而且招供我们都是她发展的特务。当时是康生负责处理,于是定性为"苏修反革命特务集团案",并将案件取代号为"4821"。康生的做法就是要通过打击领导干部的子女,达到打到一大批革命领导干部的目的。

文革结束后,在胡耀邦同志担任中央组织部部长时期,大规模平反冤假错案。他细致认真地调查了我们每一个人的情况,查清了完全是一个冤案。他向中央报告,不仅彻底平反,而且要重用这一批人。1981年1月17日,胡耀邦仔细看了中组部整理的材料,对其中一些人的使用做了批示。对李鹏的批示是:"我主张坚决提起来当

第三章　辗转南北

部长。不提一些，不能转变风气。"1981年2月，李鹏同志出任电力部部长、党组书记，以后担任了国务院总理。邹家华同志担任了国务院副总理，后任全国人大副委员长。林汉雄同志曾任国家建设部部长；谢绍明同志曾任科技部纪检书记；萧永定同志曾任轻工业部副部长；贺毅同志曾任武警水电指挥部主任；崔军同志曾任武警水电指挥部副主任兼参谋长；罗西北同志曾任水利水电规划设计院院长；叶楚梅同志曾任机械工业部机床局副局长；任湘曾任北京地质局局长……

◎ 2001年在广东与李鹏委员长、家华副委员长聚会时的合影。

◎ 2001年与家华副委员长伉俪在广州。

◎ 1995年，在广州我的家中与来访的老同学合影。

105

新中国航空科技工业开拓者——叶正大将军回忆录

文革后,我们这些人再次相聚时,大家索性就将"4821"作为我们的一个代号,现在很多媒体也就这么称呼了。2011年,为向中国共产党成立90周年献礼,中国教育电视台从7月1日起,隆重推出反映中国共产党战争年代红色教育历程的18集大型文献电视纪录片《奠基新中国》,首次以视频方式系统展现中国共产党人在战争年代兴教办学的难忘岁月,再现中国共产党人高昂的理想之歌和信仰之旗。其中的第17集《代号"4821"》,反映的就是我们这21名留学生赴苏留学的故事。

现在我们每年国庆节前都要聚一次,只是每聚一次,都少了人,毕竟都是耄耋老人了。

◎ "4821"成为我们的代号,每年举行一次"4821"同学会。

第三章 辗转南北

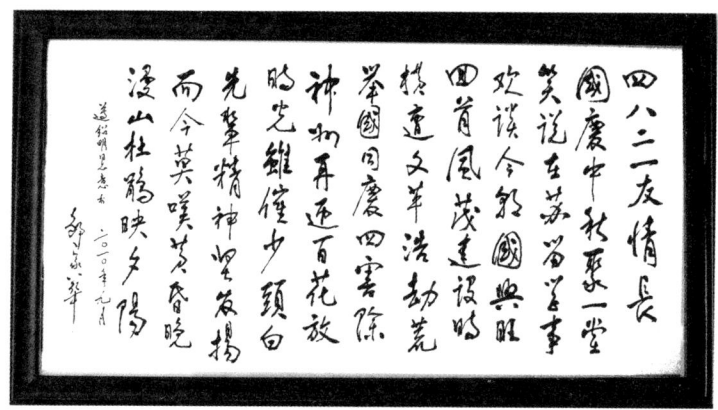

◎ 2010年9月聚会时,谢绍明同志即兴赋诗一首,家华同志挥毫疾书,我们"4821"老同学有了一幅记录我们深厚情谊的佳作。

我们这一批人离开哈尔滨的日子是1948年9月2日。

东北局为大家统一置办了服装:一套西装、两件衬衣,还有一顶帽子、一双皮鞋。出发的前一天晚上,东北局的领导林彪、高岗、王稼祥、李富春、陈云等为我们举行了饯行仪式。东北局领导郑重宣布了三条纪律:"一、出去后一定要学有所成,不能辜负党的希望;二、培养你们不是为了带兵打仗,而是要学习先进科学技术,将来要用知识建设国家;三、专心学习,学习期间不要谈恋爱。"

◎ 离开哈尔滨前的合影。

107

当时哈尔滨的市长是朱其文，是后来担任航空航天部副部长、中航工业总公司总经理朱育理同志的父亲，我们用的红皮外交护照就是他签发的，上面有他的签名。

从哈尔滨出发时也很隆重，很多领导同志到车站欢送我们，林彪派了他的夫人叶群送站。我们一个个全新的西装革履，打着领带。在列车开动的那一刻，我们的心情都非常兴奋、激动。我们很早就看到和听到关于社会主义苏联的许多报道、传说，现在我们就要到当时人们心目中世界革命的心脏、我们理想中的革命圣地、列宁、斯大林的故乡去了，那种充满向往和幸福的感觉至今都不能忘怀。

第四章　赴苏学习

伊万诺沃国际儿童院

列车从哈尔滨出发，经由满洲里进入苏联境内。

日本人在东北长期从事生物战、细菌战研究，除用中国人做活体试验外，还培育了大批携带细菌的动物，日本投降后，他们故意将这些动物放到了中苏边界的一些地区，造成鼠疫大面积爆发，因此当时进入苏联的列车和旅客必须进行防疫处理。

当时我们有人手里还留有一点红军票，出发前买了几个西瓜，准备路上吃。苏方人员发现后，明确表示新鲜水果类不允许带过国境。我们对苏方边境的海关人员说，既然不允许带过境，就送给你们吃吧，他们也不接受。不得已只能隔着铁丝网将这些西瓜扔回中国境内。

在边境小站奥得勃尔，苏联方面开过一辆只有两节车厢的列车，上面涂有红十字标识。一节车厢住的是医护人员，另一节给我们住。就在车站附近挖了几个大坑，点上火，架上大锅烧水，我们的衣物都集中起来，放进锅里煮，进行消毒。期间我们所有的人都不能随

新中国航空科技工业开拓者——叶正大将军回忆录

意离开车厢,最多只能在车厢附近散散步,透透空气。就这样在奥得勃尔滞留了一个多星期。

火车行至赤塔,我们再次停顿下来,这次是由于等火车。当时西伯利亚大铁路的列车不是每天都开,得在赤塔等待换乘下一趟列车。东北局事先已向苏联方面关照,所以我们受到了热情接待。在赤塔停留了几天,当地政府的官员安排我们游览市容、观看电影,这是我对苏联社会第一次有了直观的了解。

离开赤塔,经过九天九夜的漫长旅行,我们终于到达苏联的心脏——莫斯科。

下了火车以后,我们被集中到站台上的一间大屋子里,苏共中央派出的一位代表来接我们,对我们宣布了两条纪律:一是由于当时苏联与国民党政府建有外交关系,莫斯科有蒋介石的大使馆,所以我们不能上街。第二条,如果有人问你们是什么人,你们可以说是日本人、朝鲜人,但不能说是中国人。

我们是中午时分到的,在这间屋子里,我们简单吃了一点东西。

我们在那里一直待到下午,吃过晚饭后,我们被苏方接待人员连夜送往距莫斯科400公里的伊万诺沃。

伊万诺沃是苏联的一个纺织城,在那里有一个国际儿童院,住

◎ 这是我们21名同学到达伊万诺沃后,在国际儿童院门前的合影。

第四章　赴苏学习

的最多的是西班牙人，大多是西班牙革命后代的子女。第二多的就是中国共产党人的后代。

弟弟叶正明的大儿子叶大鹰后来成为了电影导演，他拍过一个电影，名字是《红樱桃》，演的就是伊万诺沃国际儿童院在1940年以后的事。拍得非常好，每次看这部电影，我都会觉得又回到了自己在那里的岁月。

在我们之前到苏联的孩子们大都被安排在附近的学校学习，他们当中年龄小的只有七八岁，最大的不超过12岁，邓发的女儿邓金娜也在其中。年龄小的孩子有学习不好的，学校的教务长会罚他们站墙角，有时甚至不给饭吃。我们去后，看到这种情况很诧异，社会主义怎么能这样呢？那时候苏共中央安排的党代表每隔两三个月会来一次，我们就把这个情况反映给了他。这位党代表回莫斯科后，派人下来调查，证实了确有此事。苏联的纪律是很严格的，儿童院长一般工作到50岁的时候就可以得到一枚列宁勋章，就是因体罚学生，他被取消了享受这一荣誉的资格。

1949年夏，刘少奇同志到苏联进行秘密访问，向苏方通报了解放战争形势日新月异的变化，以及建国各项准备工作的进展，并希望苏联第一个与我国建立外交关系。谈判进行得很顺利，斯大林接受了中方的意见。

这一次刘少奇同志也到伊万诺沃国际儿童院来看望了我们。我们几个当时年龄比较大一点的对他讲，这里有200多名孩子，来的时候年纪很小，连自己的爸爸妈妈是谁都不知道，有很多孩子连中国话都不会讲了。现在要建国了，希望组织上能安排把这些孩子接回国。我们的建议可能起到了作用，第二年他们就都回到了祖国。

一天，儿童院的一位教导部主任对我们说，旁边的一间屋子是当年来苏联的中国共产党人住过的，现在要清理出来派别的用场，她看到里面存有一些箱子、行李，让我们去看看有没有什么有价值的东西，如果没有，她就全部当废物处理了。

我和家华同志想去看看有没有信件、照片之类的，于是我们两人就去了，在那间屋子里，翻箱倒柜，找到了不少信件、照片。我还意外地发现了一张邓颖超妈妈在莫斯科出席中共"六大"的出席证，上面有邓妈妈的照片、名字；还有我们苏区发行的一块银元，

111

那块银元与袁大头大小相仿,上面的图案是一个地球、一个战士举着一面旗子,另一面是写着江西苏维埃政权发行等字样的;还有一张土布上油印的面值10角的票子。我仔细地把这些物品收藏了起来。

由于我们向党代表反映了学校体罚学生的事,使得院方与我们21人之间有了芥蒂,于是借口我们年纪较大,把我们转入伊万诺沃市的几所大学学习俄文。四位女同学去了医学院,李鹏、邹家华、我和正明几个去了电工学院,谢绍明、任湘、江明等进入了纺织大学。每个学校为我们安排了一位教师,专门教我们俄语。

那时的苏联人大多不了解我们中国,不少人的印象中,中国人还是"女人裹小脚、男人留辫子"。有一次我们去参加与当地少先队员联欢,有些小孩子还问我:"叔叔,你们中国人还留辫子吗?"

那时苏联有一部电影叫《青年近卫军》,想拿到中国来放映。苏共中央的党代表找到我们,让我们去协助翻译成中文。开始我们不同意去,觉得我们是来学习的,怎么让我们去翻译电影?后来放暑假了,他又来找,那我们就没有理由拒绝了,于是利用暑假期间去帮他们翻译了,用了大概二个月的时间才完成。这部电影,他们原来已经请了苏联的一些汉学家译成了中文,但都是文言文,那当然是不行的。我们去了以后,对着俄文将文言文译成白话文,并给电影配音,细听起来,南腔北调,什么口音都有。那一次电影制片厂付给了我们报酬,给了我1000多卢布,当时算比较多了,我买了一个照相机,从那时起我热爱上了摄影,在留学期间拍了很多照片。

选择莫斯科航空学院

1949年10月1日,中华人民共和国成立了。10月2日晚21时45分,苏联外交部副部长葛罗米柯致电周恩来:苏联政府决定建立苏联与中华人民共和国之间的外交关系,并互派大使。而在此前的8月下旬,戈宝权同志就已经在莫斯科接收了原国民党政府的使馆并具体负责筹建新中国驻苏大使馆。

这时候,我们可以堂堂正正地到莫斯科读大学了。

第四章　赴苏学习

◎ 新中国的第一批留学生，风华正茂，朝气蓬勃。

　　1949年夏天，苏联红十字会安排我们到莫斯科附近的谢涅什疗养院休养，但伊万诺沃方面不知出于什么目的，将我和家华扣下来，不让我们与大家一起去。我们当然不会接受这样的安排。那时候，我们每人每月有350卢布的生活费，我们俩人与支部书记谢绍明商量，事先就给我们俩人买好了车票，并让大家在出发的时候把我们的行李带上车厢。我们俩人不动声色，悄悄地到了车站，就在列车要启动的时候，我们跨上了列车，随着机车一声长鸣，我们和大家一起离开了伊万诺沃。

◎ 从这张照片可以看出，我们显然已经适应了紧张的学习生活。

从这张照片可以看出,我们显然已经适应了紧张的学习生活。谢涅什疗养院环境很美,有一个很大的湖。住在那里,我们考虑最多、议论最多的是如何选择学校和专业。出国前,东北局就有过指示,我们到苏联后要根据国家的需要选择专业。我们当时选择专业的原则就是"祖国的需要加个人爱好"。

◎ 沐浴在异国他乡的阳光下。

我与弟弟叶正明商量后,决意要进莫斯科航空学院。之所以做出这个选择,既有家仇,更有国恨。我们的父母、妹妹、九弟和王若飞、秦邦宪等中央领导同志在黑茶山遇难,成为震惊中外的"四八"烈士。同时我们也都亲眼目睹过日本侵略者的飞机狂轰滥炸的情景。这些都促使我们立志学习飞机设计。

◎ 聂荣臻叔叔的夫人张瑞华妈妈到莫斯科的时候来看望我们。照片上左边的是叶楚梅,右边的是正明,我在张妈妈与正明之间。张妈妈是早期参加共产党的老党员,参加过广州起义,曾作为晋察冀代表团成员出席中共七大。拍摄这张照片的时候,她是中共晋察冀中央局妇女工作委员会书记。

第四章　赴苏学习

◎ 张妈妈与我们的合影。左边的是刘虎生，与他紧挨着的是正明，最右边的是我。

1949年9月1日，苏联各大学新学年开始的时候，我们在各自选择的高等院校开始了新的学习生活。

我和正明、朱忠洪进了莫斯科航空学院，开始的时候，我们住一间屋，后来，校方为了让我们有一个更好的学习俄语的环境，把我们三个人分开了，都与苏联学生混住，我和三位苏联同学一共四人一间。正明和朱忠洪也一样。

当时的莫斯科，还没有从战争创伤中恢复，条件很艰苦。我们刚去的时候，生活费还是350卢布，新中国建立以后，提高到500卢布，但当时莫斯科市场上供应短缺、物价飞涨，灌肠1公斤卖到60~70卢布。为了节省开销，我们自己开伙做饭，这样会比学校食堂少一点花费，而且也能吃得稍微合口味一些。那时候，学习很紧张，每个人的时间有限，只能采取三人轮换，每个人做一个星期的饭。有一次轮到我做饭，买回了一种咸盐腌制的青鱼。那种鱼有半尺来长，苏联人都是生吃，切成段，夹在面包里吃。我不知道，用了一个平锅，放上一点点油，想煎熟了吃，没想到，一加热，满屋子臭气熏天，慌乱中平锅掉在地上，鱼也没法吃了，只能倒掉，另买点香肠凑合吃了一顿。

因为食品价格奇高，我们又吃不惯他们的酸面包、黄油，所以经常在小商店里买一点黄米糊糊充饥，肉吃的很少。

新中国航空科技工业开拓者——叶正大将军回忆录

我们学习最困难的是在一年级的时候,最大的问题是俄语不过关。苏联教授上课的时候,没有讲义,一来先在黑板上写下几个公式,然后就开讲,我们只有尽最大努力,争取较多地听懂他讲的内容,根本来不及记笔记,就这样还很勉强。下课后,我们只能借苏联同学的笔记抄。因为是上课时的记录,有的同学笔记很潦草,我们一边抄,还得一边问,这样一天的笔记抄下来,经常会到晚上10点以后才抄完。

◎ 思念祖国的时候,神情还是有些凝重。

因为不适应饮食,加上学习紧张,正明等三四个同学患上了肺结核病,不得不中断学业,回国治病、休养。正明治好病后又回校读书,所以比我晚了一年毕业。还有的同学回国后就没有再到苏联继续学业了。

"建设中国的强大空军"

1949年底,毛主席访问苏联。这是建国以后,中国领导人第一次出访,也是毛主席第一次走出国门。1949年12月16日,毛主席一行抵达莫斯科。苏共中央机关报《真理报》把毛主席的访问作为一件大事加以祝贺,相关报道占据了头版的一半。

以后为谈判及签订新的中苏友好同盟条约、贷款协定、民航协

第四章 赴苏学习

◎ 1949年底,毛主席访问苏联。

◎ 1950年2月14日,《中苏友好同盟互助条约》签订。

定及贸易协定,中央又决定安排周总理于1950年1月20日也到了苏联。2月14日,《中苏友好同盟互助条约》签订。

我们很早就得知毛主席到苏联访问的消息,谢绍明同志代表我们向使馆提出,希望能见到毛主席、周总理。那时候,新中国驻苏的首任大使是王稼祥同志,他是朱忠洪同志的姨夫,最后,毛主席同意了我们的请求。

那一年的春节是2月17日,除夕,也就是16日晚,毛主席、周总理出席了中国驻苏联大使馆举办的春节联欢晚会,第二天他们

◎ 联欢会上,我们中国留学生的小合唱受到来自世界各国学生的欢迎。

117

就启程回国了。我们这些留苏学生也被邀请到了晚会上。

当毛主席、周总理进入会场时,我们全体起立,热烈鼓掌欢迎。我看到毛主席比在延安的时候胖了一些,面色红润,神采奕奕,与我们见面的时候,他非常高兴。周总理朗朗地笑着,与毛主席谈笑风生。我们每一个人都像是他们的子女一样,胸中涌动着暖暖的亲情。

那次联欢晚会主要是舞会。在周总理跳完一曲休息时,我拿着自己的一个小小的记事本去找他题词,他笑着看看我,拿出钢笔,给我题了"艰苦奋斗,努力学习"八个大字。同学们看到总理给我题字,都拥了过来要总理也给自己题字,因为大家事先没有准备,就都找我要纸,很快就把我的那个小本子撕光了。总理给每位同学的题词内容都和给我题的一样。

◎ 周总理给我的题字。

到毛主席休息时,也有同学去找毛主席题词。我记得是当时担任我们留苏学生会主席的李鹏同志第一个去的,他用的是会场桌子上摆放的大使馆信笺纸。毛主席给他的题词是"为人民服务"。接着有几个同学也过去请毛主席题词,都是用的这种信笺,毛主席写的也都是"为人民服务"。我看到后,也取了一张信笺跑到了毛主席身边。毛主席看到我,问我:"你是叶正大吧?"我说,"是。"他又问我学什么专业,我对毛主席说,我是学飞机设计的。他听了非常高兴,当即亲笔给我写下了"建设中国的强大空军"几个字。后面的同学请毛主席题词时,毛主席都结合每位同学所学专业写的,如给任湘的题词是"开发矿业"。

我们当中有几位同学是在莫斯科大学学政治经济学的,其中就有任岳,毛主席听他们讲到自己的专业后说:"哦,你们在这里学政治经济学?这个专业的学习需要联系实际,在苏联学还不如回

◎ 毛主席给我的题字。

第四章 赴苏学习

中国结合实际学习。在苏联应学技术。"后来这几位同学遵照毛主席指示，改学了技术专业。

毛主席说的这一番话对我有很大的触动，使我更深刻地理解了党和国家派我们到苏联学习的意义。社会科学、尤其是指导工作实践的政治经济学等学科，应该坚持理论结合实际，否则马列主义理论学了一大堆，不懂得联系实际，肯定会犯教条主义的错误。毛主席是根据中国革命的历史经验和教训向我们提出的这个要求的。

我回国参加工作以后，一直把这张有毛主席题词的纸压在我办公桌的玻璃板下面。有一年，军事博物馆的同志找到我，要我父亲摄影的底片，我给他们找了出来，就在他们到我办公室来拿这些底片的时候，看到了这张题词。他们说，阳光、灯光照射下，纸很快就会发黄、发脆，而且墨水也会褪色，毛主席题词这么宝贵，弄不好就被损坏了，不如交给他们收藏起来，可以永久保存。我听他们说的有道理，就同意交给他们，只提了一个要求，就是如果我有需要，请他们给我复印件。他们也答应了，以后，我真的要了几张复印件回来。但复印的时候，就没有了信笺上"中华人民共和国驻苏联大使馆"的函头，过了一段时间，我再去要题词复印件时，军博告知，由于某种原因，这个原件找不到了。

毛主席、周总理回国后不久，1952年8月17日，周总理率政府代表团又一次访问苏联。代表团成员有李富春、陈云、张闻天、粟裕等。这次是与苏联部长会议主席斯大林、苏共中央主席团委员莫洛托夫、苏联外交部长维辛斯基等举行谈判，讨论有关中国和苏联两国关系中的重要政治与经济问题。其中包括有关苏联援助中国的重大建设项目，共156项。

在与苏联谈判中，由于随团的翻译在技术词汇方面有欠缺，所以周总理要我给他当技术翻译，于是在这次谈判中，我就给周总理当了两个多月的俄语技术翻译。

我记得谈判时，我国准备的资料不是很充分，例如，我国提出建设一个拖拉机厂，对方问道，造什么类型的拖拉机？年产量多少？我国则一问三不知，这也不奇怪，因为我国从来没有搞过。在谈判过程中，对情况不清楚的，留在下次会议时再谈，我们给国内发电报，更多的时候是回到使馆打电话，让有关部门报详细的建设方案。

我还记得，当时我国提出在湖北武汉建一座长江大桥，相关资料如桥的长度、位置等都是按照地图报给对方的。朱老总当时考虑，建一座桥遇有战争，很容易被敌人火力破坏，所以提出意见，最好是从水下过，也就是现在的过江隧道。朱老总的这个想法很有前瞻性，苏联方面也没敢贸然回应，说他们要研究一下。过了一周，他们答复，从技术方面，他们可以做到，但造价是建水上大桥的两倍，也就是造这么一个隧道，需要花造两座桥的费用。当时我们国家经济上也不富裕，所以还是维持建造水上桥的方案。

那时我们与苏联实行的是易货贸易，也就是以货换货，他们给我们的是技术指导和石油等，我们给他们的是地瓜、土豆和粮食。

回国休假

1951年春天，我们接到国内通知，要我们在苏联的留学生利用暑假的机会回国参观学习。这对我们来说当然是个大喜讯。

我把在伊万诺沃国际儿童院找到的三样东西带了回来。银元和那张布票我委托聂荣臻叔叔的秘书交给了革命历史博物馆，他们接

◎ 留苏学生的正装合影照。

第四章 赴苏学习

到这两件珍贵的藏品非常高兴。

然后我给周恩来伯伯的秘书打电话请他转告周恩来伯伯和邓颖超妈妈,我们回国来过暑假,我这里有一件好东西要给邓妈妈呢!过了两三天,接到中南海的电话,说周伯伯和邓妈妈要我和正明到他们那里吃午饭。

我们如期到了中南海西花厅。一见到他们,我急不可待地从口袋里掏出装着邓妈妈出席证的信封,向邓妈妈详细讲了我在国际儿童院找到它的情况,并告诉她,小皮箱和其他的衣物什么的,儿童院领导都给烧了。看到这张出席证,邓妈妈和周伯伯都非常高兴,说:"难得、难得,谢谢你们把它带回来给我们!"接着,邓妈妈还

◎ 回国度假。

◎ 在东德,我们与来自其他社会主义国家的留学生组织活动。

◎ 战后的东德人民在一片废墟上建设新的家园,我们中国留学生参加义务劳动,为他们出一把力,更是献上美好的祝愿。

121

对我们谈起了当年她参加"六大"的一些情况。

谈话中，周伯伯很关切地问到我们的学习和莫斯科的食品等物资供应情况，因为当时苏联国内情况还是很困难的。

周伯伯的记忆力特别好。就在前一年他去苏联谈判，我在为他担任俄文技术翻译时，曾在空闲时与他谈起，我的外婆和三个弟妹都住在广州。这一天吃饭时，周伯伯突然问我，外婆现在生活怎样？因为我也是回国不久，所以不是十分了解，而且我实在想不到周伯伯记忆力这么好，身为一国总理，国内外有多少大事够他忙，居然还记得我的外婆！我一时间张口结舌，回答不上来。

接着周伯伯又问到在广州的几个弟妹的情况。周伯伯动情地对我和正明说："你爸英年早逝，牺牲时才50岁，你们要继承他的遗志，努力学习，坚持革命。"周伯伯的一番话使我和正明非常感动。

就在那次吃饭的时候，周伯伯给我们讲了对"四八"空难的看法。

1952年的暑假，我们到东德访问。

◎ 与苏联驻东德的军人进行排球友谊赛。

◎ 与东德的青少年联欢。

◎ 赛后合影。

第四章 赴苏学习

与任岳结婚

在我们21个人到莫斯科后,任岳与叶楚梅等几位同学进了莫斯科大学,学习的是政治经济学专业。

1949年秋,任弼时同志到苏联治病期间,通过任岳、任湘重申了中央对我们在苏联学习的意见,不主张学政治,也不赞成学文科。他强调,为了新中国的建设,我们这些留苏学生应该学习工科、学习技术。至于具体学习哪一门,可以根据自己的兴趣和特长进行选择,给了我们在专业选择方面很大的灵活性。

1950年在使馆组织的除夕联欢晚会上,毛主席对叶楚梅、任岳等几位同学又一次讲到在苏联应该学技术。这以后,任岳他们就调整了自己的专业,她选择了莫斯科建筑工程学院。新中国建立以后,建筑对于建设社会主义是非常必要和重要的专业,她做出这样的选择是从祖国的需要出发的。因为这次转学,她毕业比我晚了一年。

1939年,任岳随着任弼时同志的堂弟——也就是她的堂伯任作民、堂婶丁祝华还有他们13岁的儿子任湘、1岁的女儿庆庆和烈士沈绍藩的女儿沪了(现名舒炜,曾任广播电影电视部电影局处长)一行6人,从长沙经衡阳、重庆、成都、西安,用了几个月的时间,在1940年的春节前夕,到达了延安。那时任岳14岁。到延安后,她和任湘进了边区师范学习。开学前几天,堂伯任作民还带着任岳、

◎ 我与任岳的恋爱关系已经明朗化。

123

任湘和沪子到枣园去看望毛主席。毛主席非常高兴,依次问了他们的情况,鼓励他们要好好学习。临走时,毛主席还从衣袋里掏出几元"边币",分给他们每人两元钱(注)。

以后任岳就读于延安自然科学院,并在那里入党。

任岳性格开朗,乐于助人。由于少年时期就到了延安,是在伯父任弼时同志和党的老一辈领导人直接的关怀下成长起来的,所以政治上成熟,看问题很敏锐,而且处理事情很果断,在佳木斯、哈尔滨那一段时间,我们在一个班,都是班干部,她对我的帮助非常大,不仅政治上是我的入党介绍人,而且在生活上也无微不至地关心我。到苏联以后,我们这21位同学之间依然保持着密切的联系,随着时间的推移和年龄的增长,我们之间互相关心、互相帮助的同学、同志之情逐渐发生了变化,彼此产生了爱慕之情。

开始的时候,我们牢记着出国前组织的嘱托,要专心学习,不要谈恋爱。但六七年过去了,我们大家的学习成绩都很好,而且有的同学年龄已经比较大了,尤其是一些女同学,按现在的看法也都是大龄女青年了,所以在不影响学习和工作的前提下,有同学谈起了恋爱。当然,即便已经确定了恋爱关系的同学,也还是把学习放在第一位,没有因为恋爱影响学习成绩。

◎ 与任岳、萧永定在一起的合影。

1954年冬,我已经面临着毕业了,我和任岳向大使馆提出了结婚申请。经时任中国驻苏联大使王稼祥同志批准,我们在莫斯科举行了结婚典礼。

那时,我的四弟华明已经在莫斯科军事航空工程学院留学,他读的是军事院校,而且他出国前就已经是哈军工的学生,按规定,国家发给他们的生活费比我们要高许多。我们开始是300卢布,生活比较清贫,后来李富春同志到苏联了解到一些情况后,给我们补到了500卢布,华明他们一去就是800卢布。听说使馆批准我们结婚,他马上就送来了800卢布。我和任岳就是用这800卢布举办的婚事。

第四章　赴苏学习

◎ 1954年12月11日，在即将结束留学生活的时候，我和任岳在宿舍举行婚礼。

我所在的莫斯科航空学院，每间宿舍住4名学生。我们的新房就在学生宿舍，原来住在那间宿舍的4名同学中有一个搬到了别的房间，我在屋子中间拉起一根铁丝，挂上一条毯子算是打了隔断，白天收起，晚间挂上，就这样我们算是有了自己的半间屋子；另外半间住的是两位苏联同学。

学生宿舍每层楼都设有一个大一点的房间作为公共活动的场所，在当时称为"红角"，每逢有同学过生日或庆祝节日，大家都会在红角举行聚会。这次，在红角举行的是我和任岳的婚礼，可能也是史无前例的。参加我们婚礼的都是我和任岳的同学，有国内一起去的，也有在苏联新结识的。仪式虽然很简单，但我和任岳都感到非常幸福。大家向我们祝贺新婚，气氛很热烈。苏联同学更热情，虽然小小宴会准备的很不丰盛，但几杯沃特卡喝下去，又是唱歌又是跳舞，那个热闹的场面让我永远不能忘记。

◎ 情深意笃，恩爱有加。

125

新中国航空科技工业开拓者——叶正大将军回忆录

华明参加了我们的婚礼。他学习很刻苦,各门功课的成绩始终保持着满分(那时苏联的学校教育实行的是五分制)的优秀成绩,因此还获得学院颁发的金质奖章。

结婚不久,我就毕业了。1955年二三月,我回国后,很快又有了一次到苏联的机会——到苏联东部地区的共青城飞机工厂接收米格-17Φ的工艺装备和技术资料。那一次我在共青城工作了三个月,任岳利用假期,自费从莫斯科赶到共青城与我团聚。

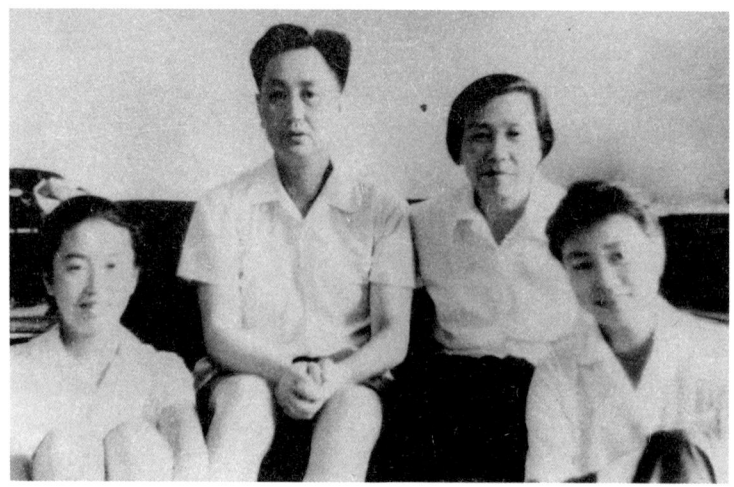

◎ 我们有了一个幸福的家庭。这是在第六研究院工作时期,我、任岳和两个女儿叶莲(右)和叶梅在家中的合影。

◎ 2007年,我和老伴及两个女儿在广州家里。

第四章　赴苏学习

一年以后，任岳也回国了，遗憾的是由于我的原因，她回国后放弃自己的建筑专业，走进了航空科研领域。先是在112厂设计科搞强度，成立六院后，她在一所技术情报室担任主任，做起了辅助性技术工作。在我调到六院工作后，她随我到六院，在政治部任协

◎ 2003年，在上海女儿家。

◎ 2004年，广州家的杨桃丰收了。

◎ 2004年，在上海女儿家过春节。

◎ 2006年，梅花盛开的季节。

◎ 2007年，在广州家的院里欣赏花。

127

理员，以后到五机部从事外事工作。她为了我的事业做出了牺牲。

1957年，我们有了自己第一个女儿叶莲。1964年9月，我们的二女儿出生了，给她起的名字叫叶梅。

婚后几十年的生活中，任岳始终是我坚强的后盾，无论生活或工作中遇到什么样的困难、挫折，她都能为我分忧解难，尽到了一个好妻子、好母亲的责任。

2009年6月，在我们共同走过了55年的人生道路后，任岳因病去世，享年84岁。

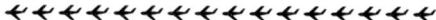

注释：

见舒炜《失去的母亲和找到的母亲》。

学成归国

我们学习比较困难是在大学一年级，以后逐渐开始适应了，俄语过了关，不仅上课听得懂，而且能记好课堂笔记了。

那时期末考试都是口试，学生进到考场，先要抽一张试题，坐在一边准备几十分钟，然后主持考试的老师把你叫到面前回答问题。考完以后过二三天，发下考试成绩。由于我们学习勤奋努力，大家基本上没有休息过星期天，所以成绩普遍比较好，超过了很多苏联学生。那一年，我除了化学考4分外，其他科目全是5分。当然这当中也不排除由于我们是中国留学生，存在语言等方面的差别，教授在考试、评分时，可能会稍微放宽一点尺度的因素。

我记得有一位苏联学生拿到考题准备的时候，要我告诉他那道题应该怎么回答。在考试时这么做，就是要帮他打小抄了。当时我很惊讶，社会主义大学里怎么还会有作弊现象？有趣的是这位同学参加工作以后表现很出色，担任了苏联一家导弹研究单位的总设计

第四章　赴苏学习

◎ 与冯玉祥将军的女儿冯理达（前排左二）的合影。她当时在列宁格勒大学读书并兼教授中文。前排右一为家华同志，他身后就是我。

师。改革开放后，他曾率团来华访问。我们相见之下，倍感亲切。回想起来，我有了这样的一个认识，在学校里学习成绩不好的学生并不一定在以后工作中就做不好。学习是基础，很重要，但考试成绩不能决定一个人的命运。我的这位苏联同学就是一个很典型的例子，他在工作中确实很优秀，而且对我们也非常友好。

我们毕业的时候，学校发给我一张毕业证书，那上面写着"И добился отличных результатов с другими.（取得了与别人不一样的优秀成绩）"等字样，意即学习特别好的意思，还有一枚菱形的徽章。可惜的是文革抄家时，证书被弄丢了，徽章后来找到了，证书始终没有找回来。

我们一批人同时出国，回国的时候是分开的，我与邹家华同行。

回国后，我们俩先到教育部留学生司报到，住在教育部招待所等待分配。教育部留学生司专门为我们买了棉被和换洗的衣物。住了一个星期，司长出面接待，他对我们俩说，现在中央决策要研制

新中国航空科技工业开拓者——叶正大将军回忆录

◎ 在莫斯科，我们常有聚会。

原子弹和导弹，方针是"两弹为主，导弹第一"，组织上的意见是要我们回到苏联去继续深造，读研究生，学习原子弹、核能技术。我和家华对司长说，是不是可以让我们考虑一下再回答？司长同意了。于是我们回到招待所商量。我们感到当时新中国刚成立，国家十分困难，当时的钢产量每年只有90万吨，航空工业、机床制造工业都非常落后，我们应该尽快投入社会主义建设，为新中国的发展贡献自己的力量。最后我们俩形成了一致意见，原子弹、核能让其他人去学吧，我们还是尽快参加工作。我们把意见讲给了司长，他表示同意。后经组织批准，我去了军事工业部（二机部）航空工业局报到。当时的局长为王西萍，接待我的是副局长段子俊。

段子俊是我国航空工业的创始人之一。1951年，中央派出何长工、沈鸿、段子俊三人组成代表团到莫斯科，进行苏联援助我国建设航空工业的谈判，在那个时期，我就与他见过两三次面，所以彼此比较熟悉。

他对我说，很欢迎我回国参加航空工业建设。并希望我能从最基层做起，一步步走上来。他的建议是要我到沈阳飞机制造厂（当时名为松陵机械厂）当一名车间工艺员。我接受了他的建议，愉快地到了沈阳飞机厂，工厂将我安排到前机身组装车间担任工艺员。

家华同志也分配到了沈阳，在沈阳第二机床厂工作。

第四章　赴苏学习

段子俊同志的建议使我受益匪浅,以后再见面时,我对他讲,从基层做起是对的,这为我以后的工作积累了非常难得的宝贵经验。

附一：　　　　　　　一篇旧文

整理者按：这是作者回国后在1956年底写给莫斯科航空学院校报上的一篇文章,以《朋友的信》为题发表在"Пропеллер"（莫航校报名,意为"螺旋桨"）上,原文为俄文。在文革中,该文被作为作者的"罪证材料"之一,并被翻译为中文。现原文遗失,经作者本人审核,这篇中文译稿符合原文内容。

朋友的信

凡是记得六年前拘谨地走进"Пропеллер"编辑部的削瘦青年人,都会告诉你们,那时叶正大的俄语说得是很蹩脚的,这一点,他在自己的信里也提到了,因此,编辑部高兴地向读者宣布：我们接到的这封信是用俄文写的,并且我们的编辑部未做任何的词句和语法上的更改。（注：此为编辑部按语）

敬爱的"Пропеллер"编辑同志：
亲爱的同学们：

虽然你们的来信是用俄文写的,但我很快的收到了,你知道它使我多么满意、使我多么激动啊！读着它,使我情不自禁地回忆起黄金的学生生活,在我的眼前浮现在母城莫斯科——红场、高尔基大街、列宁格勒大道,那儿就是我的母校——莫斯科航空学院。

中国正发生剧烈的变化,它已经不是六年前我所知道的那样,到处都在建设,城市的生活日益改善,很早就看不到战争的痕迹了。在农村里,合作社正在飞快地发展；在城市里,工厂的烟囱也在迅速地增多。

六年以前,当在中国读完中学以后,我来到莫斯科学习,

在我面前摆着这样的问题：将来做什么呢？到大学里去？到莫斯科高等技术学校？到莫斯科动力学院？所有的门都对我开着，我进了莫斯科航空学院。

我做此选择，不仅仅是我老早就向往当一个航空家，同时也因为航空工业工程师，对我们的国家也是很需要的。

头几年我是很困难的，它不仅是中学的根基问题，同时也由于俄文不好。我记得在上课以后，同志们是如何帮我重新誊写笔记，教师如何特别为我做辅导。在第一年我很少到电影院和戏院去，因为我的空闲时间很少。我被叫到党支部去，他们批评了我，并帮我弄到了戏票，告诉我应该成为有广阔见解的工程师，不仅仅应该懂得技术，同时还应该喜爱文学、音乐、艺术——文化领域的一切。学院对我是多么关怀啊！

我在莫斯科航空学院学习了六年，在进入学院之前，我几乎不知道什么叫飞机，苏联同志教育了我，苏联面包将我抚育成人。在我进入学院之前你们那儿还没有中国学生，而现在有数十个同学与你们共同学习，从前给你们只有用中文写的信（经常需要我将它们译成俄文），而如今，我从遥远的地方可以用俄文直接给你们写信。这就意味着我们的关系日益发展。

在莫斯科航空学院毕业以后，我回到祖国，很快我就分配到一个工厂，开始我做车间工艺员，而现在我任主管设计师了。

我们的工厂是很大很大的，它是用苏联和人民民主国家的先进技术装备起来的，在工厂里有许多你们的专家，他们给我们很大的帮助。他们不但教我们如何制造飞机，而且也教我们应该如何的生活与工作。

我们的工作很忙，我们友好和紧张地工作着。很快在中国的土地上就要飞翔我国生产的现代化飞机。到那时，我们就可以重复斯大林那永恒的语录："从前我们没有航空工业，而现在我们有了。"在这句话里，得付出多少劳动啊！这里——是中国工人和苏维埃人的共同劳动。

工作之余，我们常到电影院去。在中国银幕上经常上映话语配音的许多苏联影片。不久前，我很高兴地再次看了《脖子

第四章 赴苏学习

上的安娜》、《马琳娜的命运》和其他一些片子。为了使俄文不致忘掉，我每天都收听莫斯科的广播。通过无线电，我对苏联有了更深入的了解。我甚至知道莫斯科的天气如何。在你们那儿现在已经很冷的了，而这儿还是比较暖和的，雪下过1~2天就化了，仅在早晨才有点结冰。

很快新年就要到了，我请求通过你们的报纸用这封信来表达我对你们的衷心祝贺。同志们，新年好！祝你们在新的一年中获得新的成功，在学习和工作中取得新的成就。

你们的中国朋友
叶正大

附二： 华棣访谈记录

◎ 华棣。

"要了解当年留学莫航的情况，可以找华棣。"有人这样向我们介绍，于是有了这一次访谈。时间：2013年5月4日；地点：华棣所住北京某小区附近的一个茶社。

华棣是一位名人。从网络上我们了解到，他1936年出生在上海，1960年毕业于莫斯科航空学院火箭发动机系，回国后在原国防部第五研究院从事火箭、导弹技术研究长达24年，1978年因参加中国第一代卫星以及洲际弹道导弹的研究有功而荣获全国科学大会奖。1986年以后，华棣开始从事社会科学的研究，先后在社会科学院美国研究所任职，后调任中信公司国际研究所所长，并

133

参加了中韩关系的正常化谈判。他的研究曾得到邓小平、胡耀邦、赵紫阳的赏识。

一见之下,首先感到的是他快人快语的性格,不待我们细说来意,他已经侃侃而谈。

我与正大的四弟华明是中学同班同学,那时他的名字叫李华,随母亲的姓。据我所知,华明是从延安跟着中央经西柏坡进的北京,到北京后一直住在聂帅家中。

1954年我们从北京101中学高中毕业时,大家知道了华明要到苏联留学,都很羡慕。不久我也被确定赴苏留学,与华明不同的是,他直接进了儒科夫斯基空军工程学院,我和一些同学则是在留苏预备学校(设在北京俄文专修学校内,被称为俄专二部)学了一年俄文才到苏联去的。我进的是莫斯科航空学院,学的是火箭发动机专业。

到苏联后,见到了华明和他的大哥叶正大、二哥叶正明。那时才知道,李华的名字改为叶华明。华明与正大一样,身材高大,他那时一身军人装束,显得英武挺拔。因为是军校,他每个月的生活费用比我们普通院校学生高许多。

正大、正明进莫航比我早五年。正明由于患病,中间休学一年回国治病,所以晚了一年毕业。我们进校的时候,正大已经面临毕业。他成熟稳重,在我们这些小学弟面前是一派大哥哥的样子。由于他是莫斯科航空学院第一批中国留学生(1949年莫航入学的中国留学生只有叶正大、叶正明和朱忠洪三人),又是正明的大哥,所以我就称他为我们的老大,一直到现在,每次留苏学生或莫航留学生校友聚会时,我都会这样称呼他。现在我姐姐的儿子与华明的女儿结婚,成了亲家,所以叶老大和我也算是亲戚了。

正大的俄文名字是Анатолий(托利亚),正明的俄文名字叫Николай(古里亚)。2011年7月,我从报纸上看到7月16日《我的父辈·英烈篇》大型征文活动在北京人民大会堂举行作者座谈会暨新书首发式的报道,其中有征文作者代表叶挺烈士的儿子叶正大中将等在会上发表感言的内容。就打电话问正

第四章 赴苏学习

光,知道了正大那时住在北京的 306 医院,我去看望他。多年不见,我头发全白,怕他认不出我,一进病房门,我就喊了一声"托利亚",他马上就认出是我。

虽然我与正大在莫航同校只有短短不到一年的时间,但由于与华明的关系,正大很关心我。他对我讲过他们 1948 年刚到苏联、在伊万诺沃国际儿童院时的情景。那时的苏联,二战刚刚结束,生活条件是很差的。我们去苏联已经是 1954 年了,生活依然很艰苦,买点面包、黄油,要跑出很远,街上到处是排队购物的。到冬天更困难,没什么吃的。喀山那边的条件就更差了。我们到哈尔科夫(Харьков,俄罗斯南部重要的手工业和贸易中心)去的时候,还能看到战争破坏造成的断壁残垣。1954 年还是那样,可以想见正大在苏联那些年时的情境。

毛主席 1949 年底去苏联,签了中苏友好条约。在自己还是那么艰苦的情况下,苏联给中国以支援、借钱给我们,应该说是很不容易的。

我们去后第二年,也就是 1955 年,情况有了明显好转,因为我们中国开始还债了,大量的肉罐头(炖猪肉,俄文тушенка)、还有玻璃瓶装的黄豆运到苏联,情况就好多了。以后赫鲁晓夫上台,把农业抓上去了,农副产品供应大为改善,后来的一段时间里,什么都有了。我们每到周末锻炼身体,课余运动后不喝开水,就喝牛奶,牛奶很便宜。

但正大他们在苏联的那些年,生活是很艰苦的。

1952 年,苏联接收第二批学航空的留学生,不知出于什么考虑,都放在了喀山航空学院(1992 年,喀山航空学院改名为国立喀山技术大学)。1957 年聂帅到苏联去,经过交涉,这些同学才转到了莫航,但那时正大已经毕业回国了,所以比我高两届的同学都认识正明,不认识正大。就我们 1954 年去的几个同学认识正大,其中有恽希仲(1928.12.15—2012.8.28),是恽代英同志的儿子,已经去世了。还有一位是路平,学无线电的,也已经去世了。

史之群比我高一届,她是例外,直接去的莫航,与正大同校一年半。她的爱人林泽仁(按:林伯渠同志的侄子)开始是

135

在喀山航空学院,后来转到莫航。

去年,留苏同学聚会,我把正大请去了。我告诉大家,老大要来。这些老同学都很想见到他。

正大与任岳的结婚仪式我参加了。

那时正大的生活费和我们一样,每月都只有500卢布,他结婚时,华明送给他800卢布,就用这个钱举办的婚礼。那个婚礼很简单,就在宿舍的"红角"里,请了一些同学,其中也有苏联同学,买了一点香肠、黄油之类的,大家吃了一顿。餐桌上肯定有沃特卡了,苏联人的习俗,在餐桌上有人端起酒杯喊一声"Горько(苦哇!)",新郎新娘就要接吻。婚礼虽然简单,还是很热闹的。他们没有洞房,就在宿舍里拉一个帘子,这边还有苏联同学住,那边就是他和任岳的新房了。

我曾对正大讲过,说当年我把一个词汇弄错了,是你纠正我的。飞机机翼的颤振,俄语是флаттер,这个词是从英语来的——flutter,飞机着陆时前轮会发生摆振,俄语叫шимми。我把这两者弄混了。那时一年级有航空概论的课,有一次,我有几个问题问正大,把шимми说成了флаттер。正大纠正我说:"你搞错了,前轮的摆振叫шимми,不是флаттер。"

我对正大讲起这件事情,他笑着说,不记得了。

我们在莫航读的教科书都是比较简单的,一些学术性、技术性较强的数据、图纸等资料都在保密室,苏联叫Первый Отдел——"第一科",借阅保密室的资料是要将学校的出入证押在那里,也就是说这些资料只能在图书馆或在教室里看,不能带出学校。我们想到回国后,教科书上的内容不顶用,比如导弹设计中选用什么材料等,教科书上都没有,而教科书上的那些内容在实际工作中是解决不了问题的。于是我们就到第一科借这些保密资料,借来以后想方设法把有价值的数据抄下来。在图书馆或学校的教室里做这些事总是不太好,所以我们经常会两个人配合,一个人去借,借出来以后交给另外一个同学,将资料拿回宿舍去抄,其中有一些图,还要用相机拍下来。之所以要两个人合作,是因为一个人借出保密资料后,他的出入证抵押在那里,就出不了校门了,另一个人有出入证,就可以

第四章　赴苏学习

拿第一个人借出的保密资料到宿舍复制和照相。正大当时只有他一个人，所以只能在学校内找一间空教室自己手抄。

这种做法，苏联同学很多是理解的，见我们这样做，经常会说 Давай、Давай（干吧、干吧）……他们知道没有这些资料不行。

我们在校的时候，人多，可以这样配合起来做，正大那时只有自己一个人手抄，虽然做的是相同的事，但他要辛苦得多。

正大是个干实事的人……

在交谈中，华棣一直表示自己熟稔的只是叶老和他弟弟妹妹的一些生活琐事，但从讲述中，我们还是深切感受到了当年在异国他乡学习报效祖国本领时，他们这一代留苏学生的执着、努力和经历过的艰辛。

在此仅将与叶老有关的部分内容整理如上，我们期待着有机会听华棣讲更多的故事。

师元光　贾小平
2013 年 5 月 5 日整理

第五章　献身航空

沈阳飞机制造厂

1955年的时候，我国航空工业只有三个主要的飞机制造厂，分别在沈阳、哈尔滨和南昌；在沈阳、哈尔滨、株洲各有一个较大的发动机厂。

沈阳的飞机制造厂前身是原东北老航校机务处五厂，后成为空军工程部直属的空军东北总厂第五厂。1951年，为了更快地发展航空工业，中央决定成立航空工业局，属重工业部领导，空军的修理厂划归航空工业局，第五厂改为112厂，即沈阳飞机制造厂，熊焰担任了第一任厂长。1953年，我国开始执行第一个五年计划，112厂被列为苏联援建的156项重点工程之一。我去报到的时候，工厂经过1953、1954、1955年三年时间的扩建，已经初具规模，形成了一个职工人数过万的飞机制造厂。

我所在的前机身车间是五车间，工艺组的组长是方宝瑞，以后他与我一起到了飞机设计室。我们共事多年，他后来成为我国著名

第五章　献身航空

的飞机设计师。

到厂后不久,工厂就派我参加接收米格–17Φ飞机生产工装和学习该型飞机的制造技术。我们一行9人去了苏联共青城126厂,熊焰副厂长带队,有王新、章华、孟勤公、庄树山、易志斌和我,佟德滋、杨绍孔担任翻译。苏联126厂总工程师负责接待和安排我们的工作。

◎ 到工厂后的第一项任务,随熊焰副厂长(右三)到苏联共青城接收米格–17Φ飞机生产工装和学习该型飞机的制造技术。任岳(左四)当时还没有毕业,她得知我们到了共青城,自费从莫斯科到共青城与我见面。

按照他们的安排,我们分成小组到全厂各车间、各部门学习。当时这个厂已经在准备生产新机种米格–19飞机,所以将原来米格–17Φ飞机批生产的工艺装备卖给了我们。在那里我们工作了三个月。回厂后,我们全力投入已经开展起来的米格–17Φ飞机的试制工作。

1955年,牛荫冠来厂任厂长,高方启任副厂长兼总工程师,刘南生任基建副厂长,熊焰任副厂长、副总工程师兼总工艺师,主持试制技术工作。我也从车间工艺室调到了工厂设计科。

新中国航空科技工业开拓者——叶正大将军回忆录

◎ 熊焰副厂长是一位老革命,是112厂副厂长兼副总工程师,此行的负责人,他平易近人,非常随和。

◎ 画面上的人兴高采烈,谁也没有注意,熊焰副厂长(右后一)被挤到了后排并被遮挡住半边脸。

第五章　献身航空

◎ 我们在那里工作了三个月，回国时已经是9月，进入了当地的秋天。

◎ 在类似欢迎宴会的场合，我经常担任团长翻译。

新中国航空科技工业开拓者——叶正大将军回忆录

◎ 刚回国的时候,我经常被安排担任翻译工作。1955年冬,时任全国人大常委会委员长刘少奇和国务院副总理邓小平视察112厂时,我就是他们接见苏联专家的俄文翻译。

第五章 献身航空

◎ 1957年4月21日，苏联最高苏维埃主席团主席伏罗希洛夫访问中国，在朱德副主席、贺龙副总理陪同下到112厂参观，我也担任翻译。这张照片中，我站在伏罗希洛夫（前排左二）与高方启厂长（前排右三）身后。

仿制米格-17Φ

苏联提供给我们的米格-17Φ飞机成套技术资料是在1955年3月18日到厂的,工厂随即组织了对资料的翻译工作,并制定了在1956年国庆节前完成新机试制任务的计划。6月底,米格-17Φ飞机资料复制工作基本结束。在我们赴苏学习期间,工厂也组织新机试制人员开始了对苏联资料的学习、消化。

9月,大批苏联飞机零件、工装到厂。按照苏联专家建议,当时采用了四个阶段平行作业的快速试制方法,这和我们后来采用SKD(systems knock down)、CKD(completely knocked down)散件引进国外生产许可证的做法相似。具体说来,就是将一架飞机的制造工艺过程分成四个阶段:第一阶段是用苏联提供的部件装配成飞机,从1955年9月到1956年一季度,工厂装配出5架,全部交付给了空军;第二阶段是用苏联提供的组合件装配成部件,再装配成飞机,这个阶段装配了4架,于1956年二季度全部完成;第三阶段是用苏联提供的零件装配成组合件,再装配成部件,最后装配成飞机,这个阶段装配了4架,于1956年三季度完成;第四阶段是用自制零件装配成组合件,再装配成部件,最后装配成国产飞机,此阶段投入了8架,7月13日总装完毕。

米格-17Φ当时称为56式歼击机,后改称歼5飞机。

当时工厂设计科的主要工作是复制苏联图纸、技术资料或按原文资料做一些解释,对原材料使用做某些更改、代用等。

我曾经看到罗时大同志回忆当年处理苏联技术资料的情景,"在试制中,由于技术经验不足,在工作中出了一些笑话。如加工某个飞机零件时,苏联原文工艺规程规定'要用伏尔加河水清洗零件',技术员对这个规程不敢轻易改动。我看了翻译资料后,脑子里有一根弦儿——清洗零件为什么非要用伏尔加河的水?肯定是伏尔加河的水里有什么特殊的功效或溶剂。可是,我们在沈阳到哪里去搞伏尔加河的水呀?还有一次,苏联原文工艺规程中有道工序要求'飞

第五章　献身航空

◎ 空军飞行员吴克明是歼5首飞的试飞员。

行员头靠上的一块皮子,要用3岁的小牛腹上的皮,且要求该小牛皮未被牛虻叮过,未受鞭打伤过'。当时技术人员也不敢改动,又问到我。我想,弄到3岁的小牛不难,肚子没被鞭子抽打过的小牛也可以找到,可还要没让牛虻叮过的,就太难了。后来,我请教苏联专家,他说中国的自来水就可以用来清洗零件;头靠上的皮,选用软一点的牛皮就可以了。吃一堑,长一智,后来,我们就聪明多了。"(丁春凌《访参与试制歼5飞机的副总工艺师罗时大》)他说的这些情况,我们在设计资料中也经常遇到。

任务重、时间紧,大家每天晚上都工作到很晚,办公室到夜里12点以前都亮着灯,谁也不愿意离开,都在消化资料,思考和研究解决白天工作中遇到的问题,干劲很足。

在这些工作中,我把学到的知识应用到了具体技术问题的处理中,也积累了很多实际经验。

探索自行设计飞机

在航空工业创建之初,中央确定的发展方针是由修理到制造,由仿制到自行设计。歼5飞机试制成功可以认为新中国航空工业建立五年之后,已经走过了由修理到制造这段路程,下一步应该走自行设计的路了。

1955年,四局副局长徐昌裕同志到112厂检查工作,他向厂领导提出了培养飞机设计师的要求。

徐昌裕同志是上海交通大学航空门(即航空工程系)第一期学生,1936年毕业后进入国民党空军的南昌航空机械学校高级机械班级继续学习。他很早就参加了革命,1938年,他到了延安并加入了中国共产党。曾经在东北老航校机务处担任副处长,航空工业局成立之初,担任了副局长。他是一位有思想、有进取心的领导干部。在提出我国的航空工业要走自行设计道路这一点上,他很有远见,有前瞻性。在以后的工作交往中,我觉得他在技术方面很懂,从来是讲内行话。

为贯彻局领导指示,工厂加强了对设计人员的培训,利用苏联专家在厂的机会,设计科选定了38名同志作为重点培养对象,分别向米高扬总设计师代表、设计科长顾问和电器设备、强度计算及静力试验等设计专家学习,还在设计科增设了主任设计员的编制,由我担任。在这一岗位上,我与苏联米高扬总设计师代表克拉西沃夫一起工作,协助设计科长处理设计技术问题,并审签设计文件。

在消化歼5飞机成套设计、试验资料时,我们参照引进的整机、散装件实物,有目的地研究了飞机构件的设计意图,并追溯到米格-15向米格-17(歼5)演变的情况,经过这一系列工作并结合试制的实际锻炼,我们较好地掌握了飞机结构设计、工艺方面的知识,为自行设计创造了条件。

第五章　献身航空

中国第一个飞机设计室

1956年8月2日,二机部(注)四局王西萍局长向112厂、410厂发布《关于成立飞机、发动机设计室的命令》,决定8月15日起成立飞机和发动机设计室,行政上委托工厂领导,业务上属局飞机生产技术处(第一生产处)领导,并任命徐舜寿为飞机设计室主任,黄志千和我为副主任。按照属地原则,党的关系由厂党委领导,在设计室组建了党支部。

◎ 飞机设计室主任徐舜寿。

厂党委委派了侯祚祥同志担任党支部书记,我和徐舜寿都是党支部委员。

命令确定飞机设计室的主要任务是:集中一批技术力量,一面学习苏联的产品设计资料和有关的基本规范,掌握设计计算程序和方法;一方面在工厂进行生产实习,熟悉产品的工艺规程。在此基础上,开始部件和整机的产品设计,为将来建设飞机、发动机设计所准备条件和培养干部。

◎ 六院一所总设计师黄志千。

在正式命令下达之前,徐舜寿、黄志千就来过112厂,他们利用参观歼5飞机的全机静力试验和试飞的机会,与我商讨了组建设计室的事,我们很快就向四局提出了飞机设计室各专业设置和人员配备的规划方案。

命令下达后,航空工业局从各飞机生产厂设计科抽调技术骨干,

新中国航空科技工业开拓者——叶正大将军回忆录

◎ 徐舜寿主任（右三）、黄志千副主任（右二）、王汇青书记（右一）、我（左一）与苏联专家在一起。

从沈阳航空工业学校（现沈阳航空学院，简称沈航）、南京航空学院（简称南航）应届毕业生中挑选优秀的毕业生，很快就集合了约70多人，党团支部相继成立。1957年初，又从各厂调来10多名技术人员，从北京航空工业俄文学校毕业生中分配来11人（均为南航第一届毕业生）。到1957年8月底，全室共计108人，平均年龄22岁。

对于这些同志的工作安排，我们经过党支部集体研究确定，并分别由侯祚祥、徐舜寿、黄志千和我亲自谈话后上岗。

9月12日，徐昌裕副局长在112厂召集了开展飞机、发动机设计座谈会。徐舜寿在会上做了关于设计室筹建工作的发言：

> 经过我们较长时间的酝酿并和专家们的多次讨论，我们认为，飞机设计室成立以后的工作可分两阶段来进行：第一阶段是准备阶段，主要任务是配备人员，组织力量，学习、消化已有的苏联飞机资料，编写有关设计的原始资料，并与国内各有关院校和科学院有关研究机构联系，寻求技术支持；第二阶段才是设计飞机。目前，中国在设计飞机方面所具备的条件：
>
> ①四个飞机工厂（指112、122、320、211厂）有设计人员

第五章　献身航空

◎ 与苏联专家游沈阳北陵，在苏联专家右侧的是徐舜寿主任，站在最高处的是我。

300人，其中大学毕业生约50人。他们对飞机构造大致熟悉，但理论方面则较差。另外，各院校中有几十位教授和讲师。他们在理论方面，如空气动力、强度等，较有研究。其中有20人左右曾在英、美飞机工厂设计过喷气式飞机，有人参加过英国歼击机的设计工作。我们可以请他们做一些协作研究工作。

②设备：中国现有低速风洞三个，风速约150公里/小时，略大于飞机降落速度。风洞直径均1.5米。在这样的风洞内做模拟试验，对保证飞机在低速时的稳定性等还有一定意义。其它静力试验、强度试验国内可以做。

③我们有十来种苏联飞机的生产资料，虽然空气动力和强度的原始资料不多，但在图纸、技术条件方面还是相当多的。这些是我们十分宝贵的参考资料。

根据上述分析，我们认为目前有条件考虑设计一架亚音速喷气歼击教练机，所用发动机推力约1000~1400公斤，速度约

为马赫数0.7,即不超过临界马赫数。该机坐两人,仪表特设与乌米格相似。我们研究过世界各国教练机的情况,发现意大利、日本、荷兰、英、法都有这样的亚音速喷气式教练机。因此,我们认为,这样的飞机是有现实意义的。

我们估计的设计进度为:1957年第二季度开始初步设计,第三、四季度做风洞试验并更改初步设计;1958年设计零部件;1959年试造;1960年第一季度做静力试验,第二、三季度试飞。该机所用材料、附件、仪表都尽量用中国的。

如果按期进行,主要关键问题有三:

①如何迅速取得苏联在华专家、资料等方面援助,如何建立更密切的联系。

②发动机问题如何解决。我们初步意见是向苏联购买三台РД-500,并由发动机设计室配合设计、试造与РД-500相似的离心压缩式喷气发动机。

③如何更好地组织局内设计力量到设计室来,如何更好地争取局外各方面支援。

这个计划是否对,这三点关键如何办,希望得到大家指教。另外,也曾有过把44号机(即米格-17Φ)改为教练机的想法。这种想法值得考虑。即使这样,自己设计小推力的喷气教练机仍然是可以平行进行的。

徐舜寿同志谈到的这一思路,是我们认真研究讨论后确定的。他当时患有严重腰椎间盘突出症,但他不顾孩子幼小,放弃了在北京舒适的生活条件和在局机关相对稳定的工作环境,毅然决然地来到沈阳创建新中国第一个飞机设计室。

虽然得到了航空工业局领导的支持,但组建飞机设计室在客观上是十分困难的。苏联方面对我们组建飞机设计室并不热心,在帮助中国建设生产厂和组建航空工业的建设规划设计机构——第四设计院时,他们很积极,派来专家并带来成套资料。但对组建飞机设计室,苏联派到航空工业局的总顾问就不积极,每一谈及,总是说干着看吧,并不指望我们能有什么成就。空军机关也有一些人吹冷风,不是很迫切地要我们自己设计的飞机。在这种形势下要创建中

第五章 献身航空

国人的飞机设计事业，显然只能成功不能失败。

飞机设计室建起来了，办公地点是在112厂技术大楼三楼临时挤出的几间办公室，随着人员的增加，显得非常拥挤。当时规定，调来飞机设计室的人一律不带家属，都住单身宿舍，都在集体食堂吃饭。当时沈阳的生活供应比起北京和南方一些城市还是有些差距的。那时候已经开始实行票证制度，买肉要肉票、买油要油票……在北京还可以排队买肉，用户口本，一次一个人买几两，多排几次还能买多一点，但在沈阳就不行。就是在这样的困难条件下，一些年龄较大的同志都能以工作为重，忍受生活上暂时的不便而毫无怨言。

◎ 原112厂飞机设计室办公室（1956.10~1961.8），我们的飞机设计室就设在这排旧平房中。

◎ 原112厂飞机设计室大门，我们上下班进出的大门。

为了解决办公面积的不足，1957年，找到在112厂部大楼后一排弃置多年的小红房，经过维修、改造，作为飞机设计室的办公场所，这样我们才得以正式开展工作。

办公条件虽然简陋，但我们对试验设备和办公设施却毫不含糊。例如，绘图桌是自己精心设计的专用产品，我们还从已经很窄小的过道挤出面积建了模线间和模型间。

飞机设计室工作展开不久，我的二弟叶正明从莫斯科航空学院毕业回国，他向上级请求并获批准，也被分配到112厂飞机设计室。刚来的时候，他一心想从事飞机总体方案的设计，要求进总体组，但徐舜寿主任没有同意。徐主任的意见是，一个好的设计师必须具有坚实的基础，没有经过飞机设计基础的锻炼，不能立即搞总体设计。徐舜寿同志的意见当然是对的，我表态，应该按照徐舜寿同志意见办，正明必须先到机身组。

在对正明工作安排上，徐舜寿同志没有考虑正明是烈士子弟，也没有避讳我与正明的关系，这体现出当时飞机设计室的一种正气。而正明也并没有抱怨、消极，他愉快服从了分配，积极热情地投入了工作。

1958年，上级调正明到研究导弹的部门工作，因为他从内心里是热爱飞机设计事业的，所以很不愿意离开飞机设计室，但他又一次愉快服从组织决定，离开沈阳回到北京，以后又调往上海工作。

正明虽然离开了沈阳、离开了飞机设计室，但还始终关心着飞机设计工作。

奠定坚实基础

飞机设计室成立之后，徐舜寿同志经过认真考虑并进行了多方面调研，提出设计一架亚声速喷气式教练机。他把想法提出来与我们研究，在讨论中，我们都很支持他的意见，有的同志还针对该型号飞机研制的必要性等做了很好的补充。这个设想后来得到四局批准，定名为歼教1。

第五章 献身航空

开始进入型号设计时,设计室里真正搞过飞机设计的人只有徐舜寿、黄志千、陆孝彭等几位老工程技术人员,大多数人(包括我在内)都是解放后毕业的大学生、中专生,我们设计室人员平均年龄只有22岁。搞飞机设计,一没有经验,二没有设计规范和标准可循。徐舜寿、黄志千和我研究后,要求新成立的文件标准组编制一本飞机设计员手册。文件标准组同志边干边学,以歼5飞机为主的各类技术标准以及材料、工艺等资料为基础,广泛收集其他与航空有关的技术标准、设计资料。文件标准组的同志们虽然都是初次编制这类工具手册,但做得很认真。

对于这本手册的编制,我们提出了"正确、实用"的编制原则,特别强调手册是设计工作的依据性文件,一定要切合实用、便于查找,所有数据一定要正确无误,否则源头出错,后患无穷。

编制设计手册是提高设计员技术基础知识和总结实践经验的有效途径,这本手册出版之后深受设计人员欢迎,还曾提供给航空工业系统有关单位使用。

1959年秋,在"东风"107飞机研制处于停顿的时间里,我们又组织技术人员编制了《零件设计原则》、《设计员手册(第二册)》

◎ 前排坐着的,左起依次是王汇青(设计室支部书记)、黄志千(设计室副主任)、两位苏联专家、徐舜寿、我和曲延桥(设计室行政助理),后排左起是程不时、顾诵芬等。

和《飞机设计室图纸技术文件管理制度》等技术文件。

《零件设计原则》主要是总结歼教1等飞机零件、组件的设计经验并汇总形成具体的设计原则、方法。徐舜寿同志亲自撰写了第一章——总则，他在总则中提出飞机设计要坚持"坚、轻、好、省"四大原则。这些文件成为当时国内飞机设计唯一可行的依据，在1960年"东风"113飞机设计发图中发挥了指令性文件的作用。

当时还有一项很重要的工作就是吸收苏联研究院所的经验，在室里组织了技术委员会。技术委员会成为我们推行技术民主、博采众长、科学决策的非常有效的方法与组织形式。技术委员会由正、副主任设计师（也就是徐舜寿、黄志千和我）、主管设计师陆孝彭及总体、气动、强度、机身、机翼等5个专业组长共9人组成，每周召开一两次会议，讨论解决一些设计中的重大问题，其目的是集中大家的智慧，发挥团队的作用，使设计更加合理。同时，通过参加会议，各专业的领头人可以了解飞机的整体布局，提高设计协调水平。

在歼教1设计过程中，技术委员会的工作使整个设计队伍素质得到了提高，培养了设计人员既善于独立思考、又能够集思广益的能力，大家反映很好。事实证明，技术委员会这种组织形式和运作方式对于促进出成果、出人才和锻炼技术团队起到了非常明显的作用。

歼教1飞机

1957年6月，歼教1木质样机做出来了。

9月，空军决定对木质样机进行审查，派出了由空军订货部部长丁仲带队的审查组，一行三四人，都是少校、大尉级别军衔的军官。审查组还带了苏联顾问。

当时徐舜寿同志与徐昌裕副局长随国务院副总理聂荣臻元帅出访苏联，谈判购买米格-19C、米格-19П和米格-19ПM飞机并选定引进米格-19П飞机等事宜，接待审查组的工作主要由黄志千和我负责。

评审开始的时候，审查组人员态度还不错，但第二天突然就改

第五章 献身航空

◎ 在歼教1木质样机前与苏联专家的合影。前排就坐的有段子俊副局长（左六）、熊焰副厂长（左五）、吴大观主任（左四）、黄志千副主任（左三），我在左起第二的位置。

变了，说歼教1飞机性能不好，不能做高空特技。苏联顾问也这么说。顾诵芬是飞机设计室气动组的组长，他向审查组解释说，你们说的不对，飞机的推重比摆在那儿，我来算给你们。他连夜对审查组提出的特技飞行进行了计算，结论是可以做到的。对于顾诵芬的计算结果，苏联顾问被说服了，表示接受他的意见。但审查组中有人还是固执己见，对我们自己设计的飞机完全持否定的态度，竟然说出"我们宁可买美国的T-33，也不要歼教1"这样的话。有人还强调空军取消了中级教练机的训练环节，飞行学员要直接从雅克-18跳到乌米格。

T-33是二战结束后，美国洛克希德公司在他们研制的喷气式飞机F-80C基础上改造而成的双座教练机，其中最具代表性的T-33A，海平面最大平飞速度960千米/小时，实用升限14480米，续航时间可达3小时。T-33飞机总计生产了6557架，是美国也是当时全世界生产最多的一型教练机。

与歼教1最大飞行速度850千米/小时、实用升限14500米等指标相比，T-33占有一些优势。但令人匪夷所思的是，在当时东西方对峙的"冷战"形势下，作为一个军队干部，怎么会突发奇想，从美国人手里去买这种飞机？

审查组给出的意见还包括飞机太重、机翼面积太大，等等。经过五天详细的审查，审查组的结论认为歼教1飞机作为空军训练用

新中国航空科技工业开拓者——叶正大将军回忆录

的歼击教练机还存在严重缺点,要求提高飞机的机动性,不要求续航时间,并提出 90 多条具体意见,重新确定了歼教 1 飞机的战术要求。

由于双方争持不下,四局副局长段子俊和苏联派到四局的航空工业总顾问也都来到审查现场。一次会后,段副局长对顾诵芬说:"就这样吧,按照他们的意见,再改一改。"他还对顾诵芬讲到当年他们在延安时常说到的一句话——"大事要大方",意思是不要太过斤斤计较审查组的这些意见。

根据这次审查意见,我们对歼教 1 飞机的总体方案进行了修改,将机翼面积减少了 1.5 平方米,燃油减少了 200 千克,总重减少到 4 吨,以提高飞机的机动性。并重新打样,在 11 月完成了样机的修改。

11 月底到 12 月初,审查组对样机进行第二次审查,这一次样机顺利通过审查,并报请上级批准,空军订货部部长黄炜华少将签了字。歼教 1 飞机得以顺利转入详细设计阶段。

歼教 1 首飞

经过飞机设计室和 112 厂全体参研人员努力,1958 年 7 月,歼教 1 被推出总装车间,送到了试飞站。在 112 厂机场跑道上进行了几天地面试验——开车、滑行、加速、刹车……一切都很顺利。7 月 26 日,装有发动机设计室研发的喷发 1 发动机的歼教 1 飞机在沈阳飞机制造厂机场进行了首飞。

◎ 1958 年 7 月 24 日,歼教 1 从总装车间推出。

第五章 献身航空

那一天,试飞员是于振武,他后来担任了空军司令员。

在一切准备就绪后,试飞指挥员命令,可以起飞,塔台升起一颗绿色的信号弹,歼教1在跑道上起动、滑跑、加速……然后轻盈地拉起,飞机如一支离弦的箭,在轰鸣声中冲上蓝天,紧接着我们看见飞机在空中转弯,在机场上空盘旋一周后,平稳下滑进入着陆航线。

◎ 歼教1在试飞站准备首飞。

◎ 1958年7月26日,歼教1首飞成功,试飞员是于振武同志,他后来曾任空军司令员。

机场上有许多人观看,有设计人员,也有工厂的职工,大家见证了新中国第一架自行设计的喷气式飞机首飞成功,飞机安全着陆后,机场上掌声、欢呼声此起彼伏,经久不息。我们走上前去,和试飞员于振武热情拥抱,现场群众激动地把于振武抛了起来。

8月1日,为庆祝八一建军节,沈阳市要歼教1到于洪机场做一次飞行表演。由于歼教1很多科目没有飞,于振武就设计了一个高速通场,飞的很成功。

歼教1首飞成功后,我到北京,有机会见到了叶剑英叔叔,我对他讲,我们自己设计的飞机首飞成功了。他一听很高兴,表示很想去看一看。我马上邀请他到沈阳观看飞行表演,叶叔叔欣然同意,并要他的秘书马上给空军刘亚楼司令员打电话,约刘司令与他一起去。

◎ 1958年8月4日,叶剑英叔叔和空军司令员刘亚楼等在沈阳观看了歼教1的飞行表演。

157

新中国航空科技工业开拓者——叶正大将军回忆录

那一次,空军安排了一架专机,直接飞到了112厂的机场。

8月4日,叶叔叔、刘司令员观看了歼教1的飞行表演并出席了庆祝大会。我们在主席台上,看到飞机起飞后一个盘旋,紧接着做了超低空高速通场,伴随着发动机的轰鸣声,场面十分壮观。见此情景,刘亚楼司令员急了,大声喊:"机场有上千人呢,飞机出事可了不得!别冲了!"他刚说完,飞机"哗"地又一次俯冲过来,现场又响起一片叫好声,人们兴奋不已!

我后来听说,沈阳军区空军后来找于振武谈,说你怎么飞的比电线杆子还低。于振武说:"我再有胆量,也不可能飞那么低!"原来还说要给他一个处分,后来也就不了了之了。

飞机降落以后,于振武英姿勃勃,走到叶叔叔和刘司令员面前,向他们报告,叶叔叔满面笑容地夸赞他飞得好。接着,叶叔叔、刘司令以及辽宁省、沈阳市、一机部和四局等领导接见了设计、试制和试飞人员,并合影留念。刘亚楼司令员明确表态,说这是一架好飞机,空军要10架试用。

首飞成功后,程不时张罗着拍了一部电影,剧本是他写的,名

◎ 飞行表演结束后,举行了隆重的祝捷大会。我站在最后一排,我的前面是徐舜寿主任(台阶上一排中,右四的位置)和吴大观主任(与徐舜寿主任并排,右五的位置)。

第五章 献身航空

字叫《早送银鹰上蓝天》，我们几个人带着这部电影一起到了北京，向主管国防工业的李富春副总理做了汇报，并提出希望歼教1国庆节能接受毛主席的检阅，飞过天安门。据说李副总理向周总理报告了，总理指示，中国第一架自行设计制造的飞机是军用教练机，在外国人面前还是应该留一手，国庆节就不要飞过天安门了，但可以飞到北京来，请中央有关领导同志看一看。按照李副总理传达周总理的意见，我们安排歼教1飞机从沈阳飞到北京南苑机场，接受了中央领导同志的检阅。当时国防部长是彭德怀元帅，他来看了表演，并请于振武和我们一行十来个人吃了一顿饭。席间，彭德怀元帅说："请转告参加飞机设计、试制的同志们，要做无名英雄。"

◎ 飞机设计室的几位同志在歼教1飞机前合影。左起依次为陆孝彭、我、徐舜寿、王汇青、程不时、顾诵芬、汪子兴。

歼教1下马

歼教1飞机从1956年10月开始设计到1958年7月26日首飞成

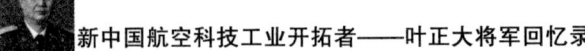

功,只用了1年零9个月的时间,其速度之快,在国外也是少有的。在我们开始设计歼教1飞机时,捷克、日本等国也在设计喷气式教练机。他们的工业基础比我们雄厚,设计经验也比我们丰富,但捷克的L-29、日本的TIF2上天的时间比歼教1晚了一二年,而且相比之下,歼教1的性能比这几种型号飞机都要好。

歼教1的设计成功,对于刚刚起步的新中国飞机设计事业是很有意义的,我们开始尝试着走了一个从型号设计到试飞的全过程,积累了宝贵的设计和试制经验,也培养锻炼了设计队伍,对我们以后走出一条独立自主设计研制飞机的道路是一次有益的探索。

歼教1飞机从7月26日到8月5日,共进行了8次飞行试验,总计飞行2小时23分。飞行员对飞机的初步评定是:座舱宽敞,前后舱视界比乌米格-15好;座舱内的安排是合适的,部分电门仪表的安排在使用时感到不便,应加以改进;起落架减振好,刹车灵活,转弯容易;起落架收放时力矩变化不明显;放襟翼时飞机低头,力矩变化较大;收放起落架和襟翼时对横侧操纵和稳定性无大影响;起飞时抬前轮拉杆量大,比乌米格-15容易;着陆滑跑距离很短;飞机的稳定性很好,没有很大摆动,横侧稳定性似乎过大,操纵时杆重……总的评价,除了几个故障需排除外,其他基本性能都是较好的。

歼教1飞机虽然是一次成功的设计,但不久就下马了。

首先是歼教1飞机到北京表演后,在返回途中经过辽宁省绥中县时,由于发动机故障而迫降,经过检查,发现是涡轮盘烧掉一块,于是飞机没有敢再飞,装火车运回了沈阳。回到410厂,恰逢工厂忙于试制歼6用的涡轮喷气发动机(涡喷6),工厂领导没有重视对故障的进一步分析和解决问题。当时发动机设计室主任是吴大观同志,他对我讲,工厂这样的态度,他也无能为力。

看到这种情景,我跑到北京,找了四局王西萍局长。他听完汇报,马上要秘书向410厂发了一封密码电报,其中讲到,歼教1的喷发一定要研制出来,否则死不瞑目。电报是发了,但410厂批量生产歼6飞机的发动机是第一位的,研制歼教1的喷发解决不了工厂吃饭问题,所以工厂方面还是没有能够给予必要的支持。

在这样的情况下,空军机关对歼教1持反对意见的人就占了上

第五章 献身航空

风,他们借口训练体制改变,飞行员在雅克-18上完成初级训练之后,直接上乌米格进行中高级训练,三级训练改为两级训练,对歼教1飞机更没有需求了,虽然刘亚楼司令员很支持歼教1,但也没有能够改变这些人的态度。

8月下旬,在浙江前线获得了一枚美造"响尾蛇"导弹,军委组织技术人员对"响尾蛇"导弹进行分析研究,要我参加,我请顾诵芬与我一起去了。等这项工作告一段落,我们回到沈阳后,歼教1已经下马了。后来我了解到,捷克和日本等国家与歼教1同时期的几型教练机都一直用到20世纪80年代。

1970年后,空军需要一种喷气式教练机,重又想到歼教1飞机,曾询问能否恢复。但图纸已入三线的档案库,工艺装备也早已全部销毁,根本没有可能再恢复了。进入80年代,南昌320厂根据空军需求研制L-11喷气式教练机取得了成功。该型飞机选用涡扇11发动机,最大飞行速度为800千米/小时,气动布局与歼教1相似,现已陆续装备部队。

当年我们设计研制的那一架歼教1飞机现收藏在北京昌平的中国航空博物馆中。

歼教1的下马,使我对科学决策、民主决策问题有了一个认识。

1957年反右的时候,毛主席提出"外行领导内行"。当时我们党政军机关有很多同志都是战争年代提拔到领导岗位的,对于经济建设、科学研究尤其是飞机设计等工作当然是外行,所以各行各业都出现了"外行领导内行"历史形成的不可避免的局面。问题在于外行领导任何一门科学,都必须尊重科学的规律,作风要民主,要能够虚心向内行学习,兼听则明,要做到科学决策、民主决策,这样才能取得事业的成功。如果以外行自居,在决策时主观武断、刚愎自用、不懂装懂,再加上作风粗暴、不讲民主,这样的领导肯定要出乱子,肯定会给党和人民的事业带来损失。

这一认识使我在以后的工作中能够做到比较注意听取各方面的意见,决策时比较慎重,始终不忘给自己提出要求,在重大决策和领导工作中一定要实事求是、谦虚谨慎,尽可能做到少犯、不犯错误。

新中国航空科技工业开拓者——叶正大将军回忆录

在整风运动中

1957年,飞机设计室组建不久,开始了全党的整风运动。

1956年11月15日,毛主席在党的八届二中全会上说:"世界充满着矛盾。民主革命解决了同帝国主义、封建主义、官僚资本主义这一套矛盾。现在,在所有制方面同民族资本主义和小生产的矛盾也基本上解决了,别的方面的矛盾又突出出来了。""我们要警惕,不要滋长官僚主义作风,不要形成一个一个脱离人民群众的贵族阶层。谁有了官僚主义,不去解决群众的问题,骂群众,压群众,总是不改,群众就有理由把他革掉。"也正是在这次会上,他宣布:"我们准备在明年开展整风运动。整顿三风:一整主观主义,二整宗派主义,三整官僚主义。"他强调,"以后凡是人民内部的事情,党内的事情,都要用整风的方法,用批评和自我批评的方法,而不使用武力来解决。"(《毛泽东选集》第5卷,人民出版社1977年版,第322~328页)

我保存有几份手稿,是参加整风运动的发言稿和生活会记录,今天重新读过,感触颇深。

其中第一份是1957年10月写的"我在思想和作风上的检查":

在设计室工作已有一年多,已不算是一个短的时间。在这段时间里,虽然过组织生活多多少少对自己的思想和作风回忆了一些,同志们在党的小组会上或个别交谈中也提出过某些批评,但都是比较个别的、肤浅的,尤其是在思想上没有较为全面的检查过。毛主席教导我们,批评就像洗脸一样,要经常地检查自己,找出自己的缺点,改正错误。但今天看起来,从前我在这方面做得是很不够的。这次整风,大家对我提了不少的意见,这表明了过去我"洗脸"洗得很差,还有很多没有洗干净的地方。根据大家通过大字报、座谈会、个别交谈和自己检查,在思想和作风方面有下列几个缺点:

第五章　献身航空

(一) 工作无计划，无重点，得过且过

在室领导分工上，我是负责设计各组的领导。分组很多，业务工作不算少，对这样重要的工作，从来没有很好的全盘的考虑过。每个月需要进行的是哪些工作，重点应该放在哪里，在我本身的思想上是不明确的。遇到什么工作就干什么工作。当领导的，顾名思义是应该领导，是应该走在被领导的前面，帮助大家，给大家指出方向。但我在设计室这一年的工作中，走在前面的少，而落在后面的多。常常做了事务的尾巴，所以才产生了如吴石青同志及其他同志提出的布置任务不明确，任务完不成也不要求，也不找原因……等等缺憾。在领导上没有重点，机身、机翼组工作多，也很复杂，但我却很少到这些组里去。

(二) 做事凭热情，缺乏全面考虑，干过算了

如大字报提出的增产节约一阵风，在行政上我应负主要责任。在三月份接到上级指示后，是我负责提出方案来搞这一运动的，和徐、黄主任商量少，和党支部的联系也不够，过了一个月，热情过去了，我不管，其他同志也不问，搞了不少方案和措施就算了结。

……

(二) 日常事务处理得多，技术领导得少，深入组里时间少

在工作时间内，大部分的时间是坐在办公室里处理问题，并且有许多行政琐碎事情自己都去干，深入组里时间少，到组里去也是要东西、要文件或检查计划才去，到组里后只听取组长汇报，很少和别的同志交谈，造成如××、××、××等署名大字报提出的架子大，坐在办公室里听汇报……等现象。

(四) 与群众联系差。关心群众不够

除了工作八小时和其他一些必要的会议和大家接触外，其他很少主动的了解大家的生活、学习……等情况，只是在发生事情或问题时才应付应付，想法解决……

(五) 领导上缺少批评和自我批评，在工作中处理问题缺乏原则性

在室里工作已有一年多，但行政领导上从来没有互相提过

意见，我自己有时也觉得不对，但抓得不紧，得过且过，看到有些缺点，如室内干部调派、工作计划等，但没有明确的提出来，致使有些同志提出室行政领导团结有问题，我常常附会徐主任等。

产生上述缺点的原因：在思想上最主要的是不关心工作，常常把个人利益放在第一位，怕负责任，怕伤领导间的感情，认为多一事不如少一事，怕引火烧身，不严格要求自己，觉得自己参加革命时间不短，家庭出身历史也清白，又学习过好几年，工作中上级要求不严，自己也不抓紧，革命革不到自己头上来，都是我去革别人的命，没有一个党员对新鲜事物的感觉，也缺少一个领导者应有的责任感，事不关己，高高挂起，所以才不关心群众疾苦，不深入群众了解群众，帮助他们解决问题，有时甚至把群众工作看成一个负担，思想的根源是个人主义……

今后努力方向和措施：

(1) 首先要求在思想上明确过去的缺点，找出根源，随时警惕自己，多靠近党的组织，每月在检查工作的同时，在思想上、作风上也进行自我检查。

(2) 每月月底检查工作时，定出下月个人的工作计划，要求做到工作有重点、有计划，在布置工作前一定要考虑周到，布置工作时务求简单明确。

(3) 每决定一件事情前，首先听取群众的意见，不凭热情办事，做事情要做到有始有终。

(4) 在工作时间内尽量争取多深入到组里去，除解决日常工作外，每月最少到各组里一次，到组里不但听取组长的汇报，同时更重要的是了解每个设计员的工作情况，帮助克服困难，在工作时间外，每月最少和其他同志了解情况两次，虚心的听取群众的意见，帮助解决困难。

(5) 建议党支部和行政在整风过程中组织领导间的思想见面会。展开批评和自我批评。我自己准备在今后工作中积极的消除领导间的隔膜，反对无原则的团结。

叶正大

1957. 10. 30

第五章 献身航空

这显然是整风运动之初的一次算不得深刻的检查,此后,有了三次检查后的又一次检查:

整风以来做过三次检查,检查时事实摆得多,分析和思想挖根源少。认识是一步步深入。每次检查总觉得上次不够,自从双反后,经过大鸣大放、小组会、思想展览会的参观……等思想上更深一步认识,引火烧身,把一切坏思想、坏作风都挖出来晒晒太阳。坏思想、坏作风还在脑子里时是一个有毒的东西,但把它挖出来,好好分析一下,对自己、对别人都是一次深刻的教育,化坏事为好事。

在这份材料中,还记录着开会时别人的发言。与自己的检查相比,要尖锐的多。

1. 整风以来的立场问题。
2. 红专问题:怕教授思想,对红色的专家的看法,干部分配问题,只专不红,政治上开始时不求上进,怕负主要责任(但党交给的任务还是愿意努力完成的),虚实的看法,思想与行动?全面与专业。
3. 三结合,专家思想,群众运动对工人的看法问题。
4. 斗争性不强,徐问题,曲问题,对党领导的看法,小组生活思想见面少,批评与自我批评不够,对下级可批评,对同级不尖锐批评,群众关系。
5. 满足于现状,时热时冷,马虎,进取心不强,抓不住重点,较多于事务、社会工作,学习抓得不紧(自满)。
6. 个人生活方面。个人主义,阔气(花钱容易,但也不是说怕吃苦)。

根源:不多谈。
……

看着在这页纸上留下的凌乱笔迹,可以想见当时自己的内心是很不平静的。后面的一页,边上有一个"屠:"字,很可能是屠基达

同志给我提的意见。

> 与同志打成一片还不够，官气？
> 学习抓得不紧，自满
> 对下级太客气……
> 说话时"大概"说得多，原因，把握不大
> 行政事情做得多，技术领导做得少
> ……
> 徐黄批评少

再后面，显然是设计室会议上大家的批评意见。

> 曲：暮气，在工作中设身体会别人困难差，考虑客观情况不够。
> 冯：马马虎虎，工作效果不大。对人要求不严，谈话不直截了当。个人主义，阔气怎样形成？要抓思想。
> 徐：对别人（工程师）要求不严 对我们提意见不够多。要更坚强一些。接近群众面不广（阔气怎样来的？）苏联社会影响有一定关系。
> ……
> 黄：应该更红更专……
> ……
> 徐：不了解中国情况，做了工作，结果不大，信心不足。
> ……

在这些记录的后面，自己写下了表态和答复性质的发言。

这份检查和记录应该只是当年多份检查中保留下来的一份，很可惜的是没有记载成稿的具体时间，推算下来，当在1958年上半年。

一年多的整风运动结束时，我代表设计室行政领导写了一份总结。也没有留下时间，文中写到"今年六七月间的大干20天，保证101上天"，101是当时歼教1的代号，1958年7月26日首飞，所以

第五章　献身航空

可以推断该总结写于1958年末。

该总结的草稿如下：

整风中的总结部分（草案）

经过一年多的整风运动。行政工作有了显著的提高。我们室是五六年十月成立的，五六年年末可以说在基本上是调集干部、酝酿方案、建立组织机构的阶段。在这阶段后不久，整风运动就开始了。在开始整风的第一个阶段，因为组织机构才开始建立不久，各工作人员来自各地，互相不了解，行政领导上对于飞机设计也没有经验，再加上有官僚主义、主观主义的作风，所以工作的进展还不是太理想的。虽然在第一阶段学习了毛主席的关于正确处理人民内部矛盾的问题，但可以说还是忙于日常事务的多，抓技术问题抓得多，统一观点、抓思想工作抓得不够。工作只限于一般布置、一般号召的多，深入调查研究，总结工作，吸取经验教训不够。同时在行政工作上依靠个人、依靠个别组织比较多，发动全体、依靠群众的工作做得不够。

室内第一次反右后，开始了大鸣大放，动员了全室同志对工作提出了不少的意见，其中包括了对行政领导们工作作风、工作方法的意见。对技术领导、组织机构、干部培养、干部配备、文件制度的意见，对财务开支、铺张浪费……等意见，行政上具体分工做了初步的答复，同时对一些比较容易改进的工作做了改进，但总的来说，当时还只做到发现问题和解决了部分问题。

在反浪费、反保守和交心的运动中，出了更多的大字报，同时提出了更多的问题。群众更深入地指出干部作风必须彻底改变，同时干部也带头对上级进行鸣放，这样就更密切了领导、群众的关系，更进一步发扬了民主。干部的作风经过这次鸣放和交心，有所改进，深刻地认识了自己的缺点，开始多抓思想工作，群众的积极性更高了。经过交心，绝大部分工作人员明确了政治和业务的关系，端正了过去只要领导培养，不从工作出发的学习态度。

在整风第四阶段,大家都深入的学习整风文件,用总路线的精神进行自我检查,互相交换意见,本着团结—批评—团结的精神进行批评与自我批评,互相思想上见面,初步明确了党对行政的领导作用,树立了集体领导的工作原则,在飞机设计工作中走群众路线。总的来说,通过这一年多的整风,在行政工作中是有了明显的收获的,具体表现在下面几点:

(1) 群众工作积极性大大提高,以主人翁的态度对待自己的工作。特别表现得明显的是在整风的各个阶段中,每经一个高潮,群众的积极性都更为提高。如去年底,经过大鸣大放后大家都积极的在提高图纸质量的前提下加快了发101号机工作图纸的速度。春假绝大部分同志没有休息,自觉地为争取早日出图而奋斗。又如今年三月底时按行政计划要四月中基本发完生产图,经过整风运动大家的觉悟都提高了,在方宝瑞同志的倡议下,大家一鼓作气,日以继夜地苦战了十多天。基本上在三月底发完生产图,为工厂提前试造101创造了有利条件。又如今年六七月间的大干20天,保证101上天的生产高潮中,只是局长一声号召,势如万马奔腾,全室工作人员大力配合车间提早完成了任务,把祖国自己设计的第一架喷气飞机送上了天。

(2) 学习风气有所改变。在整风以前,不少同志是组织培养第一,工作第二;理论第一,实践第二。虽然行政上早就提出我室全体同志的学习应该从工作出发,按工作需要加强自己的专业学习,但这些在整风以前,有些同志是不够了解的。经过整风阶段后,同时也经过101的整个设计和试制过程,大家都明确了不光是几条方程式、某些理论就可以造出飞机来,而是在党的领导下理论加上实际经验,计算加图纸加熟练工人的生产技术才能使纸上的东西成为真实的飞机。在交心之前,大家都看到朴氏古同志对理论和外文的学习抓得很紧,经过交心运动,清楚的认识到个人主义是没有前途,以后在学习方面有较大的转变,能学习专业,自觉的对天窗盖设计写出总结,从没有经验到总结实际经验,为下一架飞机做打算,这是我们应该提倡的。

(3) 领导作风有所改变,初步建立了既抓技术工作,也抓

第五章 献身航空

思想工作的作风，树立了集体领导的原则。在整风以前，室成立后行政领导对当时的工作情况是认识不足的，片面的过度强调技术工作，认为室里的主要矛盾是干部技术水平与飞机设计要求的矛盾，行政、技术工作照顾得较多，思想工作做得不够。自从南航事件后，这种偏向开始扭转，初步认识了以虚带实、透实论虚的工作方法。

（4）改变了制度上、组织上一些不合适的现象，建立新的制度：在整风阶段中，尤其是大鸣大放中，大家提了不少这方面的意见，行政上分析了大家的意见，也进行了改革，如个别组织的合并（模线、标准件），保密制度的修订……等。

总的来说，行政工作上整风是有成绩的，但到目前来说，还不是说经过整风后行政工作就很理想了。还有不少做得不够的地方，需要全室同志、尤其是室领导大力改进，在这里比较突出的问题是：

（1）干部作风还转变得不够彻底。虽然采取了一些措施，如取消干部宿舍、领导与群众同住同吃等，但只是一个开头，工作还不深入，思想工作还做得不够，一般号召多，检查到小组里具体帮助少。干部参加劳动不经常，还没有完全和群众打成一片，还要进一步巩固集体领导，发扬群众路线的优良作风。

（2）整改做得不够，尤其是在双反阶段时，行政领导迟迟没有很好的讨论研究大家提出的意见，一般的问题抓得紧，大问题研究得不够。

（3）行政工作上论虚不够，全盘统一安排室内的行政工作不够，尤其是104、106的任务很重，行政工作还落后于任务的要求。

（4）在全室工作人员中，还要进一步巩固一切为了工作，一切从工作出发的观点。要反对个人主义，个人第一，只从个人兴趣出发的坏作风。我室又处于发展阶段，团结问题应特别注意。

以上几点，需我们全室工作人员，尤其是领导今后大力去做。

之所以全文照录,是想将这份材料和前面的两份检查发言稿(节录)作为史料披露出来,希望对于航空工业史及相关历史研究的同志有一点参考价值。我在重读这些材料时,最为突出的感觉是,今天重温毛主席关于党的三大作风的论述是十分必要的。

1945年4月,在党的第七次全国代表大会上,毛主席指出:"中国共产党自从一九二一年诞生以来,在其二十四年的历史中,经历了三次的伟大斗争,这就是北伐战争、土地革命战争和现在还在进行中的抗日战争。我们的党从它一开始,就是一个以马克思列宁主义的理论为基础的党,这是因为这个主义是全世界无产阶级的最正确、最革命的科学思想的结晶。马克思列宁主义的普遍真理一经和中国革命的具体实践相结合,就使中国革命的面目为之一新,产生了新民主主义的整个历史阶段。以马克思列宁主义的理论思想武装起来的中国共产党,在中国人民中产生了新的工作作风,这主要的就是理论和实践相结合的作风,和人民群众紧密地联系在一起的作风以及自我批评的作风。"从那以后,三大作风——"理论和实践相结合的作风;与人民群众密切联系的作风;批评和自我批评的作风"为党领导中国革命取得胜利并在社会主义建设中取得成功发挥了重要作用。回顾建国以来的历史,可以说,凡是坚持了三大作风的时期,党领导全国人民建设社会主义的事业就取得胜利,而三大作风遭到破坏的时期,党的事业就出现挫折,国家和人民就会遭受苦难。

1957年整风的基点是坚持党的三大作风。从自己在基层单位中所经受的教育看,来自群众和党内同志的批评对自己的成长是有很大帮助的。那时,我从苏联学习结束,回到祖国刚刚三年,虽然在1948年我就加入了党的组织,但在留苏学习期间,没有机会接受党内经常性的政治学习和共产党员政治修养、工作作风方面的教育和锻炼。这次整风可以说是第一次参加党领导的政治运动,其严肃性、深刻性都是自己以前未曾接触到的。从这些保留下来的文字看,尽管有时代痕迹,有的批评意见的提法比较过激,但对于自己来说,所感到的正是广大群众给予一个真正的革命者、共产党员的高标准、严要求,所以虽然当面听到这样尖锐的批评会觉得脸红、不安,但事后感觉到的是一种脱胎换骨后的轻松。同志之间通过坦率地谈心,感情更接近了,干部、党员与群众之间的关系更融洽了。

第五章 献身航空

遗憾的是，1957年的整风以后出现了偏差，从"治病救人"转到了对一些同志不公正的组织处理和整肃。由此想到，在今天的改革开放时期，如何保持和发扬党的优良传统是一个更需要认真看待的问题。我认为，首先是要毫不动摇地坚持三大作风，决不能认为社会进步了、形势变化了、党的传统就可以丢弃了。在今天，处理党群关系、干群关系，运用批评与自我批评的方法应该是行之有效的。而另一方面，则应该始终如一地坚持"治病救人"宗旨。整风是整顿工作作风、思想作风，绝不应该变为"整人"。有缺点，改了就还是好同志，不能因为有一些不同意见、有一些缺点、犯过一些错误就一棍子打死。这在党的历史上是有沉痛教训的，应该引以为戒。

第六章 大跃进

"东风"107

1958年，全国进入大跃进高潮，中国刮起了一股制造飞机的"浮夸风"。一些航空院校应该是培养从事航空科研和制造技术人员的学校，他们在飞机设计的理论方面有一些基础，如果有机会参加航空工业部门的一些设计工作不是不可以，但在大跃进的浪潮中，这些学校干过了头，直接开始设计飞机了。那个时期，甚至有一些与航空毫无关联的单位，乃至某些家属工厂都不顾本身实际条件，竞相设计、制造飞机，一时间，中国航空工业几乎处于无政府状态。仅1958年一年，宣告已经上天的飞机就有11架，还有13个型号正在设计或在进行改型设计，其中还有水上飞机。一些试制出的飞机，质量根本无法保证，基本都是上天飞一次，研制单位敲锣打鼓向上级报喜、报功，然后就没有了下文。

在航空工业系统内部也喊出了一个又一个"振奋人心"的口号。例如，"三年超英、五年赶美"，"尖端产品脚踏美利坚"，"迅速攀登世界航空技术高峰、用十几年时间，走完美国航空工业60年走过

第六章 大跃进

的道路!"这样一些浮夸的口号,反映出当时遍及全国的一种狂热情绪和妄自尊大的精神状态,造成的后果是计划越做越大,型号越提越多,产品性能越吹越玄。

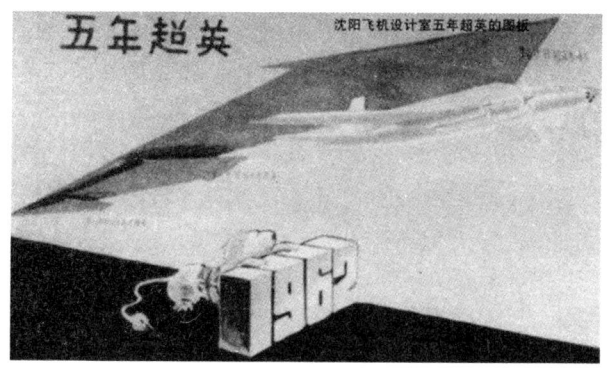

◎ 大跃进时期飞机设计室"五年超英"的宣传画。

1958年3月,苏联专家马尔道文来审查我们的歼教1飞机图纸,在听说我们想设计超声速飞机时,他表现得非常热情,明确表示支持。他还为我们提了一个建议,就是搞一个马赫数为1.4的全天候超声速歼击机,他建议的是采用单台РД–9Б发动机(米格–19飞机用的)、飞机总重4吨左右、采用有尾三角机翼、机翼相对厚度4%、机翼前缘带锥形扭转这样一个方案,并给出了该机的战术指标。提出不用雷达而用红外探测器,只装一门机炮。

◎ 苏联专家马尔道文的年龄不是很大,但经验丰富,技术水平很高。

新中国航空科技工业开拓者——叶正大将军回忆录

苏联 1953 年版的《强度规范》在他们国内属于受控的资料，但马尔道文在自己的笔记本中抄录了其中的主要数据和相关内容，这一次，他把这些内容都讲给我们听。

徐舜寿同志把马尔道文的这个设想交给了叶正明，正明在苏联专家建议的基础上，考虑了一个轻型歼击机的方案。这个方案有很多新的、当时在世界范围也属先进的技术，机翼采用了大量蜂窝结构，为前缘扭转的薄翼型三角翼，翼根选用苏联 20 世纪 40 年代的，飞机很轻。这个方案被定名为"东风"104。同时程不时也提出了一个将米格－19 改为两侧进气的方案，也能超声速，称为"东风"106（注）。

◎ 这是飞机设计室的设计员冯家斌同志按照当年的方案制作的"东风"106 飞机模型。

1958 年中，在设计室内部评审时，徐主任认为叶正明的方案"浪漫有余"，因为用的新东西多，不符合我们国家当时的实际，所以当时被否定了。

1958 年 8 月 6 日，在王西萍局长主持下，四局在沈阳召开了一个新机研制计划会议，研究下一步设计什么飞机。徐舜寿、黄志千和我参加了会议。应该说我们是在非常被动的状态下仓促地参加了这个会议的。会议讨论中，领导们认为应该大大地跨进一步，要超过米格－19。这样一来，设计室对已经被否定的这个方案又进行了酝酿。

那一年，哈尔滨军事工程学院（简称哈军工）空军工程系主任唐铎提出，要为空军设计出具有当今世界先进水平的战机，新飞机要以美国的 F－105 战斗机和 B－58 轰炸机为基础。以后哈军工开始了"东风"113 的方案设计并上报到中央军委，得到了中央领导的支持。时任一机部部长的赵尔陆感到压力很大，他很快就做出安排，

第六章 大跃进

由四局副局长油江陪同来到沈阳,找飞机和发动机两个设计室组长以上的干部开座谈会,研究航空工业系统该如何应对这样的形势。

徐舜寿、黄志千、我和顾诵芬都参加了这次会议。我很理解部长的焦虑,学校都有决心、有能耐搞超声速飞机,我们是他直接领导下的专业飞机设计部门,当然应该搞出更先进的超声速歼击机。

座谈会上,我们的态度不是很积极,大家强调的还是要结合我们的实际。徐舜寿、顾诵芬等同志明确的意见是没有超声速风洞和先进的材料、工艺技术等支持,要设计研制超声速飞机是有困难的。这次座谈会显然没有解决问题,会后,赵尔陆叫上徐舜寿、黄志千和我一起到哈尔滨,看哈军工的"东风"113。那时候,"东风"113搞得很神秘,属于绝密级项目,由于黄志千不是党员,政审通不过,还不准进"东风"113的设计现场,徐舜寿和我去了哈军工,只能留他在招待所等候。

看过他们的初步方案以后,赵尔陆向徐主任和我提出,你们怎么办?

赵尔陆部长的话将了我们一军,无奈之下,我们三人商量,无论如何得给部长一个过得去的方案。于是我马上到商店买了丁字尺、三角板等绘图仪器,就在招待所里,我们埋头搞了两三天,赶出了一个类似F-104的方案,当时看重的是飞行速度和高度,所以指标定为马赫数2.0,升限为20千米。

赵尔陆部长勉强同意了我们这个设想方案,并要求我们回沈阳后要在全室进行动员。按照部长指示,我们组织全室对原有的"东风"104方案做了一些修改,重点是将马赫数从1.8提到2.0,"东风"104改成了"东风"107。

1959年3月末,航空工业局在南昌召开企事业领导干部会议,会上确定了"东风"107飞机的研制进度,要求在1959年国庆节开始试飞。这次会后,在沈阳召开了设计技术会议,调整和明确了各方面的协作进度;5月,飞机设计室组织大干,突击重发生产图纸并发到生产车间。当时虽然大部分风洞试验尚未做过,但为了赶进度,生产准备和零部件制造工作也随之全面展开,所有的工作都在加速进行。

1958年下半年到1959年初,"东风"107仓促上马的同时,还有人提出要搞马赫数3的"东风"119，接着还有人提出要搞马赫数6以上的飞机，大跃进的"东风"越来越猛烈。

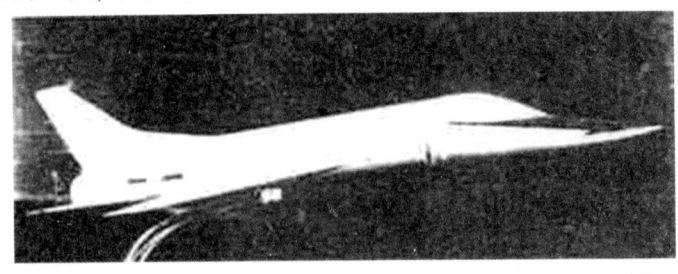

◎ "东风"107模型。

那个时期，我们对苏联的态度还是执行毛主席"背靠沙发"的方针，所以四局安排了徐昌裕副局长带队，飞机设计室有我，还有工厂气动室的高锡康、发动机设计室的虞光裕等去苏联，请他们对"东风"107和"红旗"2号发动机的设计方案进行验证评审。我们飞机设计室还准备了数据、模型，送到苏联请他们做风洞试验。1959年四五月，苏联航空工业部派了专家，正式向我们提出他们的审核意见。当时由我担任翻译。苏联方面指出了原飞机设计方案存在着一些比较重大的缺陷，如发动机推力不足，阻力估计偏小，所以飞机不可能达到原设计性能指标；上单翼布局横向稳定性不好，特别是变机翼安装角（抬机翼）造成机翼刚度不够等，并提出了采用有尾三角翼的改进方案。

我立刻写信，向设计室同志转达了苏联方面的意见。后来我了解到，看过我的信以后，大家都感到原来方案存在的问题比较严重。黄志千同志主张立刻将设计停下来，加以更改。早先，徐舜寿主任因做腰椎间盘突出手术住院，那时已经出了医院，他也觉得应该修

第六章 大跃进

改原来的方案。但有的同志不同意,认为还应当做下去,在研制过程中看最终效果。设计室内不同意见争论比较激烈。

根据苏联方面的评审意见,四局在哈尔滨专门召开了一个会议,由于苏联方面对"红旗"2发动机给予了较好的评价,所以在这次会议上决定"东风"107的发动机("红旗"2)继续搞下去,附件的研制全部停下来,飞机停不停由112厂自己定。

当时"东风"107飞机所用的仪器、仪表是由四局航空仪表设计室负责的,这是1957年3月在北京正式组建的中国第一个机载设备专业设计研究机构,主任是蔡克非,一级工程师昝凌任副主任兼总设计师。

时任112厂厂长的牛荫冠同志把四局的这个决定带回沈阳,和飞机设计室一起讨论,最后决定按苏联方面的评审意见,将原设计方案改为有尾三角翼布局,用两台歼6发动机,研制超声速教练机("东风"107J),后来又想加大马赫数,改为试验机("东风"107S),又有人建议改为侦察机("东风"107Z)等方案,还有一些其他设想。

面对苏联方面的评审意见和四局的决定,112厂和我们飞机设计室的领导、技术骨干都有些手足无措、举棋不定。加之当时我国正在与苏联谈判引进米格-21飞机,形势变化不定,一会儿是干自行设计的任务,一会儿又是准备接受引进的任务;设计人员,一会儿是设计新飞机的图纸,一会儿要接受和消化引进的米格-21的图纸。整个设计室显得忙忙乱乱,无所适从。

1959年10月22日,"东风"113飞机试制领导小组召开第三次会议,决定集中力量保证"东风"113飞机的试制,停止"东风"107的研制,将原"东风"107飞机的设计力量全部转入"东风"113飞机的设计。

"东风"113飞机试制领导小组组长是赵尔陆,第一副组长是空军司令员刘亚楼,成员王鹤寿(时任冶金工业部部长、党组书记)、王诤(时任邮电部副部长)及有关部委的领导,哈军工有刘居英(时任哈尔滨军事工程学院副院长)、唐铎。

注释：

"东风"106的方案以米格-19为基础，较为现实可行，可以进行下去。以后四局决定将"东风"106改为强击机，名称改为"雄鹰"302，研制任务交由南昌320厂负责。112厂飞机设计室的陆孝彭被调到320厂，担任"雄鹰"302飞机的主管设计师，协助设计室主任高镇宁工作。该型号最后定名为强5飞机，1965年6月4日首次试飞成功。

"东风"113

哈军工搞的"东风"113实质是以美国的F-105和B-58轰炸机为基础来设计的，号称马赫数2.5，所谓双25（马赫数2.5，升限25千米）。

他们在学校里搞了一段时间方案设计后，1958年10月，按照试制领导小组决定，设计人员下到了工厂，空军工程系的空气动力学教授罗时钧到了112厂，建立了第二设计室。罗时钧任主任，教员杨庆雄、黄序为副主任。我们设计室变为第一设计室。航空发动机教研室主任董绍庸带队到了410厂。

搞到1959年七八月，"东风"113研制设计中的问题越来越多。首先是学生该毕业了，必须回学校上课，完成学业。这样一来，任课教师也得回学校去承担讲课和主持毕业考试等工作。

徐舜寿当时是很宽宏大量的，"东风"107设计和接受苏联专家评审过程中暴露出的一些问题，包括苏联专家的意见和建议，他都让顾诵芬转告了罗时钧。罗时钧认为在"东风"113的设计方案中也存在类似问题，应该解决，但他不久也被调回了学校。在这种形势下，哈军工有人给中央军委打了报告，要将我们第一设计室转到第二设计室的"东风"113上去。

第六章　大跃进

当时第二设计室的人数有限（到1961年成立一所时，来自哈军工飞机设计室的人数为39人，112厂飞机设计室为243人），学校教学与完成飞机设计任务之间存在着无法调和的矛盾，而"东风"113飞机的设计经过一段时间的实践，显然是一个难以完成的任务，这个时候建议把第一设计室合并进来，确实不失为一个高明的做法。

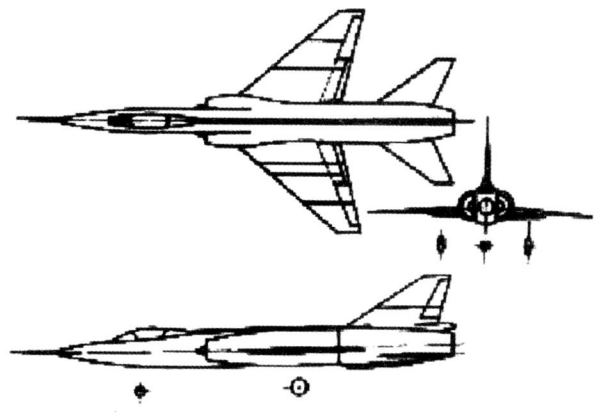

◎"东风"113三面图。

对此，飞机设计室的很多人表示强烈反对，主任徐舜寿首当其冲，但他还是很克制的。我当时与哈军工的杨庆雄就争吵得很厉害，410厂发动机设计室的吴大观还与董绍庸互相贴大字报，因为这是两个单位的根本利益问题。当时我们在搞"东风"107，虽然技术指标上比他们搞的"东风"113稍有差距，但我们在努力要把这个型号搞出来，这个关键时刻，让"东风"107下马，把我们的技术力量集中起来去搞他们的型号，从感情上确实难以接受。

1959年12月，中央做出决定，112厂原第一设计室全部合并到第二设计室，组成"东风"113飞机设计室，统称产品设计室（后来成为六院一所的主要组成部分），哈军工来的同志担任了室的主要领导职务，一系军械科中校主任王秀山任主任，罗时钧、徐舜寿、黄志千、我、杨庆雄、黄序、屠基达任副主任。各专业组的正组长也都由哈军工来的人担任，副组长由原飞机设计室的人担任，如气动组的组长是谢光，顾诵芬担任了副组长。至此，"东风"107飞机的设计工作全部停止。

中央做出的决定，当然要无条件服从，我们停止了争论，开始集中精力搞"东风"113了。

1960年1月9日,四局给相关厂所的领导发了电报,明确了"东风"113已作为向党的40周年重要献礼项目之一,为此发动机必须在当年国庆节前夕上试车台架;飞机必须在1961年5月1日前首飞。电报指出:应该看到试制"东风"113是航空工业以实际行动实现中央关于在短期内建成完整现代化国防工业方针的重要步骤之一。它将带动我国一系列工业技术走向世界先进水平,突破尖端,增强我国国防力量。因此,这是摆在航空工业面前的一项重大政治任务,必须坚决完成。

因为"东风"113原来列为绝密项目,我们对方案的详细情况也掌握很少,现在合在了一起,首先就需要对它有深入的了解。我们认真梳理了苏联专家针对"东风"107提出的问题,按照苏联专家的审查方式,像搞质量审核一样,对"东风"113进行细致的分析,结果发现原来的有些设计要求很不合理。例如,原设计要求最大速压11000千克/平方米。徐舜寿提出,这样不行,飞机结构强度是承受不了的,进气道、座舱盖都难以承受。新组建的飞机设计室副主任杨庆雄原来是上海交大的助教,调到哈军工以后担任了副教授。他坚持认为,这绝对不能改,因为是中央军委确定的。这显然是强词夺理。徐舜寿对此很生气,说这样做下去,飞机肯定是搞不出来的。最后哈军工方面讨论以后,认为不能这样坚持,还是接受了将最大速压减下来的意见。

还有就是在该方案中,飞机机头部位设置了一个炮塔。据我所知,国内外只有在轰炸机的尾部设置炮塔的先例,这个方案可以说是空前绝后。

在对"东风"113方案了解过程中,顾诵芬发现其中一个至关重要的问题是进气道不落实。当时负责进气道设计的是气动组组长谢光,他也觉得不通过吹风试验是不行的。

为"东风"113研制,哈军工受中央军委、国务院委托建造了一座直流暂冲式超声速风洞。这个风洞的原理是先用高压泵将空气充入一个高压气罐中,达到130个大气压,然后通过一个高速喷管吹出,能吹到马赫数2.5。130个大气压是相当高的,一次充气需要大约一天的时间,而每次只能吹30到50秒,因此一天吹不了两次,

第六章 大跃进

试验周期很长,飞机设计室派出做风洞试验的人,一去就要在哈尔滨待两个月。吹来吹去,总压恢复不上去,设计要求为0.7,只能达到0.5。当时进气道的设计人员想采用调节锥对进气系统进行控制,为此,顾诵芬专门找到一篇美国自动工程学会会刊中讲进气道调节的文章给了谢光。以后谢光又安排顾诵芬与哈军工搞发动机调节的梁君湘一起在哈尔滨做吹风试验。最后,发现进气道气动设计不合理。进气道的设计在喉道以后应有相当长一段等直段,而"东风"113的设计,喉道以后扩散太快。顾诵芬为此提出了改进的设想,还为进气道做了一个半模型(受风洞规模影响,用半模型,尺寸可以做大一些)。

◎"东风"113最终只是画在图纸上的一个作品。

"东风"113的设计研究就是在这样无休止的争论中蹒跚而行。

"长江大桥"与"汉水桥"

"东风"113最后不了了之。

在仔细重读了保存下来的一些史料之后,我深感对该型号的立项、策划及研制的过程进行总结和反思很有必要。虽然今天的航空科学技术水平、飞机设计研制的手段、尤其是我们国家的经济实力已经有了非常快的发展,与当年不可同日而语,但在对航空科研的发展和飞机设计研究的客观规律的认识、在重大型号任务的决策等方面,"东风"113还是有很多经验和教训值得借鉴。在此,我将

181

自己的一些思考写下，希望对当今及以后负责和参与这一方面工作的同志有一点参考的价值。

"东风"113是在大跃进的形势下提出的。

自1840年以来，中国人民饱尝欺辱、任人宰割，经过百年艰苦奋斗，终于在中国共产党领导下自立于世界民族之林，几乎在每一个中国人心中都凝聚着一种恨不能一夜之间就摆脱落后、超越世界发达国家、建成社会主义新国家的激情。这本来是极其可贵的一种精神力量，毛主席曾经写道："人多议论多，热气高，干劲大。从来也没有看见人民群众像现在这样精神振奋，斗志昂扬，意气风发。"(《介绍一个合作社》1958年4月15日)如果引导得当，这种精神力量确实能够转化为巨大的物质力量，迅速改变中国的面貌。但遗憾的是，由于领导层没有能够尊重社会发展的科学规律，错误地认为"只要有了人，什么人间奇迹也可以创造出来！"由此，把破坏一个旧世界的经验完全照搬到建设一个新世界来，提出了一系列违背客观规律的口号和目标。也就是在这个大环境下，哈军工的同志提出了学校要搞出世界上最先进战机的大胆想法，而同时得到了中央军委高层领导者的支持。

1958年10月，中央军委审查113的会议上，我表明过自己的看法。在文革中，群众组织根据参会人员的回忆，记录整理出一份题为《上级审查113会议最后一日记要》的材料，其中写道：

> 时间：1958年10月4日下午
>
> 地点：国防部大楼五楼
>
> 参加人：……昝凌、杨庆雄、郭庚荫、戴其鄂、陈明枫、孙仲康、罗学玺、屠守锷、叶正大等。
>
> 杨庆雄：首先汇报设计方案。各审查组汇报技术审查意见。
>
> ×××（按：当时的空军司令）做总结："四个字'可以试制。'只要老总点头，就可以试制。"并鼓励说："只要你们敢做，我们就敢飞。"
>
> ×××（按：当时的国防部长）："军工学院敢想敢干，这很好。这是梦寐以求的，要迎头赶上，希望早日做出来。方向是对头的，不要怕失败，不要怕浪费。接着他向各工业部长一

第六章 大跃进

个个点名问。

……

叶正大说:"我们也搞了一架飞机,重量和军工的差不多,发动机的推力也一样,可是我们的马赫数只有1.8,他们是2.5,有个是错的,不知我们算错了,还是他们算错了……是不是两家合起来搞,两家各有缺点,军工只有一些打样图,没有技术设计,而我们特别对战术和自动化设备方面不如军工的强,是不是两家合起来搞一架飞机。"

……

我的意见是在当时参会的主要领导同志表态支持"东风"113后说出来的,当时四局局长对我的说法感到有些意外,表述了一个比较含糊的意见。主管航空工业的赵尔陆部长赶快予以修正。

王西萍说:"军工图纸是不成熟的,现在还不能生产,可以到工厂里去设计,刚才正大的意见,我还是第一次听见,没有考虑过,可以考虑。"

赵尔陆站起来,来回走着说:"正大意见不是这个意思。昨天到我这里来讲的不是这个意见,今天看见叔叔、伯伯们在这里,一些话不好说出来……""军工的设计不过是浪漫主义多了些,现实主义少了一些,现在这只是提了一个方案,技术设计都没有,根本不能进行生产,还要进行设计。""……要从培养人才出发,现在是百花齐放,百家争鸣,不要过早的成立组织,要树立对立面。"

王西萍说:"我们也搞了一个,而且已经搞了五架份材料了。"

赵尔陆说:"军工有实习工厂,搞几个月了,自己有条件,是不是就在军工的工厂搞吧!"

王鹤寿说:"你至少也要划一个车间出来试制啊!"

黄克诚对四局第三设计室主任昝凌说:"有图纸,你们又有设备,怎么还做不出来啊?"

赵尔陆说:"老黄啊!确实有图纸,就不一定做出来,图纸

新中国航空科技工业开拓者——叶正大将军回忆录

上是有工艺条件、技术条件,还有配套问题啊!"

黄克诚后来说:"……敢想敢干,不是死干,技术条件都没有怎么行啊!浪费也不能这么浪费啊!"

安东说:"你不要给技术设计吓到了,技术设计有什么了不起啊!"又说:"叫刘居英带几百个人下厂去,住在那里,几个月不搞出来了吗?"

张爱萍说:"我也不知道2.0和2.5是不是一回事,如果是一回事,就合起来搞,如果不是一回事,我赞成2.5的,不赞成搞2.0的。"

王西萍说:"黄老。给我3000万,我搞个试制车间,专门做新品。"

黄说:"好吧!给你3000万,军工赶快把技术设计搞出来。"

在讨论到组织领导问题时,赵一直想推出去,说:"这个由空军负责。"

当时的空军司令说:"空军是空的,又没有工厂,当然是你负责。"

赵又说:"米格-17你要不要?"

司令回答:"要!"

赵问:"米格-19马上要试制,你要不要?"

司令回答:"要!"

赵问:"比米格-19好的,我们做出来马赫数2.0的飞机。你要不要?"

司令回答:"当然要,我都要!"

(根据杨庆雄、郭庚荫回忆,抄自姚明19/307号笔记本1960.3.23)

这个《记要》基本是符合会议实际情况的,从中看得出,赵尔陆部长和王西萍局长同意我在技术方面的看法,但不主张接过来与军工一起干。现在来看,我在发言中确实没有想到赵尔陆、王西萍同志考虑的问题。

从那次会议后,又经过两年时间。其间1959年庐山会议上,彭

第六章 大跃进

老总受到批判，赵尔陆同志也受到牵连和冲击，再以后，王西萍同志被免去四局局长职务。

"东风"113 的研制设计依然没有头绪。这种情况下，该怎么办？

1960 年 8 月，在北京三座门召开了"东风"113 生产落实会，会上传达了林彪的讲话，"'东风'113 对敌斗争很需要"。他要求要用建"长江大桥"的方法来做。1957 年 10 月 15 日，中国第一座长江大桥——武汉长江大桥建成通车，这在新中国历史上有着特殊的意义，毛主席曾经为之写下"一桥飞架南北，天堑变通途"的诗句。林彪此话一出，有些人的脑袋就更热了。

在这次会后，经过认真思考，1960 年 9 月 15 日，我与孙大文、吴大观、虞光裕、陈立华几个人写了一个"过渡机方案意见书"交给了上级部门。孙大文是 112 厂总冶金师，吴大观是 410 厂发动机设计室主任，虞光裕是副主任，陈立华是四局负责材料的一位同志。我保留有一份意见书的油印稿，是文革中群众组织复制用来批判我的材料。

> 根据"东风"113 领导小组的指示，112、410 两厂工作同志来京汇报了 113 机的工作情况，……十几天来与会全体同志根据指示精神在讨论中一致认为 113 机是超声速二倍半的高性能飞机，它是国内的创举，世界上已出现的同类型飞机至今还没有超过如此高性能的，造成这样一架飞机不仅为空军部队创造了良好的战斗条件，增强了国防力量，而且在科学研究上也拔了尖，攀登到了世界高峰，造成"东风"113 机有如长江大桥一旦建成，则其他江河的桥梁不在话下……

接下来，我们列举了"东风"113 研制设计中存在的难题：

> 与会同志也一致认为"东风"113 机是一个科学尖端的综合体，它上面采用了上百种尖端新材料（数字仅按牌号计，如按规格计，则有九百余种），三百多尖端新成品，数十种新的工艺方法，二百余项新的尖端试验技术，还有上百项科学研究课

185

题,由于在速度上它是进入热障的飞机,因而设计时必须考虑热应力的影响,在操纵射击方面都采用了雷达电子计算机等完全自动化的装置,正因为113机是这样一个全新的高性能的飞机,无论从新材料、新成品、新技术等方面按现有国内条件来看都是距离较远的,这些新的材料、成品、试验设备和新的技术不仅我国国内没有,即使是世界上一些先进的国家也大都属于科学研究的范围,根据两年来的经验及此次会上讨论的结果,大家一致认为不可能在一开始就能立即投入试制机生产。

我们在意见书中明确提出:

113机的试制工作在技术上必须分三阶段进行,第一阶段是进行试验件的制造和试验,以验证飞机结构计算和系统工作性能是否合理可靠;第二阶段是制造过渡机,通过一整架飞机的试制来验证新飞机各部分的性能是否符合原设计的要求,并通过试制机与试飞取得必要的数据来研究确定试制机图纸;第三步是在过渡机经几个月试飞基本性能试验合格后即开始试制113机。经初步估算113机从试验件制造经过过渡机到试制机成功,整个过程需60个月左右。

60个月!今天看来,在当时基础条件下,这个计划进度近乎天方夜谭,但在大跃进、反右倾的政治环境中,却是冒天下之大不韪的事。在提出这个设想之后,我们举了汉水桥的例子:

正像长江大桥建设之前首先要建造汉水桥,通过它探索了新技术,研究了设计方案,培养了技术力量,为建成长江大桥打下了极好的基础。汉水桥不仅起了试验研究的作用,而且也是一座可供实际使用的桥梁,我们几个人是主张后一意见的,这架过渡机可以叫做113-1机,试制机可称为113-2机。

根据当前的政治形势以及空军部队的迫切需要,也考虑到我们现在已有制造米格-19和设计歼教1飞机的经验,加以有113机长时间设计的锻炼和去年苏联专家对声速2倍飞机设计咨

第六章 大跃进

询的成果，设计试制一架可供作战的轻型过渡试验机即速度为声速2倍、高度为19000千米的飞机，经过艰苦的努力，在三年左右时间内试制成功，开始小批供应部队使用是完全有可能的。

……

汉水桥是武汉长江大桥的配套工程，铁路上下行线分别竣工于1954年11月和1957年12月。

我们的意见很明显是对"东风"113的否定。造反派组织对这个"意见书"加了一个很简短但"切中要害"的按语："【按】叶正大对抗林副主席'长江大桥'指示，提出用'汉水桥'过渡机意见书来扼杀'东风'113。"

写下这个意见书是1960年，自己30岁刚出头，虽然在整风、反右等政治运动中经受过一些冲击，但在思想深处还没有太多顾虑。我所说的都是从技术工作角度的一些大实话，认为要搞出这样一架世界先进水平的飞机，在当时的条件下是不可能的。我想的还是我们飞机设计室的方案——"东风"107，我觉得集中精力，搞一架马赫数1.8的飞机还是可行的。这个想法一直到六院成立以后，才在摸透米格–21飞机的基础上付诸实施。

回顾这段历史，重读这些史料，我觉得不能去纠缠旧账，简单地议论个人的功过是非和责任，重要的是应该从中吸取教训。我们应该尊重科学、尊重知识，按科学规律办事，无论任何时候，不能做表面文章，只求"形象"、"面子"，忽视根基。在抓航空科研中一定要认真处理好需求与可能之间的关系，把预先研究和基础工作做扎实，这是从失败中交了学费才得到的认识。

112厂质量整顿

1960年11月20日，时任中央军委副主席、国务院副总理兼国防工委主任的贺龙元帅、总参谋长罗瑞卿、空军司令员刘亚楼一行

新中国航空科技工业开拓者——叶正大将军回忆录

在三机部部长张连奎、沈阳市委第一书记焦若愚陪同下,来到沈阳航空工业企业检查工作。

◎ 贺龙同志视察航空工业。

  此前的几年中,由于受大跃进影响,工厂盲目大搞生产翻番,采取了精简技术和质量管理机构,下放技术、管理人员迎合左倾思潮的举措,又废除了许多原有的规章制度,致使工作责任制大大削弱。工艺纪律涣散,生产管理混乱,其结果是造成了严重的产品质量问题。在一次歼6全机静力试验中,因未达到设计指标而失败。1958年到1960年,三年未出一架合格的飞机。当时工厂试飞站和厂

第六章 大跃进

区停放着大批无法交付部队使用的歼6飞机。这还不算,由于部队大量飞机返厂,工厂还借了于洪机场作为停机场地,那个机场本来就不是很大,也都停满了飞机。当时职工把工厂称为"养鸡场"。

◎ 贺龙元帅。

看到这些现象,贺龙元帅非常愤怒,他批评厂领导说:"全国人民不吃肉、不吃油、不吃苹果,勒紧裤带换来点外汇,进口点材料,都给你们糟蹋了。你们能忍心,能过意得去吗?"他要求,"要原原本本按苏联图纸从头开始,重新试制,不要修修补补,搞改良主义,要下决心一刀两断。"

那是"三年困难"时期,112厂职工群众不仅仅是没有肉、油、苹果吃。据厂史记载,职工口粮不足(1960年10月起技职人员的定量压缩到每人每月27~28市斤),而且副食严重缺乏,蔬菜每年每人平均只能供应五六十斤,仅够吃两个月。缺菜时期,只吃少量的咸菜,有的人甚至连咸菜也吃不上,而用盐水就食。由此造成的职工营养普遍不足,体质不佳,疾病增多。1961年初,全厂浮肿病患者高达2570人,占全厂总人数的12.8%。

根据贺龙元帅的指示,112厂于1960年11月24日停产整风。上级要求我带领飞机设计室一多半的技术人员到工厂设计科,重新发出米格-19П图纸,协助工厂从图纸开始进行全面质量整顿。

这次质量整顿是从头做起,我们的工作做得很细致,对照苏联图纸一点点检查。对存在的问题,采取了补救措施。例如,针对机翼部位强度不够,静力试验中未达到指标就折断的问题,我们采取了增加加强筋的办法。

经过整顿、返修和补救措施,飞机陆陆续续交了出去。

飞机制造是一项复杂的系统工程,在大跃进的政治热潮中,采用群众运动的方法,片面追求数量、产值,当然是完全错误的。三年交付不了部队一架合格飞机是极为沉痛的教训。但在以后的质量整顿中,指导思想和组织方法上也有类似的现象,在整顿质量的过程中,采用的也是群众运动的方式,也有整人的事情发生,这就把问题复杂化了。

我始终认为,人民内部矛盾应该用讲道理的方法解决,而不应该用政治的、阶级斗争的眼光看待和处理技术、管理等问题,动辄上纲上线,简单地对人做出组织处理。这其中的教训也同样深刻,也是值得认真总结的。

飞机与导弹之争

1955年,毛主席下决心发展我国的原子能事业,研制核武器。

1956年,在我国国防工业系统中出现了飞机与导弹之争。由于20世纪50年代中期,世界上一些技术先进的国家研制出各类导弹180余种,苏联和美国还相继研制成功洲际导弹,所以国际上有一些军事专家认为,导弹可以取代飞机。这一说法也影响到中国。

争论很激烈,×××导弹专家在1958年《现代武器》杂志上发表了《关于人造卫星的发射和军事航空的前途》的文章,结论是导弹可以取代飞机。有的中央领导同志接受了这种观点,但空军部队和我们飞机设计研制人员均不是很赞成,认为导弹很有用,但飞机还是少不了,不能够被完全代替。1958年,赵尔陆部长在给李富春、聂荣臻副总理的报告中写道:"迅速建立及大力发展产品设计、科学研究机构已成为第二个五年计划期间发展航空工业的关键。"四局分党组向中共中央写报告提出:"大力发展产品设计和科学研究,由仿制向自制跃进,是航空工业执行'二五'计划最基本的发展方针"。

1960年初,中央扩大会议明确发展国防尖端技术的方针是"两弹为主,导弹第一"。

中央决策以后,我国的导弹发展很快。1959年10月7日,我军地空导弹部队第一次击落了高空间谍飞机。1962年9月~1967年9月,空军地空导弹部队5次击落台湾当局空军窜入大陆的U-2型高

第六章 大跃进

空侦察机，迫使台湾当局自1968年3月起停止使用该型飞机侦察大陆。为表彰空军地空导弹部队，1963年12月26日，国防部授予第二营营长岳振华"空军战斗英雄"荣誉称号。1964年6月6日，国防部授予第二营"英雄营"荣誉称号。7月23日，毛泽东、周恩来、朱德等党和国家领导人在人民大会堂接见第二营全体指战员。

当时，我们的家底很薄，一穷二白，建国初期钢产量只有90万吨左右，我们是一个大国，但又是一个穷国。按照"全国一盘棋"的思想，国家要搞"两弹"，飞机的地位自然就下降了，很长一段时期不被重视，而且在资金、人员等方面都要紧缩。中央做出了决定，当然要无条件服从。我的二弟叶正明也就是在这个时期被调出飞机设计室，到上海研究导弹去了。

几十年过去了，现在回过头来从全局看，中央当时下这个决心是对的。

当时虽然美国、苏联掌握了原子弹、导弹的先进技术，但普遍还是刚刚发展起来，整体水平还是在起步阶段，进入门槛较低。而且那个时期的国际大环境还没有形成后来的超级大国、霸权主义，还有我们发展导弹、原子弹的空间。设想一下，如果当时我们没有搞，放到以后再做，国际上肯定会有人群起而攻之，经济上制裁、技术上封锁、外交上制造麻烦，总之会让你发展困难。但当时下决心搞了，不仅在原子弹、导弹技术上有了突破，形成了今天的航天科技工业，使我们在军事科学技术方面取得了令世人瞩目的辉煌成就，也为奠定我们世界大国的地位发挥了重要作用。

党的十八大政治报告中提出，要"坚决维护国家海洋权益，建设海洋强国"，"高度关注海洋、太空、网络空间安全"，这就意味着我们在海、空军及各种新型部队的装备建设等多领域都会有更大的拓展。从这里也可以看到，经过近几十年的改革和发展，我们的经济上去了，我们的航空航天事业上去了，我们的军事科研和国防工业上去了，形势就完全不一样了。

政治运动

从1955年回国到1960年,我在沈阳飞机制造厂工作了5年。这5年中,一边是参加仿制、自行设计飞机型号等科研、生产任务,一边还要参加反右、红专辩论、反右倾等一系列政治运动。

我于1948年入党,以后长期在苏联学习,尽管组织对我们这些留学生的思想教育抓得很紧,我也觉得对党的事业是忠心耿耿的,对党的路线方针是认真学习的,但在国内政治运动的实践中,还是显得缺乏锻炼、缺少经验。

1957年,全国范围开展了反右斗争。在飞机设计室,王汇青同志是党支部书记,我是支部委员,我们都是坚决、认真地贯彻上级指示的。历史证明,当时党内极左的路线和思潮占上风,在多次政治运动中,阶级斗争扩大化的倾向使不少应属人民内部矛盾的事受到错误处理,不少人、尤其一些知识分子受到不应有的打击甚至迫害,后果是沉痛的,应该进行深刻的反思。

飞机设计室团支部副书记金刚裕同志,1949年参加了中国人民解放军,后被送到南京航空工业专科学校学习(简称南京航专,现为南京航空航天大学),毕业后在112厂设计科工作。在歼5飞机试制中,曾被评为设计科的先进工作者。1956年调入飞机设计室担任重量控制专业组组长。他善于独立思考,而且有记日记的习惯。一次他的日记本放在桌上,被人看到里面写有一些对当时党的政策不满的话,报告了支部书记。设计室组织了对他的批判,将他划为右派分子,调出了设计室,以后又把他调出了国防工业系统。1962年夏,他戴着右派分子的帽子被送回老家接受监督劳动改造,直到1978年才平反,前后长达20年之久。

对这位同志的处理当然是在当时的政治大气候下做出的,几十年后,一次与他见面时,我诚恳地向他"赔礼道歉"。回想起来,当年举手同意将他划为右派分子,我是真心实意的,因为那是按照党的决定办事。那一次向他致歉,我也是真心实意的,因为经过以后

第六章 大跃进

几十年的历练，我认真地思考过党在建国以后的历史，也认真地思考过自己的历史，应该实事求是地承认，当时的极左路线是错误的，我们这些极左路线的执行者也是有错误的。

◎ 时隔半个世纪后的2005年，与金刚裕同志见面，因为当年飞机设计室党支部将他划为右派分子一事，我两次向他致歉。他性格刚强而豁达，不但丝毫没有忌恨前嫌，反而提及当年我与他谈话时，能注意尊重他的人格并向我致谢，他的大度更使我难以释怀。我真心希望历史的悲剧不要重演。

值得庆幸的是，金刚裕同志并没有因为不公正的处置而沉沦。他的老家在浙江温州乐清的农村，随着改革开放的大潮，经过他的艰苦拼搏，早在多年前就已经成为当地颇有声望的民营企业家，现在孩子们继承了他的事业，近年来益发兴旺发达。看到他豁达乐观依旧，我感到十分欣慰。

在错误的思想路线和政策方针指导下，我们会做很多在今天看来很荒唐的事。

我们飞机设计室副主任黄志千，1914年1月23日出生于江苏省淮阴县。他是上海交通大学航空门的第二期毕业生。曾经在美国康维尔（Convair）飞机制造公司工作，参加了B-24轰炸机的设计、制造和240型双发运输机——"空中行宫"的应力分析工作。1945年8月抗日战争胜利，他进入密歇根（Michigan）大学航空研究院攻读力学硕士。1946年9月，南京国民政府的航空工业局与英国格洛斯特（Gloster）飞机制造公司签订了合作设计喷气式战斗机的协议，他转赴格洛斯特参加设计工作，负责喷气战斗机的机身设计。建国前夕，他怀着满腔热情回国参加航空工业建设，曾在112厂建厂初期担任过设计科的代科长。但由于历史、社会关系等原因，他借阅图纸、资料都受到限制，甚至不允许查看他在负责修理的米格-15飞机的设计图纸。

以后，他到飞机设计室担任副主任，我们一起工作，就飞机设计涉及到的几乎所有技术问题进行深入讨论，他是一位知识面很宽、有着丰富的飞机设计经验的老专家，对问题有自己独到的见解，面对诸多难题，总会有很好的想法、建议，但在飞机设计室参与四局、工厂或设计室内的一些重大决策时，规定只有党员才有资格参加会议，他不是党员，所以每次都被排除在外。

以后成立六院，他参军并被授予中校军衔，还当选为全国人大代表，但政治上总还是有所区别。1965年5月，630所购置一套比较先进的空测系统，需要懂飞机、发动机的技术人员去，在确定了黄志千同志去考察以后，对他的政审很严格，延误了他随团出发的时间，过了半个月才批准他出国。所以他没有与考察小组同行，而是与外贸部参加巴黎国际博览会人员一起走的，计划是从北京出发，途经上海、卡拉奇、开罗到巴黎。5月20日清晨，他们一行7人乘坐的巴基斯坦国际航空公司的飞机在开罗国际机场降落前两分钟坠毁。

听到黄志千同志牺牲的消息，我感到很悲痛。细想起来，他的一生对祖国的飞机设计事业始终怀有崇高的理想，一心希望我们的国家、民族在中国共产党领导下走向繁荣强盛，在工作中勤勤恳恳、任劳任怨，但按照当时的组织路线和用人方面的政策，我们对这样

第六章 大跃进

一位知识分子在政治上不能一视同仁,使他承受了许多委屈和压力。

在党的历史上,对于知识分子问题的认识和政策,领导层长期以来是有不同意见的。1961年,随着六院的成立,通过贯彻聂荣臻元帅提出的《科研十四条》和"摘帽子、解疙瘩"(后被称为"摘解"工作),笼罩在知识分子心中的疑云有所消散,这些政治运动产生的不良后果也得到某种程度的消除。

第七章 六院一所

航空研究院

为了集中国防科学研究力量,加速发展我国国防科学技术研究工作,1960年12月20日,中共中央批准成立航空研究院——国防部第六研究院。

1961年7月18日,总参谋部批准六院成立十个研究所。1961年8月3日,国防部第六研究院第一设计研究所(飞机设计研究所,简称六院一所)在沈阳正式成立。

此前的三四月,刘鸿志、翟曾平、王南寿等同志即来沈阳了解情况,在此之前,我们不认识,但大家经组织介绍相识,而且知道以后要在一起工作,所以一见如故,都非常高兴。

刘鸿志是1938年加入中国共产党的一位老革命干部,1920年10月出生于陕西凤翔县,1936年参加革命。抗美援朝战争时期任东北空军航空工程部副部长。1955年任军委空军航空工程部党委委员、组织计划处处长。1958年任空军第一研究所所长(简称空一所)。他坦诚地与我交换了对组建一所的看法,我们谈的很愉快。

第六章 大跃进

© 1961年6月29日，国防部第六研究院成立，番号为4847部队。

◎ 六院一所首任所长刘鸿志。

六院一所是按照军队的建制组建的。刘鸿志、翟曾平都是从空一所来的，那时是军人，我们还是老百姓。在那个时期，解放军在全国人民心目中的地位很高，大家知道了设计室要加入部队序列，自己将成为一名军人，都感到很激动、很兴奋。当然我们高兴的不仅是因为要穿上军装这一件事，还有一个很重要的因素，就是中央的决定，实际上是把当时国内有限的飞机设计力量集中起来形成了一个拳头，这就为我国飞机设计事业的发展打下了坚实基础，飞机设计不再是分散的、各搞各的，相互之间也不会再有封锁、保密的现象。上级领导决定：将我们112厂飞机设计室（243人）、军事工程学院参加"东风"113飞机设计的师生（39人）以及空军第一研究所（711人）全部集中起来组建六院一所。这就形成了飞机设计、维护、使用多学科结合的一支科研队伍。

根据总参1961年7月18日关于六院成立十个研究所的批复及六院指示，六院一所于1961年8月3日在沈阳正式成立。当时共有人员993人，分驻两市三地，即北京南苑、沈阳三台子及小河沿万柳塘路。

1961年11月25日，周恩来总理签署任命书，任命刘鸿志担任第六研究院第一研究所所长，政治委员为翟曾平同志。10月22日，国防部部长林彪签署任命书，任命徐舜寿、我、郭屏、周景良为副所

◎ 我担任了六院一所的副所长。

长,宁秉一为副政治委员,黄志千为总设计师。所政治部主任为段治国、副主任陈拔。所领导班子分工,由徐舜寿和我负责科研技术,郭屏、周景良负责行政、后勤。

建所伊始,百业待兴,但当务之急是抓合编组建。

合编组建的原则是:"既要考虑加快组建速度,迅速开展工作,以适应航空科研事业发展的需要,同时也要考虑国家缩短工业战线,基本建设速度放慢,加快农业战线这一全局,使研究所的组建与全院建设相适应,"同时要贯彻"边研究边建设,由小到大,因陋就简,慢中求快,今明结合逐步发展的建设方针。"根据上级决定,研究所实行所、室两级领导体制。在研究室设置方面,我充分尊重老专家徐舜寿、黄志千的意见和经验。经过酝酿、讨论,广泛听取多方面意见后,我们提出了方案,经院、所领导批准后实施。这个方案是在原飞机设计室专业组的基础上,参照苏联专家关于建设中国空军航空技术装备使用维护修理研究院的建议咨询资料形成的。调整组建的十四个研究室及一个综合试验室是:

总体设计研究室(一室)、气动力研究室(二室)、强度计算研究室(三室)、机身结构研究室(四室)、机尾翼研究室(五室)、着陆装置研究室(六室)、冷气液压研究室(七室)、操纵系统研究室(八室)、高空救生系统研究室(九室)、动力装置研究室(十一室)、兵器安装研究室(十二室)、电气仪表研究室(十三室)、雷达无线电研究室(十四室)、使用维护研究室(十五室)、综合试验室(十六室)。

1962年6月空军党委决定恢复空一所,同年8月,我们将北京南苑使用维护研究室(十五室)及部分党政干部、技术工人、工勤人员共265人及相应物资设备移交空一所。政委翟曾平也于1962年8月调回空一所,后由于达康同志接任所政委职务。

1963年,我们又成立了电子计算机站(序号沿用第十五研究室),以后又陆续成立了设备设计室(十九室)、大型飞机研究室(二十二室)和直升机研究室(二十三室)。

所机关设政治部、科学技术处、行政处、所办公室及相应科室。各研究室都配备了主任及政治委员。

原来的一个200多人的设计室,一下子扩充为近千人的大所,而且大家来自五湖四海，原来都不认识，相互之间不熟悉、不了解。为落实建所方针和原则，我们强调了领导班子之间、群众之间一定要注意团结。为了进一步加强沈阳地区的工作和领导，所里决定在沈阳小河沿地区成立所办公室、政治部、科技处和行政处，作为北京所部的分设机构，沈阳三台子地区设行政、政治办公室，在小河沿所部的分设机构领导下负责北陵地区的行政、政治工作。派出副所长郭屏、副政委宁秉一和政治部副主任陈拔先后赴沈阳主持沈阳地区工作。

建所之初，技术工作不是很多，主要的任务是解决建所中亟待解决的问题。当时很突出的一个问题是人员来源不一，工作地分散，各类人员供给标准和待遇各不相同，尤其是原来不属于军队编制的职工，工资待遇低，粮食定量低，加之正值三年灾害后期，物资供应困难，造成这部分职工身体素质普遍较差，不少人患有多种疾病。

针对这种情况，所领导班子在刘鸿志所长、翟曾平政委带领下采取了三项措施：一是请求沈阳军区支援，调拨了一批大米和黄豆，以济燃眉之急；二是在苏家屯办农场，种了310亩水稻，140亩旱地，通过组织干部群众分批参加劳动，当年秋冬即收获了14万斤粮食，22万斤蔬菜，这样一来，解决了职工吃饱饭问题，从而能够精力充沛地投入科研工作；三是由北京南苑原空一所派出医疗小分队到沈阳开展医疗服务，为科技人员普查身体。加入部队序列有一个好处，就是有病需治疗的职工，可以送到沈阳空军463医院治疗。这三项措施效果十分明显，解除了职工的后顾之忧。

所领导班子本着"统一思想，统一领导，统一制度，分区负责"的原则，建立了相应的管理制度，使初创时期的各项工作逐步走上正轨，也为研究所的进一步发展打下了良好的基础。

1961年12月，总参决定六院各所所属研究室及附属车间从1962年1月1日起正式列入军队编制，规定研究室人员按军队标准待遇，试制车间人员，按军队所属工厂标准待遇。这一决定激发了科研人员和全所广大职工的革命热情和工作积极性，新中国的航空科研和飞机设计事业由此跨入了一个新的历史阶段。

1962年8月，中央军委总参谋部下达了《有关院校机构营房调整的通知》（参校字第232号文），明确："沈阳炮兵侦察学校调重

第七章 六院一所

◎ 我（右三）第二次穿军装并被授予少校军衔。这是六院副院长徐立行少将在授衔。

◎ 授衔仪式结束后的合影。

庆位置，沈阳营房拨给六院。"按照这一通知，六院临时党委决定：沈阳炮兵侦察学校营房由一所接收。

1962年8月，中央军委炮兵正式下达《炮兵院校合并，迁移准备工作会议纪要》调迁文件。为便于接收工作顺利进行，8月中旬，一所部分机关人员和设计室，从北京南苑和沈阳北陵、小河沿地区迁往了塔湾炮校原址。

《科研十四条》

1961年上半年,国家科学技术委员会党组和中国科学院党组在调查研究和广泛听取科学技术界意见的基础上,制定了《关于自然科学研究机构当前工作的十四条意见》(简称《科研十四条》)。1961年7月,经中共中央批准,《科研十四条》在全国试行。

《科研十四条》总结了新中国发展科学技术事业的经验教训,特别是针对"大跃进"中曾经发生过的错误,制定了各项政策和措施。

《科研十四条》重申了党对知识分子的政策,提出了"要团结一切爱国的知识分子,鼓励科学技术人员走又红又专的道路。"在科研工作方面,《科研十四条》提出了"要整顿科学技术工作的规章制度,保证科学技术工作的正常秩序。"《科研十四条》规定,"科学研究机构的根本任务是出成果、出人才;为了保证科学技术人员得以用主要精力从事科学研究,规定每周至少有六分之五的时间从事业务工作,不得以政治学习、社会活动或其他活动冲击业务工作时间。"《科研十四条》还提出了"要改善党对科学技术工作的领导,要求科学研究机构的党组织团结和依靠广大科学技术人员,尊重他们的专长,充分发挥他们的创造性和积极性;要求各级党的干部认真学习和执行党的政策。"

为保证《科研十四条》的落实,1962年1月,六院制定了《航空研究所暂行条例(草案)》。

刘鸿志所长是一位尊重知识、尊重人才、事业心强、知人善任的老革命干部。在他主持下,一所党委按照党的政策和六院的要求,研究制定了《关于贯彻<科研工作十四条意见>的措施》(共68条),并把"摘帽子、解疙瘩"工作作为全面贯彻党对知识分子政策的

◎ 在落实《科研十四条》中,我们编写了基本功大纲。

突破口。

在一所组建之前的历次政治运动中，被认为在红专上有问题的有6个人。其中一个比较突出的就是顾诵芬同志。他是上海交大1951年毕业生，自幼热爱航空，一心想为祖国设计出高水平的飞机。他学习刻苦，注重钻研技术，而且学以致用，善于总结。在飞机设计室时期，型号设计研究中遇到重大技术问题，他总是能够提出自己的独到见解，并且大多都被以后的实践证明是正确的。他在大跃进这样的狂热中，头脑冷静，始终坚持认为搞尖端要有技术基础，他一直强调，搞飞机设计研究必须要具备三个至关重要的条件——风洞、设计规范和专家。

顾诵芬同志事业心强，技术业务精，好读书但不迷信书本。我与他交往多年，是很知心的朋友。他曾讲过，看书也有两重性，书上讲的对的，应该学；但书上也会有不对的、过时的，那就不能照搬、照学、照干了。陈云同志曾经有一幅题词——"不唯上、不唯书、只唯实，交换、比较、反复"，寓意深刻，是对唯物辩证法的精辟提炼。我认为顾诵芬同志的看法完全符合陈云同志题词的精神。

但就是对他这样一位专家型人才，过去在批评与自我批评会上，要他检讨自己不重视政治的错误。有人批评他"晚上洗脚的时候还在看书"，说他走"白专道路"。

一所组建以后的"摘解"工作中，我们为他平了反，而且把他由气动工程师直接提为副总设计师，在授衔时，授予他少校军衔。有了这样的环境和条件，他的聪明才智得到了充分的发挥，后来成为中国科学院、中国工程院两院院士，是国内外知名的航空气动专家，并且担任了601所所长兼总设计师和歼8Ⅱ飞机的总设计师。

有了比较宽松的政治环境和领导层之间的互相信任，徐舜寿同志和我、黄志千同志在科研管理方面开展了具体的组织领导工作。

在徐舜寿倡导下，我们成立了一所首届技术委员会，技术委员会由15人组成。徐舜寿任主任，我与总设计师黄志千任副主任，委员由包括顾诵芬在内的各室领导和技术骨干共12人组成，还聘任了北京航空学院的徐鑫福教授为特约委员。

技术委员会主要负责主持开展所内技术活动以及组织所外各个专业技术领域的学术交流活动，如组织设计人员交流基本功学习的

经验、专题研究成果鉴定和报告会;邀请各大院校的教授,如西北工业大学黄玉珊、哈军工陈百屏、北京航空学院张桂联、清华大学张维、杜庆华教授等到设计所讲课,进行技术咨询。

当时,在技术委员会组织召开的各种会议上,大家畅所欲言、各抒己见,对一个问题,赞成的、不赞成的,同意的、反对的,都可以毫无顾虑地发表自己的意见和见解,学术气氛非常活跃,也非常讲民主,所以科技人员都很愿意参加,使技术委员会确实起到了所党政主要领导科学民主决策得力助手和决策支持的作用。各研究室主任参加了技术委员会的各种会议,对全局情况能够有所了解,回到各自的研究室后,很快就能将所研究的事项传达到每一个科研技术人员,这样一来,就更有利于做好研究室之间、科研人员之间的相互配合、协调,更有效地推动了科研设计工作全面开展。

◎ 在技术委员会组织召开的各种会议上,每个人都可以畅所欲言、各抒己见。

这一系列科研管理工作的落实和实施使得我们迅速从搞"东风"107、"东风"113时的困惑、迷茫中解脱出来,全所的精神面貌焕然一新,呈现出一派蓬勃向上、前所未有的气象,科研技术工作很快就有效地开展了起来。

随着塔湾新址的接收、调整,所容、所貌也发生了很大变化。当时是聂老总主抓国防科研工作,在研究院所中盛传,聂老总检查工作,事先经常不通知,说来就来了,而且一到单位,往往先检查厕所。一个单位的厕所是否整洁卫生,反映出的是营房管理的水平

第七章 六院一所

和职工群众的文明程度。聂老总抓国防科研事业功勋卓著,与他注重思想文化、道德品质等精神文明建设是分不开的。在我们这些军工科研人员心目中,聂老总代表的就是党中央,正是在他的领导下,国家科学技术委员会党组和中国科学院党组制定了《科研十四条》。他的威信很高。有聂老总这样一丝不苟的严格要求,加之贯彻部队的管理纪律,全所很快就形成了安安静静、干干净净的科研环境,刻苦学习、钻研技术蔚然成风。

1964年,徐舜寿同志在调离一所时说过:"我在一所工作期间是我一生中心情最舒畅的时期"。他的话也说出了大家的心声,很多人把那一段时期誉为"科学的春天"、"六院一所的黄金岁月"。

摸透米格-21

20世纪60年代初期,中苏关系破裂。以赫鲁晓夫为首的苏联领导集团背信弃义,撕毁援华协议,撤回了派到中国来的全部专家,新中国的航空工业与其他苏联对华援建项目一样,一时陷入困境。

1961年1月12日,赫鲁晓夫突然给毛泽东写信,表示愿意向中国提供米格-21歼击机的制造权。此前,米格-21还处于研制阶段的时候,中国就与苏联签订了引进该机的技术援助合同。但随着中苏关系突然恶化,苏联单方面中止执行合同。如今,在中苏关系异常紧张之时,赫鲁晓夫突然做出这样一个令人迷惑不解的反常的友善举动。

我后来了解到,当时苏联要将米格-21出售到东南亚某个国家,在交付时需要从我国境内飞过,为此,赫鲁晓夫提议,用向我国有偿转让米格-21制造权换取飞越中国领空的许可。

在收到赫鲁晓夫的这封信以后,周总理2月5日回信表示:中国政府决定,本月中旬将派出代表团赴莫斯科进行具体商谈,并签订有关的协定。

空军刘亚楼司令员受命率团与苏联方面谈判,代表团共有10余人组成,包括空军、航空研究院和航空工业局(四局)等各方面人员，徐昌裕副局长和我都是这个代表团的成员。我们深入细致地讨论了苏联转让米格－21歼击机制造权的相关问题，对这次谈判进行了认真的准备。

◎ 1961年，以空军司令刘亚楼为团长的中国空军代表团赴苏引进米格－21时在莫斯科森林合影。左起：李时发、徐昌裕、余侠平、严复、李德常、叶正大。

米格－21是当时世界上最先进的新型歼击机之一，如果苏联政府真有诚意将它的制造权转让给我们，不但解决了空军后继机的问题，同时也为我国的航空科研和飞机制造工业提供了一次极好的机遇，我们应该能够在摸透米格－21的基础上，自行设计制造出我们自己的新型歼击机！

行前，刘司令向周总理做了汇报和请示。周总理指示，要接受过去与苏联打交道的经验教训，这次可以多去一些人，包括各方面专家，尽量把技术资料提得全一点，特别是一些基础性的资料，如关键原材料的技术条件和试验方法等。

我们这个军事代表团是与一个由文化部部长带领的中国文化代表团乘同一架飞机到苏联去的，这是两国关系紧张以后，第一次派出这么高级别的代表团访苏。

谈判开始，苏联方面安排了一架米格－21飞机飞到莫斯科，带我们去看了，飞机上导弹等武器齐备。但苏方提出，谈判前只能看

第七章 六院一所

飞机，不能参观飞机生产厂。刘亚楼司令员在苏联卫国战争时期在苏联担任过团长，他的俄文很好，给他做俄文翻译压力是很大的，在谈判中他经常会纠正翻译，说不是这样讲的、不是这个意思。刘司令脾气很大，听到苏方人员这样讲，他拍着桌子用俄文讲："你们这样，我明天就回国，不谈了。"苏方参加谈判的人就怕刘司令发火，于是赶快请示，答复是可以到工厂看，但只准看3天。

◎ 米格-21飞机。

谈判进行得不是很顺利，但刘司令的谈判很有策略，水平很高，真是做到了有利、有礼、有节，谈到一些重大问题，他会马上回到使馆，给国内打电话请示周总理后决定，有些重大原则问题还需要由周总理向毛主席汇报，由毛主席决策。譬如，苏联提出要派专家到中国来。这件事刘司令不能决定，打电话请示周总理，周总理又请示毛主席才定的。毛主席不同意苏联方面派专家来，他的答复很坚决："既然走了，就不要再回来了！"

由于赫鲁晓夫急于谈成，所以苏方对我们的待遇规格很高，不仅吃得好、住得好，各方面招待也很好。我记得一次他们安排我们去莫斯科大剧院看芭蕾舞，给我们安排的是斯大林包厢，与我们同机到达莫斯科的文化代表团坐在下面的一排位置。

1961年3月30日，经过艰苦的谈判，双方在协议上签了字。协议明确，苏联将在不附加任何条件的情况下，给予中国生产米格-

21 飞机的特许权，但所有的技术援助都是有偿的。

协议签订后，刘司令说过，如果中苏关系恶化了，即使达成了协议，也只能是一张牛皮纸——不顶用！

按照组织安排，我没有随代表团回国，而是在苏联又待了几个月，主要工作就是熟悉消化米格-21 飞机的技术资料。

根据中央决定，1962 年 5 月，六院和四局下达了《关于共同组织米格-21 飞机技术摸底，为仿制及进一步自行设计做好准备的联合指示》。当时米格-21 飞机又被称为 62 式。

所领导班子迅速统一了思想，摸透米格-21 成为建所后的第一项重大任务。

摸透工作前后进行了近三年，通过这项任务，全所养成了为新机研制钻研技术的良好作风。那一个时期，所里的图书馆、设计楼每到夜晚都是灯火通明，无论新毕业的大学生还是老设计人员都在自觉加班加点。大家对外语学习也抓的很紧，图书馆的外文图书、期刊、尤其是一些介绍关键技术的文献资料经常会周转不过来。徐舜寿、黄志千同志都亲自辅导室主任，帮助他们掌握阅读专业文献的本领。针对技术资料情报工作中的问题，徐舜寿同志还亲自对技术人员使用外文资料的情况做过一次调查研究，写了 5000 余字的《关于提高外文资料利用率的几个问题》的报告，将他所了解到的情况、意见和感想向所党委做了汇报。

我在中学时期学过英文，但以后学的是俄文，为了阅读英文的专业文献和期刊杂志，我还从徐昌裕同志那里要了一本《英俄航空字典》，边查字典边看资料。

◎ 在摸透米格-21 过程中，对米格飞机加力滑跑距离进行比较分析。

第七章 六院一所

欧洲之行

1962年9月,当时的中国民用航空总局组团赴欧洲进行考察访问,由时任副局长沈图(注)带队。组织上安排我和高道同志随团出访。团员中除民航总局的同志和我们两个人外,还有一位北航的教授。

这次出访的任务是对欧洲几个国家的民用飞机制造企业进行考察,调研中国民航适用机型、价格和飞机制造企业的营销、售后服务的方式。我们一行于1962年9月中旬出发,到12月中旬回国,历时三个月,考察了瑞士、荷兰、意大利、法国,最后经苏联回国。

◎ 1962年9~12月,随中国民航局副局长沈图率领的民航代表团到欧洲访问。一起出访的有航空工业系统测试方面的专家高道(右一),左三是团长沈图,我站在右二的位置。

这一次出访,沈图同志在他的回忆录中有一个简要的记述:

巴黎对我并不陌生,1962年秋冬,我率航空考察团在这里

新中国航空科技工业开拓者——叶正大将军回忆录

住过35天。当时,中法还没有建交,是应法国航空联合会邀请而来的。没有想到会引起法国那么重视,甚至戴高乐将军也多加过问,通过他的同事要我向周总理转达他的问候。

——沈图《沈图回忆录·飞向世界》

这是我第一次到欧洲资本主义国家,使我有机会对西方的航空科学技术、飞机及航空仪器仪表、部件的制造技术和民用航空运输公司有了较为深入的了解。在瑞士的洛桑,我们参观了一个技术展览会,其中有美国NASA的展馆,介绍了美国的空间计划,展出了宇宙飞船和一些设备、超小型电子元器件等;在伯尔尼参观了机场;还参观了世界著名的梅西埃(Messier)起落架附件厂、福克公司等荷兰、意大利、法国的飞机、直升机生产企业;与荷兰皇家航空公司(Koninklijke Luchtvaart Maatschappij, KLM, 简称荷航)等国外知名航空公司开展了交往。在所到之处,这些国家的企业和接待我们的企业高管以及接待人员对我们很热情也很友好,总的印象是我们新中国在世界上有了很高的声望和地位。

◎ 这次出访,到了瑞士、意大利、法国、荷兰等国,最后经莫斯科回国。

在出访期间,我坚持每天记日记。这些日记在文革中被造反派抄走,冠之以《叶正大吃喝玩乐的资产阶级灵魂——西欧日记摘抄》

第七章 六院一所

的标题,收入了《六院一所无产阶级文化大革命资料汇编》第四辑,也就是专门收集关于我的材料专辑中。今天翻看这些材料,唯一感到遗憾的是摘抄者的注意力主要聚焦在我对这些国家的风土人情、生活习俗的感受和我们在国外的衣食起居方面一些细微末节上,例如登上瑞士伯尔尼的教堂浏览市容、参观巴黎卢浮宫、巴黎古堡等景点;吃法国蜗牛、半生的带血牛排等食物,观看异国风情的电影、舞蹈以及民俗表演后的观感与体会等等,而更多的关于考察技术总结、分析、建议等工作方面的记录都被忽略了。

时间过去了半个世纪,回想这一段往事,我记忆最深的是一位旅意华侨,如果没有记错,他应该姓朱,是山东人。解放前,由于家境贫寒,在老家无法生活下去,他只身一人钻进一艘外国邮轮,躲在锅炉房的储煤仓中,偷渡到了意大利。开始的时候靠卖香烟为生,以后攒了一点钱,开了一家餐馆。他很勤奋,也很刻苦,餐馆经营的很好,积累了一些资金,于是开始做皮货生意。意大利的皮革制品名扬世界,皮衣、皮鞋以及箱包等很多都是世界著名的奢侈品,他的生意做得很火。

我们到米兰以后,他不知从哪里得到消息,赶到了我们下榻的酒店,见到我们非常热情,主动做自我介绍并递上他的名片。当时的外事纪律很严格,加之对他的身份背景一无所知,所以一开始我们只是简单地寒暄了几句。但他很执着,白天我们外出活动,他就坐在酒店大堂里等着我们,一坐就是几个小时。后来,我们把他的名片送给使馆的同志,经他们核实,证实他确为米兰的华侨,经营一家很大的皮革制品贸易公司。从那以后,我们才与他有了较为深入的接触。

交谈中,他对我们讲述了自己偷渡到米兰的经过。讲起当年躲在邮轮上,藏在煤堆中,受着一连几天都吃不上饭的煎熬时,他动情地流下热泪。他告诉我们,在米兰,他历尽艰辛,开始花钱买了一个假护照,以后一步步总算有了一份产业,也取得了合法的居留身份。但他深感在意大利始终是三等公民,直到新中国成立,抗美援朝,中国人民志愿军雄赳赳,气昂昂,跨过鸭绿江,打败世界上头号帝国主义的美国兵,海外华侨无不扬眉吐气,他才一下子从三等公民成为了一等公民。所以他非常热爱新中国,看到来自祖国的

211

亲人很兴奋，觉得无比亲切。

听了他的话，我们深深感到，祖国的强大不仅是国内广大人民群众的骄傲，也是全球华人共同的骄傲。海外华侨的爱国热情是建立在实实在在的亲身感受之上的。

他对沈图同志说，自己虽然事业小有成就，也已过而立之年，但始终没有成家，因为在内心深处，他还是向往着家乡。他提出，希望我们回国后能够在山东为他介绍一位农村姑娘，如果姑娘同意远嫁意大利，就把照片寄给他，让他对女方有所了解。他的要求非常诚恳，对于我们来说，这也不是一件难事，于是就答应了。回国后，不久给他介绍了一位山东女孩，他们成了家，有了孩子。以后我们之间保持了很久的联系。

如果他还健在，应该有八九十岁的高龄了。现在的米兰已经与当年不同，华人华侨的影响越来越大，人数也越来越多，随着祖国的日益强盛，我相信他们的社会地位也一定会越来越高。在此，我衷心祝愿他和米兰的众多华人、华侨幸福！

在这次出访的日记中，还记录着发生的一次车祸：

> 8点多从Amsterdam（荷兰首都阿姆斯特丹）回海牙。共两部车子。小陈开的出城不久，因路上结冰开进河里去了。小陈把右手锁骨搞断了，其他人都没事。真怕，真怪。我差一点也想坐他的车子了。事情过去，"神灵安定"，时间已经是午夜三点。回来路上大雾怕人，三四米外基本看不见东西。在出事地点，半个钟头就翻了三辆车。开到120km/h，那还能不出事？

看到日记中的这一段，我记起当时的情景。那时我国驻外使馆的人手少，遇到国内的团组，使馆同志经常会做一些服务工作。小陈是使馆的二秘，那一次就是他开一辆面包车在前，我们坐的一辆车在后。从阿姆斯特丹到海牙距离并不远，平时也就是一个小时左右的车程，但那天起大雾，出发的时间又晚了一些，天色已经完全黑了下来，一路上险象环生。走了一半不到，对面来车灯光太亮，小陈避让了一下，车子就滑进了路边的一条小河，河上结有一层薄薄的冰，车子一进去就陷了下去。高道同志坐在前面，他一拉车门，

冰水灌了进来,一下就漫过了脚面。大家赶忙离开车子,找到电话报警。荷兰警察一来就在车后不远处布上了警示红灯,这条路上的汽车不少,车速都很快,看到红灯后紧急刹车,结冰路面很滑,弄不好就会翻车。在警察处理事故的不大一会儿功夫,我们就亲眼看到三辆车翻车。

处理完事故,已经是凌晨了,虽然有惊无险,没有出大事,但回到住地,还是觉得惊魂未定,疲惫不堪。第二天天气仍然不好,我们取消了一切外出活动,经过一整天休息,大家才缓过劲儿来。

荷兰的国土有三分之二低于或接近海平面,筑有世界著名的围海大坝。尽管有这次事故,荷兰还是给我留下了极好的印象,我在日记中写道:

  Amsterdam 基本上是一个水上城市,80 多公里的河道,600 多座桥,有些房子的地基就像是建在水上。汽船在"水街"上游来游去,别有风味,印象极好。
  ……

注释:

  沈图,1919 年出生于浙江桐庐县。是新中国民航事业的创建人之一,为民航的发展做出了重要贡献。1937 年 12 月加入中国共产党。历任延安抗大政治教员、分校政治处主任、冀察军区教导大队副政委、晋察冀军区二纵政治部宣传部长、中苏民用航空公司副总经理、总经理、党委书记,民航总局副局长、局党委书记等职。1977 年 12 月至 1985 年 3 月任民航总局局长。1982 年 9 月当选为中共十二届中央委员。1987 年离休,担任了中国扶贫基金会理事、对外联络委员会主任委员、中国国际友谊促进会副理事长、中国交通运输协会顾问等职,1993 年 1 月 17 日在北京逝世。

米格-21 散件组装

1962年,向苏联订购的米格-21飞机先后到货,其中总装状态的15架,工艺分离面状态的1架,组合件状态的2架,零件状态的2架。按照配套清册核对,已到货的15架部件中,成品配套件基本齐全的为8架,另外7架份还缺部件。到1962年底,已到货的成品附件中,将有35%超过保管期;到1963年底,有80%超过保管期。当时工厂由于任务很重,加上管理方面也存在一些问题,所以对这批飞机没有安排到当年的生产计划中。如果就这样继续存放下去,势必大批损坏,使国家遭受巨大损失。

我在得知这一情况后,迅即向上级做了汇报。10月下旬,空军曹里怀副司令员、三机部薛少卿副部长和六院唐延杰院长,视察了112厂,听取了工厂关于这一问题的汇报。

为使15架散装件不致因长期存放而损坏,国防工业办公室呈请中国人民解放军总参谋长罗瑞卿批准,以六院、112厂为主,抽调四局其他工厂的技术力量一同合作,在112厂内组织一条专业生产线,尽快将这批飞机装配起来,并确定了任务目标——1964年国庆节前装好8~10架。

罗总长批示:"同意这样办。但(一)不要因此事妨碍已经安排的那些主要任务;(二)各项安排都要摸清落实,力争避免盲目性。"

当时成立了一个领导小组,由四局金生副局长任组长,六院韩顾三副院长任副组长,负责全面组织领导工作。由112厂、601所、625所、172厂等单位,各指定一名领导人员,组成专业生产线的工作小组,在112厂党委、厂部的领导下,具体组织这一批飞机的装配工作。

601所抽了30人,由我领导,具体工作由胡除生同志负责。625所抽了20人,由徐培麟副总工程师领导。工作小组还有630所7人,试飞站工人5名,621所2~3人。此外,609所、618所也视工作需要随时派人参加。

第七章 六院一所

1963年2月6日，我和所副政委宁秉一主持召开了我所参加米格-21散装件装配工作会议，成立了临时行政和党团组织，工作组由我、胡除生和政治助理员刘海滨及30名设计员组成（以后增加到60名）。在这次会议上，我布置了任务，提出要求，宁副政委进行了思想动员，并决定2月8日去工厂报到。

当时112厂任务很重，正在全力搞米格-19优质过关，因为质量问题，机场还停着几十架飞机不能出厂，另外还有大量的空、海军零备件订货，同时还承担着试制一种新型地空导弹的任务。我们到工厂后，高方启总工程师讲，米格-21散装件总装任务只能排到第五位，在与其他任务有矛盾时得让路。

这一项工作开始的时候，没有厂领导分管，下面的管理也不到位。在这种情况下，我和副总工程师徐培麟商量后决定，将我们工作小组的技术人员按专业分工安排到各有关科室、车间干具体工作。首先是学习米格-21飞机图纸，然后对照样机实物，搞清楚结构关系。再仔细消化原文工艺规程和有关工装夹具图纸及有关的试验生产说明书，弄清楚可能存在的技术关键问题和具体的技术要求。

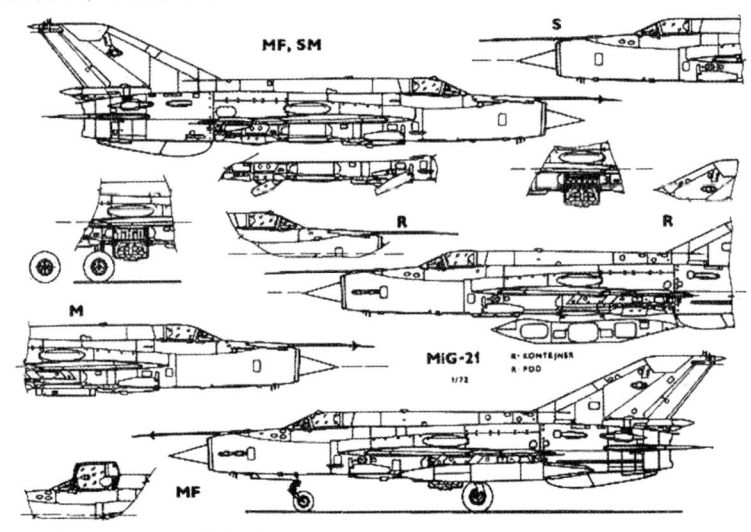

◎ 米格-21飞机总体图。

我们这些在一线工作的同志不等不靠，直接在存放已到货的大部件和成品附件现场，一件一件地找问题。发现了已到货的散装件中的大部件是装在旧飞机包装箱内发运来的，从火车上卸下后全部

215

运到70号厂房北面的野地里露天存放。零、组件和附件（如软油箱等）及导管等，用胶合板箱包装，油封情况很不好，零散放在厂房走廊里，温度、湿度都无法满足保管要求，有的已经锈蚀。

成品附件虽然已入库，但由于存放时间较长，故障率也很高。

为此，我们向厂部提出，要立即进行清点、除锈、油封、保管等工作，由厂部下任务到成品科及有关车间进行。经过努力，大部件都开箱送到了车间厂房，在批生产型架空隙间进行了除锈、油封等处理，并安排了专人维护保管。

散装件安装的工作量虽不大，但技术资料牵涉面比较广，112厂除已有由601所复制的全套飞机设计图纸外，还要发出有关总装及试飞的工艺规程、生产说明书、成品装前试验规程、安装用标准件、材料的技术资料及试验设备、工艺装备、地面设备、随机工具等生产技术资料。总装与试飞用的工艺规程，苏联原文就有30本（共约7000页）。1963年5月，又收到苏联新发来的图纸更改单30包，有400个更改单号约3000页。因工作量太大，我们无法将整个图纸按更改单进行更改，只能将重大更改处，用技术单的方式补充到图纸中用于散装件总装。此外，还根据样机实物，测绘补发了电台通风管嘴及军械继电器盒图纸，并绘制军徽喷漆布置图。

到了1963年的七八月，工厂的米格-19优质过关任务已接近尾声，米格-21仿制工作排上日程，车间向设计科提出不少技术问题，但由于工厂设计科的技术人员还来不及接触米格-21的图纸，要回答车间提出的技术问题就有难度，在此情况下，我们的同志主动地代为处理，深得设计科及车间的好评。

具体主管这项工作的胡除生同志积极主动，也非常负责任。我记得他曾问我，是否可以安排个别同志参加米格-19飞机优质过关的技术攻关及图纸定型等工作，以弥补工厂技术力量的不足。我当即表示同意他的想法，支持他这么做。他后来写了一篇回忆文章，专门讲到这一项任务的完成经过。看了他的文章，使我的记忆更清晰、也更准确了。

1963年11月初，开始了散装件第一架2210号飞机的总装。

1964年4月30日，2210号飞机完成了总装，经过喷漆车间对全机清洗、喷漆，一架崭新的飞机转入试飞站进行地面检查和试飞准

第七章 六院一所

备。

1964年4月30日下午2时40分，空军十一航校飞行检查主任葛文墉担任试飞员，进行了第一次航线飞行，试飞成功。到5月7日，共飞行6个起落、2小时18分，按飞行提纲检查，性能良好，可供部队作战使用。

◎ 米格-21飞机。

1964年10月，工厂设计科调程不时同志任米格-21飞机主管科长，组织主要技术骨干开始了米格-21的技术准备工作，这标志着我们的任务顺利完成。征得工厂同意后，我们逐步安排各所同志陆续离厂返回了原单位。

歼6教练机

歼6飞机是我国航空工业引进、仿制的第一种超声速歼击机。

1957年9月，聂老总率领中国工业代表团赴苏，当时代表团成员中有二机部副部长张连奎、刘寅，四局副局长徐昌裕和我们飞机设计室主任徐舜寿。这次与苏联方面的谈判，确定了引进米格-19Π型飞机。国内初定名为"东风"103，也称为103号机或45号机，后定名为歼6甲飞机。

经过1958年大跃进时期，以"跃进的速度"快速试制带给歼6飞机研制的影响和挫折以后，1963年歼6飞机试制成功，当年12月5日，航空军用产品定型委员会在112厂举行了签字仪式，主任曹里怀等人在《歼6飞机试制定型鉴定》文件上签字。航定委认为，112厂经过两次试制锻炼，基本掌握了歼6飞机的制造技术，这次试制

217

是成功的，已达到优质水平，同意试制定型并投入成批生产。自那以后的 20 多年中，歼 6 总共生产了 3000 余架，绝大部分装备部队，还有部分用于军援和外贸。在歼 6 飞机稳定批生产的基础上，工厂先后对该型飞机进行了改进改型。

歼 6 飞机大量装备部队后，急需一种歼 6 教练机。1965 年末，空军提出了自行设计制造超声速歼击教练机的要求。1966 年上半年，三机部向 112 厂下达了改型设计歼 6 教练机的任务。7 月，112 厂设计室与六院一所的"528"工作队（注）合并为六院一所第十七室。8 月 5 日，厂所联合向三机部报送了《歼 6 教练机设计方案》。10 月 15 日，三机部转发了国防工办、国防科委对方案的批复，要求 1967 年底生产 3～5 架交部队使用。

该项任务从技术角度来说，难度不算很大。改型设计的方案是将原飞行员座舱后的油箱撤除，增加飞行教员座舱，也就是将单座舱改为串装双座舱。同时将前机身加长了 375 毫米。为保证教员的视野，风挡和座舱盖加高了 80 毫米。前风挡换装了 34 毫米防鸟撞组合玻璃。后机身下左右两侧装有固定的侧腹鳍，保证了方向稳定性。机上增加机组通话设备、全罗盘、信标机、无线电高度表。机头右上方加装了 3 型照相枪。取消了 2 门机翼机炮，保留 1 门 30－1 机身机炮，在机翼外挂架上挂 1 副 HF－2A 火箭发射器。

1970 年 11 月 6 日，歼教 6 由试飞员王春友首次试飞成功。

◎ 歼教 6 飞机。

1973 年 11 月 5 日，航定委批准设计定型并转入小批生产。歼教 6 飞机于 1986 年停产，共生产 624 架，曾出口到其他国家。

在当时也是我负责的这项任务。1977 年，歼教 6 荣获辽宁省重大科技成果奖。1987 年获国家科技进步二等奖，我还是获奖人之一。

第七章 六院一所

❦❦❦❦❦❦❦❦❦❦❦❦❦❦❦

注释：

1965年5月28日，国防科工委副主任唐延杰主持有关部院17个单位参加的"分析研究美F-4B飞机残骸"会议，确定了该项工作由六院抓总，以后组成了由一所科技处副处长赵国士等40余名科技人员与有关院所厂派出人员组成F-4B残骸工作队（代号为"528"工作队），赵国士任队长。

第八章 歼 8 开始研制

歼 8 飞机

在摸透米格-21的过程中,我们一直在思考应该自行设计一架什么样的飞机。经过酝酿,1962年5月31日,徐舜寿、黄志千、吴大观和我共同署名,向六院呈送了题为《关于设计什么飞机和发动机的意见》的报告。这份报告集中了我们这段时间的想法,提出了一系列可以开展自行设计的构想:

(1)根据总长(按:指罗瑞卿)指示,我们设计研究所的力量应首先保证米格-19和米格-21的生产。这是坚定不移的方针。关于自行设计的问题,我们以为,应先尽一切力量保证上述生产任务,然后在此基础上,照顾发展需要,以余力先设计歼击机及其发动机。

设计歼击机的方案,应根据空军提出的战术技术要求,在空军提出要求以前,我们从需要与可能出发设想,认为可以在复制和学习米格-21图纸以后,以米格-21为原准机,开始设

第八章 歼8开始研制

计一种声速2倍至2.2~2.3倍的歼击机，以半主动式导弹作为主攻武器，代替被动式的红外线导弹，航程较米格-21加长一半左右，发动机设计时设法改善其油耗性能，并在将来设法延长寿命。这种飞机大致与苏联苏霍伊7相似，估计总量约9~10吨一级，推力约8~9吨一级。初步估计62年开始设计，发动机65年开始制造，飞机66年开始试造。这样，在最近三年内是不需要很多投资和试造力量的。

（2）将歼击机作为中心设计课题外，我们以为还可以根据目前具体条件，利用现成的国产材料、成件，设计一些不难于试造、不需要较多投资而又有相当用途的飞机和发动机，这样既能满足使用要求，五年内国家经济条件也有可能，又能锻炼我们院的研制力量。我们的设想是：

① 强击机可以"雄鹰"302为基础，根据空军提出的战术技术要求，予以改进。有鉴于"雄鹰"302已经基本上设计完成，已做过不少试验，并将试造成第一架，所以建议将头三架造完，试验试飞，以后再改进。

② 一套教练机。去年下半年，空军刘亚楼司令员曾指示我们研究全喷气教练机的问题。我们认为，可以设计一套喷气式教练机，包括：

· 以红专502为原准机，改用500~800公斤一级推力的小喷气发动机，设计一种初级教练机。

· 继续试飞改进歼教1，或者，如果空军认为要提高速度，则以歼教1为原准机，改成用后掠机翼的中级教练机，速度约为限制马赫数0.9（歼教1为0.8）。

· 以米格-21为原准机，改进P-11Φ-300发动机的油耗率，设计一种超声速教练机。

· 据了解，空军还需要轰炸教练机。我们认为，如果有试造力量，则也可以设想自行设计。

· 海岸防潜巡逻机。我们了解，海军过去提过这样的要求。设想可以用涡轮风扇发动机（以现有发动机加以改型）或涡轮螺旋桨发动机，设计一种从陆地基地起落的，以近海侦察敌潜水艇为主要任务的巡逻机。

221

·侦察机。待米格-19或21试造成功后,可以根据需要加装各类型的照相机,将飞机改为侦察机。

·其他陆海空军需要的机种,只要有关军种提出要求,我们都希望研究。这样做,即便只是研究研究方案,也可以培养我们对战术技术要求的分析能力。

(3)为了发展,还希望空军能就垂直起落、短距离起落以及其他特种飞机等组织几次讨论,让我们听到空军对这些方面发展的意见,以便我们做资料搜集和试验等方面的准备工作。

以上这些方面都是我们几个人的初步设想,还有待空军指示,尽可能开列详细战术技术要求,出题目,指出方向。作为学习飞机、发动机设计的人,我们深信空军是会不断给我们指示的。

酝酿论证的过程实际是贯穿在米格-21摸透工作的全过程之中。当集中力量坚持摸透米格-21飞机时,我们就抽调了少量人员探讨新歼击机的设计方案。1962年10月,一所在向院呈报的《五年(1963~1967)设想》中,就将新歼的设想方案报了上去,提出在摸透、仿制米格-21的基础上,自行设计马赫数为2~2.2、升限与米格-21大致相当、航程适当加大、发动机推力为8000千克、重量不超过十吨的新型歼击机。

1963年当第一阶段摸透即将结束时,一所再次向院领导上报了《自行设计新机方案进度的设想》,这个设想更明确地提出了两种新机的具体方案:一、飞机、发动机及机载设备重新设计,1969年2季度完成发图,1969~1970年试制,1970年三季度试飞;二、以米格-21为原准机,采用现有发动机及武器和设备,设想1967年完成发图,1968年试制,1969年3季度试飞。

1964年初,六院领导同意了我们在第一阶段摸透米格-21技术工作胜利结束以后以主要力量继续进行摸透、仿制米格-21的同时,抽出部分技术力量进行新机方案的探讨研究。

1964年5月,六院唐延杰院长、曹丹辉、徐立行副院长在一所主持召开"米格-21、伊尔-28飞机改进改型方案会议"。唐院长在会上明确了"从摸透、仿制到自行设计,按照战略方针的需要和

第八章 歼8开始研制

自己水平的可能,从小改到大改,摸着石头过河,循序前进,初战必胜,争取时间,把成果拿到手"的指导方针,提出改进、改型工作应分两步走,先改进、后改型,并确定了米格－21改进的具体意见。

根据这次会议要求,6月中旬,所里成立米格－21改进工作组,全面开展了米格－21的改进工作。7月底,六院正式下达了《米格－21飞机改进、改型方案研究命令》。

1964年10月,六院一所召开"米格－21机改进改型预备会议",唐延杰院长、曹丹辉、徐立行副院长参加并主持了会议。这次会议批准了一所的米格－21改进方案。到1964年底,我们完成了方案制定、打样设计和加大航程、进气锥与放气门无级调节系统等7项改进设计的专题研究试验,估算了改进方案的载荷、设计低高速风洞试验用模型及导弹与副油箱带飞模型等,并与有关单位协调了发动机、材料、工艺和特设、仪表方面主要技术问题。1965年4月,根据三机部的决定,将米格－21的改进工作移交112厂。

新机的设计方案在同时进行中。

设计新机首要确定方案。方案形成大致经过酝酿论证、确定战术技术要求、确定总体方案和样机审查三个阶段。1964年7月,我们向六院呈报了《62式飞机(即米格－21)改进、改型工作报告》,除对改进工作做了具体安排外,还提出新歼击机(即改型机)应以美国的F－4、F－104、F－105、B－58为主要作战对象。对F－04、F－05应取得制胜的压倒优势,对F－4要在飞行性能上能基本与之相抗衡,B－58应作为新歼击机的主要攻击对象,并据此提出了新歼击机的主要作战任务。

7月13日,一所成立了有兄弟所参加的米格－21改型工作组。工作组分为飞机、发动机、武器、自动化、雷达等小组,就改型方向等有关问题进行了初步议论,共同提出飞机、发动机、导弹、雷达、附件等战术技术要求的设想。

9月召开专题会议,会上初步确定了新机的战术技术要求。

在1964年10月召开的"米格－21改进、改型预备会议"上,唐延杰院长分析了国际国内形势,提出了由摸透转为自行设计的新的战斗任务。这次会上,初步提出的改型机的主要战术技术指标为:

最大马赫数2.2；升限为20千米。

在满足上述指标的前提下，究竟采用何种动力装置这是新型歼击机研制的关键所在，此前，所技术委员会经过多次讨论。讨论中黄志千总设计师提出为实现院领导"初战必胜"的方针，不受发动机研制进度的影响，可以采用两台815型发动机的双发方案，技术委员会对此争论的很激烈，后来刘鸿志所长拍板，认为可以准备单发和双发两个方案。

1964年9月，我们向院上报了《使用两台815型发动机进行米格-21飞机改型的初步分析》的专题报告，但六院未予批复。加之二所的同志希望上单发的方案，因为这样二所也会有新型号研制任务。10月的这次会议前，二所技术副所长吴大观特意找到我，反复说明他们的意见。出于这两方面的考虑，我们没有把双发方案拿到会上，只是向会议做了单发方案的汇报。

会上，围绕我们提交的方案展开了讨论，果然出现了发动机研制进度赶不上飞机进度要求的问题，讨论难以进行下去。

会议期间，院里有同志了解到我们还有一个双发方案，向徐立行副院长做了汇报。徐副院长要黄志千总设计师陪同，到了总体室了解了双发方案设想，徐副院长认为可以将此方案拿到会上讨论。于是赶制了一个木质双发飞机模型，由总体室的宋文骢同志拿到会上，由于时间紧，模型都没有油漆，在会上被大家笑称为"烤鸭"。与会者听了介绍后，一致同意先上双发方案。

在米格-21飞机引进的同时，还配套引进了P11Ф-300发动机，在试制中发现其关键资料不全，在没有苏联专家指导的情况下，410厂与六院二所通力合作，采用国产材料、经过多次试验摸索试制成功，实现了国产化。国产型号为涡喷7，代号815。该型发动机最大状态推力38.2千牛（3900公斤力）、加力状态推力56.4千牛（5750公斤力）。

815发动机要满足新机要求，还需要进行改进，推力还要增大，耗油率还要降低。六院副总工程师荣科同志提出可将815发动机涡轮结构改用空心气冷叶片，这样涡轮前温度可以提高100度，发动机推力可进一步提高，但空心气冷叶片研制难度很大，大家对此心存疑虑，举棋不定。这时，荣科同志站起来，拍胸脯说，"保证按时

第八章 歼8开始研制

研制出空心气冷涡轮叶片所需要的专用新型耐热合金材料，否则，甘愿把脑袋挂在二所大门上示众"。

荣科同志是一位铸造、冶金专家，他事业心很强，办事非常实在，而且具有战略眼光，有远见。1972年，他患了口腔癌。癌症至今都是危害我们中国老百姓健康的杀手，而且逐年还在上升。荣科为口腔癌做了几次手术，把颚骨挖去了，还曾经怀疑癌细胞已经扩散，但他仍然保持乐观向上的精神。以后我住在六院的大院时，看到他每天早上五六点就起来，练武术、打拳、锻炼身体，同时他还以积极的心态继续努力工作，到1995年去世，

◎ 时任六院副总工程师的荣科同志。

活过了80岁。他的经历说明，要战胜癌症，当然要认真接受医生治疗，但关键还是要有一个好的、乐观的精神状态。他不仅在航空科研方面做出了很突出的成绩，在战胜疾病方面也是我们的一个楷模。

这样一位性格豪爽、敢于负责的同志，在这样的关键时刻站出来，语调铿锵，信心十足地立下"军令状"，一下子就使会场气氛转变了，鼓舞了士气，激励了大家的斗志。会后，荣科同志在中国科学院金属所李薰所长、师昌绪主任和410厂程华明总工程师支持下，组织了由二所、金属所和410厂联合的设计、材料、工艺三结合小组，经过两年时间的努力，取得了铸造9小孔空心叶片的成功，成为一项具有世界先进水平的重大科研成果。815甲（涡喷7甲）不加力推力达到了43.1千牛（4400公斤力），加力推力达到了58.8千牛（6000公斤力），加力耗油率下降13%。满足了歼8飞机设计要求，而且同时用于歼7飞机（称为涡喷7甲（乙）发动机）。

就在这次会上，院领导做出了重大决策：先上双发方案。但同时也拿出一部分力量，继续研究单发方案。据此，所里确定双发方案（代号"65"任务）由总设计师黄志千和总体室主任王南寿负责，这就是后来的歼8。单发方案（代号为"70"任务），由我和总

体室副主任谢光负责，就是后来的歼9。

到部队征求意见

在聂老总写给中央、主席的《关于当前自然科学工作中若干政策问题的请示报告》中讲到"研究工作问题的处理，要贯彻领导、专家、群众三结合的原则。在研究工作中，同在其他工作中一样，一定要有广泛的群众民主，一定要走群众路线。单纯依靠少数专家，忽视集中群众意见是错误的。"

《科研十四条》中也明确要求，"制定研究计划时，应当发扬学术民主，充分展开讨论，加强调查研究，使计划有充分的根据，力求把国家的需要同科学工作者的专长结合起来，并使不同学派、不同学术见解得到适当的反映。"

按照这些指示，在确定新机的战术技术要求时，就必须坚持"生产、科研、使用"三结合，作为科研单位，必须认真听取部队和工厂的意见。1965年7月中旬，由所长刘鸿志和我带领有关的技术人员到空军第一师；由所技术办公室负责人王南寿带领工作组到112厂。7月下旬至8月下旬，我又带领院工作组到空军两个军、四个师及海军航空兵两个师、两个团、一个独立大队进行调查研究，多方面征求对歼8总体方案的意见。

参加7月中旬调查活动的成员有一室副主任方宝瑞、二室副主任谢光、八室副主任赵永贵、一室专业组长李明、陈耀春和七室主任吴正勇等同志。调查活动第一阶段在东北，第二阶段在南方。

刘鸿志同志曾经担任东北军区空军工程部副部长兼党委书记、军委空军工程部组织计划处处长，所以他对空军方面的人都很熟悉。在鞍山空一师，刘鸿志同志向接待我们的师领导同志说明来意后，我介绍了歼8方案的形成过程和此次调研的主要内容。空一师的林副师长很痛快地答应了我们的要求，当即指示作训科与机务大队立即安排参加座谈的人员和会议场地。随后，我和方宝瑞、谢光等几位搞总体气动的同志与飞行员座谈，刘鸿志同志和几个同志与机务

第八章 歼8开始研制

人员座谈。

空一师的空、地勤干部对歼8方案都给予肯定,认为飞机油量多、航程长是个大优点,克服了米格-21飞机航程短(俗称"腿短")的毛病。对飞行性能,希望还是要突出中低空机动性,不赞成只强调高空高速。同时提醒我们要做到机炮与导弹并重,要注意不能忽视机炮的作用。对于歼8飞机各系统附件、管路、电缆布置在机身左右侧下方,高度在维护人员的胸部,可以站立施工,口盖也比较多,给维护提供了方便等方面,机务干部都表示满意,同时也提出许多改进意见。在听取对歼8飞机意见和建议的同时,我和谢光等同志还与飞行员讨论了歼9方案(注)。

在空一师调查后,又组成一个六院调查组,由我任组长,六院五所(即现在的014中心)总设计师何培明任副组长,组成了临时党小组,谢光同志任党小组长,我们3个人加上六院科技部飞机处陈宝珍同志形成调查组的核心,同时明确了陈耀春同志管生活、李明同志管资料、吴正勇同志负责政治学习。

在六院,我们集中三天做准备,7月30日下午到南宁吴圩机场空九师的驻地。空九师的师长是抗美援朝的战斗英雄刘玉堤同志。第二天上午开会,师领导、飞行员和机务干部40多人参加,刘玉堤师长致欢迎词,说希望我国自己设计的歼8飞机能早日交给部队,他要亲自驾驶歼8飞机上蓝天。他讲话之后,我对师领导的热情接待与周密安排表示了感谢,然后由方宝瑞同志介绍了歼8总体方案。在方宝瑞介绍时,刘师长常常插话询问一些细节,气氛更融洽。他特别关心座舱布局,详细询问了每块仪表、每个电门的位置,不仅考虑正常状态的操作,还要考虑过载条件下,飞行员也能够得上。这些意见很启发我们的思路。

当时驻吴圩基地还有空三师的一个歼7分队,因为歼7是我们设计歼8的原准参考机,所以用了两天时间对歼7分队进行了重点调查。由于他们人数不多,每天要战斗值班,为了不影响他们执行任务,我们便采取灵活方式,白天到值班现场,冒着盛夏的酷热与地勤人员在机身下面交谈,晚上到宿舍找飞行员座谈。

8月7日,我们离开南宁去湛江,向南海舰队领导机关汇报,并联系去海口到海航部队调查。南海舰队首长对我们很热情,指示机

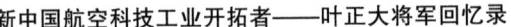

关人员专门联系飞机送我们去海口,因为从湛江乘汽车再换海峡渡船到海口大约要一天时间,乘飞机只用 40 分钟。我们中许多人是第一次乘飞机,登机前都感到很兴奋,那一次乘坐的是安-2 飞机,空中遇到气流颠得厉害。

  在海口我们调查了 4 天,与海航四师的飞行员、机务人员广泛接触,介绍方案,征求意见,还对夜航大队及曾经与美军 F-4B 飞机交过手的飞行员做了专访。海航的同志也给我们提供了大量使用维护方面的材料,其中最突出的是海航飞机的使用环境恶劣,不只要求"三防"(防潮、防盐雾、防砂尘),还要加"二防",防蛇和防台风暴雨,叫做"五防"。海四师的同志统计过,歼 6 飞机有 134 个洞,常常会有小虫和蛇爬进去,很伤脑筋,虽然他们自己加了铁丝网防护,但不能完全解决。另外由于飞机密封性能不好,台风暴雨过后座舱和设备舱常常进水,机件容易锈蚀。这些意见使我们感触很深,后来在歼 8 设计中我们提出了"三防"技术要求。

  结束在海口的调查后,师里用飞机将我们送回湛江。8 月 22 日清早乘长途汽车离开湛江,傍晚到达广东新会县,当晚换乘去广州的轮船,第二天到了广州。8 月 26 日,我们向广空机关汇报,空七军林虎副军长(后任空军副司令员)和二位师长接待我们,他与其他领导同志对飞机的机动性、瞄准具、起落性能、续航能力,还有武器配备等方面都发表了许多具体意见,给我们很大启发和帮助。

  关于这次调研工作,曾任 601 所液压操纵系统设计室主任、所副总设计师的吴正勇同志写了一篇很详细的回忆文章,标题是《千里取经》。在这篇文章中,他做了一个统计:从 1965 年 7 月 16 日开始到 8 月末结束,历时 45 天,往返行程 8000 公里。我们先后到空军二个军、四个师和海航的二个师、二个团、一个独立大队进行了调查访问,召开正式座谈会 29 次(外场值班棚与机身下的个别访问不算在内),听取关于歼 7、歼 6、歼 5、米格-15 比斯四个机种的作战使用和维护工作经验介绍,并对歼 8 总体方案征求了 330 多条意见。

  他在回忆文章中总结道:"可以说从设计人员手中画出的歼 8 图纸上,凝聚了空军、海航广大指战员的智慧。歼 8 飞机之所以能达到较高的水平,并具有较大的发展潜力,是与我们在研制过程中认

第八章 歼8开始研制

真执行科研、生产、使用三结合的方针,将设计思想牢牢扎根在部队实战经验的基础之上是分不开的。"

在1964年10月的会议上,唐延杰院长还宣布了一项重要决定——国务院国防工业办公会议决定:六院与三机部合并。

1965年1月12日至27日,三机部在北京友谊宾馆召开航空工业企事业领导干部会议(简称651会议)。会上,孙志远部长传达了中央关于国防工业科研部门与生产部门合并的决定,宣布六院与三机部正式合并。

也就是在这个会议期间,段子俊副部长主持召开了新机研制工作座谈会,会议一致同意并决定上双发方案。

注释:

在设计歼8总体方案时,还有一个装一台涡喷7甲发动机的单发方案,也就是以后的歼9。

在艰难中起步

651会议后,所里明确了黄志千同志为歼8飞机总设计师,为了帮助黄志千开展工作,还成立了技术办公室,当时所里的副总设计师有蒋成英和顾诵芬,蒋成英是一所成立不久就任命的副总设计师。

1965年5月23日,人民日报刊登了一条空难事件,其中写道:"属于巴基斯坦国际航空公司的一架飞机,二十日清晨在开罗国际机场降落前两分钟坠毁。据悉,这架飞机载有一百一十五名乘客,除六名巴基斯坦机务人员和乘客被救出来外,其余乘客全部不幸遇难。在遇难的人中,有七名中国乘客,他们是从上海乘这架飞机前往巴黎。七名不幸遇难的中国人员是:参加巴黎国际博览会外贸小组人员张学礼、李裕丰、俞明康、徐福根、吴汝侦和杨景惠以及中国技术进口公司考察订货小组工程师黄刚等同志。"

这里讲到的黄刚,就是我们一所的总设计师、刚刚任命为歼8飞机总设计师的黄志千同志。

1964年5月,在一所开始设计歼8飞机时,六院领导决定,将副所长徐舜寿调到阎良新组建的十所任副所长兼总设计师。这一次黄志千同志突然罹难,一所所一级技术领导就只剩下我一个人了,歼8飞机还没有真正迈出第一步就遇到了痛失领军人物的挫折。

一所领导班子面对突如其来的不幸,迅速对歼8的设计领导班子进行了调整,明确由王南寿负责,包括蒋成英、顾诵芬、冯钟越、胡除生等组成技术办公室,组织全所开展歼8飞机的设计工作。并决定每周六晚上,由我主持技术办公室召开碰头会,与大家一起研究、解决设计工作中的关键技术问题。

那一年,我38岁,一下子感到肩头的担子沉甸甸的。好在有王南寿、顾诵芬、谢光、蒋成英、冯钟越、胡除生等一批技术骨干支持,歼8、歼9的设计工作很快走上了正轨。

始料不及的是,文化大革命(简称文革)开始了。

第九章　文革磨砺

政治飓风

1966年6月17日，一所与112厂联合向三机部上报了《歼8机研制工作计划》，提出了歼8飞机研制工作各主要阶段的进度，目标是在1967年12月进行地面准备与首次试飞。但谁也没有想到，就在这个关键时刻，一场史无前例的政治运动突如其来。

在1966年5月18日所党委书记于达康、副书记宁秉一分别参加三机部副部长段子俊和沈阳市委召集的紧急会议的次日，所党委也召开了紧急会议，传达三机部和沈阳市关于文化大革命的部署，对所里的文化大革命也做了安排，决定机关、设计室每天抽出半天时间搞文化大革命。很快局面就失去了控制，自6月4日起，在不到一周内，所里就贴出大字报3000余张，跟产队也贴出大字报700余张，所的科研生产秩序开始出现不正常。

接着，"文革筹委会"成立并开始了"炮打所司令部"。所里的批判会上，"文革筹委会"提出撤销党委书记于达康党内外一切职务，把于达康书记、刘鸿志所长、周景良副所长3个人作为"党内

"走资本主义当权派"重点人物进行揭批。那一次会后,于达康书记的工作被停止了。刘鸿志所长当时奉部里的指示,兼任112厂总工程师,主持112厂的生产和歼8研制工作,他与实际行使代理所长职务的周景良副所长被停止了所党委常委的工作。

601所(注)的所史上记载着:9月20日的党委会上,"文革筹委会"负责人提出:"党委领导要通过文革筹委会办公室实行领导。"会后有关"运动"问题,党委不得直接向下传达,必须由"文革筹委会"布置安排。

至此,所的党政领导已无法正常工作。群众则被卷入"破四旧"、"红海洋"和"横扫一切牛鬼蛇神"的"左"的狂热之中,全所锣鼓喧天,昼夜不断,剪辫子、抄家、戴高帽子游街等所谓革命行动天天可见。据不完全统计,自5月以后,先后有5人被定敌我矛盾,其中有的还被判了刑;19人被定为三类;18人被点名批判;10人被游街;4户被抄家。所内的科研生产已经无法正常进行。

我是被批判的对象之一,所里揭发我的大字报铺天盖地。

◎ 六院一所时期的全家合影。

那一段时间,所里半天搞文化大革命,半天搞生产。所谓搞运动,很多时间要用来跳"忠字舞"。开始的时候,我也和群众一起

第九章 文革磨砺

跳。有一天,一位造反派走到我面前,扇了我两个耳光,说你是走资派,有什么资格和群众一起跳"忠字舞"?从那以后,造反派组织就给了我一面锣,一顶高帽子,上面写着"走资派叶正大","叶正大"三个字上面还打着红色的叉叉。每天在群众跳"忠字舞"的时候,要我一边敲锣,一边围着所大院转,口里还得喊着"我是走资派叶正大!"每天要转三圈。

那时候,在这半天过后,我还可以抓科研工作。当时我们所派出了一个跟产队常驻在112厂,具体是由王南

◎ 文革当中,绝大多数时间我可能都是这样的神情。

寿等同志负责,下午我就到工厂去,与他们一起研究歼8设计和研制中存在的问题。

9月10日,所党委召开会议,传达三机部贯彻中央《抓革命促生产》的会议精神,其中讲到三机部副部长刘鼎同志在会议上通报了部系统上半年生产下降的形势,明确点到:"歼8、歼9的生产在减少,这个现象很不好。"

我在会上向所党委汇报了歼9研制进度拖了一个季度,歼8系统图纸拖了两个多月的情况,并要求党委解决好"革命"与生产的关系。

9月15日,根据中共中央、国务院和三机部关于"抓革命、促生产"的指示,党委制定了《贯彻中央关于抓革命促生产指示的具体措施》,党委常委分工我抓科研,所政治部主任段治国抓政治思想工作,政治部副主任陈拔抓运动,党委委员杨景华抓行政工作,宁秉一代理书记抓总。

虽然做了这样的安排,但所党委的领导已经没有了权威。

注释：

1968年3月20日，原六院一所随六院划归国防科委，六院奉命授予研究所番号为中国人民解放军第601研究所。此后航空工业管理体制几经变化，601所代号一直保留至今。

"天下大乱"

9月15日的党委会议决定是根据党中央、国务院关于"抓革命、促生产"的指示做出的，除对所党委领导进行了具体分工外，还明确了派党委委员赵国庆去112厂跟产队，协同王南寿、蒋成英抓歼8飞机研制，派蒋德超去跟产队负责党支部工作。

歼8飞机的研制是中央下达的任务，在当时是具有很强政治意义的工作，所以尽管文革对歼8研制造成了很大冲击，但参加这项工作的干部职工对此都还是有着清醒的认识。

1966年10月24日，根据三机部下达的确保歼8飞机于1967年底上天的指示，112厂和一所党委召开了联席会议。会议要求厂所领导要敢于领导，善于领导。112厂厂长陆纲在会上特别强调："不要怕，要顶住，不能搞乱了生产，红卫兵就是不能进厂。"这次会上决定：为了加强对歼8研制工作的领导，所长刘鸿志在上级没有新的决定前，仍参加工厂党委常委会，在工厂负责生产工作。

不料想运动形势急转直下，10月初，所内开始出现了各种名称的群众小组织，并自11月上旬起相继有几百人去沈阳市委和东北局"上访"，厂所的科研生产已基本停顿。接着派性问题出现，由于对运动中一些问题认识的不同，所里职工分成了几派，一派以设计室科研人员为主，一派以车间工人群众为主……打出了"红色造反团"、"造反大军"、"辽革站"等旗号。

在这样的严峻形势下，厂所党委于11月11日再次召开了联席

第九章 文革磨砺

会议,决定成立歼 8 研制指挥部,112 厂副厂长王新负责歼 8 研制的全面组织领导,分工我负责厂所全盘技术工作,周景良副所长负责厂所歼 8 飞机器材、成品的供应工作。指挥部以工厂技术办和歼 8 跟产队为工作机关,由 112 厂总工艺师罗时大同志抓总。

经过这样安排,在歼 8 研制指挥部的领导下,一所跟产队在王南寿、蒋成英、赵国庆、钟敏昭、赵国苏、宁树权、蒋德超等同志的领导和组织下,始终坚守岗位,排除派性干扰,一心一意组织歼 8 机的研制工作,经过艰苦努力,1966 年底,完成了歼 8 飞机的结构、系统生产图设计工作。

到了 1967 年,"一月风暴"席卷全国,1967 年 2 月 17 日,中央军委命令:沈阳军区炮兵派军管组进驻一所,对一所实行军事管制。艾福林、崔志海、曹士先被任命为正副组长(后改为军管会正副主任)。但军管会不仅没有能够控制局面,反而加剧了所内群众的派性,斗争愈演愈烈,从辩论中的争执不下发展到对骂、拉扯,很快就开始动起武来,开始用的是大木棒子,接着就是红缨枪等冷兵器,后来居然动手抢了所警卫连的枪支弹药,武斗升级了,械斗转为热兵器。一次在文化宫里两派群众开枪对射,一位职工被子弹打穿腰椎,造成了终身残废。

刘鸿志老所长回忆:"一个 1965 年才中专毕业的技术人员,独子,在转盘附近,被无辜枪杀。随后,造反派的头头组织去外面抢枪,两位解放战争时期入伍、参加过抗美援朝战争的工农干部也含恨饮弹身亡。"(刘鸿志《回忆与思考》)

在以后的"清理阶级队伍"等运动中,对斗争对象的迫害也不断加剧。一所干部科的一位科长,将全所所有干部的历史都用大字报公布了出来,群众看过后就对这些干部分别进行批斗,而且斗争的手法花样翻新,越来越血腥、暴力,批判的武器被武器的批判取代,批斗会上肆意殴打成为普遍现象。一所原政治部副主任陈拔同志就是在一次车间组织的批斗中不幸死亡的。

陈拔同志是参加过海南岛琼崖纵队的军队干部,组建六院时调入一所,行政级别为 12 级,是干部中资历较深的同志。那一天,车间造反派通知,要他晚上到车间接受批判,他吃过饭后,急匆匆赶到批斗会现场。在批判时,有人用棍子将他打倒在地,很快就发现

235

他身体冰凉，没有了呼吸，于是送医院抢救。到医院后，医生诊断说，在到医院之前人就已经死去了。

陈拔同志之死成为所里矛盾的焦点，两派群众组织态度尖锐对立，一派要求严惩凶手，一派说是死有余辜。每天大喇叭中对骂，吵得不可开交，军管会处理时感到棘手，于是把我推到前面，要我去处理。

我首先安排所保卫科，让他们先把陈拔同志的爱人接回来，请法医在她在场的情况下进行尸检。经鉴定，陈拔是在被打倒在地时，胃里吃下的米饭团经食道溢出，呛入气管，造成窒息死亡。结论是"非正常死亡"，当时就按照这个结论处理了。文革结束后，在清理三种人过程中，当时动手殴打的人——有工人、也有设计人员，几个人都被判了刑，蹲了几年监狱。陈拔同志被追认为烈士。

毛主席在给江青的信中说过："天下大乱，达到天下大治。过七八年又来一次。"那一段时期真是"天下大乱"，非正常死亡的人不少。

我们一所原副所长徐舜寿同志，文革初期被揪回一所进行批判，1967年回到阎良的十所后，也是被批斗、殴打，在忍无可忍的情况下，他曾经有过一次自戕，但在文革中，自杀是属于自绝于党、自绝于人民，结果罪加一等，后被迫害致死。

徐舜寿是一位非常优秀的飞机设计专家，有丰富的飞机设计经验，也有很超前的思维，很敏锐的观察力，技术管理方面水平也很高，是一位难得的复合型、专家型领军人才，他的去世是我国飞机设计事业的一大损失。

文革中，被批斗的人被随意殴打、侮辱，已经谈不到任何人格、尊严。

关进牛棚的"牛鬼蛇神"被强制参加劳动，在所里拔草、修剪树枝，造反派可以不分场合、时间，过来就扇耳光，远处还会有人抛石子过来。为了保护自己，他们都戴着一顶大大的草帽，勉强遮挡一下。

运动不仅造成对这些受批斗者的极大伤害，而且波及到他们的家庭。在于达康同志被关进牛棚的时候，他上小学的女儿在学校里也受到歧视和侮辱，结果小小年纪就精神失常。我曾看到她一个人

第九章 文革磨砺

爬到房顶上静静地坐在那里。到文革后期，为给这个孩子治病，医生开出了安宫牛黄丸这样的药，很贵，要四五百元一副。为解决买药难题，我还曾跑到沈阳市委去批条子。

1969年，对我的审查结束了，恢复了工作，并进入了601所革委会。

◎ "解放了"，工人宣传队来我家一起吃忆苦饭。

垂直起落飞机

文革期间，601所曾经将很大力量投入垂直起落飞机的研制。

史料记载：1968年7月11日，空军向军委办事组和国防科委报告了《关于三五期间我国飞机发展问题的建议的几点意见》，其中提出要尽快解决垂直短距起落战斗机的问题。之后，六院根据空军的指示，下达了短距起落战斗机的研制课题。据此，1969年初将短距起落喷气襟翼可变机翼列入601所专题预研项目。

研制垂直起落飞机的缘起在林立果。

林立果是林彪的儿子。还是在哈尔滨的时候，我就认识他，那时他还只是10多岁的孩子，整天和姐姐林立衡在一起玩。

有一次，空军在北京三座门召开会议，通知我参加。到会后，见到了空军副司令曹里怀。过去都是曹副司令一到场就宣布开会，那一次不同，曹副司令一再说，等一等、等一等。过了大约十几分钟，林立果来了，曹副司令才宣布开会。当时林立果的身份是空军作战部副部长，但他一进来，空军副司令员曹里怀、作战部部长鲁珉都起身致意，好不威风。那次会议是曹副司令主持的，主要听我汇报方案。因为在座的包括林立果在内都不大懂技术，所以我汇报后，他们谁也谈不出什么意见，就这样批准了我提出的方案。

1969年8月，三机部军管会主任周洪波在航空825会议上强调要积极开展垂直起落飞机的研究，9月就下达了型号研制任务（代号为四号研制任务），10月30日，周洪波又来沈阳亲自指挥组建垂直起落飞机的研制队伍。他在112厂召开驻沈厂所领导干部会议，要求搞垂直飞机，并宣布了垂直起落飞机领导小组成员的名单。空军副司令员曹里怀为组长，三机部飞机局副局长刘增敏、六院军管会副主任周兆平、沈空工程部副部长陈继发为副组长，成员有410厂、112厂、606所和601所的主要领导，领导小组下设办公室，陈继发兼办公室主任，副主任有601所科技处长王奇、112厂的唐乾三等。并从601所歼8生产线上抽调技术骨干116人，112厂40人，有关院校30人组成四号任务连队，指令我为连长，科技处副处长赵国士为副连长，专事垂直起落飞机的研制。与此同时还规定仅剩下20余人的歼8跟产队的队长宁树权每日下午必须到四号任务连队报到参与四号任务的工作。短距起落战斗机的预研课题顿时成为压倒歼6、歼7和歼8研制的头等任务。

垂直起落战斗机技术复杂，当时在世界上也只有英国刚搞出了"Harrier"单发亚声速垂直/短距起落攻击机。在那个时期，我们将"Harrier"译为"猎兔狗"，英语这个词是多义词，这个翻译显然不够贴切，以后译为"鹞"式战斗机。据说林立果从国外的一些资料片中看到了介绍，于是就下令要我们也来研制。对于垂直起落技术，我们未进行过探索研究，如果仅仅是作为预研，也未尝不可，但林立果等出于政治上的需要，在没有做好任何技术储备的情况下，下令将预先研究的课题改为型号设计试制，并要在1971年7月1日上天。于是垂直起落战斗机的研制工作全面而紧张地开展起来。

第九章 文革磨砺

　　1971年2月25日，航空工业领导小组特别指定沈阳军区空军副政委赵其林为四号任务领导小组第一副组长，统一领导垂直起落战斗机的研制。同时还派了吴法宪的儿子吴辛潮驻112厂实施监督，吴辛潮当时也在沈阳军区空军任职。当时还要求四号任务连队每周须向航空工业领导小组报告一次研制进度。

　　在这种情况下，601所自上而下，全力以赴，其他科研任务都被挤到一边。在四号任务研制期间科研人员几乎日夜奋战，付出了极大的辛劳。在不到两个月的时间内，于1969年底共提出了六个方案。当时设想的一个方案是在机身上装两台升力发动机，米格-21是这么改的。二所也表示能干出来。410厂表示，涡喷6发动机可以进一步提高涡轮前温度，这样发动机的推力还可以不断地加。后来的方案改为用涡喷6发动机的燃气带4个大的风扇，在机身两侧装4个风扇，可以收放，起飞时风扇伸出来，飞起来以后，收起风扇和喷管尾部，这个方案实现起来难度相当大。

　　因为任务要求得太急，我想到主要解决垂直起落，其他要求放在后面再说，于是就想用4个风扇使飞机实现正常起落就可以，先不考虑收回风扇的问题。按照这个设想，我安排顾诵芬做了带风扇模型的吹风试验，结果升阻比只有3。顾诵芬告诉我说，这个方案使得飞机下滑的下沉率很大，弄不好，飞行员就会栽在里面。

　　经过"三结合"讨论并向航空工业领导小组汇报后，初步确定了方案。1970年4月，我们组织设计人员去部队调查，征求意见，又组织有关厂、所、院、校的科研设计人员进行了三次大讨论，7月向航空工业领导小组汇报，最后确定了方案。之后，所里立即组织"三结合"设计队伍进行现场设计，在112厂召开了誓师大会，接着开始改装歼6为垂直起落战斗机的打样设计。由于时间短、任务急，只能采取了"大跃进"时的方法，边研究、边设计、边试造、齐头并进。在短短的20个月中，设计了垂直起落飞机的总体方案，进行了大量的吹风试验和改装歼6的设计及飞行平台的设计试制工作。

　　1971年，"9·13"事件之后，四号任务领导小组于1972年3月25日召开了第12次会议，批判了林彪反革命集团破坏航空工业，插手四号任务的罪行，并检查了垂直起落飞机研制中的"主观主义"、

239

◎ 冯家斌同志是飞机设计室时期的老设计人员,现在是飞机模型方面的专家,这是他根据当年的设想方案做的垂直起落飞机模型。由于设计资料没有保存,今天就只能从这个模型来回望当时的大胆设想了。

"脱离实际"的错误,肯定了参加四号任务研制的干部、科技人员和工人的积极性和取得的成绩。同时指出:"垂直起落飞机在我国缺乏基础研究和应具有的技术储备,不可能于短期内搞成可供作战用的歼击机",建议:"四号任务不列入国家型号发展计划,仍为先期研究的科研项目。"这实际上等于宣布了四号任务下马。

在下达了垂直起落飞机研制任务的同时,吴法宪积极推行林彪力主的"大搞运输机、大搞直升机"(当时通称"两个大搞")。1969年9月8日,三机部根据"825"会议的决定,指令我所抽调150名技术人员支援602、603、605、608、630等研究所进行"两个大搞",加上调往六院其他研究所和地方工厂的技术人员,使601所科技人员的总数下降到598人。但就是这样一支力量已经十分薄弱的技术团队,却要同时进行歼8、歼9、"双三"(注)和垂直起落等多个全新型飞机的研制。

在航空科研工作中,这是自大跃进之后,又一个只从政治需要出发、不按科学规律办事的非常典型的时期,两次间隔不到十年,同样是以惨痛的失败告终,而且文革付出的代价更大、后果也更严重。

1958年,叶帅到沈阳看过歼教1飞行表演后,在工厂举行的庆功会上讲过:"技术人员要埋头搞技术,抬头看世界。"我理解叶帅讲话的精神就是从事技术工作的人要抬头看到世界技术发展的前沿,

第九章 文革磨砺

◎ 这是一个更具想象力的"双三"（马赫数为3，升限30000米）方案的模型。

也要看到政治方向。政治对头，方向搞好了，埋头搞技术就能搞出成绩，就能搞好，反之，就一定会出乱子。

军事科研任务当然不能脱离政治，在正确的政治方向指引下，我们的军事科研、国防工业工作会不断取得胜利，但政治上错误，违背客观规律，任何事情都注定要失败的。垂直起落战斗机的研制就是一个沉重的历史教训。

❦❦❦❦❦❦❦❦❦❦❦❦❦❦❦❦

注释：

"双二"：在文革期间，空军为防御美国SR－71高空高速侦察机的入侵，迫切要求装备制胜该机的高空高速歼击机，提出研制马赫数为3、升限为30000米的歼击机。1968年下半年，一所接受任务，进行了总体方案的准备。1969年2月，正式建立三号任务（简称"双三"飞机，后改为11号任务）和远景规划、气动力、标准化专业大队（六大队）。在六院统一安排下，601所先后到6个空军基地调研，初步确定了战术技术要求，并摸索了马赫数大于3的气动特性，进行了二元进气道和三元进气道的流场计算等工作。由于研制"双三"超出了国家当时的技术和经济能力，加之601所任务过多，该项工作停止。1971年转交611所继续研究。

新中国航空科技工业开拓者——叶正大将军回忆录

"601所不能搬迁到三线"

1964年8月，毛主席根据当时的国际形势，在中共中央书记处会议上两次指出，目前中国的经济命脉都集中在大城市和沿海地区，不利于备战，要求各省都要建立自己的战略后方。紧接着，国家建委召开了一二线搬迁会议，提出要大分散、小集中，少数国防尖端项目要"靠山、分散、隐蔽"（简称山、散、洞）。

1970年初，吴法宪下令601所、606所搬迁三线，这样一来，歼8等型号试制任务也要随着转移到三线工厂试制。这显然对601所的科研生产非常不利，新进所的沈阳空军代表对所的实际情况表示理解，他们请示了吴法宪并获同意，601所可以将搬迁三线的日期推延。但搬迁问题还是存在，推迟并不等于不搬，1970年4月，所军代表派我到北京，绕过吴法宪，直接找当时负责国防科研工作的聂帅汇报。

◎ 聂荣臻元帅。

我赶往北京去见了聂帅。

解放后，我的弟弟妹妹到了北京，一直就住在聂帅家中。以后，他们上学读的都是寄宿学校，但每逢周末、节假日，也都是在聂帅家聚会。我从沈阳回到北京也经常住在聂帅家。

那时，聂帅已年逾古稀，文革中，他承受了很大的压力。1967年2月14日在中南海怀仁堂周总理主持召开的中共中央政治局碰头会议上，聂帅与谭震林、陈毅、叶剑英、李富春、李先念、徐向前、余秋里、谷牧等老前辈不顾个人安危挺身而出，同江青、康生、陈伯达一伙进行了面对面的斗争，结果受到毛主席的严厉批评，周总理也因此受责难。以后，四人帮一伙在社会上掀起了大规

242

模的反击"二月逆流"的浪潮。这些情况我当时也都知道,所以我有点犹豫,要不要给聂帅说,给他再增添负担呢?

思前想后,我感到601所迁三线是个大事,不仅影响国家航空工业的布局,而且直接影响到重点型号歼8飞机研制,最后,我还是鼓起勇气对他说了。

我对聂帅说:"601所不能搬迁三线,三线没有试验条件,三线工厂也试制不出歼8飞机,搬到三线实际上等于不要歼8飞机。"听了我转达的意见,聂帅表示同意601所可以不搬迁。

我不知道聂帅做了哪些工作,最后的结果,601所留在了沈阳。

重读"文革材料"有感

文革结束已经30多年了,前不久,601所一位老同志送给我一份她保留下来的材料,这是用一种很薄的纸油印的册子,封面写着《六院一所无产阶级文化大革命资料汇编(第四辑)之八》,落款是当年一所的一个群众组织的名字,时间为1968年2月。扉页有(反革命修正主义分子 党内走资派——叶正大的材料)字样,说明这只是所里诸多"走资派"材料中的一份。

仔细翻看这份材料,使我回忆起许多已经淡忘的往事。

1967年1月,在张春桥、姚文元的策划指挥下,以王洪文为头头的上海"造反派"组织召开"打倒市委大会",篡夺了上海市的党政大权,刮起了所谓"一月革命"的风暴。紧接着《红旗》杂志、《人民日报》相继发表社论,肯定和支持上海的夺权,号召全国"无产阶级革命派联合起来,向党内一小撮走资本主义道路的当权派夺权。"一时间夺权之风狂卷全国,混乱局面更为加剧。

2月,在周总理主持的怀仁堂碰头会和稍前召开的军委会议上,谭震林、陈毅、叶剑英、李富春、李先念、徐向前、聂荣臻等老前辈对文化大革命的错误做法表示强烈不满,对林彪、江青、康生、陈伯达一伙诬陷迫害老干部、乱党、乱军的罪恶活动进行了大义凛然的斗争,但却受到毛主席的严厉批评。以后中央多次开会,江青、康生、陈伯达、谢富治等以"二月逆流"的罪名，批斗了这些同志。此后，中央政治局停止活动，中央文革完全取代了中央政治局。

7月，江青对群众组织讲话中，以"文攻武卫"的口号煽动武斗。次日，上海《文汇报》公开发表"文攻武卫"口号。此后，全国武斗急剧升级，造成"全面内战"的局面。

1968年1月1日《人民日报》、《红旗》杂志、《解放军报》元旦社论发表了毛主席的指示："党组织应是无产阶级先进分子所组成，应能领导无产阶级和革命群众对于阶级敌人进行战斗的朝气蓬勃的先锋队组织。"毛主席的这一段话以后被称为整党建党的"五十字纲领"。

一所的这份材料就是在这样的背景下整出来的。全册有文字的页面共计82页，可以看出造反派组织下了很大的功夫。

其中列举我的"罪名"有8条之多：

一、一贯对抗毛主席的革命路线，对抗党中央，顽固推行反革命修正主义科研路线。

1. 反对毛泽东思想，对抗党中央；
2. 破坏毛主席的革命路线，扼杀"东风"113号机；
3. 紧跟贺、罗，企图把八号、九号纳入复辟资本主义的轨迹；
4. 反对飞机设计为无产阶级政治服务的大方向，执行奴隶主义、爬行主义和取消主义的反革命修正主义科研路线。

二、追随贺、罗，篡夺国防科研大权。

三、鼓吹资本主义，贩卖修正主义。

四、丧权辱国，投靠苏修。

五、反革命两面派。

六、在无产阶级文化大革命运动中，顽固地推行资产阶级反动路线。

七、腐朽糜烂的资产阶级生活作风。

八、坚持错误，拒不悔改。

这里的"贺"指贺龙元帅，他当时是国务院副总理、军委副主

第九章 文革磨砺

席并且主管国防工业。"罗"指罗瑞卿同志,他是军委秘书长、国防工办主任,在文革中他们受到了冲击,文革之初就被打倒。

附件分五类,共计有21件(原文序号到24,2、3、4项空缺):

一、叶正大的家庭和社会关系及其主要经历
(下略)
二、一贯反对毛主席的革命路线,对抗党中央,顽固地推行反革命修正主义科研路线
(下略)
三、丧权辱国,投靠苏修
(下略)
四、反革命两面派
(下略)
五、腐朽的资本主义生活方式
(下略)

我仔细地看过这些罗列的罪状,其中在"反对毛泽东思想,对抗党中央"一节中写道:

大家在制定科研计划时引用毛主席语录,他竟说:"这些话很空,写上去没有用。"在歼9指导思想上,群众加上了"以毛泽东思想为指针"的重大方向问题,可叶正大胆大包天,公开删掉,还说:"这句话不要写上去吧!"但强调要写上采用国内外的"新技术"、"新工艺"。……叶正大怀疑大跃进时中央所公布的四大落实指标说:"看到后心里不舒服。"还叫嚷:"中央58年头脑过于发热……太不慎重了。"叶正大还和苏修专家一唱一和地说:"我也有同样看法,炼出来的东西,铁不像铁,钢不像钢……在经济上大炼钢铁是得不偿失的。"

在航空科研方面,材料列举了我对"东风"113的态度和说过的一些话:

(19)60年8月,在北京三座门召开了"东风"113生产落实会,会上传达了林副主席的"'东风'113对敌斗争很需要",要我们用"建长江大桥的方法"来做的重要指示。叶正大等人感到这个会又是一个扼杀"东风"113的好机会,于是他们在会上为"东风"113设置重重障碍,全盘否定"东风"113,同时又感到直接提出马赫数1.8方案太露骨,就策划了一个马赫数2.0的过渡机"东风"113-1的书面方案,实质是"东风"107的复活。叶正大提出了用"建汉水桥搞过渡机"的方法来疯狂地对抗林副主席用"建长江大桥"办法来搞"东风"113号机的指示,破坏了"东风"113号机的生产落实会,扼杀了"东风"113号机。

……62年七千人大会之后,……叶正大等人更为嚣张的叫嚷:"'东风'113飞机是破除了迷信的同时破除了科学。""'东风'113中央批就没有批对。"

在这份材料中还大篇幅地写到我"反对飞机设计为无产阶级政治服务的大方向,推行奴隶主义、爬行主义和取消主义的反革命修正主义科研路线","追随贺、罗篡夺国防科研大权"等"罪行",把我和徐舜寿、刘鸿志联系起来,说"叶正大和徐舜寿拼命叫嚷'设计室的主要矛盾是技术水平跟不上工作需要的矛盾'。一所成立后叶正大赞扬走资派刘鸿志的'知识分子红的问题基本达到,今后主要是搞专了',还说:'搞飞机设计主要是技术问题。'大肆宣传'技术至上'、'技术决定一切'。"

这里写到的许多东西,我自己已经完全忘却了,现在看到这些文字,使我回忆起了当年我们大家一起做过的事情,说过的一些话:

叶正大提出"新来的同志,首先应把全部的力量集中掌握专业知识,练基本功。"他还提出培养尖子的具体措施:"应从任务分配、时间保证、资料供应、导师指导和参加学术活动五个方面着手,尖子发展方向是专业工程师。"当群众反对他们把一贯只专不红的×××送给黄××当助手时,他去动员群众说:"培养接班人嘛,大家要搞通。"还为×××吹捧一番。

第九章　文革磨砺

……叶正大还企图把一个毫无入党要求的资产阶级知识分子黄××拉入党内。

这里所说的×××显然是指顾诵芬同志,他当时是一所很突出的技术尖子。徐舜寿同志曾经说过,"在那时我的心目中,是有这么一批人的,如气动问题靠顾诵芬、颤振问题靠管德……我认为,当时我们的专家、尖子是太少了,要积极地大力培养。"顾诵芬同志以后成为我国著名的气动专家、飞机设计方面有过突出贡献的总设计师,是中国科学院、中国工程院的院士。

黄××是指黄志千同志,他是一位老知识分子,但热爱祖国,热爱航空事业,在学术上有很深的造诣。现在看到这些话,真难以想象对这些优秀知识分子的培养和使用都会被当成一条罪状。

这份材料的最后,用了极具文革特色的语言:"总之,十几年来,叶正大一贯站在资产阶级立场,一贯的站在刘、邓资产阶级司令部一边,追随贺、罗、孙(按:指孙志远同志,文革前任三机部部长),一贯对抗毛主席的革命路线,推行反革命修正主义科研路线,大节不好,是一个资产阶级代表人物,修正主义分子。我国十几年来一直没有能搞出符合我国战略方针需要的飞机来,就是因为这些人的破坏,使我国航空科研事业推延十几年。因此,对叶正大的罪行必须彻底清算,批倒,批臭!!"

材料"揭发"出的我的一些言论和问题,今天看来有的本来就是正确的,但在极左思潮的影响下,被说成是反革命修正主义的路线。有的只是个人的一些想法,随口说了,就被当做反党、反动言论。例如其中写到的,当时我们生活方面很困难,粮食和副食供应很差,在到苏联出差的时候,我们每天都能吃肉、吃水果,我与同行的同志开玩笑说:"我们在这里一天就把国内一个月的肉吃完了,倘若按这样计算下去的话,出差几个月,在吃的方面就可以提前完成五年计划了。"这样的话被定为"恶毒地攻击和诽谤大跃进",上纲上线,加以批判。

还有的完全是牵强附会,无中生有。例如材料中写着"叶正大还把歼9飞机纳入到罗贼的'以航空装备为突破口'和孙志远的'以航空带动电子工业'的复辟资本主义的轨道,同林副主席的××

247

为主，××第一的方针相对抗"。

这里的一个文革时期的典型词汇——"罗贼"，是对罗瑞卿同志侮辱性的称呼。林彪在1960年主持军委工作后提出了"两弹为主，导弹第一"的方针，"为主"、"第一"都已经说明了绝不是唯一，但造反派仍能够将歼9飞机的研制与复辟资本主义联系起来，把发展航空武器装备说成与"两弹为主，导弹第一"的方针相对抗，这种以人划线，把经济、技术等直接地与政治等同，指鹿为马，信口雌黄的左倾机会主义思潮在今天看来真是荒谬绝伦，但当年许多人就是这样做的。

从建国以来，中央对于国防工业、国防科研的管理体制以及两者之间的关系进行了反复的探索，这当中既有体制问题，也有因当时国力所限而形成的包括人才资源在内的资源紧缺的问题，主管工业的领导和主管科研的领导及部门、相关人员之间在这些问题上有不同的见解是很正常的。但在文革中，这些问题被无限上纲，说成是执行或反对毛主席无产阶级革命路线的大是大非问题。由于文革之初，贺龙、罗瑞卿同志被打倒，所以他们在处理国防工业与科研关系方面的做法和观点也就被冠以反动、反革命修正主义的大帽子，"部院（指三机部与六院）合并，厂所结合"被批为对抗毛主席指示的罪行。这份材料把我的作用抬得很高，说"64年贺、罗、孙搞部院合并，厂所合并，叶正大表面上向总理表示不同意部院合并、厂所合并，背地里又赞同贺龙的厂所合并，并为其提供炮弹，贺龙以此压聂总说：'在沈阳谈时，包括叶正大在内都同意厂所合并。'"

这些在1968年言之凿凿、代表"正确路线"的观点，以后有过多次反复，时隔五年后，彻底翻了过来。1973年8月23日，国务院、中央军委批复空军党委："为便于加强对航空工业的统一领导，贯彻科研、生产、使用三结合的方针，同意按照部院结合、厂所挂钩的原则，将现由空军领导的中国人民解放军第六研究院划归第三机械工业部建制领导，改称第三机械工业部第六研究院"。

1973年11月28日，三机部发文通知称："为贯彻部院结合、厂所挂钩，实行党的一元化领导的方针原则，将六院第606研究所划归410厂建制领导，进行试点。首先把厂所党委建立起来，立即实行党的一元化领导。建制调整后，在党委统一领导下，对生产、科

第九章 文革磨砺

研要统筹安排，切实搞好科研、生产一担挑。"

对这个问题，现在不少同志还持有不同看法。

◎ 被结合进所领导班子。

改革开放以来，科研体制的改革始终是一个未能很好解决的难题，时至今日，还是全面深化改革的重要组成部分。这说明了人们在对任何问题的认识过程中，都会有反复和曲折，这是完全符合客观规律的，也是正常的。

不允许不同意见的存在，动辄扣帽子、抓辫子、打棍子，甚至以言定罪，加害于人，这种历史上曾经犯过的错误在文革中被发展到了无以复加的地步。

前事不忘，后事之师。

仔细读过这份材料，看着这些当年挖空心思罗致的罪状，使我更加深刻地认识到，中央对文革的结论是无比正确的：

> 实践证明，文化大革命不是也不可能是任何意义上的革命或社会进步。它根本不是"乱了敌人"，而只是乱了自己，因而始终没有也不可能由"天下大乱"达到"天下大治"。
> ——《关于建国以来党的若干历史问题的决议》

249

新中国航空科技工业开拓者——叶正大将军回忆录

文革是非经考验

　　文化大革命是由毛主席发动和领导的一场史无前例的政治运动。有党史研究方面的专家将文革分为三个阶段。第一阶段：1966年5月到1969年4月党的第九次全国代表大会的召开。这一阶段的中心任务，是摧毁所谓"资产阶级司令部"，向走资本主义道路的当权派"夺权"，目的是所谓变"资产阶级专政为无产阶级专政"；运动表现为"怀疑一切、打倒一切、全面内战"。第二阶段：从1969年4月到1973年8月党的十大召开。这一阶段的主要内容，是林彪反革命集团阴谋夺取最高权力，策动反革命政变被粉碎。这一事件客观上宣告了文化大革命的失败。此后，周恩来主持中央日常工作，使各项工作有了转机。第三阶段：从1973年8月到1976年10月"四人帮"被粉碎。

◎ 文革中，周恩来伯伯、叶剑英、聂荣臻叔叔始终给予了我思想上、精神上最大的支持，他们为祖国和人民做出的丰功伟绩，坚定的政治信仰，崇高的人格和精神风范，永远是我心中最为宝贵的财富。

第九章　文革磨砺

　　1981年6月,党的十一届六中全会通过的《关于建国以来党的若干历史问题的决议》指出:"1966年5月至1976年10月的文化大革命,使党、国家和人民遭到建国以来最严重的挫折和损失。""文化大革命的历史,证明毛泽东同志发动文化大革命的主要论点既不符合马克思列宁主义,也不符合中国实际。""实践证明,文化大革

◎ 我的外孙张欣挺(小名一休)在聂荣臻爷爷、张奶奶的怀抱里。

◎ 1992年5月14日22时43分,聂叔叔在北京逝世,享年93岁。按聂叔叔的遗嘱,他的部分骨灰被撒在八宝山革命公墓的一棵松柏树下,树旁竖立一块汉白玉石碑,正面刻着他在80岁时写下的诗:"喜松柏之气概,念四化之早成"。背面刻着"聂荣臻骨灰撒放处。"他的另一部分骨灰被安葬在酒泉卫星发射中心的烈士陵园,周围栽满了胡杨。

251

命不是也不可能是任何意义上的革命或社会进步。"它"是一场由领导者错误发动,被反革命集团利用,给党、国家和各族人民带来严重灾难的内乱。"

我回忆自己在文革中的经历也有三个阶段:

第一个阶段是运动开始,我是作为"走资本主义道路当权派"接受群众批判教育的。那个时候,毛主席对当时的阶级斗争形势以及运动的方向、对象都有明确指示。群众批判的矛头指向反对毛主席、反对毛泽东思想的当权派,我是真心实意、心甘情愿地接受批判的。

第二阶段,在群众组织抄家后,找到了我的一些照片,其中有我在军调部工作时期穿着国民党军队服装的照片,于是说我是国民党,不管怎么解释,他们就是不相信。这我就有些想不通了。在那个时期,我还是逼着自己去反思,但想来想去,始终无法接受这个结论。

这一段时间不长,两三个星期的样子,很快就进入了第三个阶段。因为我有苏联留学的经历,就说我是"苏修反革命特务集团"的成员,这我就更想不通了。这个时候,我的思想有了变化,开始怀疑群众组织这样搞是不是有问题。

每个人对自己都会有一个基本的把握,说我是"走资派",还可以接受,因为在长期担任基层单位领导工作中,难免会在政治方面犯有错误、存在不足,所以自己应该认真、虚心地接受党和群众的批判教育。但说到"里通外国"、"苏修反革命特务"等罪名,这绝对是不符合事实的。在这一点上,我的态度是决不人云亦云、随波逐流。

这个"苏修反革命特务集团"的帽子是很沉重的,文革结束以后我才知道是康生亲自过问并主抓的案子,"4821"就是他定的案件代号。我们21位留学生中的朱忠洪,是当年与我、叶正明一起留学莫斯科航空学院的同学,回国后被分在长春光机所工作。文革中间,他受不了在光机所被批斗,跑到了北京,住在我的家中,我们关系很好。他在我那里吃、住了一段时间后,表示希望能找他的姨姨朱仲丽。我打电话与朱仲丽联系上,他按照姨姨说的去找了,结果一去就没有再回来。姨姨朱仲丽与他谈了些什么,我当然不会知道,但就是那一次以后,朱忠洪就从地球上消失了。文革以后,我还向长春光机所打听,是否知道朱忠洪的下落,回答是不知道。现在我们"4821"同学聚会时还会谈及,但谁也没有他的音信。

第九章 文革磨砺

那时毛主席号召，要支持革命派。群众起来了，分成不同派别，都说自己是革命的、是紧跟毛主席的，该怎么判断呢？我是以派别组织中的党员、工人群众人数为准的，党员多、工人多的一派批斗我的时候，我就比较诚恳地承认错误，接受他们的批判。相反的情况下，我就坚决顶住，不接受他们的观点，不服他们的批判。

在这一段时间里，我被关进了牛棚，与于达康书记他们这些政工干部相比，情况要好一些，有时还能回家，还能做一点技术工作。他们则不同，只能整天关在牛棚里，监督劳动，接受改造。

◎ 几十年的风风雨雨，任岳与我同甘共苦，给予我工作上、生活上的极大支持。

文革中，我被抄家，从苏联带回的照相机等稍微值点钱的物品被抄走了，我并不觉得可惜，最令我遗憾的是遗失了父亲留给我的

新中国航空科技工业开拓者———叶正大将军回忆录

一把新四军的军刀,那是用日本军刺刀打造的,属于战利品,父亲将它送给了我,是极为珍贵的纪念品,抄家时被抄走了,以后我花了很大气力去找都没有找到。

  时至今日,回想毛主席发动的文革,百分之九十九点九是错误的,应该彻底否定。但我有时也在想,文革对于干部真的是一次严峻考验。在没有党组织领导的情况下,完全靠个人来决定自己的一言一行,每个人的本质在这样一次前所未有的政治运动中都暴露无遗。有不少人经不起考验,搞政治投机、出卖同志,甚至助纣为虐,陷害别人,这在平时是很难识别的,但在文革中,每个人都表演得很充分,内心世界的肮脏龌龊都被揭示在光天化日之下,你骨子里是什么样的人,一下子就原形毕露。也有一些人,革命意志不够坚定,没有能够经受住考验,对前途失去了信心,选择了自杀、一死了之。所以我感到文革对于自己来说是一次磨砺,也给予了自己人生道路一些难能可贵的启迪。

◎ 尽管住在医院,还是与老同志、老朋友及他们的子女保持着密切联系。他们带给我美好的回忆,也带来了欢笑。

  文革已被中央定为从理论到实践都是错误的,是一场"给党、国家和各族人民带来严重灾难的内乱",但在中国,形成文革的历史、文化渊薮并没有被完全清除,文革的错误影响也还存在。现在社会存在分配不公、诚信缺失、贪污腐败等现象,有的问题还比较严重。应该通过改革和发展来解决这些问题,不能再采取文革的方式。

  文革的历史悲剧绝不能在中国重演。

第十章 歼8飞机

歼8联合指挥部的成立

1967年12月下旬，为了推进歼8飞机的研制，加强歼8飞机的试飞组织领导工作，在歼8飞机01架、02架试生产的同时，六院召开了歼8机试飞工作会议，会上提出了成立歼8飞机试飞领导小组的建议，并于1968年1月3日向国务院国防工办和军委国防科委写了报告。3月5日，国防工办和国防科委对《报告》做了批复，指出：

> 我国自行设计试制的第一架高空高速歼击机歼8飞机即将进入总装阶段，计划今年7月1日上天试飞，为加强领导，确保胜利完成试飞任务，决定组织歼8飞机试飞领导小组，经报周恩来总理、李富春副总理、军委聂荣臻副主席同意，试飞领导小组由空军、三机部和六院的领导组成……

按照这一批复，组成了歼8飞机试飞领导小组，由空军常乾坤副司令任组长，空军黄炜华、三机部刘增敏、航空研究院曹丹辉、

苏国华等为领导小组成员。

试飞领导小组成立以后，对歼 8 机的研制起到了很大的促进作用，但歼 8 飞机是我国第一架自行研制的高空高速歼击机，应该说是一篇大文章。飞机结构、技术复杂，牵涉到科研、生产和使用多方面，包括航空工业系统单位在内，共有 7 个工业部的 200 多个厂所科研机构和大专院校协作配合，涉及全国 19 个省、市。与组织这一重大项目的要求相比，尤其是在文革这样一个复杂多变、动荡不定的环境下，试飞领导小组的职权范围还是受到了一定的限制，工作中也遇到不少困难和难以解决的问题。

1968 年六七月，编号为 02 架的歼 8 飞机做全机静力试验，当加载到 92% 设计载荷时，机身 38 框折断。后来查明是生产中没有按照图纸要求使用 4 毫米钢铆钉进行铆接，使用的是 3.5 毫米铝铆钉，设计也有缺陷，38 框纵向长桁条的端头都集中在一个剖面上，前后全靠带板连接，这都影响到了强度。

这是一个技术问题，但在当时的历史环境下，一下子就上纲上线了。全机静力试验后的当天晚上，军管会就来追究，问你们是怎么破坏的？很厉害，以后就是不断地把技术人员拉到静力试验室去批判。王南寿是技术办公室负责人、冯钟越是主管强度的，所以他们首当其冲，在接受了一段时间批判后，又给他们办起了学习班。

1968 年 11 月 23 日，国防科委和国防工办就歼 8 飞机全机静力试验提前破坏问题，向军委办事组和国务院总理周恩来呈报了《关于歼 8 飞机研制中有关问题的请示报告》，《报告》除客观地陈述了歼 8 02 架飞机静力试验提前破坏的原因和修复的情况外，还提出了组织歼 8 试飞领导小组的建议。歼 8 飞机试飞领导小组成员、时任三机部试飞局局长的刘增敏同志曾经在一篇回忆文章中记述了建议的内容：

  1. 需要重新装配一架歼 8 飞机，供再次进行全机静力试验，进一步考核飞机强度，作为将来设计定型的依据；

  2. 由三机部、六院在沈阳组织一个小而强的联合指挥机构，负责抓紧歼 8 机的研制工作。

—— 《歼 8 飞机研制回忆录·第一辑》

第十章 歼8飞机

12月3日,中央军委办事组对《报告》批示:"拟同意"。并将《报告》转报毛主席、周恩来总理等中央领导。毛主席、周总理圈阅。在那个时期,像歼8这样的项目,都是在中央领导的直接领导下进行的,许多问题都要向他们汇报。得到中央主管领导如聂老总等,有的时候还要向周总理、毛主席报告并得到他们的批准、指示。

在收到中央的批示后,三机部、六院于12月29日联合转发了《关于歼8飞机研制中有关问题的请示报告》,并决定立即在沈阳组建歼8联合指挥部,具体负责歼8飞机的研制工作。据刘增敏同志回忆:

> 接着,三机部军管会主任周洪波召开会议,确定歼8联合指挥部以部、院机关和沈阳4个主机厂所共同派人参加,由我任组长,六院火控处处长苏大鲁任副组长,成员有:沈阳军区空军的陈继发、601所叶正大、112厂罗时大、606所张育民、410厂刘录清等同志。联合指挥部下设办公室,办公地点设在112厂大白楼。办公室的成员有:陈宝琦、郭志孟、李再田、陈宝珍、周复华、唐乾三、薛家田、刘积斌、高德昌、赵国士、钟敏昭、孙绍孔、宁树权等。
>
> 为了便于联合指挥部的工作,还颁发了三机部、六院歼8联合指挥部公章,以便对外行文。联合指挥部成立后,领导小组定期召开会议,及时准确地掌握和了解歼8机的研制情况。办公室具体负责歼8机研制中有关承上启下的事务和部内、外的业务协调,以及计划的安排实施等。在国防工办、国防科委和部、院的直接领导下,在沈阳4个主机厂所、特别是112厂的积极配合和部内、外有关单位的大力支持下,指挥部做了大量艰苦细致的工作,克服了重重困难,终于在空军副司令员曹里怀的关怀、主持下,于1969年7月5日,把歼8机送上祖国蓝天。
>
> ——《歼8飞机研制回忆录·第一辑》

那是一段令人难忘的时期,我一边接受批判,一边和大家一起坚持设计、研制、跟产的工作。我们一所的位置在塔湾,离地处三台子的112厂有近20里的路,我和钟敏昭、孙绍孔、宁树权等同志每天都骑着自行车到112厂,研究处理歼8生产中的技术问题,晚上再骑回来,第二天在所里接受完批判,再骑车奔112厂。为抄近路,我们经常走的是田埂小路。

那时候,沈阳的派性对立已经很严重,所里和厂里的群众都分成派别,形成了不同的组织,但在歼8研制任务中,大家都能做到不受派性斗争影响,齐心协力为同一个目标而奋斗。

以后由于执行"大搞运输机、大搞直升机"的方针,一所接受了垂直起落飞机等研制任务,上了太多的型号,分散了歼8机的研制力量。随着歼8首飞后试飞领导小组的撤销,歼8联合指挥部也被撤销了。

第二次全机静力试验

国防科委和国防工办向军委办事组和国务院总理周恩来呈报的《关于歼8飞机研制中有关问题的请示报告》中,建议重新生产一架歼8飞机,再做一次全机静力试验,对全机强度进行考核,验证设计方案。

601所原强度室主任赵沛霖同志是第二次试验的负责人,他对这次试验的准备工作和参与该项工作的人和事都有比较翔实的回忆:

1970年初,根据歼8机02架首次全机静力试验和部件试验所暴露出来的问题,以及歼8机01架在试飞中为排除故障而采取的措施,都需要及时更改和完善设计图纸,所里组织设计人员在生产现场进行设计发图。当时由蒋成英同志主管歼8机发图和跟产的全面技术工作,宁树权、肖模何、沈祥富等同志分头主管结构和强度方面的工作。我参加搞强度计算的工作。供第二次全机静力试验的歼8机03架,将根据这次更改的图纸进行生产,如第二次再达不到100%的要求,歼8机的命运就更为艰难了。因此,我们必须投入足够的力量把这次发图工作搞好。

第十章 歼8飞机

可是当时，正是林彪反革命集团猖獗横行时期，对歼8机一会儿说"明年生产200架装备部队"；一会儿又说"歼8机性能很好，美国都知道了，要防止美国把资料偷去，你们把图纸资料整理好，锁在保密柜里，三年不生产"等等，而却要601所抽调大量的人力和物力，去搞垂直起落飞机（代号称"四号任务"），赵国士、王奇、张识等技术领导及很大一部分技术骨干调到四号任务连队，叶正大任四号任务领导小组成员兼四号连队连长。他在一个时期内，每周六个工作日，要有五天在四号连队，只有一天处理其他问题。因而歼8飞机的发图力量受到了极大的削弱，幸好参加发图工作的每一个同志，都有誓把歼8机搞上去的强烈事业心，再加上试飞工作中出现的问题，如马赫数0.86时的跨声速振动和放起落架减速板振动等，都初步得到了排除，最后在112厂试飞站最大马赫数飞到了1.82，高度达到17500米。这对我们的工作也是个极大的鼓舞。在人员少、时间紧的情况下，我和许多同志经常住在办公室，日夜奋战。为了确保第二次试验能满足要求，我们对中机身的纵向受力件和连接件，按不同部位分别留有10%和15%的剩余强度，并以此来检查和局部加强。邱仑同志曾把连接区的每一个钉和带板上的力都算出来，提供方案讨论。最后确定了既满足强度要求，又尽量不变动工装的加强方案。

　　发完图纸之后，宁树权和肖模何等同志带领结构设计人员，随即下各车间配合更改模线和制造工作；我和沈祥富等同志，则到112厂静力试验室向室领导宋廷山、陈德广等同志进行交底和配合试验的准备工作。有一天在试验室，当时所科研生产指挥组的负责人王奇老处长找到了我，说他和所领导叶正大同志商量过，这次的全机静力试验在强度上要我负责。我说："这次试验成功了还好，可是万一失败了，我的脑袋可就要搬家了；我的出身不好，社会关系也比较复杂，我原来管过的室里边还有好几个'5.16'分子未做结论呢，都加起来够我呛啊！"他笑了笑说："不要紧，出了事，由叶正大和他负责。"我说："前一段你和叶正大不都倒了吗，我找谁去呀？"他又笑了笑说："还是干吧。"话是这么说，但我内心里却暗暗下决心这一次试验不成功,死不瞑目,而支持歼8机的广大干部、工人、技术人员也都憋着一口气,一定要把歼8机研制成功。

全机静力试验要做好的一个关键问题是机身机翼结合区,特别是47框和机翼连接的四梁接头以及主油箱上壁板的强度和刚度的匹配问题。47框处于发动机燃烧室区域,其结构高度受限制不能加强,机翼通过四梁接头传来的力又较大。为此,要把四梁接头刚度设计的比较弱,以期通过与其连接的主油箱壁板,把一部分力传到主梁和接头上去。结构室的同志创造性地设计了细颈螺栓和在耳片上装高凸台衬套的结构,章怡宁同志经过一系列的计算绘曲线,可以通过调整螺栓的细颈和凸台的高低,达到按需要减弱刚度的目的。为了通过油箱壁板传递力,又把壁板的结构形式做了改进。在机身结构方面肖模何、周贻逊、陈晞、唐怀佛、于士晨等同志,一方面加强42框提高其框刚度,改善38框的连接设计;另一方面把47框的下框缘,由铝材改为钢材并降低其结构高度,而设法不提高其刚度。李珊和刘成义等同志反复地做了大量计算。对这个问题,可以说进行了无数次的讨论,同志们从各个角度提出了不同的看法,问题基本上逐步取得一致。后来所里又请已调到602所的刘夏石同志来所帮助审查这个区域的强度情况。

歼8的第二次全机静力试验,对我来说压力是很大的。虽然造反派宣布我是走资派,又批判、又办学习班,但所里的技术工作还是要我负责。当时的形势是没有正确处理好技术与政治的关系,不恰当地把技术工作中的问题上升到政治的高度,动辄就以阶级斗争为纲,把简单的技术问题复杂化,用阶级路线、甚至根据人来划分对错。上级的一位领导被定性为走资派,他原来的决定即便是对的,也会被说成是错的。如歼8飞机是罗瑞卿总参谋长批准立项的,罗瑞卿被打倒了,歼8的出身也就有问题了。第一次全机静力试验失败,已经有人在追问,我们是怎么破坏的了,如果这一次再出漏子,那确实难以交待,按当时的说法,这是重大的政治责任。

文革中对歼8的风言风语很多,有相当一部分人认为搞歼8是错误的,所以歼8研制过程中,每一次出现问题,这些人都会幸灾

第十章 歼8飞机

乐祸，同时也会更起劲地反对研制工作继续进行。

由于以上种种原因，我从内心感到，这次试验只能成功，不能出一点差错。

赵沛霖记得我在听取试验准备工作进展情况的汇报时说："当前形势要求我们，这次试验必须成功，不能失败。因此，可以留有150公斤左右的余量。"

对于我提出的要求，赵沛霖回答说："这次试验可以确保105％，力争达到115％；有些地方不大改是不好再加强的，有些地方加强也不一定起好作用。因此，我们力争按照15％左右的余量进行准备。"

其实，从技术角度看，静力试验并不应该要求高出这么多，因为提高强度肯定会加大飞机自重而影响性能，但在当时情况下，也是"宁左勿右"的思想作怪，就宁肯牺牲重量，也要确保试验成功。

这一次的工作确实做得很细，据赵沛霖同志回忆：

> 1972年春，在试验件即将推到静力试验室之前，歼8试飞办公室主任高仲云同志问我："你看这次全机静力试验是否能成功？"我说："如果工艺上不出大问题是可以的。"肖模何、宁树权等同志对飞机的生产情况比较了解，为了做到万无一失，他们主张试验机推到静力试验室之后，再请检验员做一次复查。结果发现有80多处图实不符，如有的铆钉铆在里边，是经过用手摸才查出问题来的。只好逐个排除，排除不了的经核算对强度无影响才能通过。由此可见，当时虽然厂内各级领导和试飞办公室的同志，都在全力以赴的抓歼8飞机，可是被文化大革命所破坏了的厂内生产秩序和规章制度，在相当长的时期内是很难恢复的。
>
> 在全机静力试验之前，首先要把机翼安装在模拟机身框刚度的夹具上，加载后检查6个接头的支反力，检查总体变形及应力测量情况。当时已经怀孕的李珊同志，楼上楼下、架上架下反复核验实测数据与预测数据的吻合情况。试验室负责应变标定测量的白铁菊、黄季墀等同志，工作认真负责，一丝不苟。试验前，为了了解加载点的安装位置，女同志马玉文爬到几米

261

高悬空的飞机上,踏着胶布带的间隙走,在杠杆间进行检查。负责测量数据的同志,夜以继日的调试机器、检查测试点。试验室的工人、技术人员,在地面组合一套套的杠杆;空中两个吊车交叉作业,吊试件、夹具和杠杆,那种奋不顾身热气腾腾的场面,至今仍历历在目,他们的工作精神,是永远值得我们称颂的!

——《歼8飞机研制回忆录·第一辑》

第二次试验很顺利,试验结果超过了112%,我当然感到非常高兴。但结构加强后的结果,重量比设计要求增加了350千克。歼8原设计起飞重量为13500千克,增加到了13850千克。减重是十分困难的事,直到1981年,在已经是一所总设计师的顾诵芬同志领导下,经过参与该项工作的同志认真负责、周到细致的工作后,才减了250千克。

◎ 这是歼8飞机首次全机静力试验留下的一张照片。

第十章 歼8飞机

弹射救生系统试验

在引进米格-21飞机后,我们很快就研制出歼7飞机并交付了部队,但在飞行训练和执行任务中,多次发生飞行员跳伞失败的事故,原因之一是米格-21采用的是带离弹射救生系统——当座椅和人一起弹出座舱时,座舱盖扣在座椅上同时脱离飞机。事故现象是座舱盖与座椅扣合时,压伤飞行员头颈部,而在低空弹射时,还存在舱盖与座椅来不及分开的问题。于是我请北京的空军医学研究所进行了调查统计,当时全军有3000多名飞行员,统计数据表明,中国人的上身比苏联人长,因此坐高要比苏联人高出约10厘米。所以,按照苏联人身高、坐高设计的米格-21座舱,中国飞行员坐进去后,头部就高出了座舱空间。因此,中国飞行员的飞机座舱至少应该加高10厘米,但即使这样,也不能完全保证带离弹射时飞行员的安全,所以,歼8不能沿用歼7飞机的救生系统。

时任歼8飞机试飞领导小组办公室主任的高仲云回忆:

> 记得在歼8机上天前,歼8的弹射救生系统尚未研制出来,先用歼7系统代替。在做扣合试验时,正好601所副所长叶正大到场,有人提出:"就让这个大个子'走资派'先试一试!"叶说:"好,我愿意试!"叶正大正准备上座椅时,被我制止了!
> ——《歼8飞机研制回忆录·第一辑》

高仲云同志是出于好心,保护我,因为真人上去做扣合试验还是有一定风险的,我心中很感激他。但我觉得问题确实是存在的,还是要认真加以解决。那天,从试验现场回到负责弹射救生系统设计的研究室,我找到当时任室主任的张颖芝同志,与她讨论应该怎样解决存在问题。研究室有一个歼7飞机座舱样机,我说,我坐进去试试看,一试,确实坐下后高出一块,座舱前盖扣下来的时候,很容易就压住了头部,于是我决定在设计方案中将座舱盖加高10厘米,同时将脚蹬向前移动,这样,飞行员在驾驶中才能得心应手。

近年来,引进我国的"人机工程学"理论中所强调的"产品与人体的尺寸、形状及用力是否配合,产品是否顺手和方便使用"等原则应该是来源于工程和应用实践的,我们在歼教1设计、歼7改进、歼8设计时已经注意到了类似的问题。这一理念在今天还有待更多的普及、推广、应用,譬如汽车行业,现在引进的国外汽车在乘坐和驾驶中,就有与我们中国人的体型尺寸不符的问题,应该在国产化过程中加以改进。

歼8首飞

1965年底,开始了歼8零批飞机试制的准备工作,1968年六七月歼8试验机01、02架相继总装完毕,02架用于全机静力试验,01架准备进行试飞。

试飞领导小组的工作是在常乾坤副司令员直接领导下进行的。他是1925年入党的革命老前辈,也是我们党最早培养的航空事业先驱者。1926年,他考入广州航空学校,同年被派到苏联红军航空学校学习,毕业后曾任苏联红军独立航空队准校领航员。1933年,他进入苏联茹科夫斯基空军学院航空工程系学习。1938年回国后,他曾担任八路军航空工程学校教务主任,军委总参谋部高级参谋。解放战争时期,他到东北参与创办东北民主联军航空学校并担任了校长,军委航空局局长。

常副司令的工作非常细,技术上也很内行,在歼8研制前期,他两次到沈阳来,对技术问题了解得很深入。当时在听取各方面意见后,列出了23项关键问题,突出的有前轮摆振,还有一个就是平尾失速的问题。在常副司令主持下,这些问题基本都得到了解决,认识也都统一了,只剩下平尾的问题,他交给了曹里怀副司令来现场处理。

601所的钟敏昭是当时所科技处的主管工程师,他1950年参军,以后到空一所干过飞机液压系统。1960年,他由空军派到112厂飞

第十章 歼8飞机

机设计室任军代表,所以我们很早就熟识。一所成立时,他随刘鸿志、王南寿等同志一起来到沈阳,以后送他到哈尔滨工业大学学习了两年,回来以后就在科技处工作。他对待工作勤勤恳恳,文革中,在我们这些技术负责人都被打倒的时候,他坚守岗位,歼8研制、包括首飞的准备等工作,都是他在管。他在一篇回忆文章中写道:

> 1969年6月29日,空军副司令员、航空工业领导小组副组长曹里怀来沈阳检查工作,在军区第二招待所听取112厂、601所全面汇报科研生产形势。参加会议的有沈空司令员王毓淮,三机部试飞局局长、歼8联合指挥部负责人刘增敏等,601所革委会副主任崔志海、叶正大参加了会议,我也作为歼8型号大队技术负责人参加了会议。当时由我详细汇报了歼8机23个关键问题的攻关情况,即除弹射救生设备在空中试验时过载值超过规定一项未做结论外,其他22个问题均已解决。但是,歼8机弹射系统主弹射弹是沿用米格-21飞机的,辅助弹是自己研制的,地面经过几十发试验都合格。曹副司令员问"其他还有没有影响首次上天的问题?"我干脆地回答"没有"。曹副司令员认为,主弹射弹既然和米格-21飞机一样,米格-21飞机能飞,歼8机也应该能飞,并说这个问题我负责。曹副司令员听完厂所同志汇报后,当场让王秘书通知630所苏国华、十一航校胡树和和两名试飞员立即来沈,准备进行歼8机试飞。要求厂、所领导进一步发动群众,再进行一次认真检查。
> ——《歼8飞机研制回忆录·第二辑》

曹里怀副司令也是老革命,1928年参加了湘南起义,同年5月在井冈山加入中国共产党。他是1909年生人,幼时念过一年多私塾,以后考入县乐成高小,他的文化基础是高小毕业,并不是很高,但他重视学习,刻苦钻研,在担任空军副司令后,很快就成为航空技术的内行。曹副司令与常副司令一样,工作抓得也很紧、很细。这次到沈阳来之前,他与常副司令认真研究过歼8研制的工作;来后,他重点是要解决平尾问题并促成歼8首飞。

时任六院科技部发动机处助理员的张清华是六院三结合小组的

新中国航空科技工业开拓者——叶正大将军回忆录

成员,他根据自己当时的记录,对曹副司令到沈阳以后的工作做了一个很详尽的回忆,摘录如下:

1969年四五月间,根据周恩来总理的决定,由空军负责组成航空工业领导小组,把使用、科研、生产组成三结合,由空军统一领导飞机的研制和生产。为了了解并解决当时航空工厂、研究所的情况和存在的问题,由曹里怀副司令员(当时为航空工业领导小组副组长)带队,组织三机部、六院机关有关人员共15人参加的一个三结合小组,于6月23日从北京出发,先后到哈尔滨、沈阳、上海、株洲、南昌、成都和西安等地,历时近一个月,于7月21日回到北京。在哈尔滨处理完厂所的一些问题后,6月28日到达沈阳,29日开始听取112厂和601所关于飞机生产和研制情况的汇报。当时参加会议听取汇报的,除三结合小组的全体同志外,还有国防工办田维新局长、沈空司令员王毓淮、副司令员邹炎等,三机部刘增敏局长(歼8试飞领导小组副组长)以及歼8试飞领导小组的同志等。参加汇报的有112厂革委会副主任茹茂和歼8小组薛家田等,601所革委会副主任叶正大和歼8型号大队负责人钟敏昭等。会议开始,曹里怀副司令员说:"今天是科研、生产、使用三方面开个三结合会,三机部、六院都来人了。现在趋势很明显,总理不只一次讲,'三机部、六院交给你们空军管,代管嘛!'意思是空军带头,还有教育,把三个单位都管起来。空军准备把六院从国防科委接过来,科委任务很重。海军也一样,七院也在那里开会。关于接六院,空军开过三次会,给毛主席、林副主席也写了报告。现在先派个班子出去。趋势就是这样,三家要紧密地结合,现在要把三结合搞好,三家要很好的团结起来。就是要好好的鼓足干劲,还是拖拖拉拉,飞机也没有,发动机也没有,怎么打仗,怎么赶超世界先进水平。航空工业是有基础的,只要团结起来,就可以发挥出潜力。

沈阳厂是航空工业的主力,人多,老厂有经验,有很大的潜力,技术能力、设备条件各方面都好。要准备打仗,就要造飞机,保卫国防。沈阳厂不能出飞机,就要影响作战。

第十章 歼8飞机

新飞机要赶快研究，再不能不搞了。英、美西方国家搞了很多飞机，苏联也搞了很多飞机，我们还是仿制、仿制、仿制。仿制的都是落后的东西了，新的飞机再不搞出来，就不好交账。我们航空工业部不能落后，五六套主机厂，还有那么多配套厂，现在工厂都是开一班，没有发挥出潜力，特别是人的潜力没有发挥出来。"

当112厂革委会副主任茹茂同志汇报中谈到加工歼8弹射试验件要影响30架歼6飞机生产时，曹副司令员说："歼8什么时候试飞，我们是支持的。常（乾坤）副司令员来过两次，他们也多次研究歼8的试飞问题。歼8的弹射救生还没有搞清楚，要搞好弹射系统，好快试飞。歼8是自己设计的飞机，飞了以后有问题再改进、提高，技术革新要从量变到质变。歼8要搞好，要搞出点自己的东西来，不要老仿制人家的东西。"

当茹茂汇报到歼6Ⅱ、Ⅲ型生产、研制的有关问题后，曹副司令员说："关于歼6，现在就生产Ⅱ型，等Ⅲ型试飞成功以后，再考虑Ⅱ、Ⅲ型的比例。"

三机部刘增敏局长补充说："×××（原空军科研部科研处长）来过，发现歼6Ⅲ型气动有问题，因此他不主张搞Ⅲ型。"

曹副司令员听了很生气地说："×××是什么人，他成了科学家啦！到处放大炮。不要听他那一套，科学试验要吹过风再说吗！对新生事物要支持，要相信科学，科学试验可能有失败。×××的意见也要考虑，有个唱反调的也好，但他不是什么权威，Ⅲ型还要搞。工厂搞改进，601所要支持，要互相支持"。

601所革委会副主任叶正大汇报了601所总的情况，钟敏昭汇报了23个关键问题已解决了22个。当汇报到歼8研制与试飞问题时，曹副司令员问："你们原定歼8什么时候试飞？"601所钟敏昭同志回答："主要是弹射救生设备还没搞完，准备先在沈空校正仪器，进行弹射试飞，弹射试飞完后，今年9月可以试飞。"

曹副司令员："争取10月1日歼8上天。"接着他又问，"这样对112厂的批生产有什么影响？"

茹茂同志回答："如弹射救生试验件要厂里干，就有影响。"

曹副司令员说:"弹射筒还是要112厂做,这是弹射的关键,一定要保证质量。这个出事很危险,要保证弹射出来,弹射救生的关键零件要112厂承担,其余的零件加工由601所承担。"

茹茂又说:"工厂还有歼7、歼6××架要干,生产任务很重,要按歼7、歼6、歼8的次序排个队。"

曹副司令员讲:"部队要打仗,需要飞机。歼8我们是支持的,歼8要飞,但不能影响批生产。因此,歼8飞机10月1日就不试飞,争取今年年底试飞,到明年就不好办了。歼8是自己设计的,肯定要试飞。但要服从打仗,那就决定今年年底试飞。"

钟敏昭同志提出:"歼8试飞可以分为两个阶段进行,一是敞开弹射,二是带离弹射。可先进行敞开弹射,后进行带离弹射。"

刘增敏局长又补充说:"歼8搞了几年了,已经搞出来了,但迟迟没有试飞。地面滑行时出了三个问题,两个问题(起落架和气动力问题)已经得到解决,只剩下弹射救生问题还没有解决,我们意见还是争取早日试飞。弹射救生已进行了大量试验,地面做了几百次试验,空中弹射过6次,1次成功,5次不符合要求,可能试验仪器有毛病,现已派人去630所找原因,如能做出结论,即可以试飞,如不行,就按钟敏昭同志说的分两个阶段试飞。"

6月29日下午会议继续进行,厂所的同志继续汇报。601所钟敏昭同志说:"我们认为,歼8飞机当前在技术上已处于良好状态,机场、地面设备条件也都准备好了,厂所同志情绪也是最高涨的时候,大家都在等待着为歼8尽快试飞而奋力工作。如果现在不飞,等到年底以后再飞,到那时有些非金属件、成件可能会老化,飞机的技术状态可能还不如现在,加上进度一拖再拖,大家的情绪也下来了,到那时可能想飞也飞不起来了。因此,我们厂、所的同志一致意见还是尽快试飞为好。现在只差弹射救生没搞清楚,敞开弹射完全可以,飞行速度只有800千米/小时以下。我们这个意见请曹副司令员再慎重考虑一下。"

第十章 歼8飞机

曹副司令员问:"除了弹射救生以外,其他技术方面你们有没有把握?"

钟敏昭回答:"我们有把握!"

曹副司令员马上说:"好!你们技术上有把握,我就决定马上试飞。"

钟敏昭说:"过去飞行员反映平尾先失速,不同意试飞。现在平尾问题已摸清楚,原来说平尾要偏转15度才能拉起来,经过详细核算,12度半即可拉起来,而经计算,平尾可偏转17度,还有很大的余量。"

曹副司令员问:"飞行员知道这些情况吗?"

钟敏昭同志回答:"飞行员知道。"

曹副司令员说:"好!那就打电话,告诉飞行员来(当时飞行员在十一航校)。""其他技术问题只要你们保证了,我们就决定用敞开弹射试飞。"

6月30日,当飞行员来了以后,又提出几个问题,曹副司令员又找601所钟敏昭和孙绍孔(601所试飞组组长)去解答问题。正当曹副司令员下了歼8试飞的决心以后,一位秘书说:"曹副司令员是不是考虑一下飞行员的意见,飞行员反映平尾先失速,还是要听一听飞行员的意见。"

曹副司令员听后气愤地说:"你是秘书,不要干扰我下决心。平尾失速不失速的问题,刚才601所的同志都讲了,他们经过试验与计算,平尾效率是够的,要相信科学嘛!邹炎同志(当时是沈阳空军副司令员)你先做做飞行员的工作,如果做不通我下命令让他飞,要相信科学嘛!"

当601所钟敏昭同志汇报到歼8的武器系统等问题时,曹副司令员说:"歼8的武器还不行,要抓紧解决炮的问题。要赶快抓204雷达,如赶不上进度,可不可以先装317雷达,要考虑现实一点。要服从作战,作战第一。等歼8弹射救生出来要明年,所以还是用另外的办法,否则时间长了,成件就过期了。试飞中,飞机掉下来的可能性是千分之零点几,弹射救生是防备万一的,不是每次一上去就跳伞,要有一不怕苦、二不怕死的精神。如果其他问题都搞好了,只要飞机能拉起来,这一次

就试飞,就用敞开弹射。明天、后天就可以试飞。先飞个起落看一看,一步一步来,先飞起落,五千米高度,现在不是跳伞的问题。现在就看飞机本身还有什么问题没有,有无把握,如果有把握,我就和飞行员讲马上试飞。你们要保证飞机其他附件、系统、发动机、起落架等没有问题,就可以飞。光考虑跳伞,说明你们自己就没有把握。可先滑行,多滑几次再抬前轮,飞行员搞熟了,发挥他的积极性,最重要的是有信心,就能飞好。等飞行员来了,我们研究一下,只要飞机能拉起来,安全性不会发生问题,先飞一个起落就好办了。只要局面打开了,你们也有底了,飞一次检查一次,我们非常支持这个飞机,我们相信这个飞机是会成功的。"

曹副司令员接着说:"我们没有新飞机,我们跟着美国、法国跑还行吗?要有雄心壮志嘛!即使有问题也不要紧,科学的东西嘛,要一步一步来嘛!使用、科研、生产结合起来搞,工厂主要搞革新,设计所主要搞新技术。只要歼8飞机其他方面没有什么问题就可以飞,为什么顾虑那么大呢!材料、部件都经过试验,告诉飞行员不会发生问题,飞行员要好好练习操纵。过去,强5飞机也是个好飞机,但它的性能不如歼8好,也飞了嘛!"

曹副司令员又说:"歼8飞机只要能达到设计标准就不错。试飞后有问题要反复改,第一次就设计的那么好,也不合乎道理。我们来的人都支持这个飞机。空军、三机部、六院都支持这个飞机,准备三五天就试飞,但你们要做好准备工作,给你们两天时间,飞机你们再检查一下,机场要清扫,地面设备都要检查准备好。要说干就干,不要准备一个星期、半个月,要朝气蓬勃。"

7月1日,在112厂招待所里曹副司令员又召集歼8试飞领导小组的部分同志,还有十一航校副校长胡树和、630所副所长苏国华以及飞行员尹玉焕、鹿鸣东、沈阳空军副司令员邹炎等一起研究歼8试飞的有关具体问题。曹副司令员讲到:"这次我们来,听了厂所的汇报,感到歼8飞机已具备了试飞的条件,厂所的同志做了大量工作,现在已决定7月2日地面滑行,然

第十章 歼8飞机

后就进行试飞。"这时十一航校胡副校长说:"曹副司令员这次到沈阳来,了解了不少情况,很关心厂所的工作。但对决定歼8试飞,是否请曹副司令员再慎重考虑一下,歼8的技术问题很复杂,还有许多技术问题没解决,你们来沈阳才几天,时间很短,常副司令员是歼8试飞领导小组组长,他常来沈阳,对歼8情况比较熟悉:"由于歼8存在那么多问题,他一直未能决定试飞,现在决定歼8试飞是否太匆忙了。"他还说:"美国F-104飞机就是因为平尾太低,造成飞机安定性不好,歼8平尾问题还没弄清楚就试飞,这样决定太草率了。"

六院苏大鲁同志(歼8试飞办公室副主任)插话说:F-104是T型高平尾,不是低平尾。

曹副司令员说:"你胡树和这话是什么意思,常副司令员负责歼8试飞领导小组的工作,但我这次来,是和常副司令员通了气的,决定歼8试飞,我通知了常副司令员,他完全同意我的意见,你不要挑拨,我曹里怀夹着尾巴做人,我没有什么为个人考虑的,我是为了党的事业。"

这时,飞行员尹玉焕同志把一份事先写好的决心书递给了曹副司令员,并表示他一定要认真把这次歼8试飞飞好。请首长放心。曹副司令员看了决心书很高兴,并鼓励了飞行员尹玉焕。

由于十一航校胡树和副校长对歼8试飞缺乏信心,原定歼8试飞由他来指挥,考虑到他这种情绪,曹副司令员当即决定:这次试飞改由苏国华同志指挥,让胡树和同志担任副指挥。

在做了歼8飞机试飞的决定之后,为了做好准备工作,曹副司令员从6月30日下午到7月1日,又分别到112厂、601所进行试飞准备动员,分别与设计人员、地勤人员以及试飞人员等都开了座谈会,大家情绪非常高涨。

7月2日,曹副司令员为了慎重起见,又召集歼8试飞领导小组的同志和601所有关同志进一步研究歼8试飞问题。

刘增敏局长说:"曹副司令员在112厂、601所动员后,群众信心很大,很受鼓舞,当天对歼8飞机又做了仔细检查,并连夜开车,试验了35分钟,各个系统都进行了检查,工作很好。飞行员也对飞机进行了检查,校准了罗盘,并进行了练习,开车20分钟,飞行员反映情况是好的。现在正在抓好以下五个方面的工作:

1. 飞行方面:抓飞行组织、飞行计划和安全措施;
2. 机务工作方面:试飞车间抽调一个38车间的长期维护歼8的工作组,十一航校也派人参加,以加强对歼8的维护工作;
3. 场站保障方面:由38车间与试飞站保证,对跑道场面做了认真检查,保证没有问题;
4. 加强保卫工作:工厂抽调40人负责机场内、外的维持秩序工作;
5. 做好试飞中的来人接待工作。

曹副司令员对平尾的问题,虽然听了601所的汇报,但还是有些不放心,于是又问:"水平尾翼到底有没有问题?飞行员还是反映平尾先失速,机翼后失速,这个问题你们一定要认真弄清楚,要有把握。"

601所孙绍孔同志说:"平尾过去确实计算错了,后来由空军、试飞办公室、112厂、601所、军工、北大、七所三结合突击组织计算,试验证明平尾可以工作到17度,而抬前轮只要12度半,还有较大余量。"

刘增敏局长补充:"光平尾吹风就吹了几个月,吹风结果与计算结果也是吻合的。"

曹副司令员又问:"会不会进入螺旋?"

孙绍孔回答:"一般三角翼飞机不会进入螺旋。"

曹副司令员又问:"尾翼低于机翼行不行?"

高仲云同志说:"喷气式飞机平尾在下面比在上面好。"

曹副司令员高兴地说:"好了,这个问题清楚了,就这样吧!今后飞了有问题还可以改嘛!我相信可以改出个好飞机。"

王兴隆秘书这时提出:"根据飞行员反映,飞机着陆时抬机头看不见跑道。"

钟敏昭说:"这个问题我们做过试验,用起吊机吊过飞机,看过地平线,证明着陆时可以看见跑道。"

曹副司令员说:"要服从科学道理,要相信科学,水平尾翼

第十章 歼8飞机

可以工作到17度，其他飞机也没有那么大，水平尾翼不会失速就行了。着陆也能看见跑道，做过试验吗？"

刘增敏说："我们做过认真的分析，认为歼8上天是完全具备了条件的。通过以下工作可以说明问题：

1. 设计是有根据的，是在歼7基础上设计的，取其所长，补其所短，要相信我们的设计人员，他们做了大量工作。

2. 歼8做过大量试验。各部件、成件、全机等共进行了233项试验；吹风30多个模型，7000多次；在地面进行500多次弹射试验；在630所、623所进行的发动机、结构和各系统试验等200多次。

3. 1968年7月1日和1968年12月，两次组织上天试飞没有上去，都做了大量复查工作，共发现240多项问题进行了处理；今年上半年又做了进一步的复查，通过这三次大复查，技术问题基本上得到了解决，只剩弹射救生这一项了。

4. 影响安全的三个大问题，如动力系统、着陆装置、操纵系统，我们认为通过地面试验与空中试飞，该改进的改进了，该加强的加强了，工作是可靠的。发动机是歼7发动机改型的，经过试飞，证明技术上是可靠的，地面长期试车做了95个小时；着陆装置、前轮减摆机构都做了加强；操纵系统、各舵面助力器进行过多次试验、改进，都能可靠的工作。

5. 飞机结构强度，601、623所做了大量试验，一年多来，针对薄弱环节做了加强，达到了歼7的要求。

6. 飞行人员、地勤机务人员，一年多来一直在歼8上工作，情况熟悉；飞行员去年就进行过试车和滑行，对歼8试飞是有把握的。

7. 机场保障与设备都具备了条件，跑道加长到3040米，气象条件也好。我们认为试飞是没有问题的。

曹副司令员说："常副司令员多次讲到，对这个飞机试飞要支持。就是失败了我们也支持。王久晨不要这个飞机，这是个组织问题。"

苏大鲁说："我们又向常副司令员汇报了，对起落架、平尾和弹射救生，我们汇报了处理情况，他对我们的处理意见很满意。并告诉我们试飞要一步一步来。"

曹副司令员说:"我和常副司令员的意见是一致的。"

刘增敏又补充说:"曹副司令员决定歼8试飞后,大家情绪很高涨,都盼望歼8尽早飞上天。问题是,原来我们的思想准备不足,没想到领导决心下的这么快,但领导决心一下,我们的思想也要马上转过来,抓紧工作,这是可以弥补上的。从今年4月已把飞机搞好了,这些日子又进行全面复查,可以说,上天的条件是具备的。"

曹副司令员听后说:"思想工作好转,问题是条件是否具备;只要条件具备了,准备工作在于人,只要发挥出积极因素,准备工作就不需要很长时间。这个飞机是中央批准的,不飞好这个飞机不行,战略上要藐视,战术上要重视。今天先地面滑行,滑行以后我们给北京(空军)报告。"

经过112厂、601所广大同志的积极努力和认真细致的检查准备工作,7月2日下午3时到5时,歼8飞机进行了三次地面滑行,速度分别是70、150、200公里/小时,飞行员反映飞机滑行很平稳,各系统操纵也很好,没有什么大故障,只在滑行中,飞机稍有向右偏的感觉。

通过7月2日的地面滑行,曹副司令员指示再用两天时间把飞机全面检查一遍,机场与地面保障工作也要做好全面准备,7月5日正式上天试飞。

厂所同志又经过两天的准备工作,歼8飞机已处于良好的待飞状态。

7月5日上午,歼8上天试飞的时刻就要来到了。这时北陵机场塔台前面和两侧已坐满了人。112厂、601所、410厂、606所的广大技术人员、工人和干部,早已在这里集队等候了。观看歼8试飞的人们都怀着激动的心情,等待着飞机上天这一历史时刻的到来。塔台前的看台上,沈阳军区、辽宁省和沈阳市有关领导也陆续就坐,他们中间有:陈锡联司令员、曾绍山政委、沈空司令员王毓淮等。

组织这次歼8试飞,虽然曹里怀副司令员等做了大量工作,对歼8存在的技术问题做了认真分析并采取了必要的措施,但

第十章 歼8飞机

对平尾失速的问题总还觉得不放心,而且飞行员也一直认为没有很好解决这一问题。为了进一步弄清情况并消除飞行员的思想顾虑,曹副司令员和周洪波(当时为三机部军管会主任,参加三结合小组一起来沈阳)就在试飞前半小时又找我,要我把601所负责歼8气动的同志请来,再把平尾的气动问题汇报一下。我在601所观看试飞的技术队伍中把顾诵芬同志请来,顾总说:"开始我们按苏联气动研究院的资料介绍,平尾设计的位置还稍高一点,但经过吹风,在迎角7~8度时,有不稳定现象,所以就慢慢往下放,一直放到现在的位置,消除了不稳定现象,并先后在哈军工的小风洞和大风洞做了试验,发现在大迎角时稳定性也没有问题,美国F-8、A-3飞机都是这种形式,不会有不稳定问题。在高空高速肯定是安定的,只是放襟翼时,操纵舵面要大一些。"

经过顾诵芬同志的解释,曹副司令员等对平尾的问题更加放心了,并如实地对飞行员说,平尾没有问题,可以大胆的飞。同时告诉指挥员苏国华同志按时滑行起飞。

——《歼8飞机研制回忆录·第二辑》

◎ 由空军负责组成的航空工业领导小组。

曹副司令是军人出身,他处理问题的风格是典型的军人作风,果敢、坚定,一旦下了决心就绝不动摇。当然,在下决心之前,他是做了大量的调查研究的。与常副司令的风格一样,他的工作非常细致,不仅听取我们厂所领导和科研人员的意见,还深入到试飞站,亲自了解地勤人员的看法,总之,是在充分掌握了一手资料以后做出决断的。

我印象最为深刻的是他决定撤换了对试飞持怀疑态度的试飞指挥员。这个决定是现场做出的,因为原定的试飞指挥员不赞成飞,认为还有很多问题,就像一场战斗就要打响的时刻,指挥员对是否能打胜心存疑虑,当然难以胜任指挥任务,所以,作为现场最高领导者做出这个决定是非常必要的。

首飞的试飞员是尹玉焕。

曾任601所党委宣传部长的冯广来,2001年曾专程到北京,在走访了刘鸿志老所长、顾诵芬院士和我以后,写了一篇题为《歼8——历史丰碑——记我国第一架高空高速歼击机的研制》的文章。在这篇文章中,他有声有色地记下了歼8首飞的情景:

> 这是一片沸腾的蓝天,这是共和国航空史上辉煌的一页。
>
> 这天,1969年7月5日,我国自行研制的第一架高空高速歼击机在沈阳首飞成功。历史记下了这个时刻,人民记下了这个时刻,共和国记下了这个时刻。
>
> 清晨,天空晴朗,微风徐徐,旭日透过薄纱般的云层把金辉洒向大地。01架歼8飞机停置在机场跑道的南端,威武雄壮,展翅待飞。身着飞行服的首飞试飞员尹玉焕在草坪上来回踱步,尽量平息激动的心情。地勤人员紧张有序地工作着,进行飞机起飞前的最后检查。指挥车穿梭往来,传递着各种信息。观看试飞的上级领导、设计人员、工人和干部数百人汇集在机场南北两端,一片寂静,谁也不说一句话,焦急地等待着历史时刻的到来。
>
> 9点38分,根据空军副司令员、航空产品定型委会主任曹里怀的放飞命令,首飞指挥员苏国华下令起飞,两颗绿色信号弹凌空而起。01架歼8飞机带着共和国的期待和震撼人心的轰鸣,风驰电掣地从眼前滑过,抬头、拉起、爬升,像一把利剑刺向长空,消失在万里蓝天。从塔台的话筒里不时传来试飞员

第十章 歼8飞机

报告"飞行正常"的喜悦声音。不一会儿,发动机的声音由远而近,飞机在几百米的高度上平稳地从头顶掠过,展现它矫健优美的英姿,向欢呼雀跃的人群致意。太美了!像海燕,似雄鹰,这就是我们亲手设计的歼8飞机啊!多少个不眠的日日夜夜、寒暑春秋,就是为了这一天。

在指挥车上观看首飞的空一军军长、朝鲜战场上曾击落美军"王牌飞行员"的空军英雄张积慧连声称赞:"一所了不起,飞起来啦!"

飞机在3000米高空盘旋三圈,并两次低空通过跑道上空后,开始降落。人们屏住呼吸,双眼紧盯着徐徐下降的飞机。在人们的视线中,飞机越来越近,越来越大,下来了,昂着头,终于接地了,是那样的轻盈。飞机滑行一段后,放出两具白色的着陆伞,平稳地停在跑道上。人群又一次沸腾了,不约而同地把帽子抛向空中,群情激奋,欣喜若狂,欢声雷动,大家互相击掌祝贺,热泪盈眶。

前来观看首飞的沈阳部队司令员陈锡联兴奋地说:"我们打了几十年仗,都是别人的飞机打我们;今后打仗,就要用我们的飞机打敌人!"

曹里怀副司令员更是异常高兴,激动地说:"快向北京发电,向毛主席报喜!"几天后,北京来电:毛主席见了歼8飞机上天的报告后很高兴,并要看歼8飞机模型。112厂连夜赶制了有机玻璃包装盒,把歼8飞机模型送到了北京。

01架歼8飞机首飞成功,是我国航空工业发展史上一座重要的里程碑。从此,共和国不能自行研制高空高速歼击机的历史结束了。

——冯广来《歼8——历史丰碑》

歼8首飞成功,大家都非常高兴,当晚聚餐的时候,我们举起盛满啤酒的杯子,互相碰杯以示祝贺,每个人都喝了一杯。

◎ 1980年3月2日，我（右一）陪同王震副总理（右二）在南苑机场参观歼8白天型飞机及装备的空空导弹。

歼8跨声速抖振

歼8实现了首飞仅仅是研制工作进入新阶段的一个标志，试验飞行中还会暴露大量的技术问题，这就需要边飞、边发现、边解决，所以航空界的共识是：一架好的飞机不仅仅是设计和精心制造出来的，而且是通过试飞员冒着生命危险经过成千上万次的飞行试验飞出来的。

歼8飞机设计飞行马赫数为2.2，但在试飞过程中，马赫数在0.8以前和在1.1以前都出现了抖振，直到最终实现原定设计指标——2.2，要彻底解决的一个主要问题还是抖振。顾诵芬在他的回忆录中写道：

1969年7月26日，歼8飞机首飞以后，飞到8月初，出现了抖振，飞行员说，就像坐着一辆破公共汽车在不平的马路上跑的感觉一样，颠得太厉害。分析原因时，搞机务的有一些经

第十章 歼8飞机

验，认为是螺钉松动或包皮没拧紧引起的。搞仪器的同志则担心过载表有问题，还拿着过载表，骑着摩托车在跑道上试，看振动能超出多少范围。折腾了一个来月，用了多种方法没有能够解决问题。

——顾诵芬《我的飞机设计生涯》

当时文革风起云涌，我们都处于随时被批判的情况下，顾诵芬是所里的副总设计师，但受到运动冲击后，他的工作也没有明确。试飞遇到这样的难题，有人吹冷风说，"歼8飞机超声速都飞不了，还飞什么大马赫数？"我们顶着压力，坚持走三结合道路，与技术人员、工人师傅一起研究解决难题的办法。

顾总怀疑抖振是由于气流分离造成的。他带了一些人在AT-1风洞做机身的油流试验，看到涂在后机身的油层就像开了锅一样翻滚，于是决定对后机身进行修改。他提出在后机身加一个罩，减少气流分离，这个方案在所里取得了大家的一致同意。但谁来加工这个罩呢？112厂因为歼6生产任务太重，每年要生产600架，忙不过来，加上还有不同的认识和想法，所以不愿意承担这个任务。我当时下了决心，我们一所自己干。

我一直坚持在一所设立一个试验车间，因为设计过程中，经常要有一些试验件，而且已经加工出的试验件还经常会有修改、重新设计制造等需求，完全靠工厂会很被动，自己有了一定的加工制造能力，不仅主动，而且可以提高解决技术难题的效率和质量。工厂不愿意干，我指挥不动，但在所里，一个指令就可以动起来，所以我决定一所自己来加工这个罩子。我们一所试验车间的钣金工水平是比较高的。按照顾总提出的方案，模线设计员冯家斌趴在地板上画出图样，由试验车间的工人师傅制作，就这样弄了一个月。那些天里，很多同志如骆长天、曹桂馨和车间的王凤贵等同志几乎是连轴转。我到车间去看后，很为大家的干劲感动。

新机尾罩加长了尾锥，外圈加环形整流罩，另外还参照歼6飞机，将尾喷管的尾尖收缩角减小，采取了这些措施后，飞到马赫数0.8，没有发现抖振。但继续进行试飞时，有一次整流罩被气流吹破，罩子的蒙皮翻了过来，扎进水平尾翼翼面，那是很危险的。试飞员在空中没有感觉，下来以后，大家都吓了一跳，那一次没有出问题真是万幸。

以后取消了这个环形整流罩，采取加长尾锥，并在机尾罩上开弹簧式的吸气门和填平机尾部的凹坑等措施后，1970年3月10日，歼8飞机闯过了超声速这一关。

北京的飞行表演

1970年5月12日，01架歼8飞机在沈阳试飞了一段时间后，转场到阎良途中，在北京南苑机场共进行了三次飞行表演。5月26日下午，时任中央军委负责人的林彪等人和总政治部主任李德生等观看飞行表演；5月28日，邓颖超、李先念等国务院领导同志观看飞行表演。那一次，我在601所，没有参加这次飞行表演。

1974年8月12日，05架飞机转场去阎良630所继续进行定型试飞，途中在北京通县又进行了飞行表演。随飞机转场的有112厂、601所、410厂、630所、空军十一航校等单位的同志共44人。601所由钟敏昭带队，当时他已是601所科技处副处长，并担任歼8型号主管，成员有601所外场科科长丁吉元，还有孙绍孔、吴宏猷、许开明、田德利、徐善同等7位技术人员参加。转场工作组组长是潘国武，钟敏昭、杨永光、鹿鸣东为副组长。

那时我已经到国防工办工作，陪同叶剑英副主席和中央领导同志及相关部委、军队机关的领导同志观看了这次表演。钟敏昭对这一次飞行表演记忆很深，他回忆：

> 在通昌共停留42天，在这期间共表演飞行7次。8月24日飞行表演后牵引飞机时，扭坏了前支柱转弯止动块，立即从沈阳调来前起落架更换。在9月8日表演完后，中央保卫部门的人员，对转场人员分别进行了审查，听说中央首长要来看飞行表演。

1974年9月16日下午4时30分至5时30分，叶剑英副主

第十章 歼8飞机

席等中央首长视察了歼8飞机,并观看了歼8飞机飞行表演。当时观看飞行表演的还有中央首长李先念、陈锡联、华国峰、苏振华、倪志福;军委副主席聂荣臻与军委首长张才千、李达、刘贤权、张宗逊;国务院各部委首长有粟裕、余秋里、谷牧、袁宝华、李仁俊、方强、叶正大、陶鲁茄。陪同参观的还有空军马宁、傅传作、曹里怀、海军王万林等领导人,三机部张孔修、张健华,六院夏屏西、周兆平等领导人。

下午4点以前,首长陆续到达,李先念先到观礼台旁边和人们闲谈,当时曹里怀、叶正大和我也在场。李先念非常关心歼8研制进度。

4点30分,观礼台上首长都到齐了,歼8机停在起机线上,一声令下,由空军副团长、试飞员鹿鸣东驾驶05架歼8机进行了低空特技、8字盘旋、跃升等表演科目,共飞行22分钟。随后,由我汇报了研制简况及性能数据,谈了歼8飞机已生产出5架,两架做静力试验,飞机性能已基本飞完,但按照定型大纲的要求,还应补飞战术性能等情况。汇报共进行了15分钟。最后,中央首长步行走下观礼台,和列队在歼8飞机前面的随机转场工作人员一一握手致意。叶副主席说:"同志们辛苦了!"同志们齐声回答:"为人民服务!"之后,首长参观歼8飞机,我跟随叶副主席并进行解说,介绍了歼8飞机采用的新技术、新成品。当叶副主席听到起落架材料是用我国自己研制的铁基高强度钢时说:"这个好啊!"又问:"过了关没有?"我答:"已经过关了"。在看了无内胎轮胎、整体壁板、氟塑料导管后说:"这很好,都是些好东西!"在看到蜂窝结构时说:"这个已经过关了?""那不是在五几年打下U-2在南苑才看到的嘛"。

叶副主席边看边兴致勃勃地对陪同的有关领导说:"你们(指方强同志)、还有你们(指马宁同志)、还有三机部、六院对歼8要很好的抓","军委要开个会研究一下歼8问题"。当时,李先念副总理插话说:"叶副主席,你快说话呀!多生产点歼8,装备空军。"叶副主席说:"可以建立一个歼8生产线,歼6的生产量可以少一些,多生产一些歼8。"又对马宁同志说:"你们向三机部要飞机嘛!"

叶副主席在参观快结束时说"要团结起来,争取更大的胜利,各协作单位要齐心协力。"叶副主席在参观过程中,几次提到歼8明年一定要定型。

观看飞机后,在叶副主席和我握手告别时,当他知道工作组人员包括有112厂、410厂,601所、630所等同志们时,叶副主席说:"再去看看他们。"又和工作组人员一一握手。并说"看了以后很高兴,同志们辛苦了!团结起来,争取更大的胜利!"

叶副主席最后离开机场,临走时再次和我握手。并说"谢谢你们。"

——《歼8飞机研制回忆录·第二辑》

看到自己曾亲自主持过设计研制工作的歼8飞机有出色的表现,并得到叶帅和中央领导同志的好评、夸奖,我深感欣慰和自豪。

歼8定型

歼8飞机的定型经历了很曲折的道路。1971年以前,歼8飞机就只有一架(01架),但就是这一架飞机,截至到5月底,共飞行了94架次,空中飞行时间56小时12分。先后进行了起飞、着陆、爬升、大马赫数、升限、航程及续航时间、最小机动表速、水平加速性、操纵性、加速性、盘旋、俯冲、急跃升、上升转弯、横滚等特技飞行,还进行了发动机部分性能和带外挂物等11项试飞。

1971年8月10~14日,航空工业领导小组在北京主持召开歼8飞机设计定型会议。我与钟敏昭同志参加了会议。我们汇报了歼8飞机试制和试飞情况,研究了今后有关歼8飞机试飞、试用和试制生产的意见。那次会议最后通过了一个《歼8飞机技术性能初步定型报告》,准备呈报航空产品定型领导小组和国家军工产品定型小组审批。但此后一个月,"913"事件发生,歼8飞机的初步定型工作也就顾不上了,第一次初步定型工作不了了之。

第十章 歼8飞机

以后,我离开了601所,在顾诵芬同志主持下,通过试飞,对歼8飞机存在的技术问题进行了深入研究并采取了有效措施,终于在1979年底,完成了歼8飞机白天型设计定型工作,那是歼8研制历程中一个辉煌的里程碑。1980年3月,航定委批准歼8白天型设计定型。1986年2月生产定型。1985年7月,歼8全天候型设计定型,前前后后经历了21个寒暑春秋。

◎ 与曹副司令(中)、段子俊副部长(右二)、吴云铎(右一)、何文治副部长(左一)、飞行员鹿鸣东(右三)在歼8飞机前合影。

在顾诵芬同志组织下,601所将总结材料准备好后,先请了空军预审。1979年11月,由李安东同志带队,经审查后没有什么意见,于是准备在12月正式定型,请空军审查组进入。

当时空军内部领导层的意见不一致。空军审查组的工作一直扯到了12月30日。那一次我接到通知,以航定委成员的身份来到沈阳。当时是曹里怀副司令带队,他是航定委主任,同行的还有六院副院长周兆平、三机部副部长段子俊等。曹副司令一到就明确表态,主张赶快定型,最后用了半天时间讨论,大家都认为符合定型条件,挂账的就只是霹雳3导弹。

就这样,会议一直开到12月31日晚上10点钟才结束,歼8正式定型了。

1985年10月,经国家科学技术进步奖评审委员会评定核准,授予歼8白天型和歼8全天候型飞机国家级科技进步奖特等奖。代表

283

获奖者的名单也写上了我的名字,获奖者共有7人:

顾诵芬、王南寿、叶正大、罗时大、方文富、鹿鸣东、朱克昕。

歼8研制回顾

1986年11月,航空工业部在南京召开了航空工业史基层编史工作会议。在这个会上,科研分编委委托601所编史办公室汇编出版《歼8飞机研制回忆录》,作为背景资料,供撰写中国航空科研发展史和深入总结歼8飞机研制工作经验的领导和专家参考。

◎ 2000年9月15~17日,在沈阳棋盘山八贤庄园召开的座谈会上,22位曾经担任过飞机总设计师一级的老专家汇聚一堂,畅谈自己设计生涯中的经验得失。顾诵芬同志(左二),程不时同志(左三)。

该《回忆录》的宗旨在于广泛收集和进一步发掘、积累歼8系列飞机的研制史料,深入总结歼8系列飞机研制过程中的经验教训,借以推动航空科研和新机研制技术的发展,尽快改善空军、海军航空兵的装备。回忆录的主编是601所解思适所长,主审是时任601所科技委副主任的赵沛霖同志,都是当年一起工作过的老同志。接到他们的征稿函后,我写下了自己的回顾和体会,被收入1989年7

第十章 歼8飞机

月出版的第二辑中。抄录如下：

研制歼8飞机的回顾

我国的航空工业走的是一条先修理后制造再自行设计的发展道路。由于抗美援朝战争的需要，1951年党中央决定建立我国自己的航空工业，维护修理战争中破坏的飞机。1954年沈阳飞机制造厂开始仿制我国第一种喷气歼击机，1956年就成功地飞上蓝天并交付部队使用，标志我国已经开始掌握喷气式飞机的制造技术，跨入喷气时代。与此同时，开始组建自己的飞机研制队伍，为自行研制飞机做准备。

我国第一架自行研制成功的高空高速歼击机，是从1964年开始的，后定名为歼8。在研制过程中，首先到部队调查研究，征求意见，形成合理的战术技术要求，然后按照战术技术要求搞了20多个可行的技术方案进行选择。而当时我们已掌握喷气式飞机的制造技术，故当时确定的技术方案起点较高。基本方案确定后进行技术设计，制造木质样机，请使用部门进行审查后进行试验飞机的试制图纸设计。在研制过程中进行了7000多次的高、低速风洞试验，200多项结构、系统、特设试验，20多项飞机的空中试验。1966年初，工厂全面开展了两架原型飞机的试制工作。1967年9月完成第一架飞机的总装工作，同年10月总装出静力试验用的飞机，经过各种局部试验，于1968年9月进行全机静力破坏试验。由于文化大革命的干扰，批判了所谓"管、卡、压"，全厂的质量检验系统受到极大破坏，导致中机身上壁板与框的搭接处铆钉材料和直径都错用，因此使飞机提前破坏，没有达到设计要求。这是歼8飞机研制中遇到的第一次事故。为此，需要重新制作一架飞机再进行静力试验。1968年12月，第一架飞机进行了首次地面滑行，由于试验方案不当和前轮减摆器强度不够，引起前起落架强烈振动，飞行员紧急刹车而使左主轮爆破，这是歼8研制中遇到的第二次事故。在这两次事故后我们并没有气馁，为保证质量和飞行安全，对飞机的设计、工艺等进行全面复查并加强了各方面的计算和试验工作,经过大约半年的整顿,我国第一种自行研制的高空高速歼击机,终于在1969年7月5日飞上祖国的蓝天。由于静力试验和空中试飞暴露出了问题。1970年初重新更改了图纸并投产四架飞机。1972年12月,全机静力破坏试验顺利通过。其他几架试飞飞机不断克服技术难点后,飞了1000多个起落、600多飞行小时。1979年12月,经过航空军工产品定型委员会审核同意,1980年3月国家军工产品定型委员会批准设计定型,进行批量生产,装备部队。现在我人民空军和海军航空兵已用我们自行研制的歼8歼击机保卫我国的领空。

通过歼8飞机的研制我们可以得到下面的启示:

一、领导科学的正确决策是研制成功的决定性环节。在党中央"从修理到制造再自行设计"的建设方针指引下,我们歼击机的自行设计工作是开展得比较早的,但由于受"大跃进""左"的思想的影响和其他种种的原因,我们进行过两种型号的研制工作都没有取得成功。失败是成功之母,正是由于在唐延杰院长为首的航空研究院党委正确领导下,能正确认清形势,接受教训,正确做出摸透批生产飞机技术的决策,引导设计队伍下苦功夫做了大量的试验研究论证工作,为独立研制自己的歼击机打了坚实的技术基础,最终才成功地研制出自己的歼击机。在自行研制的方案论证工作中,在一些影响全局性的问题上,如发动机是采用新研制的(单发),还是采用批生产改型的(双发),有不同意见,经过充分发扬民主.听取广大设计人员的意见,最终做出采用双发方案的正确决定。可以说没有领导民主的、科学的正确决策,就没有歼8歼击机的今天。

二、设计、生产、使用三结合的方针,是集中各方面的智慧搞好歼击机研制的有力保证。在酝酿飞机的战术技术要求和总体方案时,我们先后到空军的两个军、四个师及海军航空兵的两个师、两个团、一个独立大队进行调查研究,广泛征求指战员和维护保养人员的意见,形成基本符合我国国情和作战环境的战术技术要求和飞机的总体方案。在木质样机审查中,广大指战员又提出200多项改进意见。在工厂试制发图过程中,广大工艺人员和工人师傅提出2000多条合理化建议。在研制过

第十章 歼8飞机

程中进行了近万次风洞试验，几百次静动力试验和系统试验。在第一次上天首飞时，是空军副司令员亲自坐镇，派出得力的试飞员和指挥员进行试飞。在试飞过程中，试飞中心的空地勤人员和技术人员一道排除故障，攻克技术难关，最后才取得设计定型的成果。没有使用部门的支持和参与，没有生产试制部门的努力，也没有歼8机的今天。

三、技术与经济相结合是和平时期发展歼击机带全局性质的大问题。国防现代化对武器装备不断提出新的要求，要求武器有更高的杀伤效果；另一方面在和平时期军事装备的科研、采购和维护使用费用有一定的限制。如现在一架现代化歼击机的价格，经过40多年，五六代的发展，是第一代歼击机的80~100倍。因此，我们在考虑发展歼击机的时候，在考虑提高其作战效能的同时，有必要考虑经济上的投入和产出。要使作战效能的提高大于经济上的投入——价廉物美，这样歼击机在和平时期的生命力才更强大，更能得到使用部门的支持。

——《歼8飞机研制回忆录·第二辑》

第十一章 歼9飞机

从1964年讲起

1964年10月，六院在一所召开的会上，最后形成的两个方案中，一个是采用两台改进的815发动机作为新机动力装置的双发方案；一个是选用二所自行设计研制、推力为8500千克的910涡轮风扇发动机为动力装置的单发方案，也就是二所副总设计师李志广在英国看到的斯贝加风扇的方案。

经过会议充分讨论，考虑到要实现二所在会上提出的方案，还需要一段较长的时间，六院总工程师室董绍庸当时就讲，这个方案没有六七年时间是干不出来的，这显然与六院领导传达的中央意图不符。因为发动机的研制、试验周期赶不上飞机的研制进度要求，所以会议一致同意先搞双发方案，单发方案可作为下一个研制型号，继续研究论证。这实际上就把二所提出的发动机方案否定了，这样一来，二所的任务就不多了，因为歼8选用的815甲发动机，是在已有815发动机基础上的改进，虽然采用空心叶片以提高涡轮前温度也有不少关键技术问题要解决，但作为一个发动机设计研究所，

第十一章 歼9飞机

只是对一个成熟的发动机进行改进，任务量显然不足，因此院领导要求一所再考虑一个单发的方案。

记得在上午的会议确定采用双发方案以后，当天下午我就和黄志千总师找来几位技术骨干研究单发的方案，好回复院领导。讨论中，沙正平同志提出，可以搞一个马赫数为2.4的单发方案，配一台涡扇发动机（以后该型发动机代号定为910）。提出马赫数为2.4是有道理的，因为马赫数要到2.5就需要突破热障（注），对材料的要求就高了，实现起来更为困难。最后就以他的设想为基础提出了马赫数2.4的单发方案。

1964年11月，按照中央决定实行"部院合并"后，三机部召开了工作会议，在这个会上，我提出搞"双25"，就是马赫数2.5、升限25千米。因为歼8马赫数是2.2，如果单发搞一个2.4，相差不大，技术上也没有突破，所以我提出"双25"，段子俊副部长马上就表态，支持搞这个指标的方案。会议结束，我回所里以后决定再上一个型号。

为达到"双25"，在气动布局上做了多种方案——鸭式、正常式、三角机翼、后掠翼，等等。最后确定的是三角机翼、两侧进气、带尾翼的方案，当时称为"67方案"，这也就是以后的歼9。当时歼8是"65方案"。

注释：

热障（thermal barrier），当飞行器进行超声速飞行时，机体表面与空气强烈摩擦的影响，飞行器蒙皮温度会随马赫数的提高而急剧上升，这种因气动加热而引起结构和材料上的困难的现象被称为"热障"。一般把马赫数2.5作为"热障"的界线，低于这一值，可用常规的方法和材料；高于该值，则必须采取克服气动加热问题的措施，如用耐高温的钢或钛合金制造飞机的蒙皮和框架等。

确定方案不容易

1965年2月,我带着初步确定的"67方案"去北京向唐延杰院长汇报,唐院长要求一所在6月底前提出单发初步设计方案,组织好歼9飞机型号线,确定型号负责人。他还要求我回所后对一所技术力量进行调配,双发歼击机(即歼8)投入全部设计力量的70%,单发(即歼9)投入全部设计力量的20%,其余10%的设计力量用于课题研究及预研。

1965年4月12日,三机部正式下达了《关于开展歼9飞机方案研究和设计工作》的通知,要求歼9飞机力争赶上世界先进水平,突出高空高速性能,加大航程和续航时间。通知指出:根据中央在1972年以前在主要产品方面要赶上国际先进水平的指示精神,在自行设计歼8歼击机的基础上,立即开始展开单发歼击机、发动机和武器系统等方案研究和设计工作。通知要求:单发歼击机应力争赶上世界先进水平,性能要比双发歼击机好,主要突出高空高速性能,力争加大航程和续航时间,作战对象为美国F–4B歼击机。通知还强调了,可在下列两个设想方面进行方案论证和比较工作:

一、突出截击性能,兼顾歼击作战和对付低空高速目标。飞机最大马赫数为2.3左右,升限在20千米左右,重点突出航程,作战半径大于450千米。

二、突出截击性能,兼顾歼击作战。飞机最大马赫数为2.4~2.5,静升限为21~22千米,重点突出高空高速性能,作战半径大于350千米。

通知明确要求:"单发"歼击机的重量应控制在14吨左右,发动机的地面加力静推力为11吨左右。一、二所应围绕上述方案论证共同研究确定,力争满足飞机性能的要求。飞机方面应加强战术技术要求,武器及其控制系统的论证工作,一所与二所、五所密切配合共同进行,6月底以前提出初步的飞机战术技术要求报三机部和六院审查。

第十一章 歼9飞机

20世纪60年代，我国航空科技工业的水平与世界先进水平的差距还不是很大，从研制设计出的机型看，当时世界上航空科学技术发达的国家，如苏联、美国和欧洲的几个国家都还处于喷气式飞机发展的初期阶段，我们的差距主要表现在科学试验基础设施和工业基础方面，当然，随着发展的深入，我们的短板会凸现出来，差距也会有所拉大，但在当时，我们对于上级的要求没有退缩，赶超世界先进水平是大家的心愿，不像后来文革中只是作为一句空喊的口号，同时我们也很有信心，是实实在在地开展设计研究工作的。

1965年5月8日，我们安排总体室主任谢光带队到洛阳与五所论证歼8、歼9飞机武器火控系统，在北京向六院徐昌裕副院长汇报歼9飞机的设想。在汇报中，徐副院长指出，研制歼9飞机，要有更多一些独立自主的东西，要选用性能好的辅机，要组织力量仿制并准备装"麻雀"Ⅲ导弹。

1965年5月16日，我在所里主持召开了歼9方案讨论会，时任总体室主任的谢光同志在会上提出了五个方案的设想及其战术技术要求：

一、高低空全面压倒F-4B方案。

二、突出高空高速的拦截方案。

三、以拦截为主，突出武器设备方案

四、以歼击为主，兼顾高空高速方案。

五、以歼击为主，兼顾低空性能方案。

会议经过认真讨论研究，一致认为歼9飞机应具有以下战术技术性能：

1. 升限为22千米，最低不能低于21千米；

2. 最大马赫数为2.3~2.5；

3. 最大速压为8500~9000千克/平方米；

4. 过载为7~8g；

5. 起飞着陆性能要好；

6. 电子设备应小型化；

7. 武器：装两枚导弹，一门23毫米六管机炮，备弹量为300发；

8. 航程：1900~2000千米；

9. 飞机总重量为 13.5 吨。

按照上述设想和具体战术技术指标，会议认为还需要进一步协调论证。

1965 年 6 月初，我们重新明确了以谢光同志为首的歼 9 飞机型号线，要求在 6 月 25 日前拿出方案并上报。

要实现"双 25"，最大的问题还是发动机，经过多次计算，发动机推力必须要达到 12500 千克，但二所总师虞光裕说，国内的锻压设备最多只能加工 10 吨级推力发动机的盘件，因此 12 吨级推力的发动机根本无从谈起。一所、二所双方意见僵持了一段时间。

也就在这个时候，我们从越南战场获取了一架美国 F-105 战斗机残骸，这一型飞机装的是 J75 发动机，推力是 12500 千克。唐延杰院长专门就此事给二所所长刘苏写信，主要意思是二所还是应该接受一所意见，将发动机推力做大一点。刘苏所长接到信以后，带了主管 910 发动机设计的袁美芳副总师来一所和我们讨论。

一所当时的分工，双发由王南寿主管，单发由谢光主管。谢光口才好，在与刘苏、袁美芳等讨论时，他阐述了我提出的要实现"双 25"，发动机推力必需在 12500 千克的意见，讲得很透彻，最后刘苏称赞他，说你讲得很好。最后二所接受了我们提出的方案，发动机按 12500 千克推力要求研制。

1965 年 6 月底，我在所里主持召开了歼 9 飞机方案论证会。会上，总体室着重介绍了歼 9 飞机 I、II、III 三个方案。

1965 年七八月，我带总体室的技术骨干到部队征求意见时，除听取对歼 8 的意见外，也很认真地听取了部队同志对歼 9 方案的意见。从鞍山到海南岛，跑了一圈，部队对歼 8 的意见比较统一，对歼 9 部队强调的是机动性，不是高空高速。回来后，我找顾诵芬告诉他，部队要的是跨声速、高机动性，但涡扇发动机的缺点是在跨声速时推力增长很慢、加速慢，这样歼 9 在跨声速时的机动性反而不如歼 8，选用涡扇发动机的优点是高空高速性能好，我们商量来商量去，觉得在确定涡扇发动机的方案以后，解决存在的问题并不容易，方案不怎么好改动。

第十一章 歼9飞机

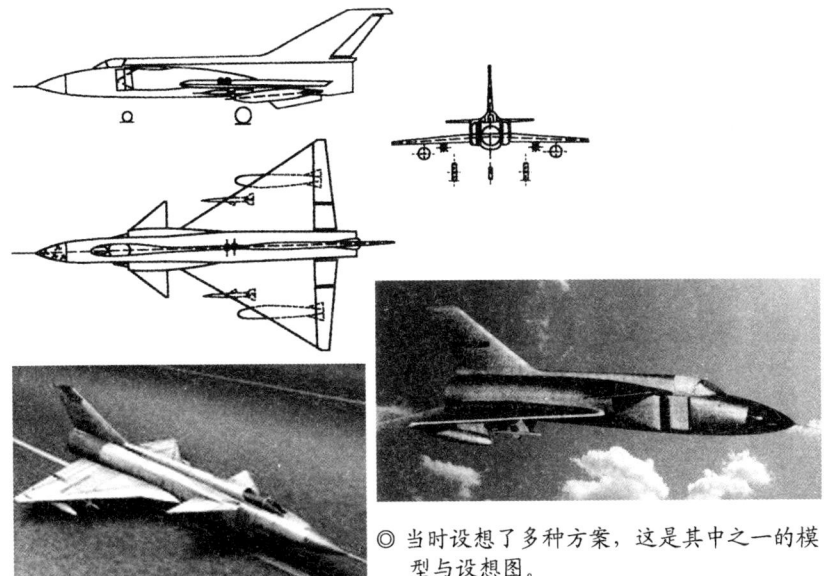

◎ 当时设想了多种方案，这是其中之一的模型与设想图。

Ⅳ、Ⅴ方案之争

1965年8月中旬，在贺龙副总理视察沈阳航空工业时，听取了一所刘鸿志、王南寿、顾诵芬、宋文骢以及二所领导同志关于歼8、歼9设计方案和F-4B飞机残骸分析研究工作的汇报。对歼8、歼9飞机的设计方案，贺龙元帅表示同意。

1965年9月中旬，徐昌裕副院长在一所主持召开了歼9飞机、发动机、兵器协调会。会上一所、二所、五所分别介绍了飞机、发动机和武器系统的设计方案及战术技术指标，一所总体室副主任方宝瑞还提出短距起落方案。徐副院长提议集中比较以下三种方案：一是高空高速方案；二是以对付轰炸机为主、夜间复杂气象条件下全天候作战的方案；三是不突出高空高速，强调机动性和起飞着陆性能好，前线机场破坏后亦能作战的方案。

经过讨论，与会者同意第二种方案。大家认为歼8飞机基本上能满足部队要求，可适应白天大机群作战，可以与F-4B飞机作战，

293

研制出来还可以不断改进。如歼 9 飞机仍搞高空高速方案,则与歼 8 飞机性能差不多,所以歼 9 飞机的重点应放在突出设备性能方面。会议上有很多人都讲到,现在不搞全雷达飞机、不搞半主动式导弹、不实现在夜间复杂气象条件下对敌轰炸机作战,便会处于被动地位,因此应有两手准备,既要有白天简单气象条件的歼击格斗作战的歼 8 飞机,也要抓紧研制有比较好的火力控制设备和很强的导弹火力,能在夜间复杂气象条件下作战、以 B-58、B-52 轰炸机为主要攻击目标的歼 9 飞机。至于短距起落的方案,还有一些技术问题难于解决,可以着手研究,但用于型号设计,还需要一段探索的过程。

徐副院长在会上做了总结发言,肯定了第二种方案,即歼 9 飞机应把重点放在武器和设备上,首先要解决能打轰炸机的问题,要求歼 9 飞机方案定下来以后,还要进一步论证总体性能;提出新工艺、新材料清单;提出技术难关和所要做的试验项目。在歼 8 与歼 9 工作安排上,在歼 8 飞机研制处于高潮期时,集中力量搞歼 8,高潮期过后再搞歼 9 飞机。

根据徐副院长的指示,我们与有关所进一步论证、协调后,整理上报了歼 9 飞机战术技术指标草案,初步提出了歼 9 飞机研制中的关键技术问题和新材料、新工艺主要项目,提出了研制过程中所需要的大型试验项目及试验设备,并进行了气动试验的准备工作。

根据国防工业党委"937"会议提出的力争用二年时间完成三年主要任务的指示精神,我们提出歼 9 飞机的研制进度为:1966 年进行方案论证和草图设计;1967 年底完成技术设计,并制造出木质样机;1969 年试制出飞机样机。

1965 年 11 月 8 日,空军对歼 9 飞机方案进行了讨沦。

1966 年 1 月 18 日和 3 月 1 日,歼 8、歼 9 两型号飞机专案小组对歼 9 飞机方案进行了讨论,一致同意上报审批。

1966 年 4 月 1 日,三机部向国防工办、国防科委呈报了《歼 9 飞机设计方案》。1966 年 6 月 14 日,国防科委召集会议,对歼 9 飞机设计方案进行了讨论和审查,认为歼 9 飞机设计方案提得有根据、有针对性,性能指标比较先进,是我国赶超国际 70 年代水平的产品,也是自力更生可以实现的。1966 年 7 月 20 日,国防科委向中央军委呈报了《歼 9 歼击机战术技术论证报告》。1966 年 8 月 11 日,

第十一章 歼9飞机

军委副主席叶剑英批准"同意"国防科委的报告。

叶副主席批准的歼9飞机方案的作战对象是美国F-4、B-58、F-111、FB-111等机种。其主要战术技术性能是：最大马赫数2.4，静升限20~21千米；最大航程3000千米（带副油箱）；作战半径600千米，最大续航时间约3小时；最大爬升率每秒180~200米；最小转弯半径6.9千米。武器：二门23毫米六管机炮，两枚霹雳4空空导弹。研制进度：要求1969年出样机，1970年完成设计定型。

1966年8月18日和9月4日，国防科委和三机部先后发出了歼9飞机研制任务的通知，要求按中央军委批准的设计方案，抓紧组织研究工作。

1966年10月，我们召开了歼9飞机设计动员大会，宣布组成歼9飞机现场设计工作队，由赵国士任队长，张仲秋、邱宗麟任副队长，下设布局、总体、系统和设备4个组，整个设计队伍共60余人。

那时文革已经开始了，上级对设计工作提出了"革命化"的要求，我们响应设计人员要到现场的倡议，把歼9设计队伍派到了芜湖的空三师进行现场方案设计。

当时方宝瑞同志看到英国一份杂志上发表了法国达索公司从"幻影"-3转到"幻影"-F1的思路，是从无尾三角翼改为有尾翼飞机，鉴于我们原有方案中的传动平尾大轴重量太重，所以提出来，干脆搞一个无尾翼的歼击机。

随着文革的深入，一所的群众出现了派性，群众组织也因观点不同形成了不同派别。有一个称为"辽革站"的组织是以工人、后勤部门的群众为主，也有少数技术人员参加。在方宝瑞提出了无尾翼方案以后，两派之间在这个具体的技术方案上产生了矛盾。当时的Ⅳ方案为有尾三角翼，Ⅴ方案为无尾三角翼。两派群众组织把Ⅳ、Ⅴ方案作为各自的斗争武器，相互进行攻击，当时的说法就是谁的方案能获得最后批准，谁就是"左"派，这当然就把技术问题完全"政治化"了。"设计革命化"的结果是将"革命"带入了设计工作。

争论越来越厉害，确定设计方案的工作停顿下来。这中间我们

◎ 无尾翼的Ⅴ方案。

◎ 有尾翼的Ⅳ方案。

还报请空军召开过一次歼9评审会，空军方面的朱宝鎏也参与了。造反团（831）一派一直在强调无尾的好处，"辽革站"一派则强调正常式，都去找空军，但空军的同志很警觉，发现这其中有派性作祟，认为不能定，就放下了，没有发表意见。

1968年3月，六院召开《动员落实歼9研制任务》会议，按所谓多数人意见，决定上Ⅴ方案，国防科委又根据六院意见仓促批准了歼9的Ⅴ方案。之后，六院于4月3日下达《关于批准歼9总体方案的通知》，并不切实际地要求1969年"十一"前把歼9送上天，向国庆20周年献礼。

第十一章 歼9飞机

◎ 这还是冯家斌同志的作品，歼9飞机用今天的模型再现了当年设计方案。

临难无慑见真情

六院《关于批准歼9总体方案的通知》一下达到所里，一所内部就炸了窝，原先赞成Ⅳ方案的一派不干了，要造我的反，揪我去北京六院。

我记得那是在陈拨同志被迫害致死后不久，反对Ⅴ方案的一派群众组织抓了我，用吉普车拉着直奔沈阳火车站。那时坐火车不用买票，车厢里挤得水泄不通，根本无法上车，他们将我从车窗里硬塞了进去。车厢里没有座位，于是就又把我塞到了紧邻厕所的一个座椅下面，就这样晃荡了两天到了北京，直奔六院。那时六院已经军管，军管会的同志对群众组织的头头们说："你们怎么造反都可以，但不能限制叶正大的人身自由，必须先把人放了。"于是，造反派群众才放了我。

我被放开了，但不能回沈阳，怎么办呢？

就在这个时候，杨凤田同志知道了我的情况，他赶到北京，把我弄到了南苑的一个小旅馆里，就在那里住了个把月，风波平静一点后才回沈阳。

杨凤田1941年出生于辽宁义县，是1964年从哈军工毕业分配到一所的。文革中他还是大学毕业不久的年轻人，但他很有自己的主见,性格豪爽,敢作敢为,在群众要批斗、打倒我们这些"走资派"的形势下,他挺身而出,不怕别人叫他保守派、"小保皇",尽心保护我和所里的一些领导干部,这很不容易。

　　文革后我曾经冷静地思考过,在当时的特殊情势下,的确对于我们每一个人都是一个最大的、最严峻的考验,面对这种考验,有些干部、甚至是有一定资历的老同志,没有能够经受住,做了违背良心、违背理想信念乃至违背人性的事,自己落得遗恨终身,也令人为之扼腕叹息。但在杨凤田同志这里,不管政治风云如何变幻,他始终坚持做一个正直的人,我感到这是非常难能可贵的。

◎ 我(右一)、任岳(右二)在杨凤田(左一)家中做客,左二为杨凤田夫人。

　　我经常想,年龄大的人社会经验会丰富一些,但对于做人、做一个有良知、有道德的人,则不在于年龄的长幼。文革中,杨凤田同志不过20多岁,但他经受住了政治斗争的考验,显示出了他质朴、纯淳的人品,这种品格对他以后的工作和个人的成长是至关重要的。现在他已经是中国工程院的院士,除在所里承担着重要的科研任务外,还兼任着沈阳航空航天大学校长,承担着很多繁重的社会工作,为国家和社会做出的贡献是很大的。我为他的进步和取得的成就感到由衷的高兴。

第十一章 歼9飞机

几起几落

从1966年7月20日,国防科委向中央军委呈报《歼9歼击机战术技术论证报告》,8月11日,叶副主席批准"同意"到1968年六院决定上V方案,最终因技术难点得不到解决、采取的措施不落实而使得研制工作无法进行下去,六院不得不在1968年6月通知,停止歼9飞机的研制。

这是歼9的第一次下马。

1969年10月,航空工业"825"会议后,航空工业领导小组听取了我们所关于歼9飞机设计方案的汇报,决定恢复研制。这一次确定的方案是按有尾三角翼的正常布局方案进行,也就是转为了Ⅳ方案,试制任务放在成都132厂。同年10月30日,三机部、六院发出了《关于歼9飞机研制任务通知》,宣布撤销1968年4月3日六院下达的通知,并要求601所在成都地区航空工业领导小组领导下,与132厂共同研究确定研制工作领导班子。

1970年2月,经中央军委批准,601所歼9型号大队在成都组成601所分所,同年12月,改变为"中国人民解放军第611研究所",从此,601所与601所分所正式分离,歼9飞机的研制任务由611所继续进行,我也就没有再过问歼9的工作了。

2006年第11期的《航空档案》杂志,刊出了王南寿同志的一篇文章。611所成立之后,他是第一任所长兼总设计师。这篇文章的题目是《沉重的翅膀——歼9夭折内情回顾》,他在文中写道:

> 1978年6月,三机部电话通知我立即赶赴北京,接受新机研制任务,这就是后来正式命名的歼7Ⅲ,当时是叫歼7大改。我又作为这型机的第一总设计师。年底,根据部的指示,歼9项目下马,资料入档,这是歼9第三次下马,项目也自此终结。从1964年到1978年,整整14年,在三上三下并5次大幅度更改作战指标之后,歼9项目终于以下马告终。

新中国航空科技工业开拓者——叶正大将军回忆录

……

作为型号,歼9飞机虽然下马了,但在课题研究方面却取得了长足进展,取得了一批有价值的科研成果。如拦射攻击的火控系统模拟试验研究,气动补偿空速管的研究,挂架投放试验研究,炮口消焰装置的研究,机身整体油箱整体壁板的研究,尤其是对无尾鸭式气动布局风洞试验研究更是取得了可喜的进展。从1970年9月第一次吹风到1982年,在歼9鸭式布局研究方面,共进行了近万次风洞试验,取得了大量的数据,编写了数十本研究报告,为后来所承担的新型歼击机的研制奠定了坚实的基础。

——王南寿《沉重的翅膀——歼9夭折内情回顾》

在这篇文章之后,还附有一张歼9飞机研制的时间表:

1966年的8月18日和9月14日,国防科工委和三机部先后发出歼9研制任务,这是歼9第一次上马。

1968年6月,因技术不落实,歼9停止研制。

1969年10月,采用两侧进气、三角翼、常规布局的歼9恢复研制。

1972年4月,因发动机进度缓慢,歼9改为课题研究。

1974年11月,三机部在南京召开歼9飞机方案审查会,在调整指标后,由611所和132厂共同继续研制歼9。这实际上是歼9的第三次上马。

1978年底,歼9因研制单位项目调整第三次下马。1980年,歼9项目彻底终止。

对于歼9研制,601所的所史中有一个经验教训的总结,其中写道:

第四节 歼9飞机前期研制工作的基本经验教训

在歼9飞机研制工作中,除文化大革命的严重干扰破坏外,其主要经验教训是:

第十一章 歼9飞机

一、制定新机战术技术指标，要符合我国的实际情况，不能脱离当时我国工业生产水平特别是当时已在研制性能相仿的歼8飞机，国家没有力量同时研制两种新飞机，这样就造成歼9飞机的战术技术指标一再改动，任务目标也一再变动，以致出现了不必要的高指标。歼9飞机的主要战术技术指标，有的就过高，如最大速度要达到马赫数2.4～2.5，这就有一个"热障"问题不易解决，给飞机研制带来很大困难，甚至因为新工艺、新材料问题解决不了而使飞机研制工作失败。

二、研制方案和研制任务，要充分进行技术、经济可行性论证，不应仓促决定；当研制任务一经确定后，应加强集中统一领导，建立强有力的型号研制指挥线，抓紧解决技术关键问题，使各方面的研制工作，不断向前推进，而不应当遇到困难就轻易变动。歼9飞机不仅战术技术指标经常变动，连设计方案也数次变动。这种时而停止研制，时而又重新下达研制任务，时上时下的极不严肃的做法，搞得研制人员无所适从，不知所措，甚至丧失研制信心。

三、新机研制中，不宜大量选用未定型的新成品附件，尤其是那些高、精、尖的产品，如雷达、电子设备等。由于我国技术水平和生产水平较低，不能很快地研制出符合战术技术指标要求的产品，如果在设计飞机时，就选用许多新产品，将会由于新成品不能如期交付使用。

四、新发动机的研制，要走在飞机研制之前。歼8飞机研制初期所以进展比较顺利，一个很重要的原因是正确地选用现成的"815"发动机。而歼9飞机的发动机与飞机同时开始研制，有许多新技术需要攻关，势必拖延发动机的研制周期，加上文化大革命中决策的几上几下，致使歼9飞机的发动机至今未研制成功。

——《第601研究所所史》

这些经验教训对于歼9研制中技术、管理、决策方面总结得很到位，但也许是由于以后歼9项目转到了611所，所以对于歼9最后下马的问题没有讲的很清楚，我觉得有必要做一些补充说明。

歼9下马的决策

歼9的最后一次下马是我在国防工办副主任的任上做出的。

1973年,我到国防工办工作以后,面对的一个现象是全国许多单位搞了不少型号的飞机,其中有的是航空工业系统的,也有系统外的。由于很多单位不具备航空科研、飞机设计、制造等方面的基础条件,即便搞出来也不能投入使用,造成国家资源的严重浪费。为此,我找顾诵芬等一些航空工业的专家,对我已经了解和掌握的项目做了一次筛查。有一些项目,如运11因为是航空工业的主机厂哈尔滨飞机制造厂搞的,我的态度是不去管了,放手让他们自主发展。后来他们搞了运12,发展得还是不错的。还有运10,我曾经找了军方,也找了民航,但他们的态度都不积极,找不到用户,没有资金支持,所以最后只能下马,这在某种程度是被动下马。也有一些项目是经过论证后决定停下来的,包括文革中"地方办航空"的一些项目。

在20世纪80年代初期,我想到了军工系统的一些科研项目。

到国防工办以后,自己对全国军工行业有了比较全面的了解,我发现每个行业都有自身发展的考虑,每个军兵种也都有自身作战需求的考虑,但当时国家的防空体系在武器装备的研制等方面处于分散状态,航空工业只考虑飞机等航空武器装备,兵器工业只考虑高炮等装备,航天则只考虑地空导弹的发展。隔行如隔山,都从自己角度考虑先进性,放在一起,就出现了重复、重叠现象,没有形成一个统一的防空兵器体系。

歼9是一个很突出的例子。吴法宪担任空军司令员的时候,不懂技术,也不懂科研的规律,所以一味要求高空高速,这当然也是在苏联当时的歼击机设计思想的影响下形成的。歼9飞机的作战对象是F-4、B-58、F-111、FB-111等美军飞机。F-4的最大升限为21000米;B-58号称"盗贼",实用升限19500米;F-111实用升限20100米;FB-111实用升限16800米。但是在当时条件下,

第十一章 歼9飞机

空战中战斗机进行空中格斗，大多是在中低空。越南战争总结出，空战的高度范围与朝鲜战争时期比不仅没有提高，反而降低了。朝鲜战争中，战斗机的空战曾到过近10000米，也就是接近了平流层。而在越战中，空战格斗一般发生在1500～4500米高度范围内。

按照我国当时确定的国家空防战略，主要任务是防御敌机进犯。

早在20世纪50年代，我们就开始仿制C-75型（北约命名为SA-2）地空导弹，1964年12月10日，仿制成功，命名为"红旗"1号导弹系统，射程可达13～29千米，射高3～22千米。1965年1月10日，地空导弹第一营首次使用"红旗"1号击落U-2飞机1架。1965年，在"红旗"1号的基础上开始了"红旗"2号防空导弹的研制，1967年6月27日定型，随即装备部队。"红旗"2号的最大射程可达35千米，最大射高可以打到27千米。就在定型这一年的9月8日，空军防空导弹部队在浙江嘉兴首次用"红旗"2号防空导弹，在有干扰的条件下击落一架U-2高空侦察机，证明了该导弹采取的抗干扰措施非常有效。这样一来，歼9飞机的高度优势就被"红旗"2号导弹比下去了。

我与当时担任国防工办主任的洪学智同志商量后，找了航空、航天和兵器三个国防工业部门负责装备的领导，还有使用部门、也就是各有关军兵种的负责同志，集中到西山，对歼击机、地空导弹和高炮做战术、技术、经济三方面的综合论证，搞了两个月。当时我宣布了几条纪律，说明在这里我们是进行研究工作，你不代表自己所在的部门，也不负责向本部门传达研究的意见，所以暂时不与本人所在的单位联系。然后我又找了一些搞计算机的人，把国防的战略需求列出，对多种武器的战术技术性能进行反复对比，突出重点，取长补短。通过认真分析讨论，最后大家取得了共识，形成了一个具有中国特色的防空武器发展研究报告，最后结论是："远距靠歼击机；高、中空靠地空导弹；低空、近距靠高炮和防空导弹双结合。"在此基础上，我又主持召开了各工业部门的部长和军兵种主要领导同志的会议，统一思想。

经过这样一番工作后，经中央批准，对当时在研的项目进行了调整，停止了一些项目，其中就包括歼9。还有"东升"5号地地导弹、"鲲鹏"5号巡航导弹等，根据最后的论证意见也下马了。

型号减少了,大家可以更加集中精力、集中有限的资源,突出重点,如歼7、歼8、强5改和"红缨"5低空防空导弹、302反坦克导弹等,也可以对一些有发展前途的项目开展预先研究,这样既可以加快进度、提高效率,加强前瞻性研究,充实技术储备,又减少型号性能重复,为国家节省了高达数亿元的科研经费。

随着国际形势的变化和我国自身发展的需要,我国的国防战略、国家安全战略必然会有调整,按照新形势下的新要求,我们的武器装备发展战略和规划也必然要做出调整和变化。在新军事变革思想引领下,未来的战争是陆、海、空、天、电子信息等一体化的战争,因此我们的国防科技工业应该按照系统工程的思路,全面统筹、协同发展,要注重系统集成后的总体水平。这样的思路和方针,我认为是必须坚持的。

第十二章　新型歼击机

歼6后继机

1972年初，六院在哈尔滨召开会议，提出要研究下一代歼击机，强调要研制一个歼6的后继机。

歼6是我国仿制的第一种跨声速喷气式歼击机。

1957年9月，聂荣臻元帅率中国工业代表团赴苏，四局副局长徐昌裕、112厂飞机设计室主任设计师徐舜寿都是这个代表团的成员，那次的一个主要任务是与苏方谈判转让米格－19C、米格－19Π和米格－19ΠM飞机的制造权等相关问题。10月15日，中苏签订了中方购买米格－19Π型及ΠM型飞机全套技术资料和样品的协议。

米格－19Π的最大马赫数为1.33，升限为17250米，装有两台涡喷6发动机，配备PΠ－5雷达，两门30毫米口径机炮，机翼下可挂两组各8枚的火箭或带两枚50、100或250千克的炸弹。

1963年米格－19Π在112厂仿制成功，定名为歼6飞机。在以后的20多年时间中，总共生产3357架，绝大部分装备了部队，在与入侵的台湾国民党空军空战中，取得了击落美制多种型号战机、无人机的骄人战绩。

1967年6月26日的一次空战中,敌机是一架美F-4C战斗机。F-4是典型的第二代战斗机,绰号"鬼怪",比F-104先进,是当时美军主力战机。歼6的最大飞行速度为1454千米/小时,F-4C的速度要高出歼6很多,最大平飞速度可达2414千米/小时,所以敌方飞行员根本就没有把歼6飞机放在眼里,但就在F-4C在距离海南岛陵水机场55千米处右转,第3次侵入中国领空时,我们空军的两架歼6打开加力,向左急转机动到F-4C后方,在距离250米时,飞行员王桂书两炮齐发,将F-4C右水平尾翼打掉,紧接着赶到的飞行员吕纪良再次两炮齐发,将F-4C肢解。

在歼6飞机基础上,我们先后改进研制了歼6Ⅰ、歼6Ⅱ、歼6Ⅲ、歼6Ⅳ以及歼6侦察机、歼6教练机,多次立功获奖,并有部分进行了军援和外贸。

歼6在空军部队享有很高的声誉,时任空军司令员吴法宪曾经喊出了"歼6万岁"的口号。相比之下,当时的歼7、歼8的影响都不如歼6大。

在越南战争中,空战高度一般在3000~8000米高度,歼击机的飞行速度也不很高,但机动性好的飞机占有优势。当初受苏联影响,我们也片面地追求高空高速,在总结越战经验后,空军首先转向,对飞机机动性提出了高要求。歼6的一个突出特点,就是机动性好。

那是在1972年下半年,军管会、军宣队都已经撤出,当时所里技术工作由我负责,我安排顾诵芬同志主抓这个项目。他那时已经从歼8跟产队出来,主管所里的生产组。

选用发动机

1972年3月12日,601所向六院报送了一个短距起落歼击机的设计方案。当时建议定名为歼13,主要技术指标为:最大马赫数不小于2.0;静升限大于18千米;主要作战高度为3000~10000米;作战速度马赫数为0.7~1.5;航程不带副油箱时不小于2000千米,

第十二章 新型歼击机

起落滑跑距离为500米，起飞重量9吨。

1972年9月26日，六院对我们的报告做出了批复，将这项任务定为2号任务（后定名为歼13），并指出，该机将代替歼6机，作为下一代前线主力战机装备部队。

◎ 冯家斌同志制作的歼13飞机模型。

作为歼6后继机，要超越歼6的技术指标，发动机是关键。因为要有高的机动性，必须要有推重比高的发动机。当时我国已有的发动机都不能满足2号任务的要求。

在提出为歼6研制后继机之前的1970年，我国从巴基斯坦转买了3架英国"三叉戟"旅客机。这种飞机装的是斯贝（Spey）MK-511-5W涡扇发动机，设计和工艺水平都高于我国在产的发动机，所以机关领导决定由410厂进行参照设计研制，设想搞出一个新的发动机用于改装轰5、轰6，然后再改型用于歼击机的动力装置。

1970年12月，周总理召开了航空工业质量座谈会，在会上，周总理指示，要606所好好和410厂结合，拿出一半力量参加斯贝的参照设计和改型工作。也就是在这个时期，英国已经将军用斯贝MK-202装在了美国的F-4"鬼怪"飞机上，显示出斯贝发动机具有当时国际的先进水平。

在对斯贝发动机进行了分析后，606所的副总师袁美芳和我们601所的方宝瑞等同志都认为对斯贝加以改进后能够满足2号任务对发动机的要求。这个想法得到了三机部领导同志的赞同和支持。

在三机部的积极推动下，1972年5月，英国罗尔斯·罗伊斯公司（简称罗·罗公司）的技术董事胡克来华访问，当时410厂的总

307

工程师程华明刚"解放",部里决定由他主持座谈,我们所安排顾诵芬带一名设计员参加。期间,三机部将座谈情况向叶副主席、余秋里同志做了汇报,并提出进口一小批新型发动机和购买三转子涡扇发动机等技术专利的建议,叶副主席批示,拟同意引进。在这次座谈中,我方提出准备购买一批斯贝发动机的意向。在胡克离京后,周总理、叶副主席接见了外贸部、三机部领导和有关人员,听取汇报并做了重要指示。

1973年3月,罗·罗公司董事长基斯等访华,当时他的态度是可以出售民用斯贝发动机,不能出售军用斯贝发动机的专利。中方明确表态,需要的是军用斯贝发动机专利。对此他表示不能做主,但可以回国后向政府报告。

1973年7月17日,罗·罗公司董事长基斯、技术董事胡克约见我驻英大使宋之光,说经过他们争取,希思政府已授权罗·罗公司谈判向我转让军用斯贝(Spey MK-202)发动机和制造发动机的技术并希望派人来华进行技术介绍。

8月8日,周总理在外贸部、三机部联合上报的《关于英国罗尔斯·罗伊斯公司来华商谈出售发动机专利问题的请示》上批示:要极其认真地进行谈判和考察。凡遇有问题,必须事前请示,再予答复。叶副主席批示:听介绍的人要选真正内行的;……派人要选准。叶副主席在与外贸部部长李强、三机部部长李际泰谈话中指出:……主要是把技术买到手。同时要利用斯贝突破英美在军事方面对我们的封锁。

那时我已经调到了六院,很快又调到国防工办工作。

到国防工办工作不久,徐昌裕同志与顾诵芬同志到我这里谈斯贝的情况。顾诵芬同志讲,听过罗·罗公司的介绍后,他了解到斯贝的推重比并不是6,只有5左右,按照我国的计算方法,把为发动机配套的油泵等都加上去以后,推重比还要小一些。我记得很清楚,顾诵芬同志讲到很重要的一点是该型发动机的推力随马赫数和高度变化,性能是比较差的。用原设计的歼6后继机气动数据核对下来,飞机的马赫数达不到2.0,只能飞到1.8。高度影响更大,推力在地面时为9350千克,到20千米高度、马赫数达到2以后,只有1000多千克,推力甚至低于涡喷7。他的意见是这个发动机不适于新型歼

第十二章 新型歼击机

击机,满足不了高空高速的要求。

徐昌裕同志的意见主要是觉得买200台数量太多。他认为这个发动机用于轰炸机、歼击轰炸机比较适合,如果决定引进可以留给歼击轰炸机用。当时也正在酝酿由603所研制一架歼击轰炸机。

那时的风气是比较民主的,601所杨凤田同志是总体室设计员,他与李明等同志一起给周总理、叶剑英副主席写了报告,反映情况并明确态度,认为军用斯贝MK-202不是一台比较先进的发动机,推重比只有5.05,如用它做动力,新歼的性能与歼6基本相同,因此明确提出不同意引进斯贝。8月28日,周总理批示:"连原信即送外贸、国防工办并转三机部阅办。"

按照周总理指示精神,我觉得必须深入地进行调查研究,所以我将这个报告和中央领导同志的意见批转给了三机部段子俊副部长。我的意见是先组织技术人员进行考察。

决定引进斯贝

1973年11月20日至12月23日,斯贝MK-202发动机考察小组一行12人赴英考察。组长是410厂的总工程师程华明,副组长为外贸部的魏逸才同志和606所的吴大观同志,成员有顾诵芬(负责飞机)、张池(负责发动机)、张锡卿(负责冶金)、吴清文(负责辅机)等同志。以北航曹传钧同志为组长、624所康毅同志为副组长的发动机试验设备考察组一行8人同行。

在他们考察回国后,我请顾诵芬同志到我这里,要他给我介绍一下考察的情况。他对我讲:在英国考察期间,他们仔细研究了该型发动机的使用说明书,本来还想看一看装有该型发动机的F-4飞机,但人家不同意,只给看了F-4的飞机使用手册。他讲到在考察中一个很深的印象是罗·罗公司在计算机辅助设计(CAD)方面有很高水平,用的是IBM360大型计算机,发动机压气机叶片造型选定后,计算机画出二维图形,紧接着立刻就能计算出压力分布和应力等数据。他的看法是,人家的这一套我们根本赶不上。包括他们的加工设备、精密铸造等技术,我们的发动机厂是无法与他们相比的。他还给我举了一个例子,说自己的感觉就像小时候做航模一样。

顾诵芬同志从儿时就喜欢航模,上高中的时候,父亲给他订了美国通俗科学杂志《Popular Science》,里面介绍做航模要用电锯等专业工具,选用汽油发动机、电动机等器件,他知道那些东西都很好,但没法学,因为我们国内差距太大。抗战胜利以后,上海的开明书店出版了一批苏联的航模、船模等模型制作方面的书。他说那上面介绍的方法是可以学的,因为讲的是如何从废料中找材料,用橡皮筋等材料来制作,所以很快就能做出来。他举这个例子来说明,学苏联的,我们都能跟得上,学英国的斯贝发动机,我们不一定跟得上,就是这么一个差距。

1974年1月,文革进入了"批林批孔"运动时期,江青制造了"蜗牛事件",进而累及到斯贝发动机项目,本来是技术引进,结果成了"政治问题"。当时众说纷纭,各种意见都有,而且彼此尖锐对立。有关厂所和三机部、六院机关都有人提出了反对引进的意见,认为引进斯贝"不单纯是技术问题"而是"走什么道路的重大问题",甚至把引进斯贝批判为"洋奴哲学"、"爬行主义"、"引狼入室"、"滑到了卖国主义的边缘",等等。

1974年1月13日,程华明、吴大观、顾诵芬等同志参加的发动机考察组向外交部、外贸部、三机部写了考察报告,其中的主要内容是:

一、军用斯贝发动机是60年代中期由民用斯贝改进而成,现用于英国空、海军"鬼怪"战斗机。它的优缺点是:

(一)优点

1. 巡航耗油率低,比歼6、歼7约低20%,航程可高20%,加力比大;

2. 发动机各部件性能比较高,例如表示发动机工作稳定度、泼辣程度的指标——喘振裕度约为26%,歼6为19%、歼7为9%;

3. 中、低空使用速度范围比歼6、歼7更宽;

4. 发动机比较可靠,寿命较长。

第十二章 新型歼击机

(二) 缺点

1. 高空性能不好,在 12000 米以上发动机推力下降很快;
2. 结构比较复杂,制造工时多;
3. 由于各部件性能已经比较高,进一步改进提高比较费力费钱。

根据考察,认为这种发动机对我们还是有用的,用作强击轰炸机比较合适。用作歼击机尚待进一步论证。引进这种发动机专利,可以争取在三四年内仿制出来,比我们自己测绘民用斯贝再加改型,可以缩短时间 4~5 年。

二、斯贝发动机制造工艺在某些方面比我们先进,如精密铸造;精铸和精锻用的模具精度比我们先进,相差 10 倍。一套模具生产周期为 6 个星期,而我们则为 3~4 个月。其他工艺采用电子束焊、化学铣切、数控机床。

——《中国航空工业大事记》

这个报告总的倾向很明显,还是希望购买这项技术。

但反对引进斯贝的呼声很高,606 所、601 所仍然有科研人员向六院、三机部甚至直接写信给周总理,表示不同意引进、购买。三机部、六院机关也有很多大字报。

在当时的政治形势下,1974 年 5 月 11 日,由时任三机部部长的李际泰主持,向国务院、中央军委上报了《关于不买斯贝 MK-202 发动机专利的报告》。提出:购买专利,不利于集中精力搞出自己的发动机;技术上虽有所得,但不理想,经济上代价太大;研制我国自己的发动机,已经有了一定基础;宁可暂时性能差一点,拿到手的时间晚一点,也要下决心搞自己的发动机。

最后的决策是由中央军委和国务院领导人做出的。1974 年 5 月 18 日,叶剑英副主席在三机部报告上批示了"不可不买,不好多买。目的是引进外国技术,促进自己发展"的意见,第二天,李先念副总理在这个报告上批示,赞同叶副主席意见:"我意可买发动机的主要部分,两条腿走路比一条腿走路好"。至此,对于引进斯贝的争论也就平息下来了。

粉碎"四人帮"以后,中央安排国务院副总理王震同志亲自主抓斯贝引进和研制工作。他对引进斯贝是很支持的。他觉得从我国航空发动机的发展而言，长期以来，在设计、制造工艺、试验等方面都存在较大差距，使得我们的发动机性能长期滞留在一个比较低的水平上，现在有这个机会，可以帮助我们迅速缩短与世界先进水平的差距，应该是一件好事。至于基层单位的有些同志有些不同意见，是对全局情况不够了解，可以慢慢做工作。

◎ 1978年王震副总理视察430厂，我（照片右上角）是陪同人员之一。

王震副总理是1927年入党的老前辈，早期投身工人运动，1929年加入了工农红军，以后长期在军队担任高级指挥员。他是一个襟怀坦荡、率真赤诚、刚正不阿、光明磊落的人。在他领导下工作，经常能感受到他胸怀宽广、无私无畏的高尚人格魅力。那一段时间里，我曾陪同他去过很多单位，无论是到工厂还是到研究院所，他很快就能和群众建立起非常亲密的关系。他说话很直率、有什么都摆在桌面上，而且很关心群众疾苦，所以每到一处，群众都非常欢迎他。他很尊重知识，尊重人才，爱护干部，善于团结使用知识分子，与许多知识分子、包括吴仲华、荣科等航空事业的老知识分子都建立起了真诚的友谊，使他们的作用得到了充分的发挥。

1978年2月，罗·罗公司的胡克等人来华访问，王震副总理安排在人民大会堂接见了他们。我参加了那次接见，谈话结束后，王震副总理还宴请了胡克一行。

第十二章　新型歼击机

◎ 1978年2月6日，王震副总理主抓斯贝引进工作后，第一次接见罗·罗公司胡克一行，我（前排右五）与外贸部柴树藩副部长（前排左四）等陪同接见，并参加了宴请活动。

◎ 1978年4月10日，与段子俊（前排左三）、莫文祥（前排左二）等同志陪同王震副总理接见英国罗·罗公司代表团。我在前排右四的位置。

◎ 1979年2月，王震副总理接见罗·罗公司代表团。

◎ 陪同张爱萍副总理接见罗·罗公司代表团。

第十二章 新型歼击机

接下来的行程安排了罗·罗公司的来人到西安 430 厂访问，要我陪同。那时中国民航的机票是很紧张的，胡克一行是外宾，有一些特殊照顾，但我的飞机票就很难解决了。没有机票，就不能与他们同行，于是我将这个情况报告了王震副总理。他让秘书与民航售票处联系，回答是确实没有机票，解决不了。最后还是王震副总理找了民航局的沈图局长，沈图下达指示后，机组减少了一个服务人员，给我解决了一个位子，这才成行。

问题没有解决

1978 年 10 月，为解决斯贝引进中的原材料质量等问题，我曾经与吴仲华等同志一起去过英国。翻译是中国航空技术进出口总公司（简称中航技）的车建国同志。

◎ 1978 年，与吴仲华先生等访问英国罗·罗公司。

那还是改革开放之初，第一次到西方国家进行外贸谈判。谈判开始的时候，英国人不承认他们一方存在问题，经过我们据理力争，最后英方总算同意给予中方补偿，达成了一致意见。但到了最后起草合同时，对方突然增加了一名律师，对方的这一举动我们始料未及，可以说是猝不及防。我当时根本就没有在国际贸易中还要有律师介入这个概念，也不了解合同中还要写入争议仲裁、法律适用等

◎ 这是在他们用来接待贵宾的宾馆门前合影。

◎ 在罗·罗公司达比总部门前合影。

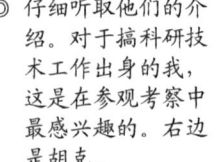

◎ 仔细听取他们的介绍。对于搞科研技术工作出身的我，这是在参观考察中最感兴趣的。右边是胡克。

◎ 参观英国BAe（宇航公司）。

第十二章 新型歼击机

条款。这件事情现在看来是很正常的，但在当时，对我却是闻所未闻的新鲜事，这给我留下了很深的印象。

◎ 我们的身后是名噪一时的"协和"号超声速客机。

那次赴英，我们一行拜谒了伦敦海格特公墓的马克思墓。到了墓地，感到整个墓地林木环绕，整洁肃穆，马克思墓碑是一个大理石砌成的超过 3 米高的长方体，在公墓中显得很突出。墓碑上方是马克思的青铜头像，与我们熟悉的画像相比，头像雄狮般的须发和浓重的双眉似乎多了一份历史的凝重。墓碑上方醒目地镌刻着马克思的名言——"全世界无产者联合起来！"金色的字体在阳光下闪烁着光芒，仿佛昭示着他的思想将永远照耀人类社会的发展和进步！我们在他的墓碑前合影，留下了我们永久的纪念。

还有一些小事情也给我留下了比较深的印象。

一次，英国国防部的一位级别很高的官员设宴欢迎我们，邀请代表团成员到一家餐馆去。那个地方离伦敦不算太远，但还是有一段距离，类似在我们北京远郊的位置。到了以后，看到餐馆是一个两层小楼，规模不是很大。用餐在二楼，我们上去的时候，脚下的楼板发出嘎吱、嘎吱的声音，给人一种年久失修的感觉。主人很热情地介绍，说这是英国非常著名的一家餐馆，许多重要宴会都是在这里举行的，用餐价格昂贵，是英国贵族才享用得起的地方。吃的

◎ 来到英国伦敦,当然要拜谒马克思墓。

◎ 在英国与来自世界各国的游客们在一起游览。

什么我记不清了,但那个旧楼板发出的声音让我总也忘不了。

还有一次,英方安排我们去参观一个高档商品的店铺,告诉我们说这是专为英国皇室成员服务的,一般人不能进。店面并不大,

第十二章 新型歼击机

里面的商品却非常丰富，除了陈设的商品外，还有供客人订购的商品清单，那上面的内容令人惊诧，想要买非洲的狮子、大象都可以通过这个商家买到。那里的地板踩上去也是嘎吱作响。

以后，我还与莫文祥同志去过一次英国。这两次经历使我觉得英国是一个非常守旧、保守的国家。

◎ 1978年10月，我与时任三机部副部长的莫文祥同志再一次访问英国。这是在伦敦中国驻英商务处的合影。

◎ 与莫文祥等同志再次拜谒马克思墓。

斯贝发动机引进的工作从1976年开始实施，经历了不少曲折，1980年5月，宣告中国制造的斯贝发动机成功地通过了中、英双方的联合试验考核。

但新歼的发动机问题还是没有得到解决，最后顾诵芬等同志决定选用两台为垂直起落飞机设计的涡喷6丙发动机（即815丙），以保证飞机起飞重量达8.5吨，而且有较好的跨声速机动性。可是涡喷6丙的研制最后也没有落实。

910 发动机

在 1964 年 10 月新型歼击机确定选用 815 甲为歼 8 配套之前,606 所的科研人员参照军用斯贝发动机为新型歼击机设计了一个 8500 千克力加力涡扇发动机方案,但 8500 千克力的推力不能满足单发方案(即歼 9)的要求,后经对从第三方国家收集到的美国 F-105 飞机用的 J75 发动机残骸分析,其推力在 12500 千克力,六院唐延杰院长指示二所,认为应该研制推力大于 12000 千克力的发动机,于是二所启动了新型涡扇发动机的研制,即 910 发动机(后定名为涡扇 6)。

910 发动机在研制过程中历尽坎坷,几次停顿,试制地点也多次改变,从沈阳转到株洲、又从株洲转回沈阳,以后又一次转到江油,1974 年 5 月再次转回沈阳。在主客观条件都不是很有利的情况下,研制遇到了大量的技术问题,如起动困难、压气机喘振、涡轮进口温度高及振动大等。造成研制困难的原因是显而易见的。首先是缺少技术储备,主要部件的预先试验研究不充分,但 606 所的同志们做了大量的工作,经过多次修改、试验和在整机上反复调试,1974 年 7 月,整机首次达到了 100% 的设计转速。

对 910 研制进展情况,我一直很关注,1976 年 11 月,我得到消息,整机上试车台后试验的情况不错。当时顾诵芬正在北京与 410 厂的一位设计科长协调 815 丙的事,我通知他到我这里来,并叮嘱他不能让 410 厂的同志们知道。因为新歼这样一个新型号选用哪一家的发动机是很敏感的事。

顾诵芬来了以后,我对他讲,910 现在看来有希望,新歼能不能换用 910?他告诉我说,按照计算,910 是可以用在歼 13 上的,但装了 910 以后,外形就不像是高机动性的歼击机了,座舱不能鼓出来,是与后面机身贴平的,样子很难看。我看出他明显的不太愿意,于是做他的工作说,要支持 606 所同志研制多年的 910,这是我们自行设计研制的发动机,新歼应该选用。我希望他按照选用 910 发动

第十二章 新型歼击机

机的思路，做好总体方案。我说希望601所在歼13项目上与410厂脱离关系，但要策略一些，不要挫伤他们的积极性。

本着支持我们自己研制的发动机的宗旨，后来国防工办正式行文明确了歼13配装910发动机。

1978年，我国从第三方国家接收了一架米格－23MC飞机，该机所用的发动机为P29－300型，经410厂分析，其性能优于涡扇6，后来进行了测绘仿制，定名涡喷15。涡喷15发动机地面静止推力达12500千克力，推重比大于6，也优于910发动机，因此歼13最后确定的方案改用了涡喷15，飞机重量超过了12吨。

910发动机在艰苦奋斗了20年后，最后还是因为没有配套机型而下马了。1983年，研制工作全面停止，1984年初，研制计划被取消。据说在大连召开的型号总结会上，606所总师李志广满怀深情地对涡扇6发动机研制历程做了总结，20年的不懈追求无果而终，李志广同志心痛得热泪长流，整个会场悄无声息，台下、台上参会的同志都为这个型号的下马潸然泪下。

自己在航空科研战线工作多年，对于大家的心情是非常理解的。

"幻影"－2000

1981年3月，空军调整了装备发展规划，歼13飞机未列入装备系列，加之当时要缩短新机研制战线，所以歼13飞机停止了研制。601所所史对歼13研制有一个总结：

"歼13飞机的研制，从方案酝酿到停止研制，整整花了10年时间。在这10年间，广大研究设计人员根据上级的指示和使用部门的要求，在新机方案论证和发动机的选择上，做了大量工作，进行了上万次的试验，花费了大量的人力、物力和财力。但因在新机战术技术指标的要求上，不从需要与可能出发，要求一高再高，指标一变再变，使新机方案迟迟冻结不了；在动力装置的选择上，也是认识不一，长期议而不决，决了又变，到最后下马，使歼13飞机的研究工作前功尽弃，浪费了国家财产和宝贵时间，挫伤了广大科技人员的积极性,教训是深刻的,值得汲取。"

歼13虽然下马,但空军一直在考虑新歼的问题。空军司令员张廷发向军委主席邓小平同志提出,希望搞新歼击机。法国人得知中国空军缺少理想的歼击机,于是主动来推销他们的"幻影"-2000,引起军方的高度关注。

那时我们开始与西方国家打交道,虽然是军工产品的贸易,但他们商业公关的那一套做法都用上了,这在当时都是我们没有见识过的。

1982年6月,空军派出了一个很大的代表团前往考察,航空工业也有人参加。葛文墉、蒋德秋同志都在双座的"幻影"-2000飞机上进行了试飞。葛文墉同志曾向601所介绍,认为"幻影"-2000飞机从飞行性能上比歼8好不了多少,但是其导航火控系统则是我们无法相比的。导弹导引头在地面解锁即能抓住目标,在空中飞行员不必自己找目标位置,其平显可以精确显示各航路点位置。他对顾诵芬同志讲,除非"幻影"-2000飞行员犯了错误,否则我们的飞机没法把它打下来。

要不要引进"幻影"-2000成为政府和军方高层亟待决策的问题。

1982年,国务院、中央军委决定,以国防科委的机构为基础,由国防科委、国防工办和军委科装办合并,组成中国人民解放军国防科学技术工业委员会,也称为中华人民共和国国防科学技术工业委员会。同时在张爱萍同志倡导下,成立了国防科工委科学技术委员会(简称国防科工委科技委),主任为张震寰同志,钱学森、朱光亚、宋健同志和我担任副主任。

我在国防科工委科技委任上的第一项任务就是组织对是否引进"幻影"-2000进行论证。1982年9月3日至13日,国防科工委由我负责组织了军方、三机部等有关方面的专家,包括112厂总工程师罗时大这样生产部门的专家,在西山整整讨论了10天。大家的意见认为,飞机的性能确实是很好的,但部队要使用,就要有地面设备,还有配套、维护等问题,这些都需要费用。如果都买下来,总共要花200~300亿元,这在当时是一个天文数字。那一次会上提出了引进的四种方案,后来根据大家最后的意见,国防科工委给国务

第十二章 新型歼击机

院、中央军委写了报告,认为经费难以支持,法方又不提供技术,所以不同意引进"幻影"-2000。

新歼定在成都

在歼 13 下马、"幻影"-2000 飞机的购买方案被否决后,空军急需新歼击机的问题应该怎么解决?这是当时工业部门、几个飞机研究所和工厂以及空军机关都高度关注的一件事。

1982 年,国防工办组织召开了多次会议,对新歼击机主要战术技术指标和配套的机载电子设备、导弹、雷达、航炮、火控以及新材料、新技术等方案进行讨论、论证和评审。2 月的会上,601 所的方案就是歼 13 的方案,611 所提交的是歼 9 鸭翼的方案。当时 320 厂的陆孝彭也提了一个方案,是变后掠翼的。这些会议多是我主持。4 月中旬的会上,空军曹里怀副司令也参加了,重点听取了 611 所宋文骢同志关于采用鸭式布局的 J01、J02 方案的汇报。这次会议认为 601 所、611 所的两个方案都基本满足要求,决定两个方案先同时研制,到方案论证会时择优选定。

1983 年,在成都开歼 8 Ⅱ、歼 7 Ⅲ的工作会,我和谢光同志参加了。那时谢光同志已经担任了国防科工委副主任。

那次会议不可避免地涉及到新歼击机定点的话题,所以 601 所的同志有些想法,顾诵芬同志和时任 601 所副所长的管德同志均有意见。

谢光、顾诵芬、管德等同志和我都是在 601 所共过事的,他们几位甚至还在一个组、室里工作过,彼此非常熟悉,说起话来没有顾忌,很坦率。看到大家争论,我觉得有不同观点,敢于直截了当地说出来,是一个好现象。在一个组织内,应该允许每一个人畅所欲言,尤其在做出重大、关键决策的时候,领导者一定要充分听取各种意见,所以应该鼓励大家说话,说真话,只是不要搞阴谋诡计,当然更不能出现某些所谓民主国家的议会上因为观点不合而相互撕扯、斗殴的现象。

新中国航空科技工业先行者——叶正大将军回忆录

国防科工委原来有一个想法,是想组织一次调查、论证、评审以后再确定,设想是由航空工业部和国防科工委一起来做。但还没有组成调查组,张爱萍同志发表了意见,他在四川省委的一份电报上批示:

家华、正大同志并科工委、航空部同志:新机研制(包括全套仪器设备等)即可正式定点在成都及陕黔地区,其原因我已电话告家华同志。转告文祥同志,请早做正式决定下达,以利该地区承担任务的各厂早做准备。

张爱萍同志还曾经对601所的同志说:"你们沈阳别干别的了,把歼8干好就行了。"

1984年,国防科工委对航空工业部党组《关于确定新歼击机研制总体设计单位的报告》做了批复,遵照党中央、国务院、中央军委领导同志的批示,经过综合分析,考虑到战略布局,确定新型歼击机研制总体单位定点在611所和成都飞机公司。

◎ 2000年10月25日,我应邀参加了歼10飞机研制工作汇报咨询会,这是参观过程中留下的一组照片。

◎ 与时任国防科工委科技部部长的陈丹淮在一起。

中央和国防科工委领导同志的考虑是从国防战略布局出发的。在当年贯彻毛主席"背靠沙发"思想的时候,沈阳的地域位置占有

第十二章 新型歼击机

◎ 与曾任空军副司令员的林虎同志交谈。

很大优势，由于靠近苏联，获得援助和支持很便捷，所以不仅仅是军事工业的重点工程，很多涉及国民经济命脉的重大项目也都放在了东北地区。但从20世纪60年代开始，中苏关系恶化，东北变成了政治斗争、外交斗争的前线，当然也要做好军事斗争的准备，所以党中央、毛主席提出了建设三线的方针。611所地处四川，属于三线，在对新歼击机进行定点过程中，这个考虑是起了决定作用的。

以后，经过航空工业系统、尤其是611所和132厂同志们的奋力拼搏，在全国相关单位和工业部门的大力支持下，新型歼击机——歼10取得了成功。这其中借鉴了国外的一些先进技术，配套了一些国外的重要部件、器件，但主要还是在我们自身努力下取得这一辉煌成就。

近年来，继歼10以后，航空工业研制的新型战机陆续亮相，令世人瞩目，充分显示我们坚持自力更生、自主创新方针是完全正确的。我们不排外，不拒绝接受善意的援助和平等、互利前提下的技术引进，但我们不能对外依赖，躺在别人身上求得自己的发展，那是最没有出息的，也是不可能取得持续、健康发展的。我国新型歼击机的发展，充分证明了这一点。

◎ 顾诵芬院士（右二）兴致勃勃。

◎ 向歼10总设计师宋文骢表示祝贺。在飞机设计室时期，我们就相识并一起工作了六年。看到他率领的团队取得好成绩，老朋友都为之高兴。

第十三章　国防工办

国防工办副主任

　　1973年3月16日，中央军委决定，余启龙、周兆平、徐昌裕和我任六院副院长。我从601所调离，来到地处北京北苑的六院总部报到，家也从沈阳搬到了北苑大院的宿舍楼。

◎ 与六院副院长、革命老前辈徐立行同志在一起。

六院（航空研究院）是中央在总结了建国以后国防科技发展的经验教训后，于1960年12月20日批准成立的，同时批准成立的还有舰艇研究院和军事无线电子学研究院，简称六、七、十院。这三个研究院集中了当时三机部、一机部和空军、海军、通讯兵部的有关研究机构，其宗旨是集中有关方面的科学技术力量，加速我国国防科学技术研究工作，增强我国武器装备研究发展的能力，提升国防力量的威力。

此前，航空工业已经有航空科技情报研究所，航空材料研究所，航空工艺研究所，飞机、发动机设计室。1958年下半年至1960年春，又相继成立了空气动力研究室、试飞研究院、航空仪表自动器研究所。六院成立以后，都集中到了一起，成为六院下属的研究所。

1964年，按照中央决定，曾有过一次"部院合并"。1966年2月11日，聂荣臻副总理鉴于厂所合并中存在不少问题，向周总理呈报了《关于暂停厂所合并的请示报告》。2月18日，周总理批示："请尔陆同志告各部暂停厂所合并，并将部主张厂所合并的理由程序见告，以便处理，并告聂荣臻副总理和国防科委。"紧接着，文革开始，"部院合并，厂所结合"成为争论的一个焦点，几经反复后，1973年8月23日，国务院、中央军委发出《同意将第六研究院划归三机部建制领导》的文件。按照中央决定，原中国人民解放军第六研究院改称第三机械工业部第六研究院。

就在这一年的9月10日，国务院、中央军委决定撤销军委国防工业领导小组，成立国务院国防工业办公室，省市设立管理国防工业机构，撤销各大军区、省军区的国防工业机构。同年11月，我从六院调国务院国防工办任副主任。

建国后，我国的国防工业领导体制有过多次变革。

1959年12月1日，在中央军委之下，成立了国防工业委员会。

由于国防工业部门是在国务院管辖范畴，要协调国防工业各部门、国防工业与其他有关工业部门、使用部门之间关系，国务院应该有一个统一管理各国防工业部门工作的机构。因此经中央研究决定，1961年11月8日发出了《中央关于成立国防工业办公室的决定的通知》，通知明确：中央决定成立国防工业办公室（下称国防工办），作为国务院的一个口（国防工业口），在党内向中央书记处和

第十三章 国防工办

◎ 参加国防专业各种会议。

中央军委负责,直接管理二机部、三机部和国防科委所属范围的工作。其主要任务是:根据中共中央、国务院和中央军委的方针、政策和指示,对常规和国防尖端武器装备的生产、建设、科学研究、干部和技术力量的培养等工作进行通盘规划,全面安排,组织实施,督促检查。国防工办作为国防工委、国防科委两委的第一线办事机构,两委的日常工作即由国防工办组织进行。

在文革中,国防工办的主要领导受到冲击。1969年12月20日,国务院、中央军委发出通知,决定在军委办事组领导下,成立国防工业领导小组及其办公室(简称军委国防工办),并明确,国防工业的生产、建设和科研工作由中央军委国防工业领导小组及其办公室(简称军委工办)负责,"今后有关国防工业事宜,即与领导小组直

新中国航空科技工业先行者——叶正大将军回忆录

接联系办理。"同时撤销了原国务院国防工办。

1971年1月26日,军委国防工业领导小组向中共中央、国务院、中央军委报送了《关于国防工业管理体制的报告》,提出:对国防工业的管理要由军队牵头,实行使用、生产、科研(教学)三结合的方针。并要求由各大军区、各省市党委、革委会共同组成省(区)、市国防工业领导小组,领导管理国防工业工厂。

这种管理体制使国防工业遭到严重破坏,在生产建设上搞高指标、瞎指挥,管理上随意精简必要的机构、压缩人员编制,由此造成多批次军工产品发生十分严重的质量问题。周总理在1972年4月13日接见外宾时曾经讲过:国防工业被一部分搞极左思潮的人破坏了。基于这样的原因,国务院、中央军委在1973年9月,决定撤销军委国防工业领导小组及其办公室,重新成立国务院国防工办,受国务院、中央军委领导,以国务院为主。

组建国务院国防工办时,中央决定将邹家华同志和我安排为副主任。当时家华同志在一机部机械研究所任党委副书记、革委会副主任。康生那时还活着,他插手的"4821"苏修反革命特务集团案还没有结案。我和邹家华同志能被安排在国务院国防工办任职,很大程度上是由于国防工业是周总理、叶帅直接抓的,"四人帮"、康生不好干预过多,再说国防工办是一个处理具体事务的机构,在涉及党和国家的政治路线方针等方面没有更多发言的机会,影响力也不大,应该不是他们这些人眼睛紧盯着的领域,所以我和邹家华同志能够较早地从"4821"案中解脱了出来。在新组建起的国防工办,方强同志任主任;家华同志主管计划、经费等方面的工作;我分工抓科研工作,包括国防科技发展战略的研究及方针政策和各行业间的技术协调。

方强同志是经过长征的老前辈,在红军时期经受过政治斗争的坎坷,文革中也曾受到冲击,但他

◎ 休息片刻。

第十三章 国防工办

◎ 主持会议。

非常开朗、乐观，始终保持着坚定的信念，与错误路线和思想进行了不懈的斗争。他不仅有长期指挥军事斗争的经历，也有着长期领导国防工业的经历，建国后曾经担任过一机部副部长、六机部部长和原国防工办的副主任、中央军委国防工业委员会副主任兼秘书长。方强同志经验丰富，领导能力强，而且作风民主。我们国防工办的领导班子每周有一次碰头会，会上大家各抒己见，最后方强同志做决策，他一点头，大家分头贯彻执行。我们这个机构只有100来人，人员很精干，很团结，办事灵活、效率很高。

1977年9月，国务院、中央军委决定国防工办列入军队序列，洪学智同志任主任。我们当时与国防科委在一个楼里办公，钱老（钱学森同志）的办公室就在我们楼上。

洪学智同志也是一位老革命、老前辈，抗美援朝时任中国人民志愿军副司令员，协助彭德怀司令员指挥志愿军入朝作战。他分工负责的司令部、特种兵和后勤工作，受到了彭老总的高度赞许。他是1955年和1988年两次被授予上将军衔的解放军高级将领，大家誉称他是"六星上将"。

那时我刚过知天命之年，年富力强，尤其是文革结束后，开始是拨乱反正，很快就开始改革开放，全国、全军上上下下人心齐、形势好，又是在方强、洪学智这样的老前辈领导下，所以感到工作

◎ 知天命之年的我。

中有使不完的劲。

到了国防工办的领导岗位上,管理的范围宽了,整个国防工业的科研、生产都在国防工办,兵器、航天(防空导弹部分)、舰船等常规武器的科研生产情况都要掌握,更需要深入调查研究,认真刻苦学习,并且要做到系统思考,统筹全局。

在20世纪80年代初期,当时我国防空系统处于分散状态,没有形成一个统一的防空体系。我经过研究并听取一些专家的意见后,在洪学智主任支持下,组织有关部门、军兵种的同志进行了统一作战效能和经济论证,提出了具有中国特色的《关于我国防空武器研制发展方针的若干建议》,建议确立按照远、中、近距离发挥不同武器装备优势,防空导弹和高炮结合,协同发展的方针。我直接领导和参与了这项研究,得到了中央军委领导的肯定和支持,减少了重复的型号研制,使研制的型号集中在重点项目上,在提高我军战斗力的同时,为国家节约了几十亿科研经费。

◎ 听取专家的意见。

第十三章 国防工办

除这些具有全局性的工作外，自己在三线建设和具体的重大型号研制中也做了一些工作。

三线建设

三线建设是毛主席在20世纪60年代做出的一个重大战略决策。当时我国面对的国际威胁是来自我国周边的敌对势力，所以建设三线的目的是要使中国有一个安全的战略后方，对当时有可能入侵中国的敌对势力形成威慑。

1964年5月15日到6月17日，中共中央召开的工作会议上做出了三线建设的重大战略决策。从1965年起，按照中央部署，开始把沿海一些军工企业向西部和西北地区搬迁。文革中，三线建设受到了一些干扰和破坏，但在中央关注下，对一些重点三线建设基地和工程实行军管，尤其是在1969年珍宝岛事件以后，毛主席对三线建设上更加重视和关注。

三线建设是一项全局性的工作，国务院多个部委都参与了该项任务的规划、协调和组织领导工作。在国防工办，分管三线建设工作的是郑汉涛同志。他1933年毕业于北平大学工学院机械系，"七七"事变后，奔赴延安参加了中国共产党领导下的抗日救国战争，1938年入党。他长期从事军工事业，解放后，曾任中央专委办公室副主任，为两弹一星、为国防科研事业做出了突出的贡献。

三线，是指我国长城以南、广东韶关以北、甘肃乌鞘岭以东、京广铁路以西的地区，主要包括四川、贵州、云南、陕西、甘肃、宁夏、青海等西部省区及山西、河南、湖南、湖北、广东、广西等省区的后方地区。国防工办虽然有郑汉涛同志具体负责三线建设工作，但分管其他方面工作的副主任也有很多与之相关的任务。

毛主席对于三线建设总的构想是"大分散、小集中"，要"依山傍水扎大营"。按照这一方针，中央确定了"靠山、分散、隐蔽"的选址原则，在具体执行中，演化成为了"山、散、洞"，尤其是在文化大革命开始后，林彪控制了国防工业领导权。1969年8月，经吴

 新中国航空科技工业先行者——叶正大将军回忆录

法宪提议，由国务院、中央军委批准，成立航空工业领导小组，吴法宪任组长。同年12月，国务院、中央军委通知，在军委办事组领导下，成立国防工业领导小组，邱会作任组长。在他们指挥下，片面强调"分散"、"进洞"，许多项目完全违背科学规律和客观需求，安排了工程兵部队开山挖洞。那些山洞无法彻底解决潮湿、通风换气等问题，进去工作不到两年，很多职工就患上了严重的风湿病，很多高精尖设备严重锈蚀，加工出来的金属零件也锈蚀得很厉害，根本无法保证质量。有的山洞地质结构不稳定，多处出现危及人身安全的崩塌、裂陷。还有就是过分强调分散，有的领导甚至乘飞机在空中巡视，哪里的烟囱冒烟多，就下令再进一步分开，结果形成了零件加工车间与部件组装车间相距甚远。

迁往三线的项目多为中央政府部门负责，但工厂的党政关系等实行属地管理，由所在地区的省市国防工办负责，所以我每到一地，都有地方国防工办的同志陪同，许多事情要一起研究解决。

在三线建设中，工厂、车间之间的道路基本上都是工厂自建，路面很窄，质量很差。一次，在贵州，我到一个工厂去，前面是省市国防工办的同志乘坐的面包车，我乘坐一辆吉普车紧随其后，山路蜿蜒曲折，一边是峭壁，另一边是一眼望不到底的悬崖，前车为躲避对面来车，突然一个急刹车，我乘坐的吉普车无处躲让，一下子就撞在前面面包车的尾部，司机肋骨骨折，幸亏没有翻下山崖，发生大的人身事故。

我曾经有过几次与汽车有关的经历。

第一次是在1948年，我在北平军调部学习开车，错把油门当成刹车，撞了横向来的一辆同为学车人的车，撞坏了站在脚踏板上的人的脚；第二次是1962年出访欧洲，在荷兰，使馆二秘小陈驾车，为躲让对面来车，滑入结着薄冰的河里；这一次是第三次。以后还有一次是在北京，时间应该是在20世纪70年代末、80年代初。

那一次，我外出看望一位老同志，回来时天色已经暗了下来。我乘坐的是机关的一辆上海牌小汽车，我坐在后排。那时街上的汽车不多，由于已经过了下班高峰时间，自行车和行人也很少。在正常行进中，司机同志突然一个急刹车，紧接着就是砰的一声巨响，车前挡风玻璃上出现了一个洞。我赶忙与司机下车，看到车子前面

第十三章 国防工办

一位年轻人倒在地上,一辆自行车被压在车轮下。不待我们俯身查看,年轻人已经一咕噜站了起来,看来似乎身体没有大碍。警察同志很快就来到现场,简单查看了一下,判定是年轻人骑自行车从岔路急转而且逆行,司机处置还是及时得当的,否则后果不堪设想。警察同志留下了年轻人的证件——学生证,他是一名高中三年级的学生,也暂扣了司机的驾驶证。

几天后,司机班的班长与司机一起到交通队接受事故处理。他们回来告诉我,事故由这位学生负全责,他的身体经过检查没有问题,但自行车已经损毁,不能修复了。考虑孩子的父亲是工人,收入不高,希望我们单位能出钱为孩子买一辆自行车。

当时的物质生活水平较低,对于多数家庭而言,自行车都属于"大件"财产,家境贫寒的家庭一般还买不起。对于交警提出的这个希望,我们当然应该满足。这件事已经过去几十年了,但现在看电视遇有交通事故、严重车祸的报道,我总还会回想起自己经历的这几件事。

虽然条件艰苦,但没有影响工作。就这样,我们深入到现场,边听汇报,边研究解决问题。我记得有一次到贵州调研,一天就跑了6家企业。

林彪当年是副统帅,但他不懂工业,有些想法随口而出,在执行过程中,给国防工业的建设和发展带来了很多麻烦。在进洞两三年后,暴露出很多无法解决的问题。以后,国防科委、国防工办向中央报告,对三线建设进行了大的调整。大多项目必须出洞,另外安排厂房建设,这样一反复,给国家带来了巨大的经济损失,同时,也给三线建设者造成经济和时间方面很大的损失,回想起来是很令人痛心的。

当时在国家三线建设的布局之外,还要求一线、二线省份的省建设自己的三线,各自建一批省属的"小三线地方军工企业",由省国防工办领导。当时生产的军工产品有半自动步枪、7.62毫米中间威力步枪弹、手榴弹、引信、迫击炮弹等轻武器,也有重机枪、中小口径迫击炮、火箭弹、火箭筒、高射机枪、无后坐力炮等武器,要能够满足步兵营连一级武器装备的需求,目标是可以实现抵御外敌入侵的"省自卫战"。当时黑龙江规划中的小三线在阿城与尚志,

335

吉林的在辉南，辽宁的在朝阳凌源，河北、山东、河南、湖北、湖南、广东、广西、安徽、上海、江西、福建、浙江、江苏、甘肃、新疆都有小三线建设的定点规划。

武器装备的生产是需要有工业基础的，就是一个小小的手榴弹，它对弹体的材料就有特殊要求，不同的材质和加工工艺对手榴弹的杀伤力和杀伤距离都有直接关系，有的省缺少铁矿和其他材料的资源，就需要在全国范围内配套解决，所以这样做问题很多，许多难题是不可能封闭在一个省解决的。当时还有地方办航空的热潮，几个省都上了飞机制造的项目，在直6直升机尚未研制定型的情况下，就盲目决定"三江"（黑龙江、江苏、江西）同时成批生产，还有广州、济南等地也要上飞机制造的项目，最终的结果是一事无成，导致大量损失浪费。

三线建设是在毛主席对中国社会主义建设的总体布局思考的基础上，在20世纪60年代的特殊历史环境下做出的决策，对于我国经济建设发展有着深远的影响，有利有弊，有经验也有教训，值得我们认真加以总结。

按照三线建设的规划布局，许多企业从原来的沿海大城市迁到了边缘地区的穷山僻壤，大批职工、技术人员和干部举家迁徙，有的孩子还在襁褓中，也随着父母到了三线，其中还有相当数量的复转军人、上山下乡的知识青年和大专院校毕业生。那时候，三线建设者们都知道：三线建设搞不好，毛主席他老人家睡不着觉。他们怀着对毛主席的深厚感情，以艰苦奋斗为荣，为国家的国防事业奉献出了自己最美好的年华。一句流传在全国的话——"献了青春献终身，献了终身献子孙"，高度概括了他们的人生历程。我在三线调研和检查工作时，经常会遇到曾经一起工作过或者在出差、开会时结识的老同事、老朋友。他们的生活条件之艰难，工作条件之艰苦是常人无法想象的。但就是在这样的环境下，通过他们的拼搏奋斗，创造出了一个个奇迹。几十年来，有不少人为三线建设献出了生命，他们的遗愿是让自己长眠在厂房、试验室旁的高山大川，永远与事业相伴。时至今日，他们中许多人的第二代、第三代还在祖辈、父辈战斗过的地方继续为祖国的经济建设和国防工业做出奉献！

每当想起那些参加三线建设的同志，我都非常激动，我们永远

第十三章 国防工办

不能忘记他们!

为歼 7 飞机正名

歼 7 基本型飞机是根据 1961 年 3 月 30 日中国与苏联签订的《关于给予中华人民共和国政府带有 K–13 导弹的米格–21Φ 型的生产特许权、技术资料和关于生产带 K–13 导弹的米格–21Φ 型飞机方面给予中华人民共和国技术援助的协定》,由沈阳 112 厂仿制生产的。

米格–21Φ–13 是苏联 20 世纪 50 年代中期研制成功并装备部队的单座、轻型昼间前线歼击机。该机为三角形机翼和全动式尾翼,最大马赫数为 2.05,静升限 19000 米,装一台涡喷 7 发动机,机身右下侧有 1 门 30–1 机炮,备弹 60 发。翼下可悬挂 2 枚空空导弹或挂火箭、炸弹。

在 1964 年 3 月,第一架散装件总装完成的同时,仿制工作的生产准备工作全面展开。1964 年 11 月开始零件制造。1966 年 1 月 17 日,试飞员葛文镛同志驾驶 0002 号歼 7 飞机,首飞成功。1966 年 12 月 28 日,航空军工产品定型委员会批准歼 7 飞机生产定型。

1969 年 7 月,林彪提出关于"大搞直升机、大搞运输机"的指示后,吴法宪极力推行,严重干扰了航空工业的科研、生产和建设。吴法宪当时提出"歼 6 可以打遍天下",影响所及,是对比较先进的歼 7 飞机不感兴趣,使其成批生产被大大推迟,而性能已相对落后的歼 6 飞机却被 10 多年"一贯制"地投入大量生产。

三机部曾于 1964 年决定将 132 厂开辟为歼 7 飞机生产基地;1965 年又决定开辟 011 基地为歼 7 生产基地。1965 年 5 月,112 厂、132 厂、011 基地共同拟定了《关于 112、132 厂、贵州基地共同生产歼 7 飞机保证互换协调的决定》,这就形成了三个工厂同时生产歼 7 的局面。1968 年 4 月,112 厂共生产 37 架歼 7,三机部决定 112 厂停止歼 7 改进,次年又决定 112 厂的歼 7 彻底下马,拆除工艺装备,移交 132 厂。1969 年 8 月,在 011 基地已完成歼 7 的试制生产准备

◎ 歼7飞机。

工作后,三机部又决定011基地歼7下马。

除文革时期极左思潮影响、决策层受政治运动冲击以及领导层人员变动频繁等政治方面的原因外,从技术角度看,一个很重要的原因是由于歼7飞机采用带离弹射方式带来的问题。有资料记载,从歼7交付部队到20世纪70年代初,歼7曾发生7次重大事故,四次为一等事故,一次二等事故。荣立过7次战功的空军飞行员秦志明就是在1969年6月的一次歼7飞行训练中牺牲的。虽然造成事故的原因不尽相同,但由此形成了对歼7飞机的评价长期争论不休,时任空军司令员吴法宪就曾经说过"歼7是活棺材"。

歼7飞机是我参与仿制的,对它的性能很了解,如果能对存在的问题加以改进,应该说性能比歼6飞机要好得多。

在到国防工办工作以后不久,我把歼6与歼7的飞行包线描在半透明的硫酸纸上,请出差来六院的顾诵芬同志到我办公室,我们将两张图纸重叠在一起进行了仔细的比对,最后得出了一致的结论,歼7飞机优于歼6。

尽管从技术角度得出了结论,要改变当时军方对歼7飞机的成见却不是一件容易的事。我找到曹里怀副司令,向他汇报了我的想法。曹副司令很理解,以后由他出面组织了包括空中格斗在内的歼7飞机与歼6飞机性能对比试飞。1975年3月到8月,近半年时间里共计177次试飞,在充分听取了飞行员、地面指挥员的意见后,得

第十三章 国防工办

出最后的结论：歼7飞机高空高速性能明显比歼6好，中低空各有优势，性能相当，歼7的航程要比歼6大一些。这次比对试飞，是一次全面衡量，使歼7飞机得到了公正的评价，全面扭转了空军的看法。

　　1977年10月4日，我参加了邓小平、罗瑞卿、张爱萍等召集国防工办、国防科委、国防工业各部领导人开的会议，那次会主要是谈科研装备事宜。邓小平同志说："歼6生产十几年了，要转过来生产歼7为主。要用歼7更新歼6。抓科研工作要集中兵力打歼灭战。要搞好配套。军事工业要严格要求，要恢复总工程师制度。技术方面要有岗位责任制，要签字。国家投资完全按照军队要求是不可能的。要严格要求质量。例如飞机，倘若有3000架歼7，就比5000架现在飞机的战斗力还要强。"

　　在这次会上，罗瑞卿同志也发表了意见，他说："有2000架歼7就好了，不要搞歼6了，要集中力量上歼7。"

　　以后歼7飞机形成了系列，在歼7基本型基础上进行了重大改进后，派生出歼7Ⅰ、歼7Ⅱ、歼7M、歼7Ⅲ（注）及歼教7等型号，成为装备中国空军、海军航空兵的主要机种。歼7M为出口创汇做出了重要贡献。

◎ 歼教7型飞机的研制成功并进行小批量生产，填补了我国空、海军急需的马赫数2高级教练机的空白。这是观看歼教7汇报飞行后的合影。

　　在一个阶段强调、突出某一个机型，甚至喊出某个机型"万岁"

的口号，是可以理解的，但从长远发展看，只推崇某一个型号，排斥其他型号，甚至对技术更先进的型号都不接受，那当然就不对了。

✦✦✦✦✦✦✦✦✦✦✦✦✦✦✦

注释：

  歼7Ⅲ后又改为歼7E及海军型歼7EH飞机。空军"八一"飞行表演队曾选用过这种飞机。该型飞机性能很好，曾是我国空、海军主力战机。

运10飞机

  我到六院工作不久，听说上海要搞大飞机。我的第一想法是国家航空工业应该有一个统一的布局。因为阎良已经在搞轰6飞机，大型飞机在当时的条件下设置两个点，显然是多了。

  轰6原型机是苏联的图-16。该机采用两台图曼斯基涡轮喷气发动机，翼型后掠，是苏联长期使用的一种优秀轰炸机。1959年，西飞开始仿制，后中止了一段时间，1964年3月恢复研制。1966年10月完成第一架原型机，用于静力试验。1968年12月24日，装有国产涡喷8发动机的轰6首飞成功。1969年转入批量投产。

  上海要搞的大飞机就是运10，当时称为"708"工程。

  早在我到国防工办工作之前的1970年8月，国家计委、军委国防工业领导小组以（70）军工字270号文《关于上海市、广州市、济南地区制造飞机的批复》，对上海市正式下达了试制生产运输机的任务。1972年，中央军委办公会议审查通过飞机总体设计方案。1973年6月，国务院、中央军委以国发（1973）77号文批准，首批研制3架飞机，12台发动机，"在上海搞一个生产和维修大型客机基地"。

  我在国防工办副主任岗位上接到空军曹副司令的第一个电话就

第十三章 国防工办

是要我设法将1971年12月19日巴基斯坦航空公司在新疆失事的波音707客机残骸运至上海，供"708"设计组继续分析、研究、学习、测绘。这是熊焰（注）同志1972年4月从新疆回到北京详细汇报时提出的要求。以后，经过交涉，我们从巴航手中把这架波音残骸要下来，运到了上海。

当时中央军委和空军对运10是支持的，曹副司令多次传达叶帅的指示，并多次亲临现场解决问题。国防工办作为中央军委领导下的机构，我首先要服从决定、积极配合空军和三机部做好具体工作。而在看到参加运10研制工作的广大科研人员怀着极高的政治热情和为祖国设计制造大型客机的心愿，使研制工作取得了很大的进展后，我深深感到他们的积极性应该得到充分的尊重和保护。

当时参加运10飞机研制的干部、科研人员中，许多是自己非常熟悉的同志，如熊焰等同志。他们全力以赴投入到设计、试验和制造工作中去，克服了多方面难以想象的困难。在得到巴航的波音707客机残骸后，我更觉得技术问题的解决是有较大把握的，应该尽最大努力支持他们的工作。

1978年11月30日，运10飞机全机静力试验成功。

1979年8月，我到"708"工程大场分部检查工作，明确表态并提出了要求：一、现在狠抓运10飞机02架上天很好，国家很需要，力争今年上天很好，但不要赶进度，要抓质量，一定要确保安全可靠；二、四大模拟试验设备在全国是第一的，但技术力量不足，可以一面试验，一面派人到630所等处学习；三、成品要优先满足四大模拟试验；四、发动机设计所同志再全面检查一下质量；五、一定要精打细算，要勤俭节约，还要争取创收。

1979年9月13日，我和三机部副部长莫文祥、六院副院长刘鸿志等领导陪同空军曹副司令视察"708"工程，在大场视察了正在总装的运10飞机02架机和四大系统模拟试验，观看了记录运10静力试验、风洞试验的电影。14日上午，曹副司令带我们一行到640所视察，观看了风洞试验模型展览和大厅设计场所。当时运10飞机已经设计制造了42套风洞模型，吹风11358次，1372小时。那天下午，曹副司令带我们在东湖宾馆研究工作，640所党委副书记杨洪海、副所长吴作权参加了讨论。

◎ 陪同空军曹副司令（中）听取运10总设计师马凤山（左）的汇报。

1980年9月26日，运10飞机02架在大场首飞成功。

1980年12月22日，5703厂写信给胡耀邦同志，提出运10飞机03架机已完成65%的工作量，现已停产，希望能把运10飞机继续搞下去，并提出希望承担轰5和米8的维修工作。

1980年12月26日，姚依林对5703厂信函批示：请爱萍同志酌处。

1980年12月27日，胡耀邦对5703厂信函批示：他们干得很好，当然应该鼓励。但能否有投资把03架搞上去，我不懂，请张副总理答复。

◎ 运10飞机空中雄姿。

张爱萍副总理将5703厂写的信连同中央领导同志的批示转给了我，他批示：

第十三章 国防工办

正大同志：请组织研究一方案：一、运10（还有运7）原来是怎么上马的？二、造价如何？三、现在的用户怎么定？四、民航因价高不要，如何补贴？

对5703厂信中希望承担轰5和米8的维修工作，张爱萍同志批示：请考虑这个意见，似可行。

按照张爱萍同志批示要求，我找到了民航总局进行协调，时任局长沈图明确表示，民航不能接收运10飞机。以后，民航总局在1981年1月8日以（81）民航工字2号文向中央财经领导小组提出《对国产运10飞机的几点看法》的报告，提出："运10型飞机基本上是测绘仿造波音707/720型飞机，改换了机翼，缩短了机身，减小了起飞重量和商载。即使运10飞机达到了波音707型机的水平，也不过相当于60年代初期国外第一代喷气客机的水平。""运10飞机还有不少重大技术问题有待解决"，"要能投入航线使用还要经历一个较长的时期"，"目前还缺乏足够的资料对其技术经济性能恰当的评价。""由于能源危机引起油价上涨和1985年国际民航组织将对超过噪音和烟雾标准的飞机实行限制，波音707飞机已属淘汰机种"，"因无订货已在1979年停产。""我局有波音707客机10架，因利用率不高，还可用20年"。"民航去年（指1980年）年初十年规划设想中没有再添购此类飞机的打算。"民航在报告结尾说："目前国内继续研制类似波音707型的飞机是否可取，请郑重考虑。"

自那以后，由于工作安排方面的原因，我没有再过问运10飞机的事。后来，有机会看到中航总编写的运10飞机研制大事记，其中写道：

> 1983年10月：国家计委副主任甘子玉召开会议，参加会议的有财政部、民航总局代表，上海市薛德馨、三机部胡溪涛。上海市提出，将第三架散件的飞机装出来，需资金3000多万元。会上民航明确表示不要此飞机。三机部表示，应将03架搞出来，以后要看有无用户。甘副主任在会上表示请财政部平衡国家财力而定。会后，财政部通过调查认为，这种飞机要变成商品，不是花3000万元，还要较大的投入，而且没有用户，因此明确表示不同意筹措3000万元。此后，国家对运10飞机研

制没有再投入资金。这次会议没有形成文件。但由于没有资金投入，运10飞机研制实际上也就不得不下马了。

——中国航空工业总公司《运10飞机研制大事记》

在这个大事记中，还写到："1970年7月中旬，毛主席视察上海，当上海市革委会负责人向毛主席汇报到上海在搞火箭等上天的项目时，毛主席说，上海工业基础这么好，可以搞飞机嘛。

1970月7月28日，空军航空工业领导小组召开紧急会议，向三机部传达毛主席指示，上海要搞飞机，搞什么由三机部与上海联系。三机部革委会开始时拟将当时正在南昌320厂研制的歼12飞机交上海生产。上海市革委会提出要搞大飞机（旅客机）作为周总理专机。"

我对"毛主席说，上海可以搞飞机"一事从未听说过。我如果知道是毛主席说要上海搞大飞机，肯定不会有当时的那些想法。

运10飞机是在文革这样一个特殊的历史环境下决策上马的。我觉得其中一个非常关键的问题，是在立项之初，决策者和研制方没有与民航部门进行深入的沟通，没有充分考虑用户需求和市场前景。虽然空军是支持的，但运10是一架民用飞机，民航不要，空军当时又派不上用场，爱莫能助，所以只能长期搁置，最后不了了之。这其中的经验教训是值得认真研究总结的。

注释：

熊焰，出生于1919年，原名熊传溥，籍贯（祖居地）为湖北省大冶市的金牛镇大屋熊村。1938年，他在接受进步同学影响，"从思想上初步懂得了阶级，懂得了共产党好，共产党是抗日的，是为大家好的，苏联是好的道理。"（熊焰《我是怎样走上革命道路的》）以后。毅然从南昌辗转北上西安，经八路军办事处安排徒步奔赴延安，走上了革命的道路。在延安，他被抽调到1941年1月成立的军委航空学校，参加高级班学习，并兼任文化教员。1945年10月，熊

第十三章 国防工办

焰参加了根据中央指示组织的第一批去东北的航空队,成为创建人民解放军空军和航空工业的核心和骨干。沈阳解放后,熊焰于1948年的11月3日赶到沈阳,由时任沈阳特别市军事管制委员会主任陈云、副主任伍修权、陶铸签发命令,负责接收东塔机场和"满飞制造"飞机工厂,组建空军三厂。11月底,熊焰到北陵筹建空军修理厂即空军五厂。1950年底,任东北空军修理总厂第二厂长(厂长兼政委为李兆翔)兼五厂厂长。1951年5月,为准备向航空工业局移交,他以五厂厂长名义办理移交手续。1951年6月29日,担任112厂厂长。1959年4月15日,经一机部党组决定,由空军和一机部联合筹建飞行试验及飞行设备研究院,正式定名为第一机械工业部第八研究院。熊焰主持了建院工作。文革中,熊焰受到冲击。1970年11月3日,按照三机部、六院指示,熊焰到上海与马凤山同志一起负责领导运10飞机设计组工作。

歼8Ⅱ飞机研制

1979年,歼8白天型飞机设计定型后共生产了60多架,后经加、改装11项电子设备,1984年完成了歼8全天候型飞机,投产后批量交付空、海军部队使用,成为空、海军主战机种。与苏联当时研制出的米格-23相比,虽然飞行性能相当,但在机载雷达和武器火控系统方面明显落后。1980年3月,时任三机部部长的吕东同志率几位副部长与空军司令张廷发谈三机部工作规划时,张司令提出:歼8要大改,改两侧进气,发动机换装6600千克推力的,机载电子设备也要相应做出改进。在这一次谈话中,张司令还提出了大改工作的进度要求。

根据空军领导的意见,三机部和601所做了大量工作。1980年4月18日,我组织空军、海军、总参谋部、三机部的有关负责同志开会,听取了歼8大改方案的汇报。

601所杨凤田同志是参加会议者之一,他曾经写过一个很详尽的回忆:

4月18日下午，国防工办叶正大副主任主持召开空军、海军航空兵、总参装备部、三机部参加的会议，听取歼8大改汇报。参加会议的有：国防工办的谢光副局长，杨易正；空司科研部的傅钟敏副部长，汪士洋、王存山；海军航空兵的李泊舟副参谋长，张培俭处长，蒋都庭、李铁流；总参装备部的梁学明处长；三机部的王其恭副部长，郭志孟、管德和我。

会议首先由三机部王其恭副部长简要汇报了大改的情况及三机部党组的意见。接着由601所副所长管德简要汇报了歼8大改的技术方案。认真讨论后，叶正大副主任做了结论。他说：

1. 写个简报，定几条原则，报给王震副总理、张爱萍副总长，作为将来制定战术技术要求的依据。歼8大改大家一致同意干，主要是海军、空军需要对付米格-23飞机。三机部党组研究了，同意干，要正式列入研制计划。

2. 改型原则：

①保持常装（1976）9号文的飞行性能，低空大表速略有改善。

②时间要快，按三机部领导与空军张司令员谈的争取1985年设计定型。

③设备以引进为主，以埃森贝克集团的为主，今年底要把配套定下来。外挂要搞点技术储备，预先研究，导弹要四枚。

3. 具体战术技术要求，先搞个粗线条的，原则上在4月底搞出来。

4. 歼8大改与歼13的关系按下列意见处理：

①歼8大改与歼13互相不能代替，歼8大改是改型，歼13是全新一代。

②两者交错进行，歼8大改在前、歼13在后。

③歼13仍按原定的战术技术要求。

5. 601所必不可少的建设项目要予以保证。

6. 我与邹家华同志商量，歼8大改一定要在歼8批生产的基础上发展，首先是歼8批生产。

——杨凤田《难忘的历程——歼8Ⅱ飞机首飞前纪实》

第十三章 国防工办

那次会议的简报呈送王震副总理后，不到一周时间，王副总理就召集国防工办、总参装备部、空军、海军、三机部领导开会，确定研制歼8大改。杨凤田同志对此很感慨，他回忆道：

> 从3月18日三机部王其恭副部长到所开座谈会，到4月24日国务院王震副总理召集有关方面负责人开会确定歼8大改正式上马，前后只用了一个月多一点的时间，从各有关单位认识的高度统一到办事效率之快，都是我国歼击机研制史上所少有的。领导机关对研制歼8大改认识的高度统一，为后来歼8Ⅱ型飞机顺利进行奠定了良好的基础。
>
> 歼8大改战术技术要求的制定，在国防工办叶正大召集会议后立即开始。4月19日，根据会议的要求，空司科研部汪士洋、王存山、何立武，海航科研处蒋都庭，三机部郭志孟和我，一起在空司科研部会议室商谈了歼8大改的战术技术要求。空军提出了歼8大改战术技术要求的交换意见稿。
>
> ……
>
> 总参、国务院国防工办，在反复征求各有关方面意见后，1980年9月4日，以参装（1980）594号文正式批复歼8改进型主要战术技术要求，并定名为歼8Ⅱ型，要求1985年设计定型。火控电子设备配套要求，采用从国外引进生产的先进电子设备和国内研制的成果，第一步采用204雷达改进型加引进的平视仪，1985年按此设计定型，并考虑改装脉冲多普勒雷达，实施下视、下射、全向攻击。
>
> ……
>
> ——杨凤田《难忘的历程——歼8Ⅱ飞机首飞前纪实》

1981年5月18日至26日，三机部在北京主持召开了歼8Ⅱ飞机方案论证会（简称8203会议）。此前的5月4日，我召集了三机部、四机部、五机部、八机部、机械委员会以及空军、海军、总参的领导同志开了一个会议，听取了601所代表介绍歼8大改的方案及研制计划，三机部毛德华副局长介绍了会议准备情况。结合他们的汇报，与会代表进行了讨论并提出了改进的意见，这是一次预备会，

为8203会议的圆满成功起到了保证作用。

8203会议共有100个单位、350名代表参加,国防工办副主任邹家华和我都参加了。会上,邹家华同志、空军姚峻副参谋长、海军李景副司令、四机部申仲义副部长、三机部莫文祥部长、崔光炜副部长都讲了话。在会议上由邹家华同志宣布了国务院国防工办任命顾诵芬为歼8Ⅱ型飞机型号总设计师的命令。随后,三机部下发了《国家重点型号总设计师系统和行政指挥系统名单》,何文治副部长担任了歼8Ⅱ行政总指挥。

这次会议开得很好,明确提出了必须贯彻系统工程管理的方法。在听取了各子系统的方案和使用维护要求等方面的汇报后,进行深入细致的讨论研究,最后会议认为飞机的气动布局、总体布置、结构安排、系统原理合理可行;武器、火控系统、电子设备、电气、仪表、照明、自动控制系统的配套方案协调适用;改进后的发动机可以满足飞机总体性能需要。

1982年6月22日至28日,航空工业部在沈阳主持召开了歼8Ⅱ型飞机木质样机审查会(代号8211会议)。参加会议的有总参、国务院国防工办、电子部、兵器部、辽宁省国防工办等单位的领导;空军、海军航空兵及有关部门负责同志和歼8Ⅱ型飞机总设计师系统的各级设计师;航空、电子、兵器工业部门有关院、校、厂、所的工程技术人员等80个单位、250余人。601所及有关厂所向会议提供了技术设计阶段的图纸、资料共92项。

空军曹里怀副司令、我和段子俊同志(他那时已经退下来,担任航空工业部的顾问)、何文治副部长等领导同志到现场审视了歼8

◎ 1982年6月22日至28日,航空工业部在沈阳主持召开了歼8Ⅱ型飞机木质样机审查会(代号8211会议)。

第十三章　国防工办

◎ 在木质样机审查现场的合影。

Ⅱ型飞机木质样机，听取了汇报，向全体到会人员讲了话。型号总设计师，武器火控系统、208雷达、霹雳4导弹、自动飞行控制系统、涡喷13A发动机等的总设计师向大会汇报了各自的研制情况和今后的工作安排。

经过严肃认真的评审，会议提出了审查结论：歼8Ⅱ型飞机全尺寸样机形象逼真，为审查座舱布局、使用维护性能等提供了直观条件。在座舱空间有限，仪表、开关数量增加且体积仍然较大，各专业矛盾集中突出的情况下，经过工程技术人员与飞行人员共同研究、调整和安排，使调整后的座舱布局更加符合飞行人员提出的好看、好用、好记的原则。飞机维护性将比歼8白天型有明显提高，特别是29框以前（即前机身部分），其可维护性将超过我军现有的任何一种歼击机，部队同志对研制部门采取各种措施，努力改善可维护性的负责精神给予很高的评价。会议认为，飞机的飞行性能、飞行品质、配装武器、设备、可维护性等基本满足（1980）参装字第594号文批准的歼8Ⅱ型飞机主要战术技术要求。歼8Ⅱ型飞机设计方案可按会议意见修改后上报，批准后冻结设计方案。

样机审查会上，对设计方案的重大修改是将二门双23机炮改为一门双23机炮，在机翼内侧增加一副导弹挂架。

在样机审查会上，曹副司令对歼8Ⅱ全尺寸全外挂木质样机给予了高度的评价。他说："歼8Ⅱ样机是最好的样机，可以作为一个标准，以后研制的飞机都要参照歼8Ⅱ样机制作样机。"

木质样机审查通过后，歼8Ⅱ的研制工作全面紧张地铺开了，从1980年9月4日正式立项开始，在601所和航空工业系统内外配套协作单位的共同努力下，不到四年时间，歼8Ⅱ飞机实现了首飞，应该说这是一个令人惊叹的速度。这一段时间，我虽然不能像当年那样，与大家一起奋战在第一线，但无时无刻都在关注着研制工作的进展情况。

◎ 审查进行得非常认真细致。

◎ 在放飞评审会期间与国防科工委陈彬主任（前排左二）听取601所有关歼8Ⅱ型飞机研制情况的报告。

1984年6月12日，歼8Ⅱ0001架首飞成功，开始了调整试飞。

1984年8月9日，航定委以（84）航定字第31号文批复了《歼8Ⅱ型飞机设计定型试飞大纲》。

第十三章 国防工办

1984年11月27日，歼8Ⅱ0001架飞机转场到630所，随后另3架也转场到630所，开始了定型试飞（注）。

1988年1月底，完成了定型试飞。4架原型机共飞行588个起落/451小时。

1988年3月11日至15日，在601所召开了歼8Ⅱ型飞机技术鉴定会，通过了技术鉴定。鉴定会结束后的3月17~18日，航定委在沈阳召开了第46次现场办公会，会议由航定委主任、空军副司令林虎主持。我那时已经不是航定委的成员，但还是应邀与已经担任了国防科工委副主任的谢光一起参加了会议。与会同志通过了航定委《呈请批准歼8Ⅱ型飞机设计定型》的请示。

会后，601所开了一个联谊会，邀请了刘鸿志老所长和我参加。看到自己当年曾经为之付出过心血的601所和顾诵芬、管德等当年与自己一起工作过的同志们，在为国家设计研制新型号飞机中做出了如此辉煌的新成就，我和刘鸿志同志都觉得非常欣慰和高兴。

◎ 与刘鸿志老所长（右二）、顾诵芬总设计师（右四）在歼8Ⅱ设计定型联谊会上。

1988年10月15日，国务院、中央军委军工产品定型委员会以（1988）军定字第21号文，批准歼8Ⅱ型飞机设计定型。

歼8Ⅱ型飞机的研制成功，是我国自行研制歼击机道路上的又一

351

◎ 歼8Ⅱ飞机。

次重大飞跃,使我国航空技术的发展上了一个新台阶,为航空工业树立了一个新的里程碑,同时也摸索出了一套完整的、科学的、有效的型号研制管理办法,为航空工业的继续发展开创了新的路子,是非常了不起的。

在国庆阅兵仪式上,我看到了歼8Ⅱ系列飞机的矫健身姿。作为航空科技工业战线的一名老战士,每当听到空中传来发动机的轰鸣声、看到蓝天白云中我国自行设计研制的战机飞过的时候,我总会有一种难以抑制的激动。在祖国航空事业的辉煌成就中也包含有自己做出的一点微薄贡献,我为此感到无比自豪。

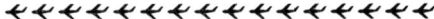

注释:

歼8Ⅱ定型试飞是与歼7Ⅲ、歼教7同时进行的。时任航空工业部副部长的王昂同志担任行政总指挥、马承麟同志任副总指挥。这次定型试飞规模空前,从1984年7月始到1987年10月14日飞完最后一个架次,历时三年多。被誉为在国防科工委谢光副主任、空军林虎副司令和王昂同志直接指挥领导下进行的一场"航空工业的淮海战役"。

第十三章 国防工办

霹雳3空空导弹

在国防科研事业中,经常会有一些型号任务由于各种原因终止研制,也就是大家通常说到的"下马"。对于这些型号研制的单位和科研人员来说,在付出了艰辛的劳动,牺牲了宝贵的时间、精力后,无果而终,是一件非常令人痛心的事情。

要避免出现这种情况,我认为首先在立项时要慎之又慎,一定要坚持"三结合"原则,认真听取各方面的意见,尤其是反对的意见,在经过充分论证后,做出尽可能符合客观规律的科学决策。而在研制过程中,则必须尊重科研人员的劳动,在他们遇到困难的时候,要沉下心来,仔细了解问题的症结所在,帮助他们克服技术难点,尽最大可能给他们以支持。决不能一看到出问题就简单、粗暴地批评,甚至上纲上线、采取组织处理等极端的做法。如果由于客观情况发生变化,确实需要终止项目的研究,也应该考虑到参研同志们的内心感受,做好思想乃至感情上的工作,总结经验教训,尽量减少由于项目下马带来的损失和冲击。

在601所编辑的《歼8飞机研制回忆录·第二辑》中,我看到了原612所副所长刘永恒等几位同志的一篇回忆文章,写的是与歼8飞机配套的霹雳3导弹研制中的一些事情,感触颇深。

霹雳3导弹是1965年开始研制的。当时美国经常派高空侦察机侵入我国领空,其飞行高度一般均在22千米以上,我们空军装备的歼7机静升限不足,而配装的霹雳2导弹的高空性能差,难以对敌机形成的威胁。在这种情况下,空军部队迫切要求研制新的空空导弹,于是就有了霹雳3导弹的研制,任务由六院五所(后改称612所,现为空空导弹研究院)承担。1965年1月开始进行调研和主机协调、方案论证和设计。同年9月,三机部以(65)三院字920号文件批准导弹设计方案和主要战术技术要求。

霹雳3是在霹雳2的基础上研制的。霹雳2源自苏联R-3,是中国正式服役的第一型空空导弹。这种导弹的最小有效射程为1000

米,最大射程为4000米。霹雳3型导弹在歼8设计定型时还存在较大问题,属于挂账项目。

原612所副所长刘永恒、第一研究室主任俞尧喜、第六研究室主任朱谦缄的文章从参加该型导弹研制工作的角度写道:

> 整个定型试验是在空军第一训练基地进行的,参加试验任务的有630所、航空兵3师、24师的空地勤人员等。由于初次进行自研产品的定型试验,条件简陋,试验设备缺乏,许多试验工作在摸索中进行,并存在许多风险,有些项目全靠飞行员空中观察和处理,当时基地的气候和生活条件都十分差,常常一次试验下来要一二百天,尽管存在上述种种困难,参试人员每次进场都坚持到底,圆满完成了任务。
>
> 在定型试验攻关期间,也出现一些反映上层领导机关在决策上的混乱状况。一方面国家在积极支持霹雳3的研制工作,另一方面某位空军部长却召开了一个产品系列化会议,会议上宣布霹雳3为系列之外,随意取消霹雳3列装,另一位部长到基地勒令霹雳3停止试验。这一系列做法使整个试验拖了五年,在部内也有人借口霹雳3靶试引信早炸,强令停止霹雳3小批试制,造成霹雳3引信攻关和产品试制处于十分困难的境地。直到1974年11月由六院副院长周兆平、空军副司令员曹里怀、三机部副部长段子俊、国防工办叶正大等领导同志亲临现场指挥,一举完成对靶机攻击试验(首发击毁靶机),使定型试验工作胜利结束。为此国防科委发了表扬霹雳3导弹定型试验成功的通报。接着1976年底完成了发动机补充定型试验。1980年中央军委正式以(1980)军定字第50号文正式批准设计定型。
>
> 根据航定委要求和三机部的安排,于1979年开始安排了第四批产品的生产,用于补充试验和生产定型。这期间相继由徐俊德、俞尧喜同志担任霹雳3的技术领导工作。在该批产品基础上完成了解除对歼8机限速和引信攻关等试验工作。直到1983年才完成全部补充试验。但终因研制试验周期拖得过长,产品性能已不适应空军的装备需要,于同年3月国家清理型号时结束了霹雳3导弹研制工作。

第十三章 国防工办

二、霹雳3任务是空空导弹研制工作的先导

霹雳3导弹既是我国自行设计的第一个空空导弹,也是第一个走完设计、研制全部程序,完成设计定型的空空导弹。虽然由于多方面的原因没有投产装备部队,但在我国空空导弹事业的发展中,特别是在612所的发展壮大过程中的特殊而重要的地位和作用是不容忽视的。我们应该历史地、实事求是地回顾和总结,这样才能得出科学的、符合实际的结论。

——《歼8飞机研制回忆录·第二辑》

这篇文章所反映出的是来自基层单位的干部、技术骨干的想法,值得具有一定决策权的领导同志读一读,从中汲取一些有益的启示。

军用水上飞机

20世纪50年代,我国从苏联进口了6架别－6水上飞机,成为海军航空兵重要的武器装备之一。别－6飞机是二次世界大战以后由苏联别里耶夫设计集团研制的,单船身、上单翼、双垂尾,装两台活塞式发动机和可拆卸的上卜水装置。机身长为23.565米,翼展33米,水平机高7.50米。机上乘员8人,自卫武器有背炮塔、尾炮塔和前炮,攻击武器可外挂普通航空炸弹、深水炸弹或航空鱼雷。飞机的最大起飞重量28.3吨,最大飞行速度414千米/小时,实用升限6100米。该机的主要用途是海上侦察、巡逻、轰炸,配合水面舰艇作战。

以后由于中苏关系紧张,我国已不可能继续引进别－6一类的水上飞机,而在役的别－6已经彻底老旧,所以海军航空兵决定研制国产水上飞机。但当时主要为海军提供装备研制的舰船研究院(七院)认为搞船的不懂飞机,不愿意承担海军特种飞机研究所的组建任务。经过反复协商后,六院接受了已经海军党委上报并获总参批准的七院十所,在接受之前即明确十所不能先搞水上飞机,而要优先搞轰炸机等大型飞机的研究设计。一直到1968年,六院都没有安排海军

355

要求的特种飞机研究任务。

鉴于海军航空兵的别-6水上飞机的发动机都已经在超寿使用,如果到达报废年限,水上飞机部队将成为一支没有基本装备的部队。为了保住这个兵种,1967年8月15日,海军首长向中央军委报告情况,请求重建海军特种飞机研究所。经中央军委103次常委办公会研究决定重建特种飞机研究所。

1968年1月6日,六院军管会和生产指挥部,根据中央军委常委办公会议决定和国防科委的指示,联合发文通知成立水上飞机研究所筹建小组。通知说:"为落实中央军委常委103次会议有关决定,迅速开展水上飞机研究所的筹建工作,现决定由第十研究所副总工程师王洪章任组长,十所的叶尚佐、凌人龙,同国营320厂的蔡福臣、于登根参加组成5人筹建小组,在阎良十所集中,立即开展筹建工作。"

1968年3月20日,中国人民解放军第六研究院下达《组建水上飞机研究所》命令。命令:"遵照中央军委1968年2月10日(68)军字第117号文批复,和国防科委1968年3月15日(68)科军字第2020号文指示,现决定在青岛市组建水上飞机研究所,授予水上飞机研究所番号称:中国人民解放军第605研究所。所的印章自1968年3月20日开始启用。"自此水上飞机设计研究所又获新生,确定了为海军研制水上飞机的目标。

王洪章同志担任了605所首任所长兼总设计师。

◎ 总设计师是王洪章同志。虽然坐在后排,但在这张照片中,他处在正中间的位置。

第十三章 国防工办

王洪章同志1930年10月出生于吉林省蛟河县一个贫寒的家庭。4岁时母亲去世，11岁又失去了父亲。在哥哥苦心帮助下，读完了六年小学。14岁的时候，哥哥被日本人抓去做劳工，他成了一个无家的孤儿，过着流浪、讨饭、打小工的生活。1945年11月，他参加了东北人民自治军。1946年6月入党。1950年，他被调到空军二航校学习飞机维护，毕业后分配在空九师二十五团。1952年，随二十五团调到海航一师。

作为605所所长兼总工程师和水轰5总设计师，王洪章同志坚持以身作则、带头艰苦奋斗的工作作风；刻苦钻研努力学习不耻下问的学习态度；从群众中来、到群众中去，集中起来坚持下去的群众路线；善于总结经验教训，及时抓住机遇、勇于实践的精神。始终牢记两个"三结合"（即干部、技术人员、工人的结合，使用、科研、生产的结合），最终取得了水轰5飞机的研制成功。

605所所史记载：1976年4月3日上午，水轰5第02架飞机经牵引下水，起动发动机，在滑行一段距离后稳健离水升空，爬升至400米高度，以270千米/小时的飞行速度做绕场飞行。

水轰5飞机首飞成功以后，王洪章同志提出，水轰5飞机的设计定型可以分为两步走，第一步，生产04~07架机，作为基本型定型的飞机，即"S0"批，1977年完成调整设计，1978年投入生产然后以商品形式交付海军使用，以解海军的急需。第二步，调整设计、修改图纸，按照原报技术要求再生产一小批，再按部队需要批产。这在飞机设计研制中是一次大胆的创新。

王洪章同志的建议得到了所内和海军及上级的支持。1977年6月，三机部向605所、122厂等有关单位下达了关于生产水轰5飞机04~07架的任务。总参装备部、国防工办、海军和三机部都给予了关注。同年，中央军委科学技术装备委员会，确定把水轰5列入1980年装备体制。

为确保技术质量，水轰5经过了三次复查。每次复查都提出了具体的改进措施，有的问题列为年度攻关项目。但就在这个关键的时刻，航空工业部在1981年1月召开的厂所领导干部会上部长宣布，水轰5飞机停研，理由是——科研经费没有落实。会上，122厂提出已经投入4000万流动资金怎么办？部领导没有想到这个情况，

又修改原决定，继续了水轰5飞机研制。1983年1月，航空工业部企事业领导干部会上，领导又一次宣布水轰5停研，并草拟了撤销605所番号和遣散605所计划。并要求605所坚决执行部党组的决定，不得上告。对此，王洪章没有服从，他分别写信给我和海军李景副司令，报告情况并提出建议。

接到王洪章同志的信后，我、李景同志和总参装备部部长崔文波、航空工业部顾问段子俊组织了检查组于当年6月到荆门实地调查。此前，国防科工委已经接到航空工业部的意见，家华同志同意拨给600万元的下马费，这笔资金被称为"收尸费"，意即为处理前期投入带来的资金方面的问题。

到605所以后，我们找了王洪章等同志和海军的同志，认真听取了他们的意见。经过调查，李景同志明确表态，在完成研制工作后，海军同意接收已经在产的4架水轰5飞机。段子俊同志也表示应该把研制工作坚持下去。有了李景副司令这个坚决支持的态度，我心里有了底，随后我与王洪章同志深谈了一次，请他一定精打细算，做出一个完成这4架飞机所需经费的预算。王洪章同志是很认真的，经过他认真测算，认为至少还需要1800万元。

◎ 对水上飞机，我的态度很明确，应该予以大力支持。

那次调研，我们一致认为水轰5可以继续研制。共同议定：1984年底前交付1架飞机，1985年底前交付4架飞机；继续研制的经费，海军预付2000万元，国防科工委筹集1000万元，试用批交付后的研制工作是将水轰5飞机改为水陆两用型。

第十三章 国防工办

　　回到北京后，我向家华同志汇报了我们的调研结论，并希望他能在原定 600 万元基础上，增加 400 万元。家华同志听后表示同意，他马上找到将时任国防科工委科技部副部长的陈丹淮同志，请他务必想办法从海军的科研费中解决所需的这部分资金。

　　1983 年 9 月，航空工业部党组否定了检查组决定并向国防科工委提出，若继续研制水轰 5 并交付部队 4 架机，必须再拨付 5500 万科研经费，若国防科工委同意水轰 5 停研下马，600 万下马费由航空工业部承担。

　　王洪章同志得知这一情况，再次与海军水上飞机部队和 122 厂领导找我汇报。1983 年 11 月，国防科工委召开了水轰 5 飞机工作会议，海军和航空工业部及相关厂所参加。我在会上讲话时表态："前面已研制出的飞机（04～07）的技术状态，所需经费都明朗化了，基本上是准确的。要把水轰 5 飞机改为水陆两用型，海军应提出技术状态要求，要在原型机的基础上改，研制方面要搞好经济、技术论证，把经济放在前面。水轰 5 飞机是中央军委批准列装的机种，要下马的话，部队要写报告。"经过激烈的辩论，航空工业部领导机关承认了工作失误，撤回报告。

◎ 在这张照片上，真正的英雄、水轰 5 飞机总设计师王洪章同志坐在了最不引人瞩目的地方（前排右一）。

359

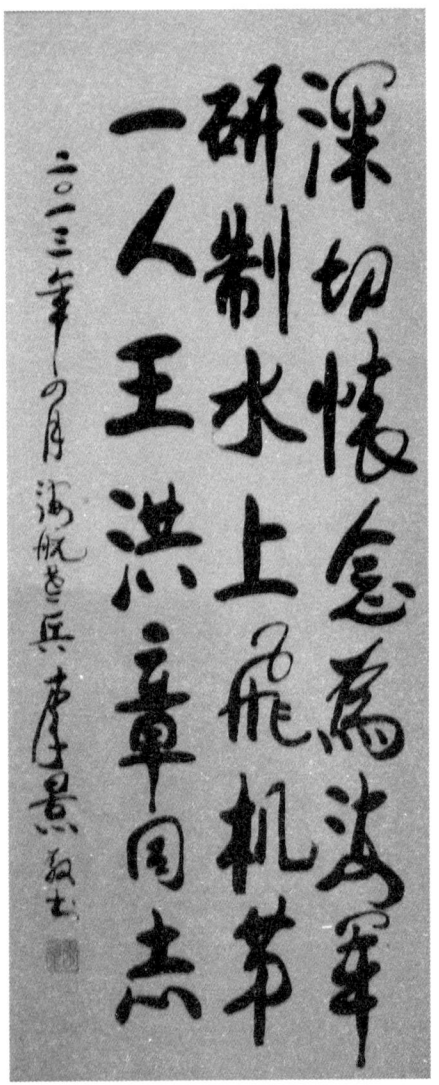

◎ 2013年4月，与李景同志忆及王洪章同志和他为水轰5顽强拼搏的往事，感触良多。李景同志挥毫题字，表达了我们对王洪章同志的思念之情。

第十四章 国防科工委科技委

国防科工委

随着形势的发展和任务的需要，我国国防科技与国防工业一样，在管理体制上也有过多次调整改革。

1958年10月16日，中共中央批准中央军委的报告，把原国防部航空工业委员会的工作范围加以扩大，改为国防部国防科学技术委员会（简称国防科委），在军委和中央科学小组（国务院科委）领导下进行工作。聂荣臻同志任主任。

1962年10月，中共中央政治局听取了国防工办关于原子能工业生产建设和核武器研制情况的汇报之后，罗瑞卿于当月30日在向中共中央、毛泽东主席的报告中建议成立中共中央15人专门委员会（简称中央专委）。11月3日，毛泽东在报告上批示："很好，照办。要大力协同做好这件工作。"

1965年3月，中共中央做出了中央专委除管原子能工业、核武器以外，还要管导弹的决定。1967年，在调整国防科研体制时，又将中央专委办公室改设在国防科委。

1961年11月29日,国务院根据中共中央决定,成立国防工业办公室(简称国防工办),归口管理第二、第三机械工业部和国防科委的工作,作为国防工委和国防科委的协调办事机构。

1977年11月,国务院、中央军委决定成立中央军委科学技术装备委员会,统一领导国防科学技术和国防工业生产工作。张爱萍任主任,委员会下设办公室(简称军委科装办),刘华清任办公室主任。

1982年5月10日,国务院、中央军委决定,以国防科委现有机构为基础,将国防科委、国防工办和军委科装办合并,组成中国人民解放军国防科学技术工业委员会,同时称中华人民共和国国防科学技术工业委员会。

1982年8月23日,第五届全国人民代表大会常务委员会第二十四次会议做出决定,将国务院国防工业办公室与中国人民解放军国防科学技术委员会、中央军委科学技术装备委员会办公室合并,设立国防科学技术工业委员会(简称科工委),在国务院、中央军委领导下,统一管理国防科技和国防工业工作。

国防科工委成立后,实现了军工产品科研、生产等工作的集中统一领导和管理。自此,历史上长期存在的"尖端"和"常规"之间的矛盾也得到了较好的解决。

国防科工委的第一任主任为陈彬,以后丁衡高、曹刚川同志先后任主任。

国防科工委科技委

新组建的国防科工委成立了科学技术委员会,这是一个新生事物。

1982年4月17日,时任中央军委常委兼秘书长的杨尚昆同志和时任国务院副总理的张爱萍同志联名向邓小平同志并胡耀邦、赵紫阳同志呈送了《关于调整国防科技、国防工业管理体制的请示》,其中写道:

"以国防工业现有机构为基础,由国防科委、国防工办、军委科

第十四章　国防科工委科技委

◎ 张爱萍同志对国防科工委的工作非常重视，他是我国国防科技和武器装备建设事业的杰出领导者。

装委办公室（……）合并组成中国人民解放军国防科学技术工业委员会，同时称中华人民共和国国防科学技术工业委员会，简称国防科工委……

为了加强国防科学技术工作，在国防科工委内设科学技术委员会，负责国防科学和工业技术的方针、政策、武器战术技术论证及对技术方面进行督导和检查。该委员会由各种武器的若干科技专家组成，设少数常设委员，主持常务工作，多数为兼职委员……"

1982年5月10日，国务院和中央军委下发批转该请示的通知，其中明确了杨尚昆、张爱萍同志的请示已经中央、国务院、中央军委批准,要求各有关部门按照执行。

国防科工委科学技术委员会是张爱萍同志倡议组建的。

◎ 军委科装办主任张爱萍。

张爱萍同志1910年1月9日出生于四川省达县罗江口镇张家沟一个农民家庭。1925年在达县中学读书期间即参加革命活动,1926年4月加入中国共产主义青年团,1928年8月转为中国共产党党员。他长期从事国防科学技术和国防工业战线的领导工作,是我国国防科技事业的杰出领导者。文革中,他惨遭迫害,被批斗、囚禁达6年之久,但他刚直不阿,正气凛然,与林彪、江青反革命集团进行了坚决的斗争。1975年3月,他复出后先后担任中央军委委员、国防科委主任、中国人民解放军副总参谋长,国家科委第一副主任、党组副书记并兼任中央专委办公室主任、中央军委科技装备委员会主任。

他是一位具有创新精神的领导者,在国防科工委成立之初,就提出了建立科学技术委员会的构想。1982年8月14日,在国防科工委、国防工业部科学技术委员会领导同志和办公厅主任会议上,张爱萍同志有一个讲话,全面阐述了他设立科学技术委员会的思想:

> 建立科学技术委员会,是国防科技、国防工业系统的一个创举,是新生事物。在这方面,我们还缺少经验,但我们的科

第十四章 国防科工委科技委

技工作并不缺少经验。我们的现代化国防建设,从无到有,从小到大,经验还是非常丰富的。而建立科技委员会的工作,现在才开步走,大家一起来研究该怎么办,然后在实际工作中逐步完善,取得经验。成立科技委员会的设想,我在给中央、军委、国务院的体制改革报告里,已经把性质、任务都讲得很清楚了。我们总的指导思想是,贯彻聂老总在主持国家科委和国防科委工作时,早已提出的科研先行的原则。这个原则,在我们工作的实践中,愈来愈显示了它的力量和深刻意义……

在这个讲话中,张爱萍同志特别强调:"科学技术委员会不是一般的可有可无的机构,绝不是随便说说而已。它是从事科学技术领导工作的实体机构,是要做实际工作的。它的任务不仅仅要从科学技术的发展方向、方针、政策方面研究,并提出规划的意见,而且型号研制、战术技术论证等许多方面的工作,也要科技委员会来主持、组织。"他还特别列举了由我负责组织的有关引进"幻影"－2000飞机的论证研究,说

◎ 国防科工委第一届科技委领导班子合影,前排中间为张震寰主任,钱学森副主任(前右二),朱光亚副主任(前左二),我在前排左一。

新中国航空科技工业先行者——叶正大将军回忆录

这是国防科工委科技委员会成立后的"第一炮"。

国防科工委第一届科技委成立时,主任是张震寰,钱学森、朱光亚、宋健和我任副主任。

张震寰同志祖籍福建省闽侯县,1915年10月21日出生于北京。他在学生时期即参加革命活动,1936年9月,他投笔从戎,加入了中华民族解放先锋队(简称民先),任北平总队秘书长。1938年5月入党,1939年担任八路军陇海南进支队政治部主任,在抗日战争和解放战争中都做出了重要的贡献。1961年,他被授予少将军衔。建国以后,张震寰同志历任中国人民解放军总参谋部装备部副部长、国防科委副秘书长兼任国防工业办公室五局局长、国防科委副主任、国防科委党委常委等职。在新组建的国防科工委中,他除担任科技委主任外,还担任国防科工委党委书记。

◎ 1987年,国防科工委科技委隐身和反隐身专业组第一次全体会议。

第十四章 国防科工委科技委

张爱萍同志对国防科技工业系统科技委的创建和将各国防工业部科技委列入编制等问题上付出了很大的心血，使科学技术委员会的工作得到了认真的落实，对以后国防科研和国防工业的发展起到了很大的促进作用。

在这个岗位上，我工作到1992年，由于年龄的原因，那一年我从科技委副主任的岗位上退下，担任了科技委顾问。

◎ 与当年在国防科工委一起共事的老同志欢聚一堂。

◎ 除了摄影，我也爱好书法。

不辞艰难耶辞死
生死原来相游戏
只问此心无愧作
赤条条来光棍逝

录父亲田淩诗一首
叶正大

新中国航空科技工业先行者——叶正大将军回忆录

《2000年中国国防科学技术》

1988年9月,邓小平同志会见捷克斯洛伐克总统胡萨克时,根据当代科学技术发展的趋势和现状,提出了"科学技术是第一生产力"的论断。邓小平同志的这一论断,体现了马克思主义的生产力理论和科学观。

那一年,国务院做出了《关于科技体制改革若干问题的决定》;我国自行研制和发射了第一颗极地轨道试验性气象卫星"风云一号";在东海海域,我军进行核潜艇水下发射运载火箭试验并取得成功;我国第一座高能加速器———北京正负电子对撞机对撞成功。

我国在高科技领域取得的一系列重大突破性成就鼓舞了全国人民。这一年的10月24日,邓小平同志在视察正负电子对撞机工程时指出:"中国必须发展自己的高科技,在世界高科技领域占有一席之地。"

现代科学技术发展的特点和现状告诉我们,科学技术特别是高新技术,正以越来越快的速度向生产力诸要素全面渗透,同它们融合。与之同时,对于军事工业的发展也在产生着越来越巨大的影响,世界各大国都在加紧研究现代科学和高新技术在武器装备方面的应用。原来我们将武器装备系统划分为"常规"与"尖端"两部分,在科学技术飞速发展的今天,许多原来的常规武器的理念已经被突破,在应用了新的先进技术后,常规武器发挥着制约某些尖端武器的作用。例如,可以单兵操作的枪支以及无人机、火箭炮等配以电子信息、夜视等先进技术设备或发展为定向能武器(directed energy weapon)后,在战场的实际效用有可能超越原来的某些尖端武器。在军事科研技术迅猛发展的基础上,当时美国在全球领先发起的新军事变革(当时称军事革命 revolution in military affairs)已见端倪。这一切都在向我们提出一个尖锐的问题——我们应该如何应对?

当时国防科工委决定组织编写一部《2000年中国国防科学技术》,希望能科学总结建国以来我国国防科学技术发展的经验,深入

第十四章 国防科工委科技委

分析我国 2000 年时国家安全环境的战略思想、战略目标、发展重点，探索国防科技工业深层次改革等重大问题。

◎ 我们科技委常常聚在一起进行民主讨论和研究问题。

  该项工作是在朱光亚同志直接指导下进行的，确定的指导人有：朱光亚、怀国模、我和聂力同志，负责人是王寿云（注）、陈达植同志。其中有的部分我直接参与了编写。

369

朱光亚同志是我国核科学技术的主要开拓者之一。1950年,他怀着建设社会主义新中国的满腔热情从美国回来,此前他在美国密执安大学研究生院物理系原子核物理专业读完研究生并获博士学位。回国后,他曾任北京大学物理系副教授。以后为我国原子弹、氢弹的爆炸成功和加快核武器的发展起了关键作用。

在这项研究中,我们提出了新时期我国国防科技发展的战略思想——"以整体效益为中心,坚持需求牵引和技术推动相结合,选择跟踪,重点突破"。

以整体效益为中心是在总结了我们国家建国以来国防科研的经验和教训的基础上,结合当时国际局势和国内经济体制改革的形势提出的。

从我从事国防科研工作几十年的体会看,由于在决策时只强调了政治的需要,忽视了装备的研发必须结合实际的需要,也没有认真考虑自身具备的能力和已有的技术储备,很多项目带有严重的盲目性,不少项目半途而废、不了了之,给国家带来了巨大的浪费。

仅从歼击机的情况看,我参加或主持的设计研制项目,从歼教1算起,有初教1(后改名为初教6)、"东风"104、"东风"106(后改为"雄鹰"302,即后来的强5)、"东风"107、"东风"113、"双3"(当时起名"东风"119)、垂直起落飞机、歼13、歼8、歼9等,不算大跃进中有人提出的马赫数为6的赶超美国X-15一级和原子能飞机等项目,就有11项之多,而最后经过大家努力,交付部队使用、形成装备的也只有初教6、强5、歼8等。中途下马的项目不同程度地投入了极为宝贵的人力、财力,在这方面造成的浪费、尤其是时间上的无端消耗,根本无法用金钱衡量,在这方面的教训是极其沉痛的。所以我们要把"整体效益"放在中心的地位,其中有经济方面的考虑,更有武器装备作战效能方面的考虑。

我们的国防科技和军事工业首先要服从国家安全战略的需求。我国地缘环境复杂,在承诺不首先使用核武器的战略决策下,1985年6月,军委扩大会议确认了新时期的军事战略,即从长期以来立足于早打、大打、打核战争的临战状态,转变到和平时期以应付和打赢局部战争为主的方针。会议要求充分利用和平时期,在服从国家经济建设的前提下,抓紧时间,有计划、有步骤地进行现代化为中

第十四章　国防科工委科技委

◎ 1993年3月，科工委参加第八届全国人民代表大会的代表合影。谢光（右一），我（右二）。

心的国防建设。

我们必须适应这一重大战略转变，从装备的技术水平和配置结构以及数量上满足实施这一战略的需求。也就是说，从宏观上讲，我国的国家安全战略的需求是国防科技工业发展的原动力。但另一方面，科学技术的发展又会推动武器装备的发展，使我们在更高技术水平上满足国防战略的需求。例如，在我们的雷达探测技术、数据处理机通信等技术得到发展以后，我们就可以研制预警机（Airborne Early Warning and Control System Aircraft，机载预警与控制系统飞机，简称预警机），实现集预警、指挥、控制、通信等多种功能于一体的综合信息系统。与没有预警机相比，我们的空中防御和作战能力会得到很大的增强。这两者的关系是辩证的，在某种条件下是互为因果的。

"坚持需求牵引和技术推动相结合"这一指导思想，使我们的国防工业及武器装备的发展思路更加清晰和明确了，在以后的实践中得到了大家的普遍认同。

在这份研究报告中，我们提出了要"充分肯定国防科技人员在

国家建设和发展中的巨大和特殊的贡献"。

建国几十年的发展历程中,我作为一个长期在一线从事国防科研的技术人员,对此有着极其深刻的切身体会。那些与自己并肩战斗过的同志们和那些奋战在三线边远地区的同志们,他们为祖国做出的无私奉献,感天地、泣鬼神,但往往出于国防科技事业保密的要求,长期不为人所知。这些同志无怨无悔,默默地坚守在自己的岗位上,不求名,不求利,用青春和热血铸就了祖国的钢铁长城。没有他们做出的牺牲,我国的国防科技绝不可能有今天的水平,绝不可能取得令世人瞩目的辉煌成就,这一点是我们所有参加该项研究同志的共识。所以在这个报告中,我们用了较多的篇幅就国防科技人才的发展政策进行了深入探索,并提出"要在全社会,特别是青少年中加强国防意识的教育,使全社会都清楚今天的形势和我们的处境,明确我们面临着什么样的威胁及其对民族生存的影响,从而产生清冽的忧患意识和国防意识。"

在这份研究报告中,我们还对深化国防科技管理体制机制的改革进行了探索研究,在"军品价格管理"、"全寿命管理"、"预先研究管理"等方面提出了改革的思路和方向。例如,军品价格管理,长期以来我们实行的都是"计划成本×(1+5%)"定价办法,这必定是不利于调动企业改善经营管理的积极性并严重阻碍着军工企业经济效益的提高。所以在新的形势下,这样的定价办法必须进行改革。我们提出的改革思路是——"根据国防科研项目、军工产品的不同特点和要求,考虑风险、利润等因素,采取成本补偿制、固定价格制、奖励性报酬制等多种定价方式,在具体实践中,国家要灵活地利用价格机制,把成本、武器性能、批量、交付时间等指标同军品价格挂钩,真正发挥军品价格机制对国防科研、生产的激励作用。"

这份研究报告是在1989年完成的。进入90年代后,以江泽民同志为核心的新一代中央军委审时度势,对我国的国防战略方针进行了又一次的重大调整。1993年初召开的军委扩大会议决定将我军的战略方针基点,放在打赢现代技术特别是高技术条件下的局部战争,加速人民解放军的质量建设,提高应急作战能力。还提出了以"科技强军"为中心思想的"两个根本性转变",即由应付一般条件下的局部战争向打赢现代技术特别是高技术条件下局部战争转变;

在军队建设上,由数量规模型向质量效能型、人力密集型向科技密集型转变。

结合中央给我们国防科技工作提出的更高要求,重温当年国防科工委组织编写的这份研究报告,我感到其中的许多思路在今天还是有着指导作用的。

1992年7月,《2000年中国国防科学技术》获中国军事科学院颁发的全军军事科研成果一等奖;《中长期科技发展纲要(国防部分)》获军事科研成果二等奖。我是这两个奖项的获奖者之一。

注释:

王寿云同志是1960年4月从北京大学数学系提前毕业的大学生,1965年曾经担任钱学森同志的秘书。在《2000年中国国防科学技术》研究工作开始时,他任国防科工委科技委副军职常委兼副秘书长。

歼轰7飞机

歼轰7,也就是"飞豹"歼击轰炸机,对外型号为FBC-1。该型飞机的主要作战使命是执行对地、对海攻击任务,具有一定的歼击护航能力,可用于攻击敌战役纵深目标,如交通枢纽、前沿重要海军空军基地、滩头阵地、兵力集结点以及执行远程截击、对敌大中型水面舰艇等攻击任务。

歼轰7走过一条很不平坦的道路。

1974年初,中国海军在实战中暴露出缺乏海军航空兵空中支援的问题,因此提出了对适合海航使用的新型攻击机的迫切需求。与之同时,空军也由于轰5、轰6无法适应现代高强度作战的要求,而强5航程又太短,且载弹量少,因此也迫切需要兼有战斗机和轰炸机性能的新型飞机。

根据海军、空军的要求，国防科工委确定关于新歼击轰炸机的战术技术要求，要求航空工业部用一个机型，装备同种类武器和机载设备，分别满足海军、空军的需求。

1976年3月，沈阳飞机制造厂、南昌飞机制造厂分别提出了在歼8基础上改装成歼击轰炸机——歼轰8方案和吸收部分米格-23特点的强6强击机。1977年11月，阎良603所又提出了第三个方案。新歼轰曾出现三足鼎立的局面，之后歼轰7最终确定由603所负责研制，当时该项目代号为"70"工程。

之后，海军、空军因为各自作战对象不同及使用兵器不同，对飞机座舱布局提出了不同要求。海军希望采用类似美国刚服役不久的F-4的纵列双座，空军希望采用便于两名飞行员协同的并列双座布局，这一争论耗时三年。

1982年11月，基于当时国际形势，歼轰7再次全面启动。到1983年初，603所先后完成了歼轰7结构、强度和系统原理性试验，同时转入全面详细设计阶段。同时与歼轰7相配套的"鹰击"8（YJ8）空舰导弹的预研工作也正式开始。在此后的研制过程中，还出现了一些波折。

在型号研究中，出现不同的意见是正常的，通过争论，对事物的认识会一步一步深化。关键在于面对这样的局面，领导者必须正确地加以分析，要善于识别和区分哪些意见是正确的，应该予以支持；哪些意见是不正确的，应该加以引导、纠正，只有这样才能保证最后的决策不出现大的失误。越是意见不统一，对决策层的领导能力和水平越是一个考验。

在介绍现代管理理念的著述中经常会见到这样一个经典案例：

艾尔弗雷德·斯隆曾经长期担任美国通用汽车公司总裁，在一次会议中，所有参与决策的人对一个重要决策都持认同态度，一致表示没有不同意见。在这种情况下，斯隆却说："那么，我建议推迟到下次会议再对这项决定做进一步的讨论，以便我们有时间来提出不同意见，并对与这项决定有关的各个方面有所了解。"以后的事实证明，斯隆这样做的结果避免了通用公司做出一个错误的决策。

斯隆认为，有时意见一致是因为大家还没有认真做好自己的工作，没有完成必要的准备工作。他想要听的是不同的意见，也积极

第十四章 国防科工委科技委

地促进不同意见的产生。

在美国这样一个西方文化背景下，斯隆这样做，为人称道，树为决策科学的一个范例，因为对于一个领导者，要做到这样显然是有很大难度的。在我们中国，要学会像斯隆这样不仅要听、而且要积极促进不同意见的产生就不容易了。几千年来的封建社会，我们讲的就是尊卑上下，君臣父子那一套，虽然历史上也有过"文死谏"的典型，但毕竟是凤毛麟角，而且更多的还是用这些例子来赞扬君主的开明。

在改革开放以后，我们党一再强调科学决策、民主决策，然而有领导同志在场的会议上，有些人往往还是会察言观色，揣摩领导同志的态度，说一些领导同志中听、爱听的话，不敢发表反对的意见，这样的风气蔓延开来是会误大事的。

早在1961年，聂帅主持制定的《科研十四条》中就强调："鼓励属于不同学派和持有不同学术见解的人互相尊重、互相探讨、团结共事，而不是坚持宗派门户之见，互相攻击、故步自封。"今天我们有必要重温这一文件，继承和发扬老一辈领导人倡导的"互相尊重、互相探讨、团结共事"的精神。

当然主张发表不同意见也不是跟在群众后面做尾巴，领导同志一定要做到当听则听，当断则断。在某型发动机的引进中就遇到了很激烈的争论，但中央领导同志还是下了最后的决心，应该说在当时的政治环境下，做出这个决定是冒着很人的风险，但事实证明，如果没有某型发动机的引进，也许就不会有今天的歼轰7。

以后，在决策研制中的歼轰7发动机选型问题上，也出现过争论，最终领导决策继续引进某型发动机，这一决定保证了歼轰7的定型试飞，也保证了以后在部队试用以及承担重大任务的成功。

在歼轰7研制的关键时刻，谢光同志（时任国防科工委副主任）、李景同志（时任海军副司令）、王昂同志（时任三机部副部长）密切配合，协同指挥，在被称为"三驾马车"的马承骥（三机部军机局副局长）、张国治（国防科工委科技部航空局局长）、徐甘泉（海装飞机部部长）同志具体组织下，与参加研制工作的设计研究单位、试制单位的同志一起克服了许多困难，取得了歼轰7的研制成功。

◎ 与谢光（前中）、李景（前左）听取歼轰7介绍。我（右一）与歼轰7总设计师陈一坚（右二）、右后为时任603所所长的高占民同志。

谢光同志是与我长期共事的老朋友，他比我小2岁。1958年毕业于军事工程学院空军系，后留校任教，1961年成立六院一所，他来所担任了气动力研究室主任，在组建611所时，他与王南寿等同志到了成都，以后担任过611所副所长。组建国防工办时，他到工办担任了副局长，组建国防科工委时，他任国防科工委科技部副部长，1985年3月担任了国防科工委副主任。

李景同志是1949年入党的，在解放战争期间，曾参加过孟良崮战役、鲁西南战役、兖州战役和许多次大小的战斗，立过两次战功。建国后，第一批被选调到空军航校学习飞行，毕业后分配到空军战斗部队任中队长、团空战射击主任，参加过抗美援朝战争。1955年，李景同志调到海军航空兵，长期担负国土领空、领海的防空作战任务。他对飞行有特别的爱好，先后共驾驶过12种各类型的飞机，被评为特级飞行员。

王昂同志比我们要年轻，1958年从北京航空学院飞机制造专业毕业后，经过严格选拔，他成为我国第一批大学生飞行员。1966正式成为一名试飞员，曾先后荣立二等功一次，三等功四次。1980年1月3日，被中央军委授予"科研试飞英雄"荣誉称号，获"一级

英模勋章"。

在歼轰7研制过程中,我多次到现场,看到了大家的苦干精神,也看到了领导层的果敢、机敏和深入细致,这些都是歼轰7研制任务最后取得圆满成功的重要因素。

◎ 参加603所建所40周年活动。

1989年1月23日，国务委员宋健同志、中央军委副主席刘华清同志和副总参谋长何其宗同志等在试飞院机场观看了歼轰7飞行表演。我和谢光、张连忠（海军司令）、李景（海军副司令）、林虎（空军副司令）、贺鹏飞（总参装备部副部长）、高镇宁（国家科协副主席兼党组书记）以及地方政府领导侯宗宾（陕西省省长）、李溪溥（省人大主任）、何文治（航空航天工业部副部长）、王昂（航空航天工业部总工程师）等同志一起观看了表演。

◎ 为在共同事业的拼搏中结下的深厚战友情谊干一杯。
左起：王昂、谢光、李景、我。

经过近30年奋斗，2003年歼轰7发动机实现了完全国产化。

经过新一代科研人员的努力，改进后的新型歼轰7被认为是中国载弹能力最强、航程最远、作战半径最大的歼击轰炸机，可挂载多种精确制导武器和非制导武器，可实施敌防区外远程精确打击。

◎ 在"飞豹"前合影。

第十四章 国防科工委科技委

从网络上,我看到603所歼轰7A的总设计师唐长红同志曾经对媒体记者说过:"新'飞豹'完全脱胎换骨,飞行能力、操纵性能、载弹量、作战半径、机动性都有极大提高,不用空中加油可飞抵西沙,完成保卫领海的使命,歼轰7A型轰炸机是中国第一种较现代化的中程打击机,自出现便不断参加包括台海演习在内的沿海演习。"我感到欣慰并为之兴奋!

从超7到"枭龙"

20世纪80年代初期,成飞公司对歼7Ⅱ进行了改装,实现了向约旦的出口,歼7M是在歼7ⅡA和歼7B基础上的一种新改型出口型飞机。对歼7M型飞机,巴基斯坦空军表示出购买意愿。1983年7月27日,巴基斯坦空军第一副参谋长贾玛尔中将率团访华,专程考察歼7M型飞机。

1984年10月,巴空军贾玛尔中将率团再次访华,这一次他们带来了一份改装歼7M的建议书,要求加强飞机的机动性,加大作战半径,改进截击效能,并具有一定的对地攻击能力。采用国际合作方式进行一种几乎全新的飞机研制。巴空军对此是认真的,于是成飞开始按巴空军要求做方案,中方提议这种改型方案为歼7CP方案,(C即China;P为Pakistan,含义是中巴合作)。

1985年9月19日,巴基斯坦高级军事代表团一行11人来华访问,代表团团长是巴空作战副参谋长萨比尔少将。我陪同这个代表团到成飞访问。成飞老厂长、时任成都飞机发展中心主任兼成飞董事长的谢明同志、成飞总经理侯建武同志出面接待。成飞原总工程师、成飞发展中心副主任屠基达同志有意带了一个歼7CP的飞机模型与巴方人员见面。他后来说这次的做法是有意的,一方面再次与巴方直接谈研制歼7CP方案,同时也是借这个机会向我汇报。

萨比尔少将是飞行员出身,对飞机的性能了如指掌,当场就屠基达同志商谈了不少具体技术问题,如油量问题、零零(指飞机在零高度、零速度情况下能安全跳伞获救)性能的弹射坐椅等。他对

 新中国航空科技工业先行者——叶正大将军回忆录

◎ 与林虎（左五）、谢光（左四）、王昂（右四）等同志到成都611所调研。

我国产发动机推重比不够大以及改型中飞机结构变动量较大等问题表示担心。对此屠基达同志做了详细的解释和回答。那次交谈中，歼7改型的问题成了焦点，代表团其他成员纷纷对着模型发言询问，表现出极大的兴趣。

巴空军和国防部都认为这是涉及巴基斯坦国家荣誉和前途的一件大事，因为它不仅是个军事合作项目，更重要的是巴基斯坦为加强独立自主的能力，建立自己航空工业，希望在中国的帮助下能自己生产战斗机。

1986年12月9日，副总理兼国防部长张爱萍接见并宴请了巴方具有最终决定权的国防部生产国务秘书穆斯塔法。我参加了这次接见活动，张爱萍同志在接见时表明了中国政府对该项目的支持，也厘清了的中方的立场和原则。

1991年，中国再次启动该计划。经过一番周折，巴基斯坦再次表示有兴趣参加联合研制。1992年2月，中国政府正式邀请巴基斯坦空军投资超7计划。作为回报，巴方有权全面参与研发过程，并拥有合作生产权。10月，双方签署了备忘录。正式谈判拖延数年，1998年中国与巴基斯坦签署了合作开发超7轻型多用途战斗机的协议。1999年6月28日，双方签署《中巴合作研制S-7/FC-1飞机合同》。中方将飞机的名称改为FC-1。

2003年8月，01架原型机首飞成功。2004年6月15日，双方签订JF-17（巴方命名）在巴基斯坦合作生产主合同和技术改造生

第十四章 国防科工委科技委

◎ 1986年，参加国防大学研究系第一期学习期间赴巴基斯坦实习。

产线合同。2004年7月超7飞机计划被正式命名。中方称为FC-1/"枭龙"，巴方则称为JF-17/"雷电"战斗机。

这个项目我直接过问较少，但国防科工委、邹家华、谢光同志和我的态度都是积极支持的。

该项目是我国航空工业一次成功的突破，首次实现了飞机设计制造技术的出口，在商业模式上是成功的。我们要成为一个航空大国、航空强国，就必须走出去，敢于在国际防务市场上与世界航空强国竞争，只有这样，我们才能将国防科学技术进步与经济发展有

新中国航空科技工业先行者——叶正大将军回忆录

◎ 1985年12月9日，陪同副总理兼国防部长张爱萍接见并宴请巴基斯坦国防部生产国务秘书穆斯塔法。

机地结合在一起，走出一条符合社会主义市场经济体制下发展国防科技工业的新路子。

◎ 与成飞公司总工程师薛炽寿进行深入探讨。

第十四章　国防科工委科技委

附：　叶正大副主任与新型空空雷达制导导弹

◎ 张东红。

　　整理者按：此文摘自张东红《我所经历的导弹那些事儿》一文，编入此书前，作者做了补充。张东红，曾从事多年导弹设计、制造技术工作。1989年6月调入当时的航空航天工业部军机司，历任副处长、处长，中航工业第二集团公司机载部副部长、部长等职。

　　1991年"海湾战争"爆发，美国在世界战争史上第一次实现仅出动空军力量便打赢并结束了一场战争，而自身人员伤亡基本为零。尽管这是一场力量悬殊的不对称战争，但它在现代战争史上的昭示意义非同一般，引起了各国对空军武器装备发展的新一轮重视与追求。

　　1976年，我从北京航空学院导弹总体设计专业毕业，以后一直在航空工业系统的厂所从事空空导弹方面的技术工作。1989年，我被调入航空航天工业部军机司导弹无人机处，不久担任了副处长，因此无论是从专业还是从岗位职责的要求，自己对此次战争中空军武器装备的应用都给予了极大的关注。

　　当时我国航空工业专门负责空空导弹研发生产的研究机构在国家某红外重点工程投入建设后，红外制导技术领域的研发和制造能力得到了长足的发展和强化，但雷达制导技术方面尚有欠缺。雷达制导技术与红外制导技术各有其不可替代的优势，作为国家空空导弹研发的主体亟须全面掌握制导技术，满足武器装备发展需求。为此，时任军机司副司长的柯询同志带领我们组织研制单位进行了深入严谨的论证，形成了中远程毫米波主动雷达制导空空导弹研制方案。该方案经部领导批准后上报，希望主管部门予以立项。但在上级部门还没有给予回复之前，由国家某雷达重点工程项目投入建设的航空工业系统外某单位闻风而起，积极行动，与我们展开了立项竞争。

新中国航空科技工业先行者——叶正大将军回忆录

一天,柯询副司长通知我,说国防科工委科技委副主任叶正大同志打来电话要约她面谈,她让我一起去。

在国防科技工业领域,大家都知道叶正大副主任是叶挺将军的儿子。我上小学时就已经知道"叶挺将军"的名字,他在北伐战争时期就是赫赫有名的战将,抗战时期更是著名的新四军军长。文革大串联时,我到过重庆,曾专门去歌乐山瞻仰过叶挺将军"皖南事变"后被国民党囚禁的那间牢房。叶挺将军那首令人荡气回肠的《囚歌》更是家喻户晓,尤其在年轻人中广泛传颂。所以柯询副司长一说要带我去见叶副主任,我非常高兴,充满期待。

我记得那天我和柯询副司长俩人如约到达当时主管全军武器装备发展和整个军工系统建设的最高机构——原国防科工委大楼,叶副主任秘书随即带我们走进了他的办公室。叶副主任的办公室陈设朴实而又严肃、大气。

我们一进去,叶副主任立刻起身相应。我看到他身材高大、气度超群,虽然身着将军军装,但俊逸的眉宇之间透着亲切的笑容。给我的第一印象完全符合我的期待,确实具有名将之后的风度和令人肃然起敬的高层领导气质。他与柯询副司长比较熟悉,听柯副司长介绍我以后,他热情地与我握手,招呼我们坐下,使我这个第一次见到他的年轻人没有感到丝毫的拘谨。

叶副主任先说明了邀我们来的原因。他嗓音浑厚,有着明显的广东口音,但我完全听得懂。

从他的谈话中,我感到叶副主任完全从另外的渠道和角度看到了当前我们的空空导弹武器发展中存在的重大问题。他讲到,最近他特意请苏联米高扬设计局的总设计师访问了我们的主机厂所,在访问结束回到北京后,他听取了这位总设计师的观感。交谈中苏联专家说,他在参观中突出地感到我们的主机厂所普遍不太重视机载武器的发展。这位专家语重心长地强调:"这样的话,将来你们可能要吃亏!"

这句话对叶副主任是一个提醒,他经过考虑,决定要明确地向国防科工委领导层提出这个问题。在谈过他的想法后,他认真地听取了我和柯询副司长的汇报。中间,他不断插话,就他关注的某些细节,要我们详尽地做出说明。

第十四章 国防科工委科技委

在这次谈话后不久，国防科工委一线领导——谢光副主任便安排我们去向他汇报了洛阳014中心的方案。

在汇报中间，参加会议的一位局长提议说上海方面下午要赶来汇报，最好听完后再定。谢光副主任立即用略带沙哑的嗓音明确表态："我不听！今天上午就要定，这个项目就由航空工业的研制单位承担。"这是我听到过的最果敢、最明确的一次导弹武器项目决策。至今，我还清晰地记得谢光主任那炯炯有神的目光和那种坚定、不容置疑的神态。从中体现出包括叶副主任等在内的国防科工委领导层深思熟虑后的决断和对航空工业空空导弹研制能力的信任。

如今，新型雷达制导导弹已经由中国空空导弹研究院研制成功，取得了非常优异的设计定型靶试成绩并已成为空军的主战装备之一，实现了我们航空工业一直追求的红外制导导弹与雷达制导导弹霹雳双飞的夙愿！

该型号的研制成功提升和增强了我国空空导弹武器装备的研制水平，同时为今后的发展打下了坚实基础。我们没有辜负当年国防科工委领导的那次果断拍板！

被授予中将军衔

我的一生中曾经有三次穿军装、两次被授予军衔的经历。

第一次穿上军装是在1947年，我从延安来到了东北，成为东北民主联军总司令部附设外国语言学校的学生，同时也是东北民主联军的一名战士。那时实行的战时共产主义，军队里没有实行军衔制。到1948年赴苏留学时，我脱下了军装。

我第二次穿上军装，是在国防部六院一所技术副所长任上，建国以后，中国人民解放军于1955年开始实行军衔制。1964年1月，授予我少校军衔。

1965年1月1日起，按照中央、中央军委和国务院决定，六院划归第三机械工业部，直属部统一领导。紧接着，六院一所所有穿军装的人都接到了以国防部第六研究院第一研究所政治部名义发出

新中国航空科技工业先行者——叶正大将军回忆录

的一纸通知,上面写着:"根据中共中央决定,我院集体转业。×××同志随院于1965年6月1日退出现役,转业地方工作。"这一次从穿上到脱掉军装,不到两年时间。

在我们脱掉军装后不久,解放军实行了10年的军衔制被取消。

文革结束后的1980年3月,中央军委主席邓小平提出"军队还是要搞军衔制",以后经过长达8年的准备,1988年,时隔23年之后,中国人民解放军结束了这一段没有实行军衔制的历史。

1988年9月14日,中央军委在北京中南海怀仁堂隆重举行授予上将军官军衔仪式,洪学智等17位高级军官被授予上将军衔。随后几天,全军各大单位相继举行授衔仪式,1452人被授予将官军衔,18万人被授予校官军衔,40.5万人被授予尉官军衔。

我看到曾经参加起草《军官服役条例》的同志回忆,在最初的草稿中曾有"元帅"和"大将"的设置方案,最后是邓小平同志一锤定音:"和平时期的军衔等级要设得简单一点,最高设到上将。"

我第三次穿军装是在1973年11月调到国防工办。

在1988年恢复军衔制中,我与其他122名同志一起被授予中将军衔。

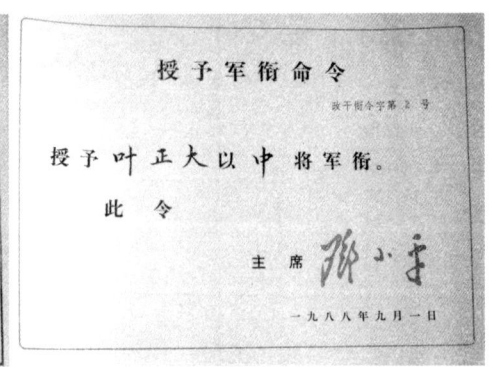

◎ 授衔证书。

历史上著名的军事家、法国人拿破仑·波拿巴曾经说过,"不想当将军的士兵不是好士兵。"这成为激励所有军人的一句名言。在接受了将军的授衔以后,我想在这句话之后还应该补充一句——"一心只想当将军的士兵也不是好士兵。"

1959年10月26日,在北京召开的全国"群英会"上,国家主

第十四章　国防科工委科技委

◎ 1988年9月，被授予中将军衔。

席刘少奇在人民大会堂湖南厅握着全国先进生产者时传祥的手对他说："你掏大粪是人民勤务员，我当主席也是人民勤务员，这只是革命分工不同。"时传祥同志表示："我要永远听党的话，当一辈子掏粪工。"作为一名革命军人，应该铭记刘少奇同志的话。职务和军衔体现的应该是革命分工的不同，在任何岗位上，都应该有一个安心本职工作的问题。如果一个士兵不安心站岗、放哨、冲锋、杀敌，一心只想着个人职务升迁，只想当将军，那就不可能形成一支军队，即便勉强凑在一起也绝对不会有战斗力。

参加革命半个多世纪以来，无论组织将自己安排在什么岗位上，给自己什么样的待遇和荣誉，我始终视自己为国防科技工业战线的一名战士，现在步入耄耋之年，是一名老战士了。"老骥伏枥，壮心不已"，我还要尽自己最大努力，为国家和人民的事业继续奋斗。生命不息，战斗不止！

387

◎ 1993年,被选为全国人大代表,出席了第八届全国人大一次会议,并当选第八届全国人大常委、教科文卫委员会委员、中俄友好小组副主席。

◎ 1992年12月11日,中央领导接见核专业会议代表时的合影(局部)。我站在朱镕基总理(前左四)的身后。

第十四章　国防科工委科技委

◎ 1998年度何梁何利基金科学技术进步奖获奖证书。

◎ 1996年，我（二排右四）应邀参加了何梁何利基金1996年颁奖大会。1998年，我获得何梁何利基金科学技术进步奖。

◎ 与获奖同志合影。

第十五章 如今还当孺子牛

总装备部科技委顾问

1998年4月3日,中央军委决定组建人民解放军总装备部。

总装备部是我军历史上传统的总参谋部、总政治部、总后勤部之后新设立的一个总部,其职责是全面负责全军武器装备建设的集中统一领导,促进国防和军队现代化建设。

在此之前,1982年组建国防科工委是中国人民解放军在编制领导体制上的一次重大变革。国防科工委不仅具有原国防科委、国防工办主管科学技术和国防工业的职能,还将各国防工业部门(九十年代前后陆续改为军工总公司)的政府职能一并承担了起来。我军常规武器和尖端武器的科学研究、设计、开发、立项、定型和生产有了统一领导、统一规划、统一协调的机构,这对整个国防工业的发展来说是重大的突破。

在新的世界形势面前,我军对武器装备的现代化有了更高的要求,原有的三总部体制已不能满足我军高科技条件下建设现代化军队和进行现代化作战的需要。要建设保障有力的现代化军队,就要建设现代化强有力的武器装备建设管理保障部门。

第十五章　总装备部科技委

1998年中央军委做出决定,总装备部在国防科工委及总参、总后相关部门的基础上组建,其在军内编制序列为总参谋部、总政治部、总后勤部、总装备部。曹刚川同志任总装备部首任部长,李继耐同志任总装备部首任政委。

总装备部成立之后,各军兵种、军区直至军、师、旅、团级作战部队均成立了装备部(处),机构的调整进一步加强了我军武器装备建设的集中统一领导和武器装备全系统、全寿命(指从武器装备预研、研制、采购到维修、退役整个生命周期)的管理。

国防科学技术工业委员会作为国务院的一个部级机构予以保留名称并全新组建,在第九届人大一次会议上确定属于国务院管辖,刘积斌同志任新成立的国防科工委主任,张俊九、徐鹏航、栾恩杰、张华祝、张洪飚、于宗林等同志任副主任。

1999年1月8日,中共中央总书记、国家主席、中央军委主席江泽民在接见出席总装备部第一次党委扩大会议代表时说:"军队武器装备的高科技化,是当今世界军事发展的一个重要趋势。我国国防和军队现代化建设面临着难得的机遇,也面临着严峻的挑战。国防科技和武器装备发展是衡量国防实力的重要标志,对一个国家、一支军队来说极为重要。"

江泽民主席强调,我们要立足现有装备打仗,树立以劣势装备战胜优势装备之敌的信心。同时,我们也要加强武器装备建设,努力提高武器装备的高科技含量增强应付未来高技术战争的物质技术基础。我们下决心成立总装备部,调整改革武器装备管理体制,加强武器装备建设的集中统一领导,就是为了迎接世界军事变革的挑战,加快我军武器装备现代化建设的步伐。

1992年底,我已经从国防科工委科技委副主任的岗位上退了下来,担任了顾问。新成立的总装备部保留了科学技术委员会的机构,我在总装备部科技委继续担任顾问,直至2012年。

"顾问"一词有着很悠久的历史渊源,现在一般指在某一方面的专业知识具有较深的造诣,可以为个人或组织提供咨询的人。在这个岗位上,可以是被动的,有问才答,也可以是主动的,不问也要说、也要提建议。我属于后者,看到一些存在的问题,就会主动谏言。当然应该是在自己熟悉的武器装备领域提出看法和建议,而且

即便过去有一些经验积累,自己还是要抓紧学习。现在是知识经济时代,科学技术的发展真正实现了日新月异,过去的老经验很多已经彻底过时了,不紧跟时代,不注重学习,不随时更新知识和观念,就会落伍,光靠吃老本,翻旧账,顾问工作也做不好。

总装的几任领导对我们几位顾问也很尊重,在我有了一些想法的时候,他们会主动到我这里来听取意见,这令我非常感动。

航空发展座谈会

在我退出一线领导岗位以后,我始终想着应该约请长期在研制第一线从事飞机设计的老同志坐在一起谈一谈我们的经验教训,形成一个总结,作为后来者的参考。我把这个想法告诉了顾诵芬同志,他通过中航一集团科技委,请沈阳601所协办,在中航第一集团科技委王昂主任、顾诵芬副主任、601所的刘春义、李玉海、李明等领导大力支持下,2000年的9月15日至17日,在沈阳棋盘山的八贤庄园召开了一个座谈会,会议代表有25人,其中多为在飞机型号任务中担任总师一级的同志。601所的现职领导刘春义、李玉海、李明、罗阳、孙聪、施荣明等同志都出席了。

在会上,我提出"为了正确总结经验和教训,第一,实事求是,实话实说,不扩大,不缩小;第二,对事不对人,只谈事情本身,不谈个人姓名;第三,学周总理那样,用于自我批评,可以谈成绩,也可以讲自己的教训。"

这个会上,大家认为,总结航空科研发展的经验教训很有必要,很有意义,希望新一代人能继往开来,发扬优良传统,不犯重复错误,让航空科研在新形势下更快发展,兴旺发达。大家发言热烈,会议开的非常活跃,使我深受感动。

在听到许多老同志的肺腑之言后,我根据自己原有的一些考虑,结合座谈会上反映的意见,归纳成六条看法:

一、确定型号战术设计要求要取决于现有的技术储备,要防止脱离实际,增加型号研制的风险度。

我们的成绩是有目共睹的,去年50周年的阅兵就是证明;但另一方面我们的教训亦是很深刻的。早在1958年大跃进时期,在高指标、瞎指挥、浮夸风"左"倾思想的驱动下,"东风"107的最大飞行马赫数定为1.8,实用升限定为20千米,搞了个抬机翼方案;"东风"113提出最大飞行马赫数2.5,升限25千米(号称双25),当时我们根本没有超声速飞机设计研制经验,更没有足够的技术储备,结果浪费了很大人力、财力、物力,最后因为发动机涡轮前温度太高,没有相应的耐高温材料而被迫下马。到文革期间,1968年7月,又提出要尽快解决垂直起落战斗机问题(四号任务),还要进行"双三"飞机(马赫数3.0,高度30千米)的研究(三号任务),同样,造成了严重损失和浪费。这些沉痛教训告诫我们,研制工作如违背客观的科研规律就会受到惩罚,那些"十年超英、十五年赶美"、"人有多大胆,地有多大产"以及没有预研基础就大干快上等做法都是错误的,最后必然导致失败。我曾在601所一次会议上检讨了领着大家搞垂直起落飞机的错误。

1961年六院成立后,唐延杰院长明确提出要坚持"通过仿制走向自行设计"、"摸着石头过河"、"先双发后搞单发"(实际上先用两台815甲发动机)发展方针。这个方针是符合当时中国国情的(因为当时我国还没有建立发动机高空试验台)。当时我们坚定不移地执行了先摸透歼7飞机再自行设计歼8飞机,而且明确提出了摸透要求:是什么?为什么?怎么办?三个层次的问题,还做了很多计算和试验。实践表明:不搞好摸透歼7飞机,亦搞不了或者谈不上能如此顺利地搞出歼8飞机来。这一道理现在已是众口一词,别无异议的。由此可见,只有认真消化吸收外国的先进技术并领会其成功之道,结合我国国情(当时我们这支队伍并没有一个研制全过程的实践经验)走自己的发展道路是一条正确的道路。

从以上正反两方面的经验教训,我们应当明确两种关系:

第一、预先研究和型号发展的关系。

搞飞机（或发动机等）研制，必须要做预研工作，这是航空科学自身存在的客观规律。因为，预先研究是型号研制的技术储备，有了必要的预研基础，才能改进、改型飞机，研制出性能更好，质量更高的新飞机。

根据这些认识，原国防科工委对科研经费分配的比例是：型号研制费用为70%；预研费用为30%。现在看来，这一分配比例还是比较合理的，亦是适合我国当前国力的。我认为，今后预研出来的新材料、新工艺、新附件可以先放到改进、改型现有的飞机上（不到万不得以时千万不要上新机种），这样一方面可以提高现有机种的作战性能和提高质量，同时通过现有机种的实践可为新机种打下技术基础。

第二，飞机与发动机、机载武器、机载设备的关系。

国外有人认为："现在一架飞机的命运更多地取决于为它研制的发动机是否成功并能满足它的要求"，确实，发动机常是飞机研制成败的首要关键问题之一，这一教训我们体会是深刻的。歼教1为什么停下来，因为装用的喷发1发动机仅做了20小时的长期试车，没有做高空试验，在北京飞回沈阳途中因发动机涡轮叶片断裂而只能停飞，以后喷发1停止试验和生产，歼教1只好停顿下来。当时叶剑英元帅曾专程到沈阳参加庆祝大会。事隔30年，南昌搞教8成功了，经过两次投入人、财、物力才取得如此成果。再说歼8方案为什么分两步走，这点黄志千总师的意见是有功劳的。现在歼×以及其他最终命运都与自己能否及时的研制出满足飞机需求的发动机有直接关系。

再说，由于现代飞机的作战性能和技术水平要求越来越高，因而对机载武器火控和机载设备的性能及要求越来越高，它们在飞机上的地位亦越来越明显。例如，火控系统、飞控系统、导航系统和电源系统都必须尽早提前预研和研制、并保证和主机配合协调，才能满足新型号的需求，否则将会严重影响飞机的技术性能和作战效能。所以说，正确对待预先研究和型号研制的关系，是发展航空科研和保证型号研制质量、减少风险、缩短周期和提高效益等相辅相成的关系。

二、型号设计方案必须全面论证，不仅要做战术技术论证，

第十五章 总装备部科技委

还要同时做经济论证、装备数量、研制周期以及部队使用、修理，直至退役等论证工作。

现代飞机研制是一个庞大的、复杂的系统工程，亦是十分昂贵的商品，对军用飞机来说则是特殊商品。进行方案论证时不仅根据使用需求做充分的技术论证，同时还要考虑其他重要因素。诸如，科研费和单价、装备数量、周期以及售后服务等各个方面，否则，卡在某个环节上都会造成失败的可能。由于我们过去没有研制经验以及其他原因的影响，这方面的经验教训亦是不少的。例如，运 10 飞机，640 所从分析巴基斯坦在和田摔坏的波音 707 开始，到研制出运 10，很不容易，我们向当时的余秋里副总理要了 5 个亿，空军给了两个修理厂。后来上海张春桥插手说："周恩来总理出国老坐外国飞机不体面"，最后研制费大量超支，又无价格目标，研制进度一拖再拖，两架试飞样机出来后，正赶上波音 707 从美国民航要退役，单架二手飞机只要 160 万美元（当时人民币与美元比例为：1.9∶1），而运 10 如生产 7 架飞机的话，每架要 2700 万元，经济上无法平衡，只好停止研制。剩下两架样机，我们说，40 万一架作为运货用，但一架都没人要。现在两架运 10 仍停放在大场机场，此例足以说明没有经济论证，研制时间拖得太长，可以把飞机拖垮的。可以说民用飞机是技术决定命运，市场决定命运。

在这方面，美国军方走得比我们快，自 70 年代就开始采用了"按费用设计"的管理办法。详情请参阅美军"MIJ－STD－33F，24JULGl989"，办法规定，重大军用产品在招标竞争和以后的研制合同中事先确定了承包商必需达到的全寿命费用及其组成部分的目标值和门限值，从而把产品的费用列为与性能同等重要的因素。在研制过程中，则把费用与性能、研制周期并列。在完成产品初步设计时，冻结技术状态同时固定产品的平均单价。承包商设计的费用一直处于军方的监督控制之中，和性能一样，都要按期报告并多次评审，最终达到费用目标，将对承包商给予奖励，达不到时降低承包商的利润，有奖有罚。把技术与经济、时间全面挂起钩来，恐怕比我们现在的管理办法合理得多，科学得多。

值此计划经济向市场经济转轨的时候，应该认真研究并设法解决科研经费的合理开支和成本核算问题，为此，可以考虑：

1. 使用需求应该由用户为主，三结合（用户、科研、生产）提出，包括战技要求、经费、数量、周期和部队使用、修理和退役等各方面，并用合同来相互制约，明确责任。

2. 要分期、分批的提供足够的财力支持，采取政府适量投资和承包单位自筹相结合的办法，这样可以使承包单位精打细算，合理开支科研费，并可防止学杂费现象，以至腐败行为。

这些问题相当复杂，暂时还说不准，但确实值得我们思考。

三、制定全面的、科学的研制程序，不能一个人或一个部门单方面不经上级批准就停止或废除一个重大型号的研制工作。

现在人们已认识到研制程序对型号研制工作的重要意义，而且飞机、发动机、机载武器和机载设备等都已制定专用的研制程序，明确了研制阶段的划分、各阶段的任务目标和主要工作内容等方面，使型号研制工作逐步走向正规，提高研制工作效率。但是，从过去情况来看，好像还不够完善。我们国家研制政策缺乏连续性，领导换了，戏班子亦就换了，一任领导，不经请示批准，就决策这个型号上，那个型号下，亦不考虑会遭受什么样的损失。例如，文革期间不搞垂直起落是对的，但搞垂直起落的预研课题还是有参考价值的，一声令下，马上停止，三年努力前功尽弃；歼12——空中"李向阳"，亦是虎头蛇尾，弄到航空博物馆去了。我确实佩服一些搞设计的老同志，特别是在直接上级不正确的意见时能坚持自己的观点，陈云同志说过"不唯上，不唯书，只唯实"。逆境中坚持研制工作的320厂，原来的设计班子领导搞强5，上级叫他收摊子，把图纸封存，但他坚持要干，反映到空军当时的领导，空军给了他几台发动机，六院也支持了几百万元的科研费，结果就活起来了，最后成功了。605所原来搞水轰5的同志真有实干精神，水轰5本来已判"下马"，我给邹家华同志说，有人要下马，邹说给下马费五六百万。我请了当时的海军司令和航空部副部长一道去荆门看看，4架飞机都停放在停机坪，一下子要国家报销掉8千万，大家商量后都认为不该停，因为海军急需，工厂又能研制，

第十五章 总装备部科技委

缺的是必要的经济上的支持，回到北京后，经过反复周折，最后给了研制单位1500万，全搞活了，试飞完后交给海军，每架几千万，合手回来1亿多元，青岛海军有飞机可用了，哈尔滨伟建厂都很高兴。再说几个科研院成立真不容易，比较起来，当时七院搞的最成功，六院名存实亡，用技术司来顶替，实际上起不到六院的作用。

由以上可见，还是要完善研制程序和加强管理，不要把研制工作与政治口号挂钩，亦不能由个别领导或组织停止或废止一个重大型号的研制工作。要下马亦要进行论证，全面考虑，并按规定程序经原批准研制机关批准。

四、在制定长期发展规划时，对重要的作战技术研制领域，要进行高层次的跨部门的研究分析工作。

层次越高，范围越广，越能突出重点，缩短战线，集中力量，减少重复的型号。我们曾经尝试在防空范围内三结合组织跨部门的科研力量进行研究分析计算，结果发现防空导弹、歼击飞机、高射炮都是为了消灭敌机，各有特点，但其间作战领域重复不少，作战效能各异。最后大家一致同意搞地空导弹、高炮、歼击机结合的防空体系。

说起搞发展规划，在航空工业发展史上是有很大教训的，过去由于我们没有经验，对客观规律认识不够，尤其是受到"左"倾思潮的干扰影响，凭着权力指挥，依靠行政"拍板"，以至型号研制忽上忽下。预研工作无人重视，其结果造成工作失误，走了不少弯路，所以制定一个符合国情的总体发展战略，十分必要，不容忽视。

航空工业的发展规划，首先取决于军队发展战略的总体目标，还要根据国家综合力量和科研发展水平，还要考虑科技体制改革，人才开发以及奖励政策，等等。问题比较复杂，难度不小，但必须解决。

分析过去的经验教训，要搞好规划工作，必须建立健全科学化、民主化的决策体系和工作程序，切实做到发扬民主，按科学规律办事，尤其要防止不尊重科学，不遵守规律制度由某个人说了算的错误做法。

五、积累型号研制经验，编制能够直接用于设计的工作规范和设计手册。

在现代飞机设计过程中，要利用各方面的技术资料，尤其是具体的工作程序设计方法、计算方式和经验数据等，用规范和手册设计，不但可以保证设计质量，亦可以提高工作效率。实践表明：自身的实践经验是最宝贵的技术财富，亦是提高细节设计技术和解决具体问题的有效手段。众所周知，苏联的飞机设计集团和美、法、英等航空公司，都建立有自己的设计手册和工作规范，他们以此作为保持技术优势和提高竞争实力的法宝，决不能为他人轻易获得，可以说是看家本领。

112厂飞机设计室建立伊始，当时领导曾亲自组织文件管理制度、设计员手册、零件设计原则和强度计算准则等设计依据性文件的编制和贯彻，实践效果是比较好的，但是，据说我们过去的工作经验和失败教训并没有认真积累和总结。现在的成套参考书籍和设计手册编的亦不少，但真正能直接用于设计工作的不多，一般的资料汇编比较多，可供参考但不能直接利用。这次不少老同志对此有强烈反映。例如，办理退休时，老同志多年积累的工作本子中记了不少心得体会，以及其他有用的技术资料。但没有人收集整理，一气之下只好忍痛烧掉，显然，这是非常可惜的事，亦可说是一种严重的浪费现象。正由于如此，新老交替过程中就可能会有技术中断的现象，也许新一代人还要走老一代人的老路，重付"学费"。

为此，建议：

1. 主要领导要提高认识，重视积累工程经验的重要性，加强技术手段建设，应是现职领导的历史责任。

2. 建立相应的工作制度和职能机构，负责把各种实践经验进行积累、整理，形成可用文件，并注意随时更新、保证现行有效。

3. 重视老同志的工作经验，发挥他们的"老专家"作用，把有用的经验留下来，代代相传，作为一个单位的看家本领，使实践经验不流失，不断发展，并要加强保密工作，防止泄密。

六、发扬优良传统，建立一支新一代的能打硬仗的科研设

计队伍。

　　这次有些老同志特别怀念建所初期的艰苦奋斗、无私奉献、勤学苦练、克服困难的苦干、实干精神，他们都觉得过去条件差甚至忍饥挨冻，但他们毕竟把歼8飞机搞出来了。当他们听到现在有些年轻人说："你们这些老人有什么了不起，不就是搞了个歼8飞机吗！"他们感到很寒心，年轻人没有亲身经历过创业之艰难，说起话来真不知份量的轻重，所以老一代人都很担心过去好的思想作风和优良传统能否留传下去，尤其是事业心、责任感、紧迫感能否传下去，大家亦理解，过去的年代强调要思想领先，突出政治；强调集体主义和艰苦奋斗。而现在情况不同了，当然不能完全像过去那样强求一致，但是，不管物质条件如何好转，要搞航空事业，必须要有坚定的事业心，强烈的责任感；必须要有刻苦钻研、认真负责的工作作风；必须要有勇于实践和敢于创新的能力和本领；必须要有集体主义思想和团结协作的精神；必须要有不断更新技术，在竞争中有拼搏的精神……等等。今天物质条件虽然大有好转，但是精神文明和思想作风则要求更高，尤其是各级领导，身负带路人的重任，应该更加严格要求自己，起模范带头作用，真正是有过硬的专业技术，起到排头兵的作用。只有建立了这样敢打硬仗、能打硬仗的技术队伍，我国的航空工业才能大有希望，才能早日缩短与发达国家之间的差距。

　　我讲的都是老话，是计划经济时期的情况，我脱离技术领导工作已有好几年了，对目前的新情况、新问题很多不知道，特别是对社会主义市场经济了解甚少，好多新的在位的同志都没有发言，因此建议再开一次"航空发展研讨会"，让新老同志一道来，共同研讨一些规律性的东西，整理出几条带根本性的意见，供领导参考。

　　——加快航空科研发展的六点看法（《2000年航空发展座谈会文集》）

　　今天回过头再看这份讲话记录，当年所谈到的问题，有些已经得到了重视和解决。例如，对重大型号任务的立项、下马要经过严格论证以及"预研先行、动力先行"等,军方、工业部门以及政府相关各部门都形成了共识并付诸行动。但也还有一些问题继续存在,非常希望现在处于一线的领导同志能有机会了解一下这次座谈会上老同志们的想法和意见,应该对当前的工作不无裨益。

地效飞机

2001年下半年的一天,原605所的所长李洪畴同志来找我,希望我能关心一下地效飞机的事。他对我讲,从1993年起,李绪鄂同志就开始支持崔尔杰、顾诵芬等同志以及航空605所、航天701所一起研发地效飞机的事,而且成立了一家广州天象地效飞机公司。不幸的是,2001年4月,李绪鄂同志因病不治,在北京去世了。他们感到,如果缺少一位能与政府和军队高层沟通的人,这样一个非国家计划项目必然难以为继,所以他们想到了我。

李绪鄂同志是我非常熟悉的老朋友。他是我国著名的航天技术专家,曾获国家科学技术进步奖特等奖。1952年9月毕业于清华大学航空系,曾任七机部总工程师、洲际战略导弹副总设计师、潜地导弹副总设计师,七机部一院副院长、七机部副部长。1982年任航天工业部副部长,1985年任航天工业部部长。1988年,李绪鄂同志调国家科委任常务副主任。他参加并主持了多项地地战略导弹型号的研制与试验;组织和领导了国家科委组织实施的六大计划,有力地促进了科技与经济的结合,推动了52个国家级高新技术产业开发区的建立。他的去世是国防科技工业战线的一大损失。

顾诵芬、崔尔杰等同志的纪念文章里,倾注了对李绪鄂的怀念和惋惜,也表达了他们想着继续李绪鄂未竟事业的决心:

> 李绪鄂是很想干成的,但底下的人并不积极支持,特别是广州的那一帮人。过了一年,到了2000年,产品没有卖出去,也看不到太大前景。而且像这样的公司,因为没有产品,也不能上市。

第十五章　总装备部科技委

……

就在弥留人世的最后时刻,他还把我们叫到病床前,用微弱的声音一再嘱咐:"地效飞行器今天的局面来之不易啊!国家需要它,要团结起来,坚持搞下去,一定要搞成功!"

李绪鄂梦寐以求的目标是顺应交通运输高速化大趋势,把地效飞行器发展成为一个重大的新兴产业——"水上波音"。他深知这需要几代人的努力,因而形象地把研制成功叫做"万里长征第一步",首航成功称为"万里长征第二步"。今年3月30日,病重之中的李绪鄂通过宋健同志向组织留话:"我努力工作一辈子,工作还没有做完,还不够,我的下属、孩子们还要继续努力,好好工作,多做贡献。"

在八宝山革命公墓礼堂举行的告别仪式上,我们几十人联名敬献的花圈寄托了我们对于这位中国地效飞行器事业杰出的组织者和忠诚献身者的崇敬、怀念和继续完成他未竟事业的决心!

——顾诵芬　崔尔杰　陈东　宋明德　李洪畴《浓墨重彩书华章
——缅怀地效飞行器总指挥李绪鄂》

在听到李洪畴同志讲述了这一情况后,我感到自己有责任帮助他们继续做下去。那时,我刚从总装备部科技委员会副主任的位置上退下来。

地效飞机的原理是"地面效应"。按照我们熟悉的伯努利原理,空气的动能和压力是可以相互转化的。也就是当气流加速时,气体对侧壁的压力降低;当气流减速时,压力升高。当飞行器在低于翼

◎ 地效飞机。

401

展的高度以下飞行时，机翼下面的气流作用在机翼的压力增大，表现为升力增大，阻力减小，也就是我们通常说的升阻比加大。这种奇特的空气动力特性就是"地面效应"。

有记载，1932年5月，德国一架飞机在飞越北海上空时，几台发动机同时熄火停车，飞机急剧下坠，但在距海面10米左右时，飞机在突然增大的升力支持下转为平飞，最后安全着陆。科技人员在对这一现象进行深入研究时，发现其原因在于"地面效应"。有风洞试验表明：当飞行器在距地面（水面）高度为翼展的15%飞行时，地面效应最为明显，升阻比可以提高30%以上。

有专家认为，在现代高技术战争条件下，运用地效飞行器进行登陆、机降和反潜作战是十分有效的手段。

◎ 地效飞机在太湖湖面上飞行。

◎ 地效飞机在太湖码头。

那一年，总装备部召开会议，我借这个机会，请顾诵芬同志到为总部首长准备的休息室，向当时在场的七八位将军做了介绍。我当时提出搞两架样机，用途是反航母、反潜艇。事后，李继耐同志批示开展论证研究。

第十五章　总装备部科技委

◎ 与有关部门的领导同志进行沟通。

现在崔尔杰同志也去世了,但我与顾诵芬同志在地效飞机方面的工作并没有完全停下来,还在继续努力。

惠州叶挺纪念园

在担任了总装备部科技委顾问以后,自己可以自由支配的时间多了一些,所以有机会更多地参加一些社会公益活动。

2004年12月,中共中央办公厅、国务院办公厅印发《2004—2010年全国红色旅游发展规划纲要》(简称《纲要》),目的在于充分发掘和利用革命历史文化资源,积极发展红色旅游,广泛开展爱国主义和革命传统教育,大力弘扬和培育伟大民族精神,不断增强民族凝聚力,推动革命老区经济社会协调发展。并要求将列入全国重点文物保护单位的革命历史文化遗产重点打造百个"红色旅游经典景区",各地政府都很重视对革命历史文化遗产的挖掘、整理、保护、展示和宣讲。一些与父亲有关的革命历史文化遗产全国重点文物保护单位及"红色旅游经典景区"的纪念活动经常发来邀请,请我和亲属去参加,尽管有一段时间自己的身体状况不是很好,但还是尽最大可能地参加了这些活动。

广东是父亲的故乡,在他参加革命事业后,许多活动都是在广东地区进行的。在《纲要》中重点建设的百个"红色旅游经典景区"就列入了"惠州市惠阳区叶挺纪念馆"。

叶挺纪念馆最早是惠阳县根据省委办公厅转发国务院指示,1961年在惠州西湖百花洲筹建,两年后开始预展,以后由于历史原因停展。1986年,经中共中央办公厅、中共中央宣传部批准,在惠阳淡水镇卢屋山重建。1991年9月10日,父亲诞辰95周年之际正式开馆,馆名是叶剑英叔叔题写的。2001年被中宣部授予"全国爱国主义教育示范基地"称号。

惠阳区委、区政府为缅怀先烈增强叶挺精神在爱国主义和革命传统教育方面的影响力,启动了整合叶挺纪念馆与叶挺故居资源,建设叶挺纪念园的工程。2006年8月19日,中共中央办公厅秘书局批复了《关于同意搬迁叶挺纪念馆的复函》,经过认真论证研究,2007年5月29日,叶挺纪念园建设正式启动。

2011年9月10日,惠州市委、市政府主持举行了隆重的开园仪式。

在得知惠州要重建叶挺纪念馆并在父亲故居建设叶挺纪念园的消息后,我和弟弟妹妹们都非常激动,我对弟弟妹妹们说,我们一定全力以赴支持市委、市政府的工作,尽最大努力搜集父亲留给我们的遗物,无保留地捐赠纪念馆以丰富藏品。

我和华明夫妇、正光等40多名亲属参加了叶挺纪念园开园仪式。那一次,总装备部科技委主任兼副部长李安东,广州军区副政委田义功,省军区司令员刘联华,总装备部科技委孙刚、刘蒙,总政治部宣传部副部长李升泉,总参谋部办公厅副主任宋新斌,广州军区装备部部长阎力平,75200部队政委岳世鑫,全国新四军研究会会长周克玉与夫人王昭,原国防科工委丁衡高、戴学江、沈椿年、沈荣骏、聂力、谢光、陈达植、周玉书、王同琢、栗前明、罗东进、张明远、崔军、邓先群等部队领导同志;项怀诚、谢绍明、李灏、陈丛军等中央机关领导同志以及惠州市领导同志黄业斌、陈奕威等;兄弟省市有关单位领导;外宾、海外华侨、港澳台同胞代表;社会

第十五章 总装备部科技委

◎ 2011年9月10日,在父亲诞辰115周年之际,他的家乡——惠州市惠阳区秋长街道周田村举行了"叶挺将军纪念园"开园仪式。纪念园由叶挺故居、腾云学堂、练武堂、育英楼等历史建筑和叶挺纪念馆新馆、铜像广场、牌坊等组成。

◎ 父亲铜像的基座上是父亲写下的"抗战到底"四个字。

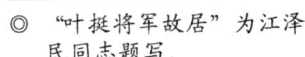

◎ "叶挺将军故居"为江泽民同志题写。

知名人士和企业代表等上千人出席开园仪式。

惠阳区文广新局局长叶茂庭在撰文中记录了仪式的盛况:"是日也,天朗气清,惠风和畅。亲朋故旧悉至,元勋后裔光临,政要商贾云集。各界嘉宾济济一堂,缅怀将军之伟绩,畅谈发展之韬略……囚歌憾天地,风范传千秋。叶挺将军在烈火与热血中永生!"

在这次开园仪式上,我把自己珍藏已久的两件文物交给了纪念园的同志,并在讲话中表达了我的希望和感激之情。

2005年,肇庆"纪念叶挺独立团在肇庆成立80周年"系列活

新中国航空科技工业先行者——叶正大将军回忆录

◎ 总装备部科技委主任兼副部长李安东上将出席"叶挺将军纪念园"开园仪式并讲话。

◎ 原国防科工委、总装备部的领导陈达植、丁衡高、聂力、沈椿年等同志和广州军区副政委田义功等同志出席了开园仪式。

动在"叶挺独立团"团部旧址肇庆阅江楼举行。我和正光,还有周士第将军的儿子周坚,曹渊烈士的儿子曹云屏及当地官员、驻军的代表参加了纪念活动。

1925年11月21日,在周恩来同志主持下,国民革命军第四军独立团在广东肇庆成立,团部设在阅江楼。

阅江楼位于肇庆市江滨东路西江河畔,史料记载始建于明代,曾为鹄奔亭。南宋隆兴年间(1163—1164年)改建为纪念唐代高僧石头和尚陈希迁的石头庵;明宣德六年(1432年)扩建为崧台书院;嘉靖二十五年(1546年)增建北楼以及东西两廊和号舍;崇祯

406

第十五章　总装备部科技委

◎ 在担任了总装备部科技委顾问以后，自由支配的时间多了一些，所以有机会更多地参加一些社会活动。这是2005年，参加叶挺独立团成立80周年的纪念会上。

十四年（1641年）命名为阅江楼。

独立团2100多人，由于父亲担任团长，这个团也被称为叶挺独立团，干部中绝大多数骨干是共产党员，直接由中共两广区委军事部领导，干部任免、调动都由共产党决定，不受国民党第四军约束。这是中国共产党第一支可以直接约束的正规武装部队。独立团在北伐战争中担任北伐先遣队，所向披靡，屡建奇功，锻铸了彪炳千秋的铁军雄风，为人民军队的创建和发展，为中国人民的解放事业做出了不可磨灭的贡献，在我党我军的历史上占有重要地位。1959年10月，根据朱德同志的指示，在阅江楼成立了独立团团部旧址纪念馆。高悬楼前的"叶挺独立团团部旧址"匾额，是朱德同志题写的。

以独立团为骨干扩编的部队及部分干部，先后参加了南昌、秋收、广州三大起义，成为人民军队的重要来源之一。有史料记载，在南昌起义后，叶挺独立团转战至井冈山，与毛主席领导的秋收起义部队会合，组成中国工农红军第四军。朱德同志任军长，毛主席任党代表，在革命战争年代和建国以后的和平时期几经改编，1998年12月，这支英雄部队的历史翻开了新的一页。经中央军委批准，他们由摩托化步兵师改编为我军第一支轻型机械化步兵师。在这个师的师史中记载着，共和国5名元帅（朱德、彭德怀、林彪、罗荣

407

桓、陈毅)、9名大将(粟裕、黄克诚、谭政、陈赓、罗瑞卿、许光达、张云逸)和300多位将军(其中21位上将、55位中将)先后在该师工作和战斗过。

现在阅江楼叶挺独立团旧址纪念馆陈列着《铁军独立英雄团》展览。展览围绕叶挺独立团在肇庆的建立及其发展历程来布展,分"肇庆建团"、"军政活动"、"援助农运"、"北伐先锋"、"武装起义"、"将星璀璨"六个主题,通过历史照片、文物、雕塑、绘画、模型、电视专题片等形式,再现了独立团的光辉战斗历程。是"全国爱国主义教育基地"、"国家国防教育示范基地"、"广东省重点文物保护单位"、"广东省红色旅游示范基地"、"广东省社会科学普及示范基地"、"肇庆市中小学生德育教育基地"和"肇庆市青少年165工程活动基地",并与当地驻军、武警、边检、消防、公安等10多个单位共建"爱国拥军教育基地"。2004年2月8日,江泽民同志参观该陈列后题词:"北伐先锋、永垂青史"。

◎1925年11月,在周恩来同志指导下,组建了国民革命军第四军独立团,父亲被任命为团长。1996年11月,在独立团驻地肇庆叶挺独立团纪念馆开馆典礼上,我和华明应邀出席了开馆仪式并讲话。

2007年12月11日,我还参加了中共中央党史研究室、国家文物局、中共广东省委、广东省军区、中共广州市委在广州公社旧址隆重举行的纪念广州起义80周年大会。中共中央政治局委员、时任广东省委书记汪洋,中共中央党史研究室副主任李忠杰,国家文物

第十五章 总装备部科技委

局局长单霁翔,广东省委常委、省军区司令员辛荣国参加大会并讲话。我作为广州起义领导人后代和烈士亲属代表也在纪念大会上讲了话。这次纪念会由中共广东省委常委、广州市委书记、市人大常委会主任朱小丹主持。叶剑英叔叔的儿子、原全国政协副主席叶选平,广州起义革命军事委员会委员长张太雷同志的孙子、中国武警学院副政委冯海龙少将,还有聂荣臻叔叔的女儿聂力,邓发同志的儿子、广东华侨信托投资公司总经理邓北生,苏兆征同志的孙子、中科院理论物理研究所研究员刘煜奋,广州起义参与者、革命老人梁少芬同志之孙陈跃生同志等参加纪念大会。

◎ 广州起义80周年纪念活动。

参加这些活动,对自己有深刻的教育,老一辈革命者为了民族、社会、国家的命运,勇于奋斗牺牲的大无畏精神虽然自己一直在学习,但通过参加这些活动后感到还是需要继续认真学习、传承。尤其是在当前的新形势下,继承、弘扬老一辈的革命精神有着更重要的意义。正像汪洋同志在纪念广州起义80周年大会上讲到的:没有崇高理想和坚定信念,没有百折不挠的英雄气概,没有勇于探索的艰辛实践,我们党就不可能找到中国革命和社会主义建设的正确道路,就不可能开创中国特色社会主义的伟大进程。在新时期新阶段,当代共产党人要肩负中华民族伟大复兴的历史重任,就必须在社会主义经济建设、政治建设、文化建设、社会建设和党的建设中把广州起义的革命精神和优良传统发扬光大。

故土情怀

由于父亲参加了南昌起义、广州起义并担任主要的军事领导人,造了国民党的反,因此受到国民党的通缉,要抓捕他。为此,在1927年的11月,母亲带着襁褓中的我到了澳门,在澳门我读完了小学、上了初中,直到1943年随母亲到桂林去见父亲,我在澳门生活了15年,澳门成为我真正意义上的故土。有人写道:"故土本是一首诗,越读越深情,乡情本是一杯酒,越久越醇香"。在我离开澳门半个世纪以后的1993年第一次回到澳门时,确实有这样的一种感受。

自1943年离开澳门,随母亲赶往桂林去陪父亲以后,一直到1993年,我一直没有再回过澳门。

1999年回归以后,澳门特区政府就准备建一个叶挺纪念馆,当时柯麟医生的儿子柯小刚是澳门工委委员,我国外交部驻澳联络办副主任,他为如何搞好纪念馆出了不少好的主意和建议。

2006年是父亲诞生110周年、殉难60周年,澳门特区政府对我们家在澳门的故居进行了修缮。2006年的8月13日上午,在经过修缮的这栋小楼前,举行了揭牌仪式。那一次我没有回去,是华明、正光和叶晓梅(孙女)、叶铁军(孙子)、李天舟(曾外孙)等都参加的。

在我的记忆中,一直认为是正明为治病将澳门的房子卖掉的,我见到过正明写给澳门知名人士马万祺先生的信,而且也知道是马老先生给正明寄来一笔钱,使正明能用这笔钱治好了病。在看过2006年8月13日人民网记者曾坤关于这次活动的报道以后,才知道事情并不是这样的。这篇题为《弥漫着历史风云的小楼——记澳门叶挺故居揭幕》的文章中这样写道:

全国政协副主席马万祺先生是世居澳门的老前辈,对这幢

第十五章 总装备部科技委

楼的历史一清二楚。他回忆说,叶挺离开澳门后,该宅由其秘书梅文鼎负责管理,先后有西医师吴鸣及马万祺的姐姐马琼玉租住过。后来,叶挺因"皖南事变"被蒋介石囚禁,家人生活拮据,欲变卖此宅。当时,何厚铧的父亲何贤,出于对叶挺的崇敬,据说用高出市场价格许多的5万元买下了此宅,并于1948年将该宅的产权赠送给澳门妇联。当时妇联无条件租借给学联做会址,直至学联在上个世纪80年代末有了新会址,才正式把该宅还给妇联,并改做托儿所至今。

——曾坤《弥漫着历史风云的小楼——记澳门叶挺故居揭幕》

后来我问过柯小刚同志,他告诉我,记者的报道是符合实情的。我这才恍然大悟。马先生接到正明的信时,肯定想到了,由于我们当时年纪还小,并不知道家中房子已经被卖掉的事。他的做法并不是告诉我们实情,而是寄钱给正明治病。如果不是这次记者采访关于这栋房子的历史,我和弟弟妹妹永远不会了解此事的真相。何贤先生、马万祺先生默默地为我们扶危解难,既是对父亲一辈人的真情,也是对后人晚辈的厚爱。他们这种施恩不图回报,甚至不求为人所知的高风亮节,令我万分感动。在此,我代表叶挺后人向何贤先生、马万祺先生表示我最真挚的谢意!

◎ 感谢马万祺先生和澳门特区政府,今天,这里已经修葺一新,命名为"叶挺故居",成为澳门推广乡土教育和爱国主义教育的一个场所。

2011年10月，在澳门妇女联合总会积极配合下，妇联第二托儿所迁离大宅，澳门文化局随即修葺故居，并制作"叶挺家庭群组雕像"及设置图片展览，纪念叶挺将军和突显澳门作为叶挺家庭生活第二故乡的重要地位。

2011年12月29日，在澳门举行了"叶挺家庭群组雕像"的揭幕仪式，全国政协副主席何厚铧、代理行政长官陈丽敏、社会文化司司长张裕、中央驻澳联络办公室副主任李本钧、外交部特派员公署副特派员张金凤、解放军驻澳部队副司令员黄桃益、广东省政协港澳台委员会专职副主任艾特莎、澳门妇女联合总会副理事长容永恩、文化局长吴卫鸣等出席了揭幕仪式。华明、正光、叶莲及多名家人都去了。

◎ 2012年，在纪念父亲逝世65周年之际，澳门特区政府将"叶挺故居"加以修葺，筹置展览，在小院中塑建了一组由澳门雕塑家黄家龙设计及制作的"叶挺家庭群组雕像"，12月29日下午举行了隆重的铜像揭幕仪式。面对这组铜像，我仿佛回到了自己的童年。

我是2012年1月6日赶到澳门的，回到故居仔细看过了这组由澳门雕塑家黄家龙设计及制作的雕塑。雕像中有父亲、母亲和两个孩子，用艺术手法再现了我们一家人在澳门生活的情景。

除这组雕塑外，在一层主厅展出了多幅父亲的生平相片，侧厅展出了我们一家人在澳门的生活照片。工作人员告诉我，在展出的同时，澳门文化局从2012年开始了第2期的内部修复工程。

我在得知澳门特区政府的这一决定后，第一时间就通知弟弟妹

第十五章 总装备部科技委

妹们，让大家把能够搜集到的与澳门生活有关的家具、资料尽快集中到广州我处，由我统一与澳门文化局联系，捐赠他们，用于故居的恢复建设。

　　为做好这次修复工作，澳门文化局负责此项工程的人员多次与我和弟弟妹妹们联系，请我们仔细回忆当时居住在此的情景，并依据一些老照片对故居进行恢复。他们希望尽可能做到改回当时的原貌，清拆了以后在室内外的加建物，将全屋的门窗更换为木制门窗，重整屋前小花园，建造花圃和金鱼池。院子内树木品种是依照我、华明及表弟麦全盛的回忆新种植的。故居的修复及展览并获得广东省惠州市惠阳区文化广电新闻出版局及叶挺纪念园提供大量相片和文字记录。

　　澳门可以说是我的第二故乡，对这里我有着太多美好的记忆，也有着非常深厚的感情。20世纪90年代，国防科工委为推动将军工高技术用于民用领域，开展了多方面的工作，并与澳门当局和许多爱国人士建立了联系。经过深入细致的工作，1993年，在澳门组建了中、葡、澳三方投资的澳门宇宙卫星通信服务有限公司。我作为国防科工委负责该项工作的顾问参加了成立仪式。

◎ 1993年9月22日，国防科工委、航天部与澳门共同组建澳门宇宙卫星服务有限公司，为澳门建设卫星通信设施。照片中由右向左依次是我、澳督韦奇立特将军、王礼恒先生、工务司麦善道司长、马可尼公司施百嘉主席、公司顾问吴福先生。

　　那一次，是我在1943年离开澳门后第一次回到澳门。时隔半个

413

世纪,澳门的变化并不是很大。那次访问,使我对澳门有了更多的了解,也使我有机会对澳门的建设发展做出自己的一些努力和贡献。

澳门虽然是一个国际化的都市,但长期以来,很多方面是依靠香港的。例如通信、航空等。打电话要利用通往香港的海底电缆,乘飞机要乘船到香港的启德机场。1993年,澳门已经在填海建机场,我和负责澳门方面工作的周平等几位同志到工地现场看了。承担填海工程任务的是我国交通部下属的工程公司,工地现场热火朝天,澳门当地的群众都期盼有自己的机场。但经过交流,发现机场建设还是存在一些悬而未决的问题,填海仅仅是提供了建设机场的土地,但机场的跑道等重要设施的设计、建设是需要有航空运输部门来做的。另外还有一个极为关键的问题是机场建设后要开展航空运输,通往大陆内地的航线必需要有。

◎ 1993年,澳门填海建机场工地现场。右三是我。

这些工作应该说有关方面的部门和机构都在积极考虑,正在沟通协调和解决的过程中。我回到北京以后,对推动这些问题的解决做了一些工作。例如,组建澳门航空公司的工作,我和国防科工委常务副主任沈荣骏同志一起找了民航总局;航线的问题,我与空军副司令员林虎将军联系,通过他找到空管部门,希望能加快解决。在通信、电视方面,我也与中央电视台的领导同志进行了沟通,为组建澳门宇宙卫星电视股份公司做了一些努力。

从1553年开始,有葡萄牙人在澳门居住。1887年12月1日,

第十五章　总装备部科技委

葡萄牙与清朝政府签订《中葡会议草约》和《中葡和好通商条约》，正式通过外交文书的手续占领澳门，使澳门成为欧洲国家在东亚的第一块领地。

虽然经过了几百年的殖民统治，但葡萄牙人民对中国人民是友好的。1974年4月25日，葡萄牙革命成功，实行非殖民地政策，葡萄牙政府承认澳门是被非法侵占的，提出把澳门交还中国。由于当时不具备适当的交接条件，周恩来总理提出暂时维持澳门当时的状况。从那以后，葡萄牙的知名人士不断开展了对华的友好交流活动。他们很早就成立了葡中世代友好联合会，发起人中有历任澳门总督、葡三军司令和许多友好人士。在葡民间各界资助下，多次组织了葡萄牙和澳门的友好人士来华访问。我曾受邀参加了接待他们来访的活动。其间，我知道了我们当时的对外友协还没有建立中葡友好协会，所以在接待葡、澳民间友好人士来访的活动中存在一些不便，于是我就找到了当时担任对外友协会长的陈昊苏同志，向他提出组建中葡友好协会的建议，以后很快就得到对外友协批准。在筹建中葡友好协会时，我提议请解放军副总参谋长李景将军担任会长，也得到对外友协同意。中葡友好协会成立以后，我担任了顾问，2001年，我参加了李景将军带队的中葡友好协会访葡代表团，这是我第一次到葡萄牙。代表团受到了热情欢迎和接待。通过那一次访问，使我对加强与葡萄牙的友好交流活动有了比较深的认识。我和李景将军都认为，葡萄牙和世界上的葡语国家在世界上是有一定影响的。我们要走改革开放之路，就要走出去，与世界各国建立友好的外交、政治、经济关系。而开展民间的友好交往是政府间关系的基础。在这方面，澳门有着地域、人文和历史的优势，应该通过澳门这个窗口和渠道，利用中葡友协的平台把这方面的工作做好。

我曾经写过一篇短文《后人与澳门——情系濠江铭》抒发自己对故土的感情：

　　一首七子之歌，唱响澳门回归的心声，也激起我对故土的思念。50年后重新回到澳门，尽情的释放了我魂牵梦绕50年惦念的澳门，养育了我14年的故土那不了之情。

　　澳门——祖国的七子，南方的门户，与东方明珠香港和宝

新中国航空科技工业先行者——叶正大将军回忆录

岛台湾隔海相望，是世界旅游休闲的圣地；也是祖国通向欧盟及葡语国家的桥梁。

　　1993年9月，我回澳门出席中葡澳合资的澳门宇宙通信服务有限公司成立庆典；2001年10月我作为顾问随中葡人民友好协会首次出访葡萄牙；为澳门的发展和积极推动中葡两国人民之间友好往来做了应有的努力。

　　社会主义中国的建立，洒下了许多革命烈士和先辈的鲜血、汗水，建设我们祖国的澳门繁荣是我们后人的责任，我将一如既往的为澳门的发展尽心尽力。

叶正大
2013年6月

　　澳门叶挺故居修缮将要竣工并对国内外游客开放。为表达自己对澳门政府的感激之情，我还在想着为澳门地方做一件事。

　　我国自主发展、独立运行的全球卫星导航系统——北斗卫星导航系统（BDS）是2004年启动的，2012年12月27日起正式提供卫星导航服务，服务范围南纬55度到北纬55度、东经55度到东经180度，覆盖了亚太大部分地区。开放服务的定位精度可以达到10米，测速精度达到0.2米/秒，授时精度达到50纳秒。如果说授权服务则是可以向授权用户提供更安全与更高精度的定位、测速、授时、通信服务以及系统完好性信息。

　　为促进澳门人民对北斗卫星导航系统有更多了解，北斗星通公司向澳门特区政府捐赠三套兼容GPS/GLONASS的北斗高精度接收机。为此，我给澳门特首崔世安先生写了一封信（见附一）。这是在1993年做过的几件事情基础上，自己继续为澳门奉献的一点绵薄之力。

第十五章 总装备部科技委

◎ 我与柯小刚（左一）拜访澳门特首崔世安。

附一： 给澳门特首崔世安先生的信

尊敬的崔世安特首：

您好！值此叶挺澳门故居修缮一新、即将对外开放的时刻，我特别感动，感谢澳门特区政府对故居修复工程的高度重视和大力支持，做了大量的工作，让我们后人能够心愿得偿，感怀往事，纪念先辈。

我一直心系澳门发展，希望尽一己之力。

当前正值我国卫星导航系统建设的关键时期，北斗卫星导航系统已经实现了向亚太地区提供连续无源定位、导航、授时等服务，未来还将实现全球覆盖。为促进澳门人民了解使用北斗系统，我拟将三套北斗兼容 GPS/GLONASS 的高精度接收机送给澳门政府，意在为澳门提供一种新的卫星导航应用和研究手段，增强澳门空间和信息化基础能力。该设备可以用在澳门机场人工岛沉降形变监测、卫星定位系统参考站建设、气象及地质灾害监控等领域。请澳门政府尽快明确使用单位,以便我安排北斗技术支持机构做好支持保障工作。

叶挺将军长子、原国防科工委副主任:叶正大
2013年6月16日

附二: "下海为公"
——叶正大副主任与澳门

◎ 周平。

整理者按:周平,原国防科工委外事局综合处处长(正局级)、中国航天基金会理事。20世纪90年代,曾担任澳门宇宙卫星通信服务有限公司副董事长。在澳门工作14年,为澳门的卫星应用技术推广做出了突出的贡献。

1993年,国防科工委为推进军工高技术在民用领域的应用,将我调到由时任国防科工委科技委副主任叶正大同志任顾问的一个临时机构工作。此前在国防科工委的分工中,叶副主任主抓航空方面的工作,而我是机关干部,所以直接的接触少一些。经过这次调整,我与叶副主任在一起的机会就很多了。

叶副主任的工作作风非常务实。首先,他与时任国防科工委常务副主任的沈荣骏同志带我们到东南沿海地区去调研,同时也去了香港和澳门。他在澳门长大,对澳门很有感情,人脉很广,很多当地知名人士见到他都很亲热地称他大哥。

我们在澳门了解到当时在几个方面都有很好的机遇。

首先是打电话,当时澳门的国际电话要通过香港,打一个电话,澳门的电讯公司要收钱,香港方面的大东公司还要收一笔钱,也就是说,澳门人向外打一个电话要缴两笔钱;还有一个就是交通。那时澳门人要出去,只能是坐船到香港,从香港启德机场乘飞机,很不方便。1993年我们去的时候,澳门方面正在建机场,是在凼仔岛

第十五章 总装备部科技委

鸡颈山附近填海而成。对于建这个机场,澳门当地的爱国人士都很积极,多为投资股东。但虽然他们有股份在里面,却不大懂建设机场所需要的技术。当时已经在填海了,是交通部所属的中港总公司澳门振华海湾工程有限公司总承包的,有一千多条船在海上作业,叶副主任带我们到现场考察,那个场面很壮观。

那次考察结束,回到北京后,沈荣骏副主任和叶副主任与航天部、邮电部领导商定并指定属下中国长城工业公司、深圳通讯器材公司还有中国远望集团,几家联手与澳门吴福电讯公司以及葡萄牙马可尼公司,成立了中、澳、葡三方的合资公司——澳门宇宙卫星通信服务有限公司。1993年9月获准成立,澳门著名人士吴福先生担任了董事长,中方股东推荐我担任了副董事长。

公司成立仪式,叶、沈两位副主任都参加了,那次仪式很隆重,时任澳督韦奇立将军、中国航天工业部副部长王礼恒、澳门工务司麦善道司长、马可尼公司施百嘉主席、澳门吴福电信公司董事长吴福先生等都出席了招待会。

澳门宇宙卫星通信服务有限公司在风景秀丽的澳门路环岛卫星路置地1.5万平方米,投资兴建了具有国际先进技术水准的卫星通信地球站。为了解决交通问题,我们还开山辟路,建设了长达256米的一段公路,为此,澳门政府特别给了我们一个路名——卫星路,并将我们的门牌号定为256号。澳门宇宙卫星通信服务有限公司拥有完整的卫星电视节目播放平台和完善的卫星通信网络系统等设施和具有国际领先水平的卫星电视传输系统,拥有多套C波段、Ku波段卫星上行/下行系统,可以将信号发射至东经60度至180度区间的地球同步卫星,直接覆盖和服务于整个亚太地区的30多个国家和地区。同时可以将亚太地区和美洲、欧洲的信号分别通过太平洋和印度洋上空的卫星相互播送,实现全球范围的信息连接。公司的卫星电视播出平台采用了当今先进的自动播出系统,视频服务器播出方式,具有可靠性高,扩展方便等特点,可以扩容成为具有近百套数字电视节目播出能力的广播平台,奠定了与世界各媒体和电信机构合作之良好基础。

此前,澳门只有政府控股的澳门广播电视股份公司(简称"澳广视"),是无线电视,覆盖面积很小,只能到珠海地区。为扩大澳门的对外宣传，在叶副主任等领导同志的推动和促进下，我们又邀请北京五洲传媒公司及中央电视台海外中心加入，联合成立了澳门宇宙卫星通信服务公司的姊妹公司——澳门宇宙卫星电视股份公司。在澳门回归祖国的伟大历史时刻，澳门宇宙卫星通信服务有限公司、澳门宇宙卫星电视公司为中央电视台提供了澳门回归政权交接仪式及一系列庆典活动的现场卫星电视直播和国际互联网电视信号传送。

为了澳门机场的建设，叶副主任回北京后，与沈荣骏副主任一起向民航总局领导通报了我们考察了解的情况，积极推进民航总局加快进入澳门。1994年9月13日，由中、葡、澳三方合资的澳门航空股份有限公司成立。

有了航空公司，有了飞机，要飞进大陆，航线还存在问题。叶副主任亲力亲为，主动与空军、空管部门的领导联系，为解决澳门航空的航线起到了促进作用。

1995年11月9日投入商务飞行，首次开通了从澳门至北京和上海的航线。那时台湾的飞机不能直飞大陆，澳门机场建好了，台湾乘客可以乘澳门航空飞经澳门进入大陆，也就是当时被称为"一机到底"的方式（大陆或台湾的乘客飞经澳门时，无需换乘另外的飞机，就可以直接往返于大陆和台湾）。在还没有实现海峡两岸直接"通邮、通航、通商"（简称"大三通"）的情势下，澳门成为实现两岸同胞联络往返的一个重要渠道。

那时，葡萄牙有一个葡中世代友好联合会，发起人和组织者多为曾任澳门总督、葡萄牙三军司令，还有军方和政府官员以及葡萄牙对华友好人士。在澳门民间资助下，不定期到澳门和大陆访问。当时我们对外友协还没有建立中葡友好协会。葡中世代友好联合会希望能更多地开展与中国大陆之间的友好活动。在参加接待葡中世代友好协会来华访问活动中，叶副主任了解到我们对外友协还没有建立中葡友好协会，就立即带我们找到对外友协。当时的会长是陈昊苏同志，叶副主任向陈会长详细介绍了他所了解到葡中世代友好协会的情况和葡萄牙朋友们的想法。这次谈话后不久，对外友协即批准成立了中葡友好协会。叶副主任推荐了曾任解放军副总参谋长的李景同志担任了首任会长，他自己担任协会顾问。接着在2001年组织了中葡友好协会对葡萄牙的访问，为进一步推动中葡民间友好

第十五章 总装备部科技委

交流活动起到了积极的作用。

1992年，我曾组织过澳门参观团去西昌参观"亚太星"的发射。在发射场，澳门的爱国同胞说，航天产业是国家综合国力的体现，澳门有今天，靠的是祖国的强盛。看到火箭一飞冲天的壮丽场景，吴福先生非常感慨，讲了一句意味深长的话："中国火箭打多高，中国人民的头抬多高。"这句话被人们广为引用，成为一句名言。

看到西昌基地的生活、工作条件十分艰苦，而广大科研人员和部队官兵克服了重重困难，通过奋勇拼搏取得了令世人瞩目的辉煌成就，在吴福先生提议下，香港、澳门的爱国人士纷纷要解囊相助，要奖励基地工作人员。很快就筹集到现款1200万港币。在中国航天基金会官网上有介绍基金会成立的背景："在澳门回归前的1992年8月14日，我国在西昌卫星发射中心成功发射了由美国研制的澳大利亚'澳赛特B1'通信卫星。应邀到现场参观的全国政协常委、澳门巴士集团董事长吴福先生，全国政协委员、澳门添福投资有限公司董事长钟立雄先生说：中国卫星打多高，海外华人的头就昂多高！几位老先生当场表示捐款1100万元人民币，用以奖励为祖国航天事业做出贡献的有功人员。在当时'搞原子弹的不如卖茶叶蛋'的年代里，1100万元不是个小数目！当时的国防科工委和航空航天工业部的领导研究决定，利用这批捐款作为启动资金，提议设立'中国航天奖励基金'。利用利息奖励为航天事业做出贡献的有功人员，经过两年多的筹备，于1995年3月1日正式成立了中国航天基金会。1996年10月16日在人民大会堂隆重召开了成立大会。"

我记得最早的一笔捐款是我经手的。

当时国家对外汇有严格的管理规定，境外的资金要进入境内，必须汇至境内有外汇账号的机构。当时中国航天基金会正在申请中，所以1200万港币无法及时从澳门汇到内地来，为此，我持国防科工委函件专门到广州找到中国银行广州行的杨行长，经过他努力，给了一个临时的外汇账号，叶副主任明确要求，这笔钱只进不出，不能随便动用，只能作为申请成立中国航天基金会的首笔捐款。以后经过批准，中国航天基金会成立了，叶副主任担任了首任会长。航天基金会宗旨是为中国航天事业服务。奖励为中国航天事业做出突出贡献的有功人员；资助航天学术交流和人才培养；支持航天学术研究和技术开发；支持与国外航天界有关组织建立友好往来与合作；开展航天科普教育，提高全民航天意识，促进航天事业的发展。现在已经发展到很大了。

澳门的这些爱国人士支持祖国航天事业的发展是自发的、无任何条件的，很不简单，不愧为澳门爱国、爱澳的中坚，其中有些人和事非常感人，令我深受教育。有的人坚持每年捐款，数额很大，但要求我们不要披露他们的姓名。在基金会官网的大事记中有记载，"10月9日 为支持祖国航天事业，中国航天基金会名誉理事长曹其真女士，从2010年至2019年的10年间，每年向中国航天基金会捐款100万元人民币，捐款总额为1000万元人民币。其中每年捐款额的百分之七十用于奖励中国人民解放军航天员大队全体航天员(2010年奖金70万元。从2011年开始，每年的奖金由中国航天基金会保存，待有重大航天任务时，重奖有功航天员及全体航天员)；每年捐款额的百分之十五用于奖励为澳门航天科普夏令营服务的基金会工作人员；每年捐款额的其余百分之十五由中国航天基金会自行掌握使用。曹其真主席（按：澳门特区政府首届立法会主席）希望不要对外宣传。"

在这段文字里讲到的"澳门航天科普夏令营"是叶副主任非常关注的一项活动，他曾经说过，澳门航天科普夏令营不仅是对港澳的小朋友，还要邀请台湾的小朋友参加，要为我们的下一代创造更多的机会去了解祖国的航天事业。夏令营已办过多届，现在每年都还在办，效果非常好。

记得是在2003年，我国发布要发射"神舟五号"载人飞船，实现中国首次载人航天飞行时，世界著名手表品牌"欧米伽"找到我们，说要捐资800万美元，条件是中国飞上太空的第一位航天员要戴欧米伽手表。他们对外宣传说，欧米茄超霸表是全球最著名的计时表。超霸表获得美国太空总署认可，并参与了所有载人太空飞行任务，因此拥有非凡的历史地位。自最后一次"水星计划"开始，超霸表便成为了每一次载人太空飞行任务的标准装备，其中包括六次登月任务。

当然他们讲的是实际情况，至今，超霸表仍是美国太空总署历次太空飞行的指定计时表，在国际太空站一直驻扎了来自世界各地

第十五章 总装备部科技委

的工程师和科学家,这些富有冒险精神的专家、包括俄罗斯航天员均佩戴欧米茄超霸腕表。但我们想,中国的航天员实现中国历史上第一次飞上太空,能不能不戴美国人制造的手表。于是找了中航技深圳飞亚达公司,问他们能不能做出符合太空失重环境下,航天员戴的手表。飞亚达不负众望,在很短时间里完成了任务。2003年10月15日,9点15分,中国航天英雄杨利伟佩戴着飞亚达航天表,成功完成了中国首次载人航天飞行任务。2005年,飞亚达航天表被作为国礼,送给了俄罗斯航天署。现在飞亚达公司也可以自豪地对外宣称:"从神舟五号至今,飞亚达作为中国航天员执行任务用表,精确记录探索的每一分钟"。

从1993年开始,我们就几乎完全参与到了一些商业活动中。当时有一个时髦的词——下海,指一些公职人员脱离原有体制,进入商业圈。我们并不是真"下海",但主要工作与原来的专业之间有了很大不同,打

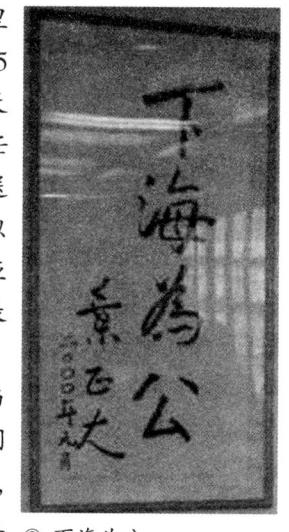

◎ 下海为公。

交道的也多为商界人士。叶副主任向我们发出警示,一定要牢记自己的使命,不能见利忘义,丧失原则。他为我们题写了一幅字——"下海为公",这成为我们一直铭记在心的座右铭。

澳门是一个很有特色的地方,不仅仅博彩业发达。16世纪末至17世纪中叶,澳门是沟通东西方经济的重要国际商埠,有过一段黄金时期。现在澳门也与欧洲有着极为密切的联系。世界上葡语国家有2亿人,对我们经济、文化等方面的对外交往来说是不可小觑的。应该好好宣传澳门,更好地发挥澳门的作用。

在这方面,叶副主任为我们做出了表率。

新中国航空科技工业先行者——叶正大将军回忆录

如今还当孺子牛

<blockquote>
功名利禄非所求，献身军工数十秋，
文革是非经考验，如今还当孺子牛。

——邹家华
2012 年 12 月 28 日
</blockquote>

这是邹家华同志为我题写的一幅书法作品中的诗句。

邹家华同志比我年长一岁，是上海人。他参加革命比我早，1944 年，他在淮南参加了新四军。1946 年，我离开广州到延安的时候，他已经入党。

我与邹家华同志是在 1948 年赴苏留学时认识的，那时他已经担任了中共松江省哈东地委秘书，中共宾县常安区委副书记、书记。赴苏联莫斯科包曼高等工业学院机械制造系学习。

在伊万诺沃动力学院学习俄文时，家华我们几人在一起，关系非常密切，在共同的学习、生活中结下了深厚的友谊。

回国后，我们决定留下来参加工作，不再回苏联继续学习，组织上尊重了我们的选择，我们两人都被分配到沈阳。

在苏联学习的几年中，我们受到苏联传统文化的熏陶，都喜好西方古典音乐，对苏联的芭蕾舞也非常欣赏。在苏联留学时是穷学生，难得花钱买票进剧场，但一有机会还是会结伴去看看演出。共同的爱好更加深了我们的友谊，以后工作上的联系虽然不像同在一个单位时那么多，可是作为朋友之间的交往一直保持着很密切的联系。

那一天，我带着自己拟好的四句诗去找他，请他为我写一幅字。四句中的第一句"功名利禄非所求"，是曾任解放军副总参谋长的李景同志的原创，他写给我的是一首七绝——"功名利禄非所求，戎马生涯数十秋。苍苍两鬓为社稷，坦坦荡荡堪回首。"我觉得很好，于是借用了其中的第一句。原来的第四句是"如今几度夕阳红"，这是我的原创。我的本意是想请他把这几句写下来，作为自己对一生

第十五章 总装备部科技委

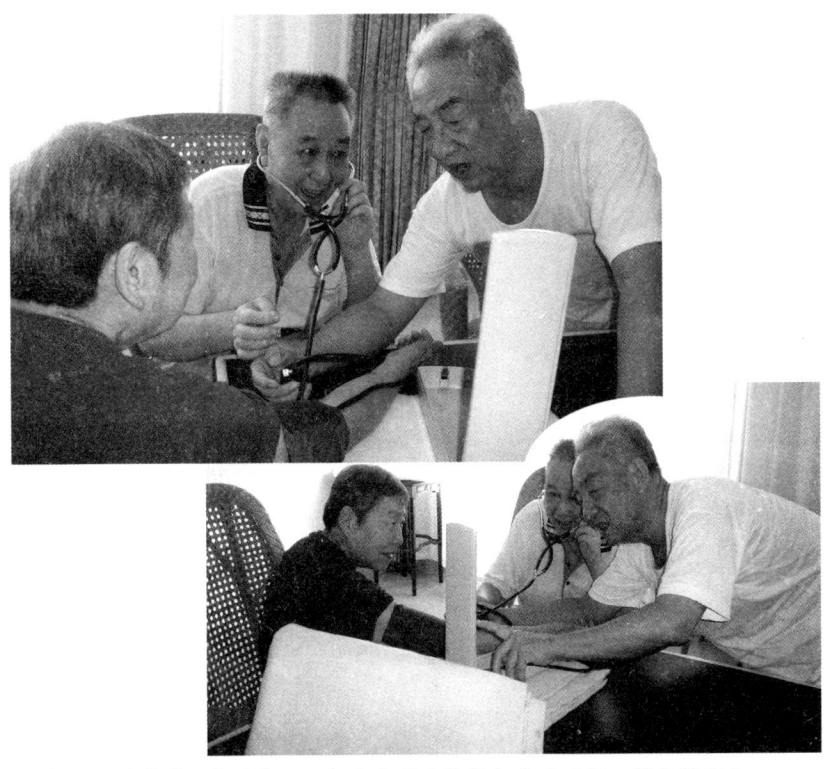

◎ 都已经是耄耋之年的老人,但家华同志依然如青年时期一样充满朝气。他在教我如何用水银血压计为任岳测量血压。

的总结。

家华同志的书法俊逸豪放,粗犷之中含着几分儒雅,我很喜欢他的字。

他大笔一挥,很快就写好一幅,然后对着作品细细琢磨了一会儿,说道:"最后一句不够好,我另写一幅。"于是笔走龙蛇,又写了一幅,最后一句改为了"如今还当孺子牛"。

家华同志改成现在的这一句,是对我一生的褒奖,"如今还当孺子牛",也就是当了一辈子孺子牛,到老无怨无悔,还在当下去。

这四句中,一前一后的两句抒写的是志趣和心意,中间两句是写实。我很珍惜这幅字,确实是自己人生的概括和追求。

自己从小受父母影响,对金钱、名利、地位、权势是很淡泊的。

父亲从15岁起即入广东陆军小学堂学习,一生习武从军。在他

新中国航空科技工业先行者——叶正大将军回忆录

◎ 2002年,老搭挡林虎(右)和李景(左)到广州来看我。

所处的年代,中国的旧军人大多信奉"有枪便是草头王",一旦有机会,就死死抓住军权不放,因为有了军事实力,就可以"政客借实力以自雄,军人假名流以为重,纵横捭阖,各戴一尊。"(蔡东藩、许厪父《民国通俗演义》)但父亲并没有这样,他将自己的军事才能、资历、人脉和影响力毫无保留地用来追求祖国强盛和实现民族复兴的理想。在人生的关键时刻,他大义凛然,蔑视蒋介石封官许愿、威胁利诱,毅然选择参加到中国共产党领导的新四军去,立志在党的领导下,抗击日本侵略者,救国救民于水火之中。

◎ 我们这些革命者的后代,现在也都已经进入耄耋之年,当尽自己的绵薄之力,为弘扬老一辈的革命精神继续努力。

第十五章 总装备部科技委

父亲的人生追求为自己树立了光辉的榜样!

我从儿时到高中毕业,在母亲身边生活的时间最长。母亲从青年时期就知书达理,追求正义。与父亲结婚后,她将自己的一生与父亲的事业紧紧地联系在一起。父亲担任新四军军长后,她变卖家里的首饰妆奁,购买了3600支枪,支持父亲用以装备新四军。母亲对珠宝金钱的态度潜移默化地教育着我,使我懂得了人生最宝贵的不是金钱,不是功名利禄,一个人的人格、尊严和对事业理想的执着追求才是最大的财富。

◎ 把自己的心愿讲给年轻的一代人。

我从懂事起开始认识了父亲的朋友们,我见过的廖承志、柯麟医生、方方等老一辈革命者,无一不是舍弃安逸和享受,冒着生命的危险为中国人民的革命事业进行着艰苦的斗争。

1946年,按照周恩来伯伯的指示,在方方同志安排下,我到了北平,第一次见到了周恩来伯伯和叶剑英叔叔,以后又见到了聂荣臻叔叔、朱德伯伯和毛主席。从那以后,我受到了他们无微不至的关怀,也接受了他们的言传身教和熏陶。他们的高风亮节使我开始真正建立起共产主义的理想、信念。虽然自己的能力水平有限,但我始终是在党的领导下,以老一辈革命家为楷模,为党、国家和人民的事业进行着不懈的奋斗拼搏。在人生树立起了这样一个远大的目标后,个人的功名利禄确实是无足轻重的。

在苏联留学期间,我继续在党的培育下成长。毛主席、周总理、刘少奇、任弼时等党中央领导同志和其他革命老前辈每次到苏联访问,都会接见并亲切教导我们。他们讲的最多的是要我们学好本领,

新中国航空科技工业先行者——叶正大将军回忆录

回国后为祖国的社会主义建设贡献力量,做好无产阶级革命事业的接班人,接好革命的班。驻苏使馆的领导对我们无微不至的关怀,使我们既感受到了党和祖国人民对我们的关爱,也更加树立起将来全心全意为人民服务的理想信念。

在苏联,我们也接受了为实现共产主义美好理想而艰苦奋斗的思想教育和文化陶冶。那时,大部分留学生都读过奥斯特洛夫斯基写的《钢铁是怎样炼成的》一书,其中的主人公保尔·柯察金把自己年轻的生命奉献给了祖国和人民,他讲过的一段话成为了流传甚广的名言:

Самое дорогое у человека – это жизнь. Она даётся ему один раз, и прожить её надо так, чтобы не было мучительно больно за бесцельно прожитые годы, чтобы не жёг позор за подленькое и мелочное прошлое и чтобы, умирая, смог сказать: "вся жизнь и всё силы были отданы самому прекрасному в мире – борьбе за освобождение человечества."

—— Николай Островский(Как Закалялась Сталь)

当时的中文版《钢铁是怎样炼成的》是梅益从英文版翻译的,这段话译成中文是:

人最宝贵的是生命。生命对人来说只有一次。人的一生应当这样度过:当回忆往事的时候,他不会因为虚度年华而悔恨,也不会因为碌碌无为而羞愧;在临死的时候,他能够说:"我的整个生命和全部精力,都已献给了世界上最壮丽的事业——为人类的解放而斗争。"

这段话成为了自己的座右铭,在自己人生的各个阶段,无论是顺境、逆境,这些铿锵有力的话语一直在激励着我。

回顾自己在祖国国防科技工业战线上辛勤耕耘40余年的历史,我可以充满自信地说,自己始终坚持马列主义、毛泽东思想和邓小平理论和"三个代表"的重要思想,具有坚定的政治信念,坚信共

第十五章　总装备部科技委

◎ 2007 年，参加广州起义 80 周年纪念活动。

产主义事业必将胜利，为实践党的全心全意为人民服务的宗旨付出了自己最大的努力。

离　休

1998 年 7 月，在总装备部组建三个月之后，我办理了离休手续。回顾自己从 1955 年回国到现在，已经过去了近半个世纪，自己也从一个不到而立之年的青年变为耄耋之年的老人。在这几十年中，自己只做了一件事，就是为祖国的国防科研事业尽心尽力。回顾历史，我认为自己在大方向上，在重大问题的决策上基本没有犯大的错误，没有给党和国家造成损失，这是令自己最感欣慰的。

在我刚刚回国的时候，中央的方针是"一边倒"，也就是完全倒向苏联，政治上是这样，经济建设和科学技术上也是这样。在 1957 年的反右斗争中，许多人被定为右派分子，罪名就是说了一句不赞成按苏联方法办、反对苏联老大哥的话。

我在苏联学习了 7 年，正是自己世界观、人生观和生活习惯形成的时期，应该说在各方面受苏联的影响都比较大。例如，苏联的交响乐是世界知名的，有过许多如柴可夫斯基、拉赫玛尼诺夫、格林卡、里姆斯基－科萨科夫这样世界级的大师，还有肖斯塔科维奇、普罗科菲耶夫、哈恰图良等在当时的中国具有很大影响的作曲家，

◎ 1993年，江泽民主席接见国防科工委军以上干部时，与我握手。

他们的很多作品都使我着迷。受这些作品影响，回国后安排我们看梅兰芳的京剧，就不是很喜欢看，刚开演一会儿我就离开了。在文学欣赏方面也是这样，普希金、屠格涅夫、莱蒙托夫、果戈里、托尔斯泰、契诃夫等都是我们熟悉的作家，更不要说高尔基、肖洛霍夫、法捷耶夫、奥斯特洛夫斯基这样一些描写苏联革命时期重大题材的功勋作家，我们对他们的作品很多都读的是俄文原著。

其他如在性格、待人接物方面，我们这些人也受到了不少俄罗斯民族特点的影响。俄罗斯人直率、坦诚，不会绕弯子。我们一个宿舍的苏联同学，几句话不合，也许就动起手来，可事过之后，有过失的一方买一点沃特卡、几条熏鱼，找到打架的同学道一声歉，一起喝几杯也就和好如初了，不会记仇。我们中有些同学，如罗西北等，因为从小就在苏联，受影响较大，在文革中，就因为性格耿直而吃了很大的苦头。

然而这些影响并没有使自己在飞机设计方面迷信苏联的一切。

我是在莫航学习飞机设计的，接受的自然完全是苏联的一套，可是在进入飞机设计室开始歼教1飞机的设计时，我还是注意到了要从我国的实际出发。尽管我很注意学习苏联先进技术，但也敢于向权威挑战。设计室主任徐舜寿、副主任黄志千都是从英美学习回

第十五章 总装备部科技委

国的,他们提出一些想法,尤其徐舜寿提出的"不唯米格论"等想法,我都表示了明确的支持。在我们共同努力下,新中国第一个设计团队自行设计的歼教1改苏式喷气式机头进气为两侧进气,使其具有了鲜明的中国特色。

我在飞机设计研究单位工作了17年,主持了多项飞机的设计工作,与设计团队的同志们紧密合作,克服了一个又一个困难,老所长刘鸿志同志曾经说过,"我们自行设计歼8飞机时,与苏联和西方国家的差距并不大,当然基础设施我们还刚刚开始建。在唐延杰任六院院长和我任一所所长期间,没有拉大与世界水平的差距。"这是在中央和上级的正确领导下,我们一所全所上下共同努力所得到的成绩。

◎ 与朋友们合影。

1960年3月,毛主席把《鞍山市委关于工业战线上的技术革新和技术革命运动开展情况的报告》中提到的"两参一改三结合"的管理制度和经验称之为"鞍钢宪法"。"两参一改三结合"强调要实行民主管理,实行干部参加劳动,工人参加管理,改革不合理的规章制度,工人群众、领导干部和技术员三结合的制度。此前,在我国曾经学习过苏联的以马格尼托哥尔斯克冶金联合工厂经验为代表的一长制管理方法,在工业企业推行过一段时间"一长制"的管理办法,其特点是厂长一个人说了算,依靠少数专家、大搞物质刺激等一套。毛主席把这一套称之为"马钢宪法"。

1961年,聂老总按照中央的指示而主持制定的《科研十四条》中也强调"研究工作问题的处理,要贯彻领导、专家、群众三结合

新中国航空科技工业先行者——叶正大将军回忆录

◎ 从飞机设计室时期开始,我与谢光同志已经有半个多世纪在一起工作的经历。

的原则","对于涉及科学技术问题的业务,必须实行领导、专家、群众三结合的原则。"

"三结合"是一个具有普遍意义的管理方法,在飞机设计中,我们强调在方案策划时就要坚持"科研、生产、使用"的三结合,也就是要与工厂、部队紧密结合。设计歼教1的时候,徐舜寿同志亲自带着设计图纸,到空军常乾坤副司令那里,四个图钉往墙上一钉,向常副司令做了详细的说明,方案得到了空军领导的肯定,这就是三结合的做法。以后设计歼8飞机,我带着主要设计人员从北到南,下到空军作战部队,直接听取空军指战员、飞行员的意见,这样的三结合,保证了设计方案紧密结合实际,设计出来的方案,作战性能好,工厂能够很顺利地转入试制。性能符合使用方的要求,制造出来很快就能在实战中发挥效用,避免了走弯路,脱离实际。所以我在认真地学习领会了"鞍钢宪法"和《科研十四条》关于三结合的要求以后,在实际工作中就非常注重"三结合"。

几十年的实践中,我体会到,三结合不仅仅是一个工作方法,也不仅仅是在工作中应该遵循的一个管理制度,它更应该成为一种管理的理念和思想方法。例如,在《科研十四条》中对于人才培养,就提出了"自修、互学和导师负责制相结合",这也是一个三结合。

1940年,美国贝尔公司的E.C·莫利纳(E·C·Molina)和在丹麦哥本哈根电话公司工作的A·K,厄朗(A·K, Erlang)在研制

第十五章 总装备部科技委

电话自动交换机时,意识到不能只注意电话机和交换台设备技术的研究,还应该从通信网络的总体上进行研究,第一次提出了"系统工程"这一概念。1956年,中国科学院在钱学森、许国志教授的倡导下,建立了第一个运筹学小组,开始将系统工程的方法引入我国科研和工程实践中。20世纪60年代,著名数学家华罗庚大力推广统筹法、优选法,与此同时,在钱学森同志领导下,在导弹等现代化武器的总体设计组织方面,推广了系统工程,取得了丰富经验,进而形成了适应我国航天系统特点的现代航天系统工程方法。进入70年代以后,系统工程在我国的推广应用出现了蓬勃发展的新局面。何文治同志吸取航天在应用系统工程方面的经验,在歼8Ⅱ研制中推行系统工程,提出要进行"三坐标"论证。这也是一个三结合的概念,也就是在计划网络的基础上,运用网络评审技术,对型号项目的技术、进度和经费三个方面进行综合分析,找出一个满足三个方面要求的最佳实施方案,可以认为是技术、进度、经费三方面的结合。"三坐标"论证的过程,是一个优化方案的过程,也是三个方面的主管人员统筹协调的过程。在更大、更复杂的项目中,也许需要协调的环节和范围更多、更广泛,三结合可能扩展为四结合、五结合甚至更多要素的结合,但这种结合的思路是相通的。

这种三结合的思想方法使我在工作中受益匪浅,有了三结合的基础,很容易就接受和形成了系统工程的理念和思想,在管理中就会自觉地将各方面因素放在一起思考、协调、论证。在走上了国防工业科研工作的领导岗位以后,我坚持以这种科学的、系统思考的论证方法,对我国空军装备的国产化、现代化做出了一定的贡献。

胡锦涛同志在阐述科学发展观的思想时指出:"要正确认识和妥善处理中国特色社会主义事业中的重大关系,统筹个人利益和集体利益、局部利益和整体利益、当前利益和长远利益,充分调动各方面积极性。"有专家对科学发展观做出解读,认为建立科学发展观的理论体系所表明的三大特征,即数量维(发展)、质量维(协调)、时间维(持续),从根本上表征了对于发展的完满追求。这也体现着三结合的思想。

中央领导同志关于科学发展观的论述需要我们深入学习领会,而其中体现的基本思想更需要我们认真领会并在各自的具体工作中

433

贯彻执行。几十年来，我在军工事业中做了一些工作，也取得了一些成绩，归结起来，有一个正确的、符合科学规律的思想方法是非常重要的。

1996年6月，经顾诵芬院士推荐，俄罗斯著名飞行器空气动力学和飞行力学比施根斯当选为中国工程院外籍院士。

那一次，中国工程院举行了授予比施根斯外籍院士的仪式。得知这一消息后，我与顾诵芬等同志一起宴请了比施根斯。比施根斯是俄罗斯在飞机空气动力学和飞行力学方面的权威。他是1916年生人，比我年长11岁。1940年，比施根斯毕业于莫斯科航空学院，与我是校友。那一次见面与我们第一次见面时隔40年，谈起当年的友谊，情投意洽，非常开心。

他那时已经是年过八旬的老人，但精神矍铄，思维敏捷。他早年在超声速飞机的纵向操纵性以及制定超声速飞机纵横向运动飞行品质指标方面做出了重大贡献，因此获列宁勋章。以后他长期担任 ЦАГИ 第一副院长，主管飞机空气动力学并承担俄罗斯重要新型飞机设计的评审工作，对推动俄新飞机的发展做出了巨大贡献，多次获重大奖励。在与我们进行远景新飞机方案设计的合作中，他与顾诵芬同志等专家坦诚相待，还就民机设计专门为我们撰写了《Аэродинамика и Динмика Полета Магистральных Самолётов》（《干线飞机空气动力学与飞行力学》）一书。

看到这位俄罗斯老专家，我在心中为自己定下了目标，一定要

◎ 2006年，在北京昌平。

第十五章 总装备部科技委

像他那样，继续努力为祖国的航空事业工作。我这样想，也一直在努力这样做。

与从事国防科研工作的同志们在一起，我总有很多的想法，总希望在自己有生之年多做一些事。那一次与比施根斯在一起时，我听说米高扬设计局的米格 1.42 技术验证机由于经费问题只是在地面滑行，没有实现首飞，我立即想到是否可以与米局合作，将这个飞机的试验继续下去。据我了解，米格 1.42 采用的是一种独特的"鸭"式气动布局，机动性好，并且装有大推力的矢量发动机，可超声速巡航飞行，隐身性能也非常好，可与美国 F-22 匹敌。如果可以合作，对我们掌握四代机设计和制造技术是很有价值的。当时比施根斯表示回国后可以做一些工作，推动合作。遗憾的是在 1997 年，顾诵芬同志到俄罗斯访问时，亲自与米局接洽，得到的回答是该项目已经全部停了下来，再要飞起来是非常困难的，所以这个想法最后没有能实现。但我并不气馁，对于提高我国国防科研、尤其是航空科研水平，我一定还要竭尽全力而为之。这也许就是家华同志为什么要将第四句改为"如今还当孺子牛"的原因所在。这是对我的肯定，更是对我的鼓励和鞭策。

"如今还当孺子牛"——

我当以此为勉，为祖国国防科研事业站好最后一班岗！

◎ 2011 年 4 月 8 日，延安枣园。

叶正大年谱

1927 年

8 月 1 日　父亲叶挺参加南昌起义，任前敌总指挥。

8 月 22 日　叶正大出生于上海市四川北路。

11 月　随母亲李秀文到澳门定居。住在外祖父购置的贾伯乐提督街 76 号一套二层楼房，现为澳门"叶挺纪念馆"。

12 月 11 日　父亲叶挺参加广州起义，任前敌总指挥。

1933 年

8 月　入澳门培正学校小学部读书。

1937 年

初春　父亲叶挺离开澳门到上海。

8 月　叶正大随母亲到上海与父亲同住，亲眼看到 8 月 14 日中国空军在笕桥上空与日本侵略者空军的激烈空战。后随母亲回到澳门。

1939 年

8 月　入澳门培正学校中学部读书至初中二年级。酷爱航模，母亲托人从香港先施公司购回器材，叶正大自己制造模型在院内放飞。

1941 年

1月8日　发生"皖南事变"。

1月14日　父亲叶挺下山与国民党谈判,被无理扣押。开始被关押在上饶李村监狱,后被转至桂林、恩施、重庆等地。

1943 年

年中　父亲再次被转桂林软禁。母亲带叶正大暨全家与姨姨、姨夫一家到桂林与父亲团聚。在桂林中正中学读初三。

12月25日　父亲在桂林被国民党特务骗捕。押送恩施。弟弟叶正明、叶华明,妹妹叶扬眉与父亲同行。此后叶正大未能再与父亲相聚。

1944 年

年中　日本侵略者进攻桂林、贵阳,叶正大随母亲逃难。遇新四军干部谭冬青,被接至广东省罗定县暂居。在罗定县读高中。

1945 年

8月　抗战胜利后,叶正大随全家回到广州,借住西关。与外婆、姨姨、姨夫同住。在广州兴华中学读高中三年级至高中毕业。

1946 年

3月4日　经共产党营救,父亲叶挺出狱。母亲携弟弟阿九辗转到重庆迎接父亲出狱。

4月8日　发生"四八"空难,父亲叶挺、母亲李秀文及妹妹叶扬眉、弟弟阿九遇难牺牲。

6月　经周恩来批准,叶正大乘军调部飞机到达北平。后被转到晋察冀边区张家口市,见聂荣臻司令员。

8月底　国民党军队进犯,按照聂荣臻司令员安排,随干部队步行奔赴延安,11月初到达延安。由朱德总司令照管。毛泽东主席接见并请吃饭,对叶正大讲:"你的爸爸是好同志。你要好好学习,继承他的遗志。"

11月　胡宗南进犯延安,按照朱德指示,跟随毛主席图书馆撤至瓦窑堡。

12月　按照周恩来副主席安排再次到北平,任叶剑英同志的"秘书"。后随伍修权参谋长转赴东北,到佳木斯进东北抗日民主联军附属外国语言学校学习。

1947年

7月　叶正大随外国语言学校迁回哈尔滨市。

1948年

6月　叶正大在哈尔滨外国语言学校被批准加入中国共产党。

8月　经周恩来副主席提议,毛泽东主席批准,确定叶正大等21名烈士、高干子女赴苏留学。

9月4日　从哈尔滨出发,经满洲里赴苏留学。

9月中旬　到达苏联伊万诺沃,被安排在国际儿童院学习俄文。

1949年

7月　刘少奇访苏期间,在伊万诺沃儿童院接见留苏学生。

9月　叶正大进莫斯科航空学院学习飞机设计专业。

12月16日　毛泽东率中国代表团访问苏联。

1950年

2月17日(除夕)　留苏学生参加中国驻苏使馆春节联欢会,毛泽东主席、周恩来总理出席。谈话中,毛泽东、周恩来为留苏学生题字。毛主席为叶正大题字"建设中国的强大空军",周总理题字"艰苦奋斗　努力学习"。

8月　周恩来总理再次率团访苏期间,叶正大为周恩来总理担任俄文技术翻译。

1951年

6月　回国休假,应周恩来总理、邓颖超邀请,叶正大与弟弟叶正明到中南海西花厅与周、邓见面,并听周恩来谈父亲"四八"空难一事。

1954 年

冬　叶正大与任岳在苏联留学期间结婚。

1955 年

2 月　叶正大莫斯科航空学院飞机设计专业毕业，随后回国。在沈阳飞机制造厂任车间工艺员，后调任设计科主任设计员。

秋　在熊焰副总工程师带领下，赴苏联共青城 126 厂接收米格-17Φ 生产工艺装备并学习制造技术。

1956 年

8 月 2 日　二机部四局王西萍局长发布命令，决定 8 月 15 日起成立飞机和发动机设计室。任命徐舜寿为主任，黄志千、叶正大为副主任。

9 月　开始歼教 1 飞机设计。

1957 年

9 月　空军对歼教 1 飞机木质模型进行第一次审查。

11 月底　歼教 1 飞机木质样机顺利通过空军第二次审查，转入详细设计阶段。

1958 年

7 月 26 日　歼教 1 飞机首飞。

8 月　叶正大在北京向时任中华人民共和国国防委员会副主席叶剑英汇报歼教 1 研制情况。

8 月 4 日　叶剑英副主席与空军司令员刘亚楼到沈阳观看歼教 1 飞机飞行表演。

8 月　二机部部长赵尔陆带领徐舜寿、黄志千、叶正大到哈尔滨军事工程学院观摩"东风"113。迫于形势，徐舜寿、黄志千、叶正大提出"东风"107 方案。

8 月下旬　叶正大带领顾诵芬到北京参加分析研究美制"响尾蛇"导弹工作。

1959 年

4 月 与时任四局（航空工业局）副局长徐昌裕等到苏联，听取苏联航空工业部派出的专家对"东风"107 和"红旗"2 号发动机审核意见。

10 月 22 日 "东风"107 停止研制。原设计室设计力量全部转入"东风"113 设计工作。

12 月 中央决定，原 112 厂第一设计室全部合并至第二设计室，统称产品设计室。哈军工一系军械科中校主任王秀山为主任，罗时钧、徐舜寿、黄志千、叶正大、杨庆雄、黄序、屠基达为副主任。

1960 年

11 月 20 日 国务院副总理、中央军委副主席贺龙元帅视察沈阳航空工业，对存在的质量问题提出非常严肃的批评，要求从图纸开始进行质量整顿。根据工厂领导要求，叶正大带领设计室大部分设计人员承担起配合工厂进行图纸复查及修改工作。

12 月 20 日 中共中央批准成立航空研究院，即国防部第六研究院。

1961 年

2 月 空军司令员刘亚楼率团赴苏谈判引进米格-21 飞机生产。四局派出徐昌裕、叶正大作为成员参加。

3 月 3 日 中苏双方在协议上签字。代表团回国时，叶正大留在苏联消化米格-21 飞机技术资料。

8 月 3 日 国防部第六研究院第一设计研究所（飞机设计研究所）成立。

11 月 25 日 周恩来总理签署任命书，任命刘鸿志担任第六研究院第一研究所所长，政治委员为翟曾平同志。10 月 22 日，国防部部长林彪签署任命书，任命徐舜寿、叶正大、郭屏、周景良为副所长，宁秉一为副政治委员，黄志千为总设计师。所政治部主任为段治国，副主任陈拔。

1962 年

1 月　为保证《科研十四条》的落实,六院制定了《航空研究所暂行条例(草案)》。

一所成立首届技术委员会。技术委员会由 15 人组成,徐舜寿任主任,黄志千、叶正大任副主任,委员由各室领导和技术骨干共 12 人组成,还聘任了北京航空学院的徐鑫福教授为特约委员。

5 月　六院和四局下达了《关于共同组织米格－21 飞机技术摸底,为仿制及进一步自行设计做好准备的联合指示》。当时米格－21 飞机被称为 62 式。

8 月　一所部分机关人员和设计室从北京南苑和沈阳北陵、小河沿地区向塔湾炮校原址集中。

10 月　经叶正大反映,总参谋长罗瑞卿批准组织力量对苏联转来的 15 架米格－21 飞机散装件进行组装。此项任务 601 所由叶正大负责。

1963 年

2 月　米格－21 散装件组装工作组到 112 厂报到。

11 月　开始米格－21 散装件第一架 2210 号机组装。

1964 年

4 月 30 日　米格－21 散装件组装的 2210 号机完成首飞。

5 月　六院唐延杰院长等在一所主持召开会议,明确提出对米格－21 改进改型。六院领导决定将一所徐舜寿副所长调往新组建的十所任副所长兼总设计师。

6 月　一所全面开展米格－21 改进工作。

9 月　一所向六院上报《使用两台 815 型发动机进行米格－21 飞机改型的初步分析》的专题报告,六院未予批复。

10 月　米格－21 散件组装任务胜利完成。

10 月　六院唐延杰院长等在一所召开"米格－21 飞机改进、改型预备会议",确定采用双发方案,代号"65"任务,即后来的歼 8 机。同时要求一所提出一个单发的方案,代号"70"任务。一所分工,"65"任务由黄志千总师和总体室主任王南寿负责;"70"任务由叶正大和总体室副主任谢光负责。

在会上，唐院长宣布，中央决定六院与三机部合并。

11月　实行"部院合并"后，三机部召开工作会议，会上，叶正大提出研制双25（马赫数2.5、升限25千米）飞机。段子俊副部长支持。回所后决定再上一个型号。当时称为"67"方案（即歼9）。

1965年

2月　叶正大带着初步确定的"67"方案去北京向唐延杰院长汇报。唐院长要求一所在6月底前提出单发初步设计方案，组织好"67方案"型号线，确定型号负责人。还要求叶正大回所后对一所技术力量进行调配，双发歼击机（即歼8）投入全部设计力量的70%，单发（即歼9）投入全部设计力量的20%，其余10%的设计力量用于课题研究及预研。

4月12日　三机部正式下达了《关于开展歼9飞机方案研究和设计工作》的通知，要求歼9飞机力争赶上世界先进水平，突出高空高速性能，加大航程和续航时间。

5月16日　叶正大在所里主持召开歼9方案讨论会。

5月20日　黄志千总师遇空难牺牲。

一所领导班子决定组成技术办公室，由王南寿牵头，蒋成英、顾诵芬、冯钟越、胡除生作为办公室成员。重大关键技术问题由叶正大负责组织研究解决。

6月底　叶正大在所里主持召开歼9飞机方案论证会。

7月中旬　由所长刘鸿志与叶正大带队，到空军一师进行调研。

7月下旬到8月中旬　叶正大带队到空、海军航空兵多个部队进行调研，多方面征求对歼8飞机总体方案的意见。

11月8日　空军对歼9飞机方案进行讨沦。

1966年

4月1日　三机部向国防工办、国防科委呈报了《歼9飞机设计方案》。

5月18日　所党委传达上级关于开展文化大革命的部署。

6月14日 国防科委召集会议,对歼9飞机设计方案进行讨论和审查,认为歼9飞机设计方案提得有根据,有针对性,性能指标比较先进,是我国赶超国际70年代水平的产品,也是通过自力更生可以实现的。

6月17日 一所与112厂联合向三机部上报《歼8机研制工作计划》,提出歼8飞机研制工作各主要阶段的进度,目标是在1967年12月进行地面准备与首次试飞。

文革迅即形成高潮,所内科研生产秩序开始不正常。文革中,叶正大被作为批判对象。

7月20日 国防科委向中央军委呈报了《歼9歼击机战术技术论证报告》。

7月 112厂设计室与六院一所"528"工作组合并为六院一所第十七室,并承担歼6教练机设计任务。该项目由叶正大负责。

8月11日 军委副主席叶剑英批准"同意"国防科委的《歼9歼击机战术技术论证报告》。

9月 所党委常委分工叶正大负责抓所里的科研工作。

10月 主持一所召开"歼9飞机设计动员大会",宣布组成"歼9飞机现场设计工作队",由赵国士任队长,张仲秋、邱宗麟任副队长,下设布局、总体、系统和设备4个组,整个设计队伍共60余人。歼9设计队伍被派到芜湖空三师进行现场方案设计。

10月24日 根据三机部下达的确保歼8飞机于1967年底上天的指示,112厂和一所党委召开了联席会议。会议要求厂所领导要敢于领导,善于领导。

11月11日 厂所党委再次召开联席会议,决定成立歼8研制指挥部,112厂副厂长王新负责歼8研制的全面组织领导,分工叶正大负责厂所全盘技术工作。

1967年

2月17日 中央军委命令:沈阳军区炮兵派军管组进驻一所,对一所实行军事管制。艾福林、崔志海、曹士先被任命为正副组长(后改为军管会正副主任)。

1968 年

3 月 六院召开《动员落实歼 9 研制任务》会议，按所谓多数人意见，决定上Ⅴ方案，国防科委根据六院意见批准歼 9 Ⅴ方案。

4 月 3 日 六院下达《关于批准歼 9 总体方案的通知》，并要求 1969 年"十一"前把歼 9 送上天，向国庆 20 周年献礼。

因上级批准歼 9 Ⅴ方案，叶正大被造反派组织揪到北京六院，经军管会要求后方获自由。

6 月 因技术问题得不到落实，歼 9 停止研制。

7 月 11 日 空军向军委办事组和国防科委呈送《关于"三五"期间我国飞机发展问题的建议的几点意见》，其中提出要尽快解决垂直短距起落战斗机的问题。六院根据空军的指示，下达了短距起落战斗机的研制课题。

12 月 29 日 三机部、六院联合转发《关于歼 8 飞机研制中有关问题的请示报告》，并决定立即在沈阳组建歼 8 联合指挥部，具体负责歼 8 飞机的研制工作。三机部试飞局局长刘增敏任组长，叶正大为指挥部成员。

1969 年

年初 一所将短距起落喷气襟翼可变机翼列入专题预研项目。

7 月 5 日 歼 8 飞机 01 架实现首飞。

8 月 三机部军管会主任周洪波在航空 825 会议上强调要积极开展垂直起落飞机的研究。

9 月 三机部下达型号研制任务（代号为四号研制任务）。

10 月 30 日 周洪波亲赴沈阳指挥组建垂直起落飞机研制队伍。在 112 厂驻沈厂所领导干部会议上，周洪波宣布垂直起落飞机领导小组成员名单，空军副司令员曹里怀为组长，三机部飞机局副局长刘增敏、六院军管会副主任周兆平、沈空工程部副部长陈继发为副组长。成员有 410 厂、112 厂、606 所和 601 所的主要领导，领导小组下设办公室，陈继发兼办公室主任，副主任有 601 科技处处长王奇、112 厂的唐乾三等，并从 601 所歼 8 生产线上抽调技术骨干 116 人，112 厂 40 人，有关院校 30 人组成四号任务连队，指令叶正大为连长，601 所科技处副处长赵国士为副连长，专事垂直起落飞机的研

制。

10月　采用两侧进气、三角翼、常规布局的歼9恢复研制。

1970年

年初　吴法宪下令601所搬迁三线。

4月　所军代表派叶正大到北京找当时负责国防科研工作的聂荣臻汇报。叶正大向聂荣臻反映情况并转达所领导班子意见，聂荣臻表示同意601所可以不搬迁。

11月6日　歼教6由试飞员王春友驾驶首飞成功。

1971年

2月25日　航空工业领导小组指定沈阳军区空军副政委赵其林为四号任务领导小组第一副组长，统一领导垂直起落战斗机的研制。同时派吴法宪之子吴辛潮驻112厂实施监督。

9月　发生"913"事件。

1972年

年初　六院在哈尔滨召开会议，提出要研究下一代歼击机，强调要研制一个歼6的后继机。

3月12日　601所向六院报送了一个短距起落歼击机的设计方案，建议定名歼13。

3月25日　四号任务领导小组召开第12次会议，批判林彪反革命集团破坏航空工业，插手四号任务的罪行，并检查了垂直起落飞机研制中的"主观主义"、"脱离实际"的错误，肯定了参加四号任务研制的干部、科技人员和工人的积极性和取得的成绩。同时指出，"垂直起落飞机在我国缺乏基础研究和应具有的技术储备，不可能于短期内搞成可供作战用的歼击机"，建议，"四号任务不列入国家型号发展计划，仍为先期研究的科研项目。"实际上宣布了四号任务下马。

4月　因发动机进度缓慢，歼9改为课题研究。

下半年　安排了顾诵芬同志主抓歼6后继机项目。

9月26日　六院对601所上报的歼6后继机设计方案的报告做

出批复,将这项任务定为2号任务(后定名为歼13),并指出,该机将代替歼6机,作为下一代前线主力战机装备部队。

12月11日 歼8飞机03架全机静力试验顺利通过,加载到112%设计载荷时破坏。此项试验由叶正大领导,赵沛霖具体负责。

1973年

3月16日 中央军委决定,余启龙、周兆平、徐昌裕、叶正大任六院副院长。

8月 叶正大当选中国共产党第十次全国代表大会代表,参加党的十大。

9月10日 国务院、中央军委决定撤销军委国防工业领导小组,成立国务院国防工业办公室(简称国防工办),省市设立管理国防工业机构,撤销各大军区、省军区的国防工业机构。

11月5日 国务院、中央军委航空产品定型委员会(简称航定委)批准歼教6飞机设计定型并转入小批生产。

11月 调任国防工办副主任。

1974年

9月16日 陪同中央军委副主席叶剑英等领导同志在北京通县机场观看歼8飞机飞行表演。

1975年

3月至8月 在叶正大推动下,空军组织了包括空中格斗在内的歼7飞机与歼6飞机性能对比试飞。近半年时间里共计177次试飞,在充分听取了飞行员、地面指挥员的意见后,最后结论为:歼7飞机高空高速性能明显比歼6好,中低空各有优势,性能相当。这次比对试飞,是一次全面衡量,使歼7飞机得到了公正的评价,并全面扭转了空军的看法,达成歼7胜于歼6的共识。

1977年

歼教6获辽宁省重大科技成果奖。叶正大为获奖人之一。

10月4日 参加邓小平、罗瑞卿、张爱萍等召集国防工办、国

防科委、国防工业各部领导人召开的会议。时任中共中央副主席、国务院副总理、中央军委副主席、人民解放军总参谋长的邓小平同志说："歼 6 生产十几年了，要转过来生产歼 7 为主，要用歼 7 更新歼 6。抓科研工作要集中兵力打歼灭战，要搞好配套。军事工业要严格要求，要恢复总工程师制度。技术方面要有岗位责任制，要签字。国家投资完全按照军队要求是不可能的，要严格要求质量。例如，飞机倘若有 3000 架歼 7，就比 5000 架现在飞机的战斗力还要强。"

中央军委常委、军委秘书长罗瑞卿说："有 2000 架歼 7 就好了，不要搞歼 6 了，要集中力量上歼 7。"

1978 年

2 月　罗·罗公司胡克等人来华访问，王震副总理安排在人民大会堂接见了他们。叶正大参加接见和宴请，后陪同罗·罗公司外宾参观 430 厂。

3 月 5 日　当选为全国人大代表。参加第五届全国人民代表大会。

10 月　为解决斯贝引进中的原材料质量等问题，与中国科学院学部委员（后改为院士）、斯贝发动机、轰 7 飞机会战领导小组吴仲华等同志赴英访问。

年底　歼 9 因研制单位项目调整第三次下马。

1979 年

8 月　视察"708 工程"大场分部工作，提出要求：一、现在狠抓运 10 飞机 02 架上天很好，国家很需要，力争今年上天很好，但不要赶进度，要抓质量，一定要确保安全可靠；二、四大模拟试验设备在全国是第一的，但技术力量不足，可以一面试验，一面派人到 630 所等处学习；三、成品要优先满足四大模拟试验；四、发动机设计所同志再全面检查一下飞机质量；五、一定要精打细算，少量钱还是要花的，还要争取收入。

9 月 13 日　与三机部副部长莫文祥、六院副院长刘鸿志等领导同志陪同空军曹里怀副司令视察"708 工程"，在大场视察了正在总装的运 10 飞机 02 架机和四大系统模拟试验，观看了记录运 10 静力

447

试验、风洞试验的电影。

9月14日上午　陪同曹副司令到640所视察，观看风洞试验模型展览和大厅设计场所。下午，在东湖宾馆研究工作。

12月30日　参加航定委在沈阳召开的歼8白天型飞机设计定型会议。

12月31日　参加在601所召开的"歼8白天型飞机设计定型大会"并讲话。

1980年

3月2日　参加国家军工产品定型委员会在北京南苑机场召开的歼8白天型飞机定型会议。刘华清副总长宣读审批歼8机文件，同意歼8白天型飞机设计定型。

4月18日　组织空军、海军、总参谋部、三机部的有关负责同志开会，听取了歼8大改方案的汇报。

9月26日　运10飞机02架在大场首飞成功。

12月22日　5703厂写信给胡耀邦同志，提出运10飞机03架机已完成65%的工作量，现已停产，希望能把运10飞机继续搞下去，并提出希望承担轰5和米8的维修工作。

12月26日　姚依林对5703厂信函批示：请爱萍同志酌处。

12月27日　胡耀邦对5703厂信函批示：他们干得很好，当然应该鼓励。但能否有投资把03架搞上去，我不懂，请张副总理答复。

张爱萍副总理批示：

正大同志：请组织研究一方案：一、运10（还有运7）原来是怎么上马的？二、造价如何？三、现在的用户怎么定？四、民航因价高不要，如何补贴？

对5703厂信中希望承担轰5和米8的维修工作，张爱萍同志批示：请考虑这个意见，似可行。

按照张爱萍批示要求，叶正大与民航总局进行协调，时任局长沈图明确表示，民航不能接收运10飞机。

1981 年

5月4日 召集三、四、五、八机部和机械委员会以及空军、海军、总参的领导同志开会,听取601所代表介绍歼8大改的方案及研制计划,三机部毛德华副局长介绍了歼8Ⅱ飞机方案论证会(简称8203会议)会议准备情况。结合汇报,与会代表进行了讨论并提出改进意见,为8203会议的圆满成功起到了保证作用。

6月22日至28日 参加航空工业部在沈阳主持召开的歼8Ⅱ型飞机木质样机审查会(代号8211会议)。

1982 年

5月10日 成立国防科工委,叶正大任科工委科技委副主任。兼任国家科技发明奖评审委员会副主任、国防科技进步奖及国防发明奖评审委员会主任委员、中国航空协会理事及国际合作委员会副主任、中国航空学会副理事长、名誉理事。国家科委委员、中国国际单位制推行委员会委员、部分高等院校高新技术开发委员会副主任委员。

9月3日至13日 负责组织军方、三机部等有关方面的专家就引进"幻影"-2000飞机进行论证,会上提出四种方案。后以国防科工委名义向国务院、中央军委报告,认为经费难以支持,不同意引进"幻影"-2000。

1983 年

参加在成都召开的歼8Ⅱ、歼7Ⅲ的工作会。

新歼击机任务定在611所。

6月 接王洪章同志来信,与总参装备部部长崔文波、海军副司令员李景、航空工业部顾问段子俊组织检查组到荆门实地调查,经调查,一致认为水轰5可以继续研制。共同议定再投入2000万完成试飞试验后交付04~07四架飞机并在水陆两用上定型。

9月 航空工业部党组否定了检查组决定。

11月 国防科工委召开水轰5飞机工作会议,海军和航空工业部及相关厂所参加。经过激烈的辩论,航空工业部领导机关承认工作失误,撤回报告。

1985 年

9月19日　巴基斯坦高级军事代表团一行11人来华访问，团长为巴空作战副参谋长萨比尔少将。叶正大陪同代表团到成都132厂访问。

10月　经国家科学技术进步奖评审委员会评定核准，授予歼8白天型和歼8全天候型飞机国家级科技进步特等奖。代表获奖者名单：

顾诵芬、王南寿、叶正大、罗时大、方文富、鹿鸣东、朱克昕。

12月9日　副总理兼国防部长张爱萍同志接见并宴请了巴方具有最终决定权的国防部生产国务秘书穆斯塔法。叶正大参加接见。

1986 年

国防大学研究系第一期学习结业。

1987 年

歼教6获国家科技进步二等奖。叶正大为获奖人之一。

1988 年

3月6日　当选第七届全国政协委员。

3月11日至15日　参加在601所召开的歼8Ⅱ型飞机技术鉴定会。歼8Ⅱ通过技术鉴定。

3月17日至18日　应邀参加航定委在沈阳召开的第46次现场办公会，会议由航定委主任、空军副司令员林虎主持。会议通过航定委《呈请批准歼8Ⅱ型飞机设计定型》的请示。会后，与刘鸿志老所长一起参加601所歼8Ⅱ设计定型联谊会。

3月24日　出席政协第七届一次会议。

9月　被授予中国人民解放军中将军衔。

组织编写《2000年中国国防科学技术》。科学总结了建国以来我国国防科学技术发展的经验，深入分析了我国2000年时国家安全环境的战略思想、战略目标、发展重点，对国防科技工业深层次改革等重大问题进行了探索研究。

1989 年

1 月 23 日　国务委员宋健、中央军委副主席刘华清和副总参谋长何其宗等在试飞院机场观看了歼轰 7 飞行表演。与谢光、张连忠（海军司令）、李景（海军副司令）、林虎（空军副司令）、贺鹏飞（总参装备部副部长）、高镇宁（国家科协副主席兼党组书记）以及地方政府领导侯宗宾（陕西省省长）、李溪溥（陕西省人大主任）、何文治（航空航天工业部副部长）、王昂（航空航天部总工程师）等同志一起观看表演。

1991 年

国防大学研究系第九期学习毕业。

1992 年

7 月　《2000 年中国国防科学技术》获中国军事科学院颁发的全军军事科研成果一等奖；《中长期科技发展纲要（国防部分）》获军事科研成果二等奖。叶正大为该两个奖项获奖者之一。

被聘为西北工业大学兼职教授。

年底　从国防科工委科技委副主任的岗位退下，担任科技委顾问。

1993 年

3 月　当选第八届全国人大常委、教科文卫委员会委员、中俄友好小组副主席。

被聘为国防科技大学兼职教授。

听取顾诵芬等同志关于与俄罗斯合作进行先进多用途战斗机概念研究的汇报，表示对俄合作应组成国家队。

由于对中国航空和宇航的贡献，俄罗斯齐奥尔科夫斯基宇航研究院给叶正大本人的奖励，被俄罗斯齐奥尔科夫斯基宇航院聘为国际院士。

年底　获中央军委颁发"中国人民解放军解放勋章"。

1994 年

被中航工业总公司聘为研究员。

1995 年

3 月 1 日　被聘为中国航天基金会名誉理事长。

1998 年

获 1998 年度何梁何利奖（科学与技术进步奖）。

4 月 3 日　中央军委决定设立组建人民解放军总装备部。任总装备部科技委顾问。

2001 年

参与地效飞机研发项目。

在总装备部召开会议期间，请顾诵芬同志为到会总部首长介绍地效飞机。总装备部部长李继耐同志与在座的领导听后都感到这是一个很有发展前景的项目，明确表态给予支持。

提出搞两架样机，用途是反航母、反潜艇。李继耐部长同意列入预研计划。

2009 年

6 月　任岳因病逝世。

2012 年

3 月　与常向明结婚。

人生若有来世,我还做您的女儿

◎ 叶莲。

　　2012年的一天,杨凤田叔叔约我一起去说服爸爸写回忆录,这次爸爸终于答应了。这一年爸爸85岁,他开玩笑说他在创造叶家的长寿记录。

　　在这之前有心的爸爸已经开始给我们讲他的身事。2004年12月底,全家在广东从化休假,爸爸将我、妹妹叶梅、我的老公张志扬和我们的儿子张欣挺聚在他身边,讲他和爷爷、奶奶、叔叔、姑姑,后来是妈妈一起走过的路。爸爸每天讲一段,持续了好几天,妈妈在一旁补充,我做笔记。

　　爸爸说,1946年他19岁时在佳木斯与妈妈相识,同在东北民主联军总司令部附设外国语学校学习俄文。1948年一起去苏联留学,爸爸在莫斯科航空学院,妈妈在莫斯科建筑工程学院。这期间,爸爸给妈妈写了许多情书,直到1954年12月11日在莫斯科结婚。爸爸和妈妈分别于1955年和1956年回国,将家安在沈阳皇姑区三台子,一年后有了我。

为了确认爸爸妈妈的结婚日,我将手机上的日历一年年地倒回到上世纪50年代中下叶,儿时的往事再次浮现出来。

在我出生前几个月,妈妈找来了杏姑阿姨帮忙。据杏姑阿姨回忆,妈妈生我时两天两夜难产,爸爸见到我的第一句话是:"耳朵是我的!"小时候爸爸喜欢用舔湿的手绢擦我的脸;我呀呀学语自说自话,爸爸珍惜地用录音机录下收藏。一天中午爸爸垂头丧气地回家说自行车丢了,他马上去派出所报了案,下午派出所就将自行车送回来了。50年代末自行车、特别是苏联的自行车不多,派出所办案就是如此有效。同样的事情发生在今日,没有人会期待找得到。

1961年沈阳飞机设计所组建后,我们搬到皇姑区塔湾,那是一幢日本人建的二层小楼,用现在的话说是左右各一家的连体别墅。杏姑阿姨自己也有了一儿一女,都搬来与我们一起住,尽管是三年困难时期,三个孩子一起玩还很是开心。一天杏姑阿姨难得做了一小碗鸡蛋炒米饭,盛出大部分给爸爸,小部分给我。爸爸见了很不高兴,说东西再少每个孩子都要有一份。周日晚上爸爸喜欢召呼邻居小朋友们在客厅坐下,给大家放映苏联带回来的童话幻灯片,记得有安徒生的《皇帝的新衣》、《白雪公主》,等等。爸爸即是放映员,又是翻译。他用真善美这些人类朴实的价值观无声地滋润着孩子们幼小的心田。大雪后,坐上爸爸从苏联带回的雪爬犁,精制的围栏在阳光下闪耀着金属的光芒,木制格栅座在白雪的映衬下格外红艳,爸爸在前面拉着飞跑,我在后面欢呼雀跃。

每家的前院都有杏树和桃树,后院是樱桃树,家家都种各种农作物。比如玉米、向日葵、豆角、西红柿、黄瓜、土豆、红薯,等等。爸爸会早早起来干地里的活,我们一起翻地、播种、浇水、施肥、除草,给豆角、西红柿、黄瓜搭架子,捉虫,一起享受收获的喜悦。

除了种地,爸爸还带着我们一起养鸡,靠着房后墙是一个又高又长的水泥花池,爸爸借着花池一端盖了鸡窝。我们养了七只鸡,每天最高兴的事情是去捡母鸡刚下出来的热鸡蛋。妈妈下班回来都是走路,这群鸡远远地看到妈妈会飞奔过去,迎妈妈回家。我们为鸡准备吃的,夏天要挖野菜,冬天则去捡废弃的冻白菜。

60年代的东北靠三样菜过冬——白菜、萝卜、土豆,而且要在

入冬的时候储备好过冬的用量。为了储存冬菜，爸爸和我们一起挖菜窖，要挖一人多深，还要找各种盖顶的材料，是不小的工程。在孩子的眼里，自己动手建的是一座神密的地宫，想象中通往格林童话中用饼干和糖果建造的房子，或通往看了无数遍的《地道战》中的地道。

我们从爸爸那学会公平正直、平等待人、体量他人，若有一丝怠慢，他都会严厉地批评；我们从妈妈那学到直率包容，考试没有考好，无意中闯了祸，总能在妈妈那得到理解和宽慰。家规不成文却不能违背，比如妈妈上桌前谁也不能动筷子，碗里不可以剩一粒米；不可以像别的孩子一样随口就说"向毛主席保证"；衣服破了补了再穿，那是一个以出身定乾坤，以服饰划阶级的荒谬时代，看到许多小朋友都穿"的确凉"了，我只有羡慕的份。

二楼爸爸妈妈卧室隔壁是个小书房，那是爸爸洗照片的小天地，我和爸爸一起在那里渡过了不少夜晚。因为没有暗房，一切要等到天黑后才能开始。这之前要准备好需要的一切，包括从照像馆取回来冲好的135底片、放大机、显影盘和显影粉、定影盘和定影粉、相纸和裁纸机等，外加一小碟花生，爸爸玩的时候也不耽误吃。在当今数字摄影时代，照片随拍随看，就是那么简单，当年要看庐山真面目可没么容易。对于我，洗照片是一个发现之旅，令人刺激。首先通过放大机投影，才第一次清楚地看到拍照的结果；爆光后等待着相纸在显影液中慢慢呈现出影像，影像达到足够饱和后立即放入定影盘，早一秒没显够，晚一秒显过了，掌握好时间恰到好处是个技术活，师徒二人常常忙到深夜不在话下。

1964年9月的一天我放学回来，杏姑阿姨让我赶快上楼去看，家里又添了一个小妹妹！继续以花为名，妹妹取名梅。我出生时，苏联专家朋友送来一只造型精美的莲花瓷盘，父母因此为我取名莲。

在妹妹只有两岁多的时候文化大革命开始了，对于9岁的我，文革是以恶梦的形式开始的……一天半夜我们全家被从被窝里拉起来，被命令站在床边不许动。一群人开始疯狂地翻箱倒柜，将东西翻出来扔在地上。这以后父母开始自毁，重点毁掉从苏联带回来的东西，包括唱片、妈妈的布拉吉（连衣裙）、高跟鞋和靴子，等等。爸爸将一些心爱小物件送到杏姑阿姨家收藏，有奶奶生前带过的一

新中国航空科技工业开拓者——叶正大将军回忆录

条翡翠金项链,还有两盘录有我呀呀学语的录音带。一天爸爸回来坐在小凳子上低头换鞋,我突然看到爸爸的脖子后面一道一道血印,我摸着爸爸的脖子问发生了什么,爸爸说在批斗(批判斗争)会上,造反派给他挂了很重的大牌子,用一根细细的铁丝挂在脖子上,牌子上面写着叶正大里通外国,名字上还要打上红叉。当时天气很热,爸爸听到台下的人们一直在喊叶正大里通外国,爸爸摇头表示不同意,有人上来就抽打爸爸的脸。没有多久爸爸和妈妈就被关进牛棚,不允许回家了,家里只剩下我们称为姥姥的保姆李大贵带着我和妹妹。武斗开始了,红色造反团和大军一方在我们住的楼前、一方在楼后,藏在树后的战斗队员们背着军挎包,掏出里面的大石块,向投手榴弹一样扔向对方。我从前窗跑到后窗看热闹,这可急坏了姥姥,不由分说将我和妹妹按在没有窗户的厕所旁。一天,一个自称是关押爸爸的人来家里,说爸爸要他来取文件包。姥姥很警觉,坚持不见人不给包,来人只得同意由姥姥自己拿着爸爸的文件包跟他走一趟,亲手将包交给爸爸。家里的主心骨一走,我的心里开始七上八下没着落,万一这是陷阱姥姥出事,我怎么带妹妹呢?直到姥姥安全回来,大家才松了一口气。在这种紧张状态下渡日如年,姥姥决定带我和妹妹去她自己家避难。记得我们出走那一天像是在逃离敌占区,为了不引起别人怀疑,只带了一点随身衣物,走在所里的中央马路上,周围空无一人,静得只听到自己心脏的跳动声。文革结束后,父母非常感激姥姥在危难中的救助之恩,将珍藏多年的奶奶的一件灰鼠皮大衣送给了姥姥。

  1973年5月,爸爸从601所调到三机部六院工作,我们全家从沈阳搬到北京北苑。没多久爸爸又调到国防工办工作。1976年我们家搬到西便门国务院宿舍3组16号,邻居大多是民主人士或民国遗老遗少,有一些是家里的世交,包括住在隔壁的彭泽民夫人翁会巧,我们叫她彭奶奶,彭泽民是近代爱国侨领、农工党创史人之一。还有后面一幢楼里的廖仲恺的女儿廖梦醒,当时老人家已年近80岁,与女儿李湄住在一起。每次爸爸去看她,老人家都称自己喝水是"牛饮"。廖梦醒家的楼上住着冯玉祥的女儿冯理达和她的丈夫——著名经济学家罗元铮,他们与爸爸妈妈同是40年代末中国第一批留苏学生。在他们家聚会是令人愉快的,吃得很简单,可能是一碗热

气腾腾的馄饨,这时罗叔叔会即兴为大家弹奏钢琴,或是古典名曲或是中国民歌,理达阿姨和大伙会随唱。

爸爸兄妹六人除了启光叔叔在上海其余都在北京,每年过年爸爸都会召集兄妹们来家里聚会。剑眉姑姑跟周恩来总理的厨子学得一手好厨艺,每次都会大显身手,一只鸭子一席宴,令人叫绝。五兄妹好象约定了一样,都是四口之家,人太多只好分开坐,大人们一桌,孩子们一桌。这样的年度全家聚会一直延续到1983年改革开放,华明叔叔去深圳创办先科公司,剑眉姑姑同年也去了深圳。

我们70年代搬到北京后与带妹妹的保姆姥姥失去了联系。80年代的一天,家里接到国防工办值班室的电话,说一位叫李大贵的老奶奶在京找我们。原来姥姥想我们了,特别想看看她亲手带大的叶梅,但又不知如何联系我们。老人家进京后直奔中南海,告诉警卫找叶挺的儿子叶正大,门卫转告邓颖超办公室,这才有了国防工办值班室打来的电话,80年代民风之质朴可见一斑。

带我的杏姑阿姨在我出生前来到我们家,半个世纪以来从未断过来往,与我们家三代人结下了不解之缘。文革后期妈妈去"五七干校"劳动改造,妹妹就住在杏姑阿姨家,1986年我的儿子欣挺出生后杏姑阿姨曾帮忙照顾,2009年妈妈去世前仍是杏姑阿姨伴随妈妈左右。

1984年5月我和志扬准备结婚,但是没有地方住。爸爸为此专门开了家庭会,爸爸表示支持我们结婚,并帮助我们解决房子问题。爸爸建议将阳台改为厨房,厨房改饭厅,饭厅改为婚房。爸爸这样慷慨的支持,令我和志扬非常感动。我们父女之间从未直言爱,但是爸爸对儿女的爱尽在不言中。记得有一次爸爸妈妈送妹妹叶梅去机场,行李很重车有些超载,爸爸二话没说自己从车上下来,改乘公共汽车。如果妈妈出差,爸爸会格外细心地照顾我们,晚上会帮我们拉好窗帘。志扬去美国出差,临行前爸爸照例会过来看看是否准备停当,还亲手帮志扬捆行李。

爸爸和妈妈相识63年,在他们共同走过生活的55年里相濡以沫,妈妈快语直言,爸爸慢条斯理,从未见高声争执。不论外部世界如何动荡,在爸爸和妈妈编织的爱巢里,我和妹妹在爱的沐浴下长大。2009年3月至6月是妈妈癌症晚期最后的日子,妈妈带着呼吸机不能说话，爸爸会静静地拉着妈妈的手，俩人深情地、久久地对视着，说话倒成了多余，我用相机将这一刻永久地定格下来。可惜我再没有机会对妈妈讲，但庆幸能够在这里在爸爸86岁生日这一天告诉爸爸，人生若有来世，我还做您的女儿。

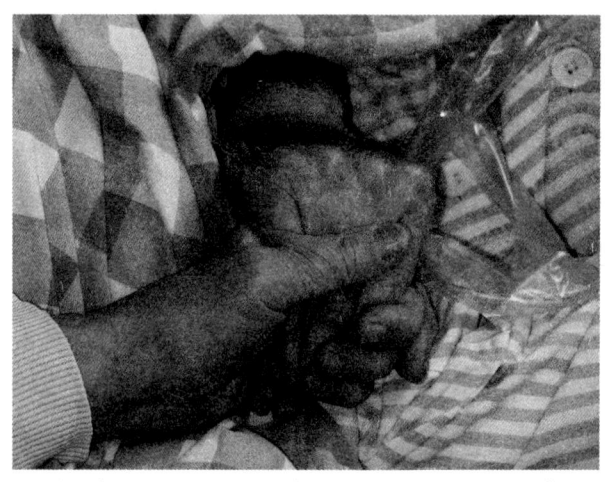

◎ 2009年6月，妈妈去世前爸爸到医院看妈妈时的牵手。

叶莲

2013年8月22日

编后语

为叶正大将军撰写传记是顾诵芬院士早在三年前就有的一个想法。2012年6月，经顾诵芬与杨凤田两位院士促成，叶正大将军同意了由中航工业科技委与中航工业沈阳飞机设计研究所联合组成编写组，在他口述的基础上整理编写这本回忆录。

在新中国的国防科技工业领域，叶正大将军是一位有着历史传奇色彩的领导者。他的父亲叶挺将军是中国近代史的著名军事将领，在北伐战争中，曾率领叶挺独立团所向披靡，屡建奇功，被誉为北伐名将，他所在的国民革命军第四军曾受到民众赠予"铁军"称号。1927年，在中国革命和中国人民解放军建军史上占有重要位置的南昌起义、广州起义两次重大历史事件中，叶挺将军都担任了前敌总指挥的重要职务。1937年，抗日战争全面爆发，叶挺受命组建新四军并任军长，在中华民族抗击日本帝国主义侵略的伟大战争中功勋卓著。

毛泽东同志曾称叶挺是"共产党的第一任总司令"，并对他说："人民军队的战史要从你写起。"

1941年，震惊中外的"皖南事变"后，叶挺将军被国民党当局拘押多年，在此期间，他大义凛然、坚贞不屈，写下了响遏行云的著名诗句《囚歌》。抗战胜利后，在中国共产党的努力下，叶挺将军获释，在与王若飞、邓发等共产党高级领导干部以及夫人李秀文、

 **新中国航空科技工业开拓者——叶正大将军回忆录**

女儿叶扬眉、儿子阿九从重庆赴延安途中,不幸遭遇空难牺牲。毛泽东在《解放日报》上发表悼词说:"为人民而死,虽死犹荣。"周恩来在发表的悼文中说:"希夷(叶挺字希夷)!你是人民队伍的创造者。北伐抗战,你为新旧四军立下了解放人民的汗马功劳。10 年流亡,5 年监牢,虽苍白了你的头发,但更坚强了你的意志……"

父母亲牺牲时,叶正大 19 岁,在毛泽东、周恩来、朱德、叶剑英、聂荣臻等老一辈无产阶级革命家的关怀下,叶正大与弟弟妹妹受到了组织上无微不至的呵护。1948 年,他与弟弟叶正明被选送到苏联留学,成为莫斯科航空学院第一批中国留学生。1955 年,叶正大毕业回国,他没有接受再回苏联读研究生的建议,而是直接进入到正在建设中的沈阳飞机制造厂,在车间担任了一名普通的工艺员,从最基层的技术工作做起,一步步走上飞机设计的技术领导岗位。在他和徐舜寿、黄志千领导下,新中国年轻的飞机设计团队在短短的一年多时间里,设计研制出中国第一架喷气式歼击教练机——歼教 1 飞机。从那时起,他从事飞机设计工作共 18 年,领导和直接参与了 12 种型号的设计研制任务。以后,他走上了更高的主管国防科技工业全局性工作的领导岗位。在一线领导岗位工作了 19 年后,于 1992 年底担任了国防科工委和以后的总装备部顾问的工作。1998 年,叶正大将军办理了离休手续,但他始终关心着祖国的国防科技事业,即便在自己身体有病,住院治疗期间,他仍思考着与国防科技工业发展相关的各种问题,多渠道了解实际情况,多方面听取意见并在深思熟虑后向一线的领导同志提出建议。

我们有幸被选为叶正大将军回忆录的整理者,在一年多的时间里,与他有机会亲密接触,当面聆听他对父亲、母亲、家庭以及自己人生经历的回忆。他讲的最多的是父辈,包括父母亲、父亲的挚友周恩来、叶剑英、聂荣臻对他的影响、教育,毛主席、朱总司令对他和弟弟妹妹们的关心照顾;还有组织对他的教育和帮助。在党、国家和军队老一辈领导人的身边,耳濡目染,他接受了革命理想的熏陶、教育,也亲身感受到了他们身上体现出的崇高革命精神。

通过查找翻阅历史资料,我们对叶正大在建国初期航空工业发展中的作用和贡献有了深入的了解。

解放前,国民政府为航空工业的发展曾经做出过很大努力,但

编后语

由于历史的原因,已经建起的十分薄弱的基础遭到了战争的破坏,因此,新中国的航空工业可以说是在战后的废墟上创建的。建国前的 1948 年,中央已经在为夺取政权后开展社会主义工业化建设进行专门技术人才的准备,叶正大与李鹏、邹家华等 21 位烈士、高级干部的子女被安排到苏联留学,包括毛泽东在内的中央领导同志多次明确要求他们主要学习科学技术。这 21 位青年成为新中国留苏学生的先行者,也成为建国初期各行各业、中国共产党自己培养的第一批专业人才。从回忆录的字里行间,从文革中造反派整理的揭发材料中可以看到,尽管叶正大还只是一位刚过而立之年的年轻人,但在航空工业发展的重大决策,如"东风"113 立项、"部院合并、厂所结合"等重大型号和方针的研究过程中,他的意见都倍受高层领导同志重视。他对中央、国务院和中央军委的领导同志的影响力,不仅仅是由于他的出身和经历,更重要的是因为他是党内少有的经过苏联权威的高等院校系统培养出的新型科学技术专家。

叶正大将军有着长期从事飞机设计研制的实际工作经历,他的回忆中,讲的最多是型号研制失败的教训和自己的不足之处,而当我们根据史料中记述到他的一些成就和贡献时,他大多会欣然一笑,说一声:"忘了,想不起来了。"他细数过自己亲自参与设计研究或主持领导的型号任务有 12 项,8 项没有成功。对这些失败的型号,例如大跃进中的"东风"113、文革中的垂直起落飞机等,他都有着深刻的记忆和深邃的思考。

以沈阳飞机设计研究所褚晓文书记为主任、杨凤田院士和中航工业科技委副秘书长孙卫航为副主任的编委会对回忆录整理工作非常关心,多次审阅书稿并开会进行了讨论,对整理工作提出了指导意见。顾诵芬院士担任编委会顾问,为回忆录的整理提供了大量的史料,并就许多历史重大事件与叶老进行了交流沟通,使回忆更加准确,符合历史真实。顾诵芬院士提出,叶正大将军作为"新中国航空科技工业开拓者",实至名归,当之无愧。他的想法得到了编委会的一致认同。

整理工作从 2012 年 7 月正式开始,已经 85 岁高龄的叶老,身体患有多种疾病,但他以顽强的毅力,每周安排一到两个下午,与我们一谈就是几个小时。在一年多的时间里,我们每次将整理好的部分送交叶老审阅的时候，都会收到他为前一部分整理稿做出的修改。他字斟句酌，连一个标点符号都不放过。从他返还我们的文稿上，看得出他对工作的严谨细致、一丝不苟。

在回忆父母亲、革命老前辈对他的教育和影响时，他会动情地流下热泪；在反思在飞机设计研制中的经历时，他会对自己当时未能为避免错误、减少损失做更多努力而感到遗憾；在谈及多年来国防科技工业取得的辉煌成就时，他高兴、自豪，会慨叹大家的努力没有白费；而在听到我们谈起当前的一些不尽人意的现象时，他又会语重心长、谆谆地开导、叮嘱，使我们豁然开朗。他的笑容中透着睿智长者的慈爱。遇到我们急于表达对整理稿中某个问题的看法、插断他谈话的时候，他总会笑一笑说："没事！没事！"鼓励发言者继续说下去。正由于他的和蔼可亲、平易近人，使我们与他在一起时，始终沉浸在愉悦和欢乐之中。

◎ 叶正大与部分编写人员合影。

1988年9月，解放军恢复了军衔制，叶老是第一批被授予中将军衔的高级将领。谈到对授衔的感受，叶老的话题总围绕着1948年第一次穿上军装和1961年被授予少校军衔的两段历史。在他的回忆中，那是他人生历程中记忆深刻的两件大事，与中将军衔相比较，他更看重的是在那些激情燃烧的年代里，自己成为了人民军队的一员；在新中国航空科技工业发展关键的时刻，能为祖国设计研制最先进的喷气式战斗机。

编后语

　　2013年8月中的一天，顾诵芬、管德两位院士偕夫人来到他住的医院，祝贺他的86岁生日。他们是从1956年组建新中国第一个飞机设计室起就在一起奋斗的老战友、好朋友。相见之下，三位耄耋老人问及彼此身体状况，关切而又轻松，年迈、疾患都被付诸笑谈。一个小时的时间里，他们更多的是回忆往事，不时也有针砭时弊之语。谈者风趣幽默，听者笑声连连。在几位中国航空科技工业的老前辈这里，我们感受到的是他们对国家、民族、社会的高度使命感、责任感。在他们这里，世俗的功名利禄显得是那样的微不足道。他们年轻的时候，为祖国做出了杰出的贡献。在年事已高的今天，回忆往事，他们无怨无悔，他们心中想着的还是国家的命运，民族的前途。我们相信如果真能重新走过一遍自己的人生，他们还会像当年一样执着自己的事业、固守为国家和民族奉献一切的人生理念和原则。

◎ 祝福叶正大将军86岁生日。顾诵芬院士（左三），叶正大将军（左五），管德院士（左六）。

　　在回忆录整理工作即将结束时，一件"小事"又一次深深感动了我们。

　　在叶老的记忆中，1951年，同在莫斯科航空学院学习的弟弟叶正明，由于当时苏联的生活条件过于艰苦，患了肺结核病。在21位

同去的留学生中患病的不止叶正明,为此,他们不得不中断学业回国治疗。叶老回忆,当时还没有公费医疗制度,为了治病,正明将澳门的房子卖掉了,是托马万祺先生办的,买家也就是马万祺先生。叶正明就是用卖掉澳门住宅的钱治病,病愈后又回到莫斯科航空学院学习。也正由于患病的原因,叶正明晚了一年毕业回国。

在搜集关于澳门叶挺故居的资料时,我们看到人民网记者曾坤写下的一篇报道。其中写道,马万祺先生在接受采访时回顾叶挺故居的变迁,说房子是在1941年"皖南事变"后,叶挺将军被关押,家中生计无着,于是母亲就将澳门住房变卖了。买下这栋小楼的是何贤先生。他以高出当时房价许多的5万元买下了这栋小楼,后又无偿捐赠给了澳门妇联。

何贤先生曾在香港经商。1941年赴澳门,曾任大丰银号司理、大丰银行董事长兼总经理,澳门镜湖医院主席,澳门中华总商会副主席、副理事长、理事长、会长。1950年后,任澳门政府政务委员会、立法委员会华人代表,澳门东亚大学校董事会主席,全国工商联常委。是第四、第五届全国人大代表,第六届全国人大常委,第二至第四届全国政协委员,第五届全国政协常委。他是澳门特区政府首任特首何厚铧的父亲。

马万祺先生是澳门东亚大学工商管理荣誉博士,暨南大学名誉博士。任中华文学基金会会长,澳门中华总商会会长,澳门大华行投资有限公司董事长,澳门镜湖医院慈善会主席。是第五届全国政协委员,第六届全国政协常务委员,第八、第九、第十、第十一届全国政协副主席。第六、第七届全国人大代表、全国人大常委会委员。

当我们将这段报道讲给叶老时,他觉得有些意外,因为他曾看到过正明写给马万祺先生请他卖掉房子的信。

叶老立即向柯麟医生的儿子柯小刚求证,得到的回答是,人民网记者的报道属实:

> 全国政协副主席马万祺先生是世居澳门的老前辈,对这幢楼的历史一清二楚。他回忆说,叶挺离开澳门后,该宅由其秘书梅文鼎负责管理,先后有西医师吴鸣及马万祺的姐姐马琼玉

编后语

租住过。后来,叶挺因"皖南事变"被蒋介石囚禁,家人生活拮据,欲变卖此宅。当时,何厚铧的父亲何贤,出于对叶挺的崇敬,据说用高出市场价格许多的 5 万元买下了此宅,并于 1948 年将该宅的产权赠送给澳门妇联。当时妇联无条件租借给学联做会址,直至学联在上个世纪 80 年代末有了新会址,才正式把该宅还给妇联,并改做托儿所至今。

——曾坤《弥漫着历史风云的小楼——记澳门叶挺故居揭幕》

对这件事,叶老谈到:

后来我问过柯小刚同志,他告诉我,记者的报道是符合实情的。我这才恍然大悟。马先生接到正明的信时,肯定想到了,由于我们当时年纪还小,并不知道家中房子已经被卖掉的事。他的做法并不是告诉我们实情,而是寄钱给正明治病。如果不是这次记者采访关于这栋房子的历史,我和弟弟妹妹永远不会了解此事的真相。何贤先生、马万祺先生默默地为我们扶危解难,既是对父亲一辈人的真情,也是对后人晚辈的厚爱。他们这种施恩不图回报,甚至不求为人所知的高风亮节,令我万分感动。在此,我代表叶挺后人向何贤先生、马万祺先生表示我最真挚的谢意!

在何贤、马万祺先生身上,体现出的是我们中华民族几千年历史上一直被推崇的"大爱不留名,施恩不图报"的高尚道德境界。我们过去了解的多为何贤、马万祺两位老先生在社会公益和慈善事业方面的巨大贡献,但这一件不为人知的小事,却深刻地揭示了他们灵魂最深处最辉煌的一面。这是一种源自对社会、人生最深刻理解的人生观、价值观,是一个民族能够真正自立于世界民族之林的最为重要的信仰基础和精神财富。

在整理叶老回忆录的过程中,我们多次感受了与此一脉相承的精神力量的伟大。在这里,作为参与本回忆录整理的工作人员,我们衷心希望,有更多的读者能从这本回忆录中得到同样的感动和启迪。在今天的新形势面前，这种精神的力量应该能够成为解决诸多社会问题的基石和指针。

在回忆录整理过程中，我们得到了周平、华棣、张东红、叶正大将军的家人以及在他身边工作的常向明、叶莲、张志扬、王桂彬、李韬等同志和为本书进行保密审查的李红、肖福璋、孙克忠、黄炎等同志给予的热情支持、帮助，在此谨表示诚挚的感谢！

编　者

2013 年 8 月 21 日